本书受中国历史研究院学术出版经费资助

中国历史研究院
Chinese Academy of History

学术出版资助

乾隆时期清朝与哈萨克诸部关系研究

郭文忠 著

社会科学文献出版社
SOCIAL SCIENCES ACADEMIC PRESS (CHINA)

中国历史研究院学术出版
编委会

主　任　高　翔
副主任　李国强
委　员　（按姓氏笔画排列）
　　　　　卜宪群　王建朗　王震中　邢广程　余新华
　　　　　汪朝光　张　生　陈春声　陈星灿　武　力
　　　　　夏春涛　晁福林　钱乘旦　黄一兵　黄兴涛

中国历史研究院学术出版资助项目出版说明

为了贯彻落实习近平总书记致中国社会科学院中国历史研究院成立贺信精神，切实履行好统筹指导全国史学研究的职责，中国历史研究院设立"学术出版资助项目"，面向全国史学界，每年遴选资助出版坚持历史唯物主义立场、观点、方法，系统研究中国历史和文化，深刻把握人类发展历史规律的高质量史学类学术成果。入选成果经过了同行专家严格评审，能够展现当前我国史学相关领域最新研究进展，体现我国史学研究的学术水平。

中国历史研究院愿与全国史学工作者共同努力，把"中国历史研究院学术出版资助项目"打造成为中国史学学术成果出版的高端平台；在传承、弘扬中国优秀史学传统的基础上，加快构建具有中国特色的历史学学科体系、学术体系、话语体系，推动新时代中国史学繁荣发展，为实现"两个一百年"奋斗目标、实现中华民族伟大复兴的中国梦贡献史学智慧。

中国历史研究院
2020 年 3 月

序

日前,郭文忠博士的书稿《乾隆时期清朝与哈萨克诸部关系研究》获得中国历史研究院学术出版资助,即将付梓,嘱我为序,忝为导师,我慨然应允。顾炎武有"人之患,在好为人序"之语,对后人影响较大,许多学者不愿为人作序。业师王锺翰先生颇赞同章学诚"书之有序,所以明作书之旨也"之说,认为为人书序,并非仅为提携学人,以观其美,还是辨章学术,推广新作之一端,故锺翰师未暇顾及序之不文,为人作序颇多。锺翰师之序,咸亲笔书写,字斟句酌,评介著作旨趣,不做浮泛溢美之词。2000年拙著《清前期八旗土地制度研究》付梓前,锺翰师恰患眼疾,视力模糊,但仍用一周时间,写出简短之序。见到字体大小不一,行距上歪下斜的序稿,可窥知先生在几乎看不见字的情况下写此序之艰难。感动之余,我便有将来要为自己的学生书序之想法。于今鉴之,为学生作序,并非仅为责任和义务,还将指导学生选题和研究过程录诸序,或可更"明作书之旨也"。

文忠系新疆察布查尔锡伯自治县之锡伯族,本科毕业于西北师范大学,所学为英语专业,毕业后佐父工作。因有锡伯语母语基础,受家族成员影响,尤喜好文史,而立之年,坚决"弃商从文"。2009年,文忠到北京来找我,要报考我的硕士研究生。当时我觉得其专业跨度太大,恐难通过研究生统考。孰料翌年投考,竟名列前茅，顺利入学。鉴于其具有锡伯语基础，入学伊始，便开始训练翻译满文档案，加之系统学习和扎实掌握史学理论及研究方法，所写硕士学位论文因以满文档案为主要资料，颇有特色，被评为校级优秀论文。其后，继续在校攻读三年，顺利获得博士学位。

哈萨克人自清中叶以降逐渐向东游牧，形成今日哈萨克斯坦和我国新疆北部之民族分布格局。清朝平定准噶尔部后，准噶尔草原人烟稀少，大量哈萨克人得以东移游牧，百年哈萨克藩属于清朝之关系得以确立，清朝听任哈萨克人进入巴尔喀什湖以东游牧与今日之哈萨克人之分布密不可分。目前，中国、俄罗斯、哈萨克斯坦、日本及美欧学者在清代哈萨克作为清朝藩属、与清贸易往来，以及哈萨克诸部对清朝处理与沙俄关系的作用和影响等方面的研究成果较多。文忠之所以确定此为博士学位论文之选题，是因为他具备翻译、利用满文档案的优势。

有清一代，定满语为国语，称满文为清字、清文，中央到地方的各级满蒙官员，特别是承办八旗事务和边疆民族事务的满蒙官员，一般都需用满文缮写公文。与此相应，相关诰敕、谕旨、寄信及各部院行文，也都用满文书写。清朝处理新疆及其周边事务的档案，在乾隆和嘉庆两朝几乎都是满文档案。中国第一历史档案馆所藏有关哈萨克的满文档案，除清代汇抄的专档《哈萨克档》外，在《军机处录副奏折》《军机处满文月折档》等档案中仍保留大量有关哈萨克的满文档案。有学者仅检索《军机处录副奏折》，就发现5000余件，其实数远不止此数。这批满文档案，无疑是研究清代中哈关系的基本史料，但因研究者满文水平所限，能够利用者较少，即使利用了部分满文档案，但数量也并不多。另外，相关成果基本利用《清实录》《平定准噶尔方略》等，但这类官书的汉文记载，均系修纂时译自满文档案，因而进一步利用满文档案研究清代哈萨克问题，会对清代中哈关系史研究有所促进。鉴于此，文忠选择清朝与哈萨克关系作为博士学位论文选题和未来的研究方向。在研究中，又借助部分托忒文、察合台文、俄文的相关档案和俄罗斯及中亚五国的相关研究成果，完成了博士学位论文，取得优异成绩并入选2019年度《国家民委民族研究项目优秀成果汇编》。毕业以来，按答辩委员和匿名评审意见，不断修改，补充诸多内容，厘清模糊史实，终于达到了出版水平。

在此不妨借用"中国历史研究院学术出版资助"项目之匿名评审专家对此书稿的评审意见，"全书较为充分地吸收了国内外学术界的各种研究成果，既有微观上的细节考察，也有宏观的理论分析，研究的针对性明确，问题意识较强，在很多方面多有创建，推进了学术界对本问题的研究深度与广度，反映了国内外最新学术进展，是一部较为优秀的有关这一时期清哈关系的专著"，"在历时性研究层面，本书以乾隆朝为中心，较为全面系统地梳理清朝与哈萨克关系演变的历史线索，总结了阶段性特点，以翔实、可靠的多方面史料，论证了哈萨克归附清朝的历史必然性。在共时性研究层面，细致而客观地考察了亚欧大陆中部多元政治格局下哈萨克归附清朝的历史背景与真实动机，提出了清哈关系'大国—藩属'全新观点，并以此指导和分析清朝、沙俄和哈萨克三方政治关系的演变与清哈关系的走向；在经济层面，本书以清哈贸易与朝贡关系为核心，探讨了双方政治关系演变的物质基础，进一步阐明哈萨克归附清朝的深层次动因"，"本书有关这一时期清哈关系及其对清朝与中亚局势影响的思考也新意频出，诸如清朝对中亚知识认知的过程及其对有关决策的影响，哈萨克在土尔扈特东归中的作用，后代官员对哈萨克藩属关系认知发生'知识断裂'的原因、真相及其对后世的影响等，不仅具有较高的学术价值，更具有重要的现实意义"。我未对清代中哈关系做过系统研究，对文忠之指导，限于档案翻译、利用和论文思路、体例商定等方面而已。书稿得到专家们如此之肯定，我相信此研究成果的出版问世，有助于推进相关领域的历史研究。

文忠做事颇有倔强之气，在京学习7年间，多次参加马拉松赛事；喜好摄影，为取景俯仰起坐，冰天雪地，浑然不觉。体现于治学方面,则颇有恒心,孜孜以求,去年来中国人民大学做访问学者一年间,几乎每日都到中国第一历史档案馆查阅抄录档案,其毅力被同辈赞叹。自在新疆大学任教以来,连取佳绩,尤其在满文档案翻译、利用方面进步很大,形成自己的治学特色,为未来之学术研究奠定了坚实基础。此书作为文忠的首部学术著作,如今能够列入"中国历史研究院学术出版资助项目"出版发行,相信对他是一种莫大的鼓励和鞭策。最后,希望文忠持之以恒,追求学术,勤奋耕耘,再接再厉,以取得更好的成果。

是为序。

赵令志
2021 年 11 月于中央民族大学

摘　　要

　　本书主要对乾隆时期清朝与哈萨克诸部关系做一系统研究，从相关因素、早期交往、归附过程、朝贡活动、缎马贸易、历史影响等方面进行了探讨。全书从分析清朝与左部哈萨克首领阿布赉、右部哈萨克众首领的往来着手，追溯清哈之间从最初接触到哈萨克诸部成为清朝藩属，再至延续百年的密切关系在乾隆时期的形成与发展过程；其中，尤其着重解决学界长期悬而未决的疑难问题——亚欧大陆中部多元政治格局下哈萨克归附清朝的历史背景与真实动机，并在此基础上深入探讨清朝对哈萨克政策的转变过程，以及哈萨克诸部对清的表现。与此同时，对中外学者多将清朝与哈萨克关系定义为"双方实质平等"或"额真—阿勒巴图关系"之说进行质疑，提出双方存在"大国—藩属关系"，并论证了乾隆时期的哈萨克是作为清朝实际藩属而存在的核心观点。

　　清朝与哈萨克诸部正式交往始于乾隆朝，当时反映西北边疆民族关系的公文多以满文书写，针对学界普遍依赖汉文、俄文等间接史料而缺乏满文一手史料进行清朝与哈萨克诸部关系研究的缺憾，本书以中国第一历史档案馆所藏的5000余件清哈关系满文档案为核心，采用通读全档和精研重点档案相结合的方式，将以往研究所忽视的大量奏折、上谕、题本、咨文等满文档案，与相关汉、俄、托忒、察合台等文字史料，以及既有之中、俄、日、美、哈等国研究成果相结合，通过对第一手史料的整体把握和贯通理解，进行实证研究，以期厘清以往研究中诸多史实不清之处，重构乾隆时期清朝与哈萨克诸部关系之发展脉络。

全书论述之思路如下。首先，探讨清哈关系建立的条件和过程。其次，研究以朝贡和贸易为主要特征的藩属治理措施。再次，选取土尔扈特东归事件阐述哈萨克首领阿布赉在中俄等诸多关系之间的立场，论证清朝与哈萨克藩属之间的关系在建立十数年后越发牢固的事实。最后，通过乾隆末期官员松筠的满文通史著述佐证上述各部分之论述，在考察清哈关系动态发展的基础上对照松筠著述之静态描述，发现乾隆朝之后的清代官员对哈萨克诸部的整体认识存在断层，并揭示乾隆朝以后清哈关系及其藩属政策的整体走向。具体论述框架如下。

第一章对清朝与哈萨克诸部关系发展过程中复杂、多元的三大相关因素展开探讨。清朝平定准噶尔后，原准噶尔属部哈萨克在与清朝交往初期，准噶尔对其之影响仍未消散；俄罗斯与哈萨克诸部发生联系较早，并于19世纪中叶侵吞哈萨克，对清哈关系的影响长期存在，乾隆时期的俄清哈关系具有承前启后的作用；与清朝其他藩属相比，哈萨克诸部具有中亚游牧社会部落联盟制以及汗位继承者拥有成吉思汗血统等特征，此特征始终影响清哈关系发展。(1) 准噶尔因素：考察居处清哈之间的准噶尔贵族阿睦尔撒纳及其属人，参与和影响清哈关系决策及其走向的史实；考察阿布赉擅长准噶尔语言及中亚地区长期使用托忒文的特殊意义，揭示准噶尔因素在清哈关系建立与发展中的过渡作用。(2) 俄罗斯因素：论述1758年俄罗斯发往清朝的阿布赉1740年附俄文书以争夺哈萨克藩属之举；考察长时段内清朝对俄类似主张的应对，发现隐藏在哈萨克"两属"表象下的对清朝奉行的互利自愿原则的真正向心力。(3) 哈萨克因素：选取满文《哈萨克户口数目档子》为切入点，揭示哈萨克社会内部结构；论证乾隆朝君臣对了解哈萨克社会内部结构之兴趣；分析这种了解是清哈关系顺利发展的关键内因。本章之论述，为后续各章展开具体论述提供学理支持。

第二章研究清朝与哈萨克诸部关系的发生与早期发展，即从相互认知到哈萨克诸部归附清朝的历史过程。双方首次正式通使发生于1755年，经过频繁的使者往来，哈萨克左部在两年后成为清朝藩属。这段历史淹没于清朝"平准"之宏大叙事中，在清代汉文方志中几无记载，俄文史料中的相关记载也极为缺乏。在清朝与哈萨克诸部交往初期，使者往来可分为通使前的交往、通使后的交往两个阶段；后一个阶段之频繁往来推动了哈萨克对清的归附。考察清哈初期交往，有助于理解哈萨克归附及归附后缎马贸易迅速开展的原因，也对探索清代中亚发展历史有重大价值，以往学者常以清军平定回部、追擒大小和卓为清朝势力扩展至中亚费尔干纳盆地之始，往往忽略清朝在此之前与中亚的关系及其对中亚的了解活动。其实，清廷与哈萨克的交往是清乾隆朝获知中亚社会、历史详细信息并影响中亚政治格局及其走向之开始。

第三章论述阿布赍归附清朝全过程，讨论罗卜藏多尔济是否只身降服哈萨克，以及阿布赍是否欲擒献阿睦尔撒纳等问题，并从不同角度揭示了阿布赍归附清朝的真实动机和历史真相。清哈通过多次遣使交流沟通，建立起以哈萨克部作为清朝藩属的政治关系，为长期交往奠定了坚实基础。以左部哈萨克阿布赍归附清朝为标志，清哈初期交往基本完成，之后双方关系进入以朝觐、贡马、贸易和边疆事务处理为主要特征的全新阶段。

第四章论述清哈朝贡关系。左部哈萨克和右部哈萨克分别在1757年、1758年归附清朝后，都立即向清廷派出朝觐使团，并献马奉表文。本章所论之哈萨克朝贡，分为朝觐和贡马两部分，朝觐部分从左部哈萨克阿布赍拟定归附朝觐使团人员清单入手分析，贡马部分则探讨1758年右部哈萨克归附献马之事，继而讨论1791年阿布赍之孙阿弥宰使团进京恭贺乾隆帝八十寿诞之事，以期以点面结合方式观察乾隆朝哈萨克使团朝觐活动。学界关于清代藩属国及朝贡制度之研究成果虽较多，但关于哈萨克部朝贡的研究成果则较为少见。本章选取典型满文史料，对左部哈萨克使团构成进行分析，在长时段内寻找哈萨克社会权力结构转变之规律，考察清朝"恩养"政策引发哈萨克游牧社会权力转移的史实，并通过比对满文档案与官方文献所记的异同，得出清廷不断更新对哈萨克认识及对哈萨克的影响逐步深入的结论；对右部哈萨克归附贡马进行研究，则引入美术史视角，考证这批进献马匹即为郎世宁所画《哈萨克贡马图》之原型，并提出哈萨克朝觐贡马被乾隆帝提升至构建清朝全新国家意识高度的新观点。对阿弥宰使团的考察，使用新开放的内务府相关档案，跨越整个乾隆朝，概述哈萨克使团在京朝觐期间的主要活动及清廷与此对接的管理机构。

　　第五章梳理清哈贸易关系。清哈贸易史长期受清代边疆史研究学者的关注，相关档案文献数量庞杂。本章从追溯、考察清朝与哈萨克贸易开端入手，指出1755年阿布赉就曾遣使向清廷表达进行大规模贸易的愿望，提出阿布赉始终具有强烈贸易愿望的新观点；揭示1758年双方正式贸易开展前清军和阿布赉所部已有两次小规模贸易的事实；首次论述贸易商定初期，熟悉边情的定边右副将军兆惠在其间所起的积极作用；重新探讨乌鲁木齐成为首个贸易地点原因，指出前人研究中误用史料导致的分析缺憾，并借助档案文献分析、梳理首次订立的哈萨克贸易章程在长期历史进程中的改订过程；最后论述清朝与哈萨克贸易关系的全面展开。

　　第六章研究清哈关系对清朝自身和中亚局势的影响。清哈关系对清朝治理新疆的影响，前人研究较多，但清哈关系对于中亚的影响则鲜有学者涉及。本章论题宏大，难以尽述。笔者采用新材料进行论述，如选取1773年土尔扈特东归期间阿布赉忠诚清朝的表现，清朝文献中"哈萨克"概念在流传中的"知识断裂"，以及乾隆末期松筠对哈萨克的认识，等等，探讨哈萨克藩属在清朝边疆稳定和清朝对中亚影响中所起作用，通过考察土尔扈特东归这一牵动亚欧大陆诸大势力事件中哈萨克诸部所起作用，提出阿布赉所率左部对内充当清廷中亚情报收集之"信息源"，对外维护清朝整体利益的新结论。

关键词： 乾隆时期　哈萨克　阿布赉　藩属　满文档案

目　　录

绪　　论 ·· 1

第一章　清朝与哈萨克诸部关系发展中相关因素之探讨 ········· 47
第一节　准噶尔因素之影响 ·· 47
第二节　俄罗斯因素之影响 ·· 65
第三节　哈萨克游牧社会自身因素之影响 ································ 77

第二章　清朝与哈萨克诸部的初期交往 ······································· 89
第一节　清朝与哈萨克通使前的相互认知 ································ 90
第二节　清朝与哈萨克诸部的首次通使 ···································· 95
第三节　哈萨克归附清朝前之使者往来 ·································· 110

第三章　哈萨克首领阿布赍归附清朝史实考 ···························· 143
第一节　阿布赍正式归附前之形势 ·· 144
第二节　阿布赍与清军接触及归附清朝的过程 ····················· 153
第三节　阿布赍欲擒献阿睦尔撒纳未果之史实考 ················· 169
第四节　清哈"大国—藩属关系"的正式建立 ····················· 175

第四章　清朝与哈萨克间的朝贡关系 ·············· 200
第一节　左部哈萨克与清朝朝贡关系的开始 ·········· 201
第二节　哈萨克右部与清朝贡关系的开端
　　　　及《哈萨克贡马图》 ················ 208
第三节　哈萨克使团朝觐活动研究：
　　　　以阿弥宰入觐为中心 ················ 229

第五章　清朝与哈萨克的贸易关系 ·············· 241
第一节　清哈双方的贸易动机 ················ 242
第二节　首次贸易地点的选定和贸易章程之定议 ······ 248
第三节　清哈贸易的长期发展 ················ 258

第六章　清哈"大国—藩属关系"对清代新疆的影响 ······ 267
第一节　哈萨克三部在土尔扈特东归事件中所起的作用 ··· 268
第二节　乾嘉之际清朝对哈萨克诸部认知中的
　　　　"知识断裂" ···················· 286
第三节　从松筠著述透视清哈关系实质及清朝藩属
　　　　政策演变 ······················ 310

结　　语 ···························· 330

附录
《定边右副将军兆惠奏哈萨克阿布赉遣使归附折》
　　满文全文转写 ······················ 337

主要参考文献 ·························· 349

后　　记 ···························· 366

绪　　论

17—18世纪，清廷对亚欧大陆中部的游牧集团——哈萨克逐渐有所了解。在乾隆朝中期平定准噶尔部过程中，清朝开始直接与哈萨克游牧社会接触，左部哈萨克阿布赉是哈萨克左、右、西①三部中，最早与清朝直接通使并归附清朝成为藩属的部落首领。随后，哈萨克其他首领②也陆续派出使者与清朝建立了朝贡、贸易等关系，相继成为清朝之藩属。这一互惠互利关系模式的建立，对清朝和哈萨克双方而言都是利大于弊的：一是清朝解除来自西北方准

---

① 依据清代官方记载，哈萨克三部为左、右、西部，满文为"dergi hasak, wargi hasak, wargi hasak"；以卫拉特蒙古语称呼三部则为"伊克准、都木达准、巴罕准"；而哈萨克自身将三部称为"中玉兹""大玉兹""小玉兹"。俄文史料和著作中，哈萨克三部分别被称为"中帐""大帐""小帐"，本书不采取这种说法。弗莱彻（Joseph Fletcher）在《1800年前后清朝的内陆亚洲地区》("Ch'ing Inner Asia c. 1800", in J. K. Fairbank ed., *The Cambridge History of China*, Vol. 10, part 1, Cambridge: Cambridge University Press, 1978, pp. 62 – 64）中，所用英文单词为"Senior Horde, Middle Horde, Junior Horde"，似受到俄语中"帐"一词的影响；野田仁在其英文专著 *The Kazakh Khanates Between the Russian and Qing Empires – Central Eurasian International Relations during the Eighteenth and Nineteenth Centuries*（Leiden, Boston: Brill, 2016）中使用"Middle Juz, Great Juz, Small Juz"，则为较新的英文翻译用词，反映了研究视野中三部排列顺序的变化。相关概念的学术史讨论见第六章第二节。

② 当时哈萨克左、右、西三部分别由阿布赉等统领，图里拜等统领，阿布勒海尔汗等统领。

噶尔部的威胁后，因哈萨克诸部的归附巩固了国防，进而保持了新疆地区的长治久安；二是哈萨克游牧社会在经历长期分裂、战乱之后，得到休养生息的机会。因此，研究乾隆时期清朝与哈萨克诸部关系，需要从双方在亚欧大陆中部的接触着手。

第一节　选题意义及相关概念的界定

一　选题意义

18 世纪中叶，在平定准噶尔部过程中，清朝收服了哈萨克诸部。其实，在战事进行中，清廷就已经认识到要彻底解决准噶尔地区的长久稳定问题，就必须与其周边势力接触并制定相应的政策，因而对于能够影响准噶尔局势的哈萨克诸部，清廷给予了高度关注，并总体上采取了比较平和的对哈政策。如在"平准""渐次办理"的同时，清廷只要求哈萨克"各安游牧，约束部众"①，即使此后哈萨克屡屡制造如收容阿睦尔撒纳、越境劫掠清朝边民等问题，清廷也未予过分追究。其后，因应局势的发展，清廷在伊犁设立伊犁将军统辖天山南北两路。在这一过程中，由于清朝对哈萨克始终秉持"加恩边末部落"②的宗旨，哈萨克遂主动接近清廷，并作为其藩属长期从属于清朝。

哈萨克归附后，清朝出于稳边、军备、屯田等需要，而哈萨克则出于对清朝商品的需求，双方积极展开贸易活动，交往日益频繁，关系也随之日渐密切。哈萨克首领遣使入觐后，清廷赏赉有加，赐各部首领汗、王、公等头衔。乌鲁木齐首开互市后，双方贸易频繁；其后，清廷增设伊犁、塔尔巴哈台为固定贸易地点，清哈

---

① 傅恒等撰《平定准噶尔方略》正编卷 11，乾隆二十年五月辛巳条，清乾隆三十五年（1770）武英殿刻满文本。笔者 2017 年蒙楠木贤道教授惠赠满文《平定准噶尔方略》电子版，得以利用，在此致谢。

② 满文转写为：tulergi aiman i albatu be bilume gosire gvnin。

之间的贸易和商业活动得到进一步发展。清廷每年从江南等地区调运大批精制绸缎等织品参加互市，哈萨克诸部则派出商队携带牲畜前来交易。这一亚欧大陆历史上的农耕社会与游牧社会间的大规模缎马贸易活动，从乾隆二十三年（1758）九月乌鲁木齐第一次正式贸易开始，在乾隆朝中后期规模不断扩大，并纵贯嘉道两朝，延续近百年。但自乾隆朝后，受俄罗斯的影响，此双边之缎马贸易不断萎缩，最终于咸丰元年（1851）以中俄签订《中俄伊犁塔尔巴哈台通商章程》而结束。①

清哈在持续的以朝贡贸易为主的长久政治经济活动中，建立并逐步深化了互信，这为清哈关系百年和平打下基础。本书论述的就是这一关系在乾隆朝的建立和发展。

之所以选择乾隆时期清朝与哈萨克诸部关系研究为题，主要是基于以下考量。

第一，清哈关系对清朝在平定准噶尔后构建西北的政治军事体系，具有重要意义。清朝收复西域地区后如何善后西北诸多事务和巩固边疆，是一大难题。积极发展与哈萨克的关系，是有效解决此难题的途径之一。在西北方向与之相接壤的众多势力中，哈萨克因人口众多、具有较强军事实力而最受清廷重视。雍正朝时，就有大臣如和硕康亲王巴尔图，在奏折中提及哈萨克军力对准噶尔部的压力，他说："我军一旦兵临，必有成群来降者。此时倘复有哈萨克、布鲁特人等来掠，贼众必将发生内乱。"② 清廷也认识到哈萨克对准噶尔所具有的军事影响力："噶尔丹策零倘若论及我用兵之

---

① 厉声：《哈萨克斯坦及其与中国新疆的关系（15世纪—20世纪中期）》，黑龙江教育出版社2004年版，第166页。
② 《和硕康亲王巴尔图等议奏先行派使至噶尔丹策零处晓以利害折》，雍正十二年七月二十五日，《军机处满文夷使档》，中国第一历史档案馆藏，档案号：1760-1；引自中国第一历史档案馆、中国边疆民族地区历史与地理研究中心合编（赵令志、郭美兰主编）：《军机处满文准噶尔使者档译编》上册，中央民族大学出版社2009年版，第815页。

缘由，则对彼曰：'哈萨克、布鲁特等敌国，乘隙屡屡侵扰，则焉能保尔属乌合之众，一心不二，死命效力于尔耶。'"① 乾隆朝时，阿睦尔撒纳叛乱，清廷更加认定哈萨克阿布赉是稳定准部的关键人物："总之，阿睦尔撒纳一日不获，则边陲一日不宁。而阿布赉即降，则逆贼不患其不获，逆贼即获，则准噶尔全局可以从此奏功矣。"② 清朝要想顺利完成"平准"大业，就必须处理好同哈萨克的关系。

第二，哈萨克自古就为骏马产地，与"大宛天马"典故关联，与之交好，具有重要政治、军事、文化意义。准噶尔汗噶尔丹策零就曾在遣使赴西藏熬茶途中，专门携哈萨克马以为厚礼："噶尔丹策零以问郡王颇罗鼐安之礼，携来礼物……哈萨克地方马五匹"③。乾隆十三年（1748）宫廷画师郎世宁所画的《准噶尔贡马图》中之骏马，即为噶尔丹策零此次进献之哈萨克骏马。④ 清朝在平定西域后期，日益重视与哈萨克交易以获牲畜。其一，清廷因战事马匹消耗巨大，如自乾隆十八年（1753）至二十二年（1757）十一月，喀尔喀收牧马高达15万匹有奇，"平准"战争后，仅剩3200匹有奇；⑤ 其二，因屯田展开需要大量马匹畜力，"至乌鲁木齐，现在酌议屯田，与哈萨克贸易，甚为有益"⑥。"平准"前期，马匹自内地采办，运送途中稍有不慎，膘分即难保证："军行非寻常可比，

---

① 《侍郎傅鼎等拟告知噶尔丹策零可奏请划界以求和好之语》，雍正十二年，《军机处满文夷使档》，中国第一历史档案馆藏，档案号：1760-1；引自中国第一历史档案馆、中国边疆民族地区历史与地理研究中心合编：《军机处满文准噶尔使者档译编》上册，第822页。
② 《平定准噶尔方略》正编卷41，乾隆二十二年七月丁未条。
③ 《驻藏办事都统索拜奏报准噶尔使臣等进献达赖喇嘛等礼物数目折》，乾隆九年正月十八日，《军机处满文夷使档》，中国第一历史档案馆藏，档案号：1761-4；引自中国第一历史档案馆、中国边疆民族地区历史与地理研究中心合编：《军机处满文准噶尔使者档译编》中册，第1829页。
④ 《石渠宝笈续编》，故宫博物院宁寿宫藏18。
⑤ 《平定准噶尔方略》正编卷46，乾隆二十二年十一月庚戌条。
⑥ 《平定准噶尔方略》正编卷44，乾隆二十二年九月丙寅条。

全资马力肥壮,经理大臣,尤宜为兵丁等预行筹画"①。与哈萨克交易马匹,不但可以缓解内地调拨不易的局面,还可以减轻后勤补给、战后屯田的压力。乾隆二十四年(1759),出于宣威外域的政治需要和构建新的国家形象的文治目的,乾隆帝在御制《大宛马歌》基础上,又降旨令郎世宁画成《哈萨克贡马图》《哈萨克八骏图》《云锦呈才图》。清朝与哈萨克的直接接触,催生了清哈缎马贸易的历史机遇,这一机遇为乾隆帝和阿布赉牢牢把握,进而影响了清朝在中亚地区的政治、经济、军事格局建构。历史上,游牧部族与中原王朝之间长期存在的贸易传统,是清哈贸易活动兴起的外在条件,清朝对哈萨克"产马之区"的认识则是清哈贸易关系建立与发展的经济基础和重要保障。

第三,清朝在与哈萨克接触中,成功获得治理中亚地区的直接经验。乾隆时期是清朝治理西域地区之整体战略体系逐渐形成、完善的时期,随着清朝与以哈萨克为代表的中亚诸部交往的发展,大量的新问题不断涌现。这些部落集团与清朝较为熟悉的东北周边各国以及南方各藩属国相比,都有显著的不同。② 实际上,哈萨克作为清朝西域版图之外最早归附并成为藩属的中亚部族,对其后布鲁特、巴达克山、浩罕等相继归附具有示范作用;在土尔扈特回归事件中,哈萨克充分显示出"情报源"的重要价值。清朝将与哈萨

---

① 《平定准噶尔方略》正编卷36,乾隆二十一年十一月庚申条。
② 国外学者较早注意到这一问题,如小沼孝博,他在《哈萨克苏丹致清朝文献集》("A Collection of Documents from the Kazakh Sultans to the Qing Dynasty", *Central Eurasian Research*, Special Issue 1, University of Tokyo, 2010, p. 87)中,引用 Mancall(1968:72 - 75)、Banno(1973:88 - 91)的观点,将沿清朝版图分为 "southeastern crescent"(东南新月带)、"northwestern crescent"(西北新月带),并在此基础上认为,虽然同样被列为藩属,但西北地区的中亚国家或部族,与东南地区的国家或部族有显著区别,如在管理机构上分属于礼部和理藩院管理,在文化上分属儒家文化和非儒家文化,在生计上则有农业和游牧的区别,因而不能用"宗藩关系"来简单概括。其实,这一分类中,两大地带内部的各国、各部间仍有诸多不一致之处,管理机构、文化、生计之不同也非上述所能概括,可细化讨论。

克交往中获得的经验运用于中亚其他地区，收到良好治理效果，维护了边疆稳定，建立了由清朝主导下的周边秩序。

第四，清朝与哈萨克藩属的交往和贸易，深刻影响了清代新疆地区内外部政治、经济环境。在近百年时间里，数代哈萨克主要汗、王、公相继保持了向清朝称臣纳贡的传统，清哈关系则因朝贡之外的大规模贸易活动而日益密切。哈萨克诸部与清朝交往密切的阿布赉、阿布勒比斯等家族，在清朝提供的政治、经济资源支持下，获得长足发展。阿布赉从统帅中玉兹的军事首领，成为哈萨克三部的总汗，阿布勒比斯则从跟随阿布赉的军事将领，成长为领有整个奈曼部的众鄂托克。亲清朝的阿布赉、阿布勒比斯游牧势力的兴起，消解了俄罗斯势力对中亚的影响，减少了中亚地区其他部落对清朝边疆的威胁，为清廷治边产生了事半功倍的效果。中亚各部继哈萨克后纷纷归附清朝，哈萨克诸部成为清朝所倚重的维护中亚秩序的重要力量，在长时间段内在清朝西北边疆起着"屏藩"[①]作用。在近百年时间内，从未有外国势力自清朝与哈萨克间漫长边界入侵即为明证。清朝将哈萨克纳入藩属，不但巩固了边疆，而且还对中亚其他部族具有示范作用，[②]完善了清朝的藩属体系，巩固了新疆的稳定局面，维护了百年的边疆稳定，使西北边疆在政治、经济、社会方面获得稳步发展。对此进行探讨，能够深化边疆学研究。

---

① 曾问吾视哈萨克为中国"屏藩"，参见曾问吾《中国经营西域史》，商务印书馆1936年版。哈萨克斯坦学者哈菲佐娃亦认为清朝将哈萨克看作比藩属国地位高的"屏藩"，参见〔哈〕克拉拉·哈菲佐娃《十四—十九世纪中国在中央亚细亚的外交》，杨恕、王尚达译，兰州大学出版社2002年版。

② 乾隆二十八年时，喀什噶尔参赞大臣永贵曾对阿布赉所派使者拜霍托（baihoto）、哈孜伯克（hadzibek）等提出要求："尔等领受大皇帝恩福，太平安逸生活。返回后晓谕阿布赉，尔等哈萨克，乃一大部落，理应为诸部典范（suwe amba ejen i hūturi kesi de enteheme taifin jirgacun i banjire be dahame, amasi genefi abulai de ulhibu, suweni hasak serengge, emu ambakan aiman, geren de durun obuci acambi）"，见《满文朱批奏折》，乾隆二十八年七月初五日，中国第一历史档案馆藏，档案号：04 - 02 - 001 - 000521 - 0019。

第五，对国外相关研究做出有力的正面回应。近年来，国际学界尤其是美国"内亚"研究、"新清史"研究，以及日本中亚历史研究学者，已经根据满、汉文档案做出大量有关清代中亚研究的成果，部分研究甚至对中国历史上的边疆领土主权进行质疑，而我国学术界则尚缺乏系统使用满文史料对清哈关系进行较为全面的实证性研究的著作。通过扎实研究，发出中国声音，维护国家利益，加强我国中华民族共同体历史①中哈萨克归附清朝之历史必然性研究，以及交往、交流、交融史研究，实有必要。笔者在满文档案翻译研究方面具有较高的水平与丰富的经验，能够保证本书在一定程度上补充以往国内外清朝与中亚关系史研究中的疏漏。

本书将研究范围集中于乾隆朝这一清哈交往的关键时期，大量采用尚未被以往研究所利用的满文档案，并以之为突破点，结合相关文献和研究成果，重点探寻清哈关系发展中的深层脉络，以期在前人研究基础上对此领域的研究有所拓展。乾隆时期清哈之间的交往和贸易活动是历史上丝绸之路在清代的具体体现，对这一问题进行深入研究，挖掘珍贵的历史资源，可为我国推进"丝绸之路经济带"建设提供借鉴，具有重要的史学价值和现实意义。

二 相关概念的界定与辨析

在展开研究之前，鉴于学术界对于一些重要问题的认识，分析具有较大的分歧，因此有必要对相关的基本概念以及将要探讨的学术问题加以界定和辨析。

第一，本书考察的时段主要在乾隆皇帝统治时期，尤其是在清哈发生实质往来的1755—1798年这40余年间。这一时段既是清朝与哈萨克诸部关系发展的关键期和极盛期，又是其由盛转衰的时期，在清代清哈关系时段中最具代表性。在行文中，本书也会对该

---

① 黄兴涛：《重塑中华：近代中国"中华民族"观念研究》，北京师范大学出版社2017年版。

时段之前的历史和之后的影响有所涉及。

第二，关于清哈关系史研究，则须对发生于双方之间的整体互动进行综合考察，具体包括政治史、经济史、文化史、边疆民族史等多个领域的考察。这样宏大的研究范围，很难在一部书中完全呈现，所以本书以双方关系的动态发展脉络为主线，并从以上各部分选取要点作为分支线索进行讨论，以期对主要问题的讨论起到点线结合、以点带面的作用。

第三，关于"哈萨克诸部"之概念，西方研究中则多见"哈萨克汗国"①之用法，但此一用法有脱离语境、以今度古之嫌。考诸史籍和档案，清代中国极少将哈萨克称作"国"。笔者所见清代地图中较早出现"国"这一称呼的，为康熙时期出使俄罗斯的图里琛所著的《异域录》，该著所附之满文地图《ba na i nirugan》上有单独标识的"hasak"（哈萨克），而在相对应的汉文地图上，则标名为"哈萨克即大宛国"。这说明清廷内部虽将哈萨克与汉代西域的大宛国相联系，但"国"仅与"大宛"连用，对该政权仍以部落名"哈萨克"相称。从乾隆朝满文档案来看，清朝一般使用"hasak aiman"即"哈萨克部落"作为对哈萨克的正式称呼，这表现出清廷对游牧部落之体制认识的全面与深入。在此，清廷已将之与朝鲜等传统称"国"的政治势力进行了区分。"哈萨克诸部"概念，亦符合哈萨克游牧社会自身的历史内涵。哈萨克诸部在1718年后，以互不统属的部落状态长期分散存在。乾隆时期，哈萨克各部首领在与清朝使者交谈和所呈书信中谈及自身组织形式时，也并

---

① 英文为 Kazakh Khanates。西方学者对"哈萨克"的称呼也并不一致，如弗莱彻（Jeseph Fletcher）在《剑桥中国晚清史》中未使用"哈萨克汗国"，而是以"哈萨克"（kazakh）或"哈萨克人"（kazakh people）来指代哈萨克部，甚至将哈萨克、布鲁特都置于"准噶尔"条目下。Fletcher, J., "Ch'ing Inner Asia c. 1800", in J. K. Fairbank ed., The Cambridge History of China, Vol. 10. Part1, pp. 62 – 65.

不用"国",而多用"玉兹、爱曼、鄂托克"① 等部落名称自称。乾隆后期,虽然阿布赉在哈萨克游牧社会三玉兹共推总汗的传统下短暂成为哈萨克的总汗,但哈萨克并未形成统一国家,且此时哈萨克诸部多已成为清朝藩属,因此,为求准确,本书采用"哈萨克诸部"概念。②

第四,清朝与以哈萨克诸部为代表的中亚诸部的关系,为清朝与周边关系史中重要的组成部分,而乾隆朝又为清哈关系的建构阶段,清哈关系的关键发展期亦在此时期。这一时期中国的对外关系,尤其是在西北边疆地区的对外关系变化非常大,对清朝与哈萨克诸部关系进行准确定义,中外学界历来争议较大,众说纷纭,兹将主要观点罗列如下。

其一为"宗藩关系"说。以往我国较多学者认为清哈关系属于"宗藩关系"③,因理解不同,又在此框架下对哈萨克地位给予不同的定义。厉声提出"藩属"说④。在著作《哈萨克斯坦及其与中国新疆的关系(15世纪—20世纪中期)》第五章"清对哈萨克部的治理政策"之第一节"清与哈萨克部宗藩关系的确立"中,认为阿布赉归附清朝是双方"宗藩关系"建立的标志,清朝开始作为宗主国对哈萨克藩属进行管理,这一关系维持到1860年《北京条约》签订才逐渐丧失。在清哈"宗藩关系"下单独称呼哈萨克时,采用"藩属哈萨克"概念。⑤ 孙宏年所撰之《清代藩属观念

---

① 对应满文为"yus, aiman, otok";常见于满文档案中阿布赉及哈萨克使者的自述。
② 清朝对哈萨克三部的认识演变,见本书第六章第二节。
③ 张世明:《清代宗藩关系的历史法学多维透视分析》,《清史研究》2004年第1期;柳岳武:《中国传统宗藩体制述论》,《南京师大学报》(社会科学版)2009年第6期。以上两文分别从历史法学和宗法制度角度论述"宗藩关系"。
④ 厉声:《哈萨克斯坦及其与中国新疆的关系(15世纪—20世纪中期)》,第115—166页。
⑤ 厉声:《清王朝对西北藩属哈萨克治理政策研究》,载周伟洲主编《西北民族论丛》第2辑,中国社会科学出版社2003年版。在该文前言中,作者将1759—1822年这一时段的哈萨克称为清朝的藩属外邦。

的变化与中国疆土的变迁》，亦在论及清哈关系时阐发这一说法。①

张永江提出"名义藩部"说②，认为清哈关系属于"传统的宗藩关系"，注重长时段的综合考察，并广泛考诸文献史料。在著作《清代藩部研究——以政治变迁为中心》中，作者指出清人著述与前人研究中忽视了清哈关系具有随时间变化的特点，因而将清哈关系史分为5个阶段，使用《平定准噶尔方略》等多种史料逐一加以考察，并对此关系进行归纳总结，认为哈萨克"与清廷的关系发生、发展和演变，在某些时期它呈现出藩部的特征，但又有别于一般的藩部；在另一些时期，它呈现出属国的特征，但又较属国关系紧密。正是基于此种原因，这里将其称为名义藩部"。

成崇德提出"境外外藩"或"外藩属国"说③，认为"清朝在300年间，固守着古老的宗藩朝贡体制"，并以境内、境外作为外藩分类标准，"清朝将位于国境之外（即传统习惯边界线以外）的部族与国家都看成境外外藩，如新疆境外的哈萨克、布鲁特、浩罕、爱乌罕"，并举乾隆帝所言的"哈萨克、布鲁特……究属外藩部落"为据。同时，成崇德又引《清朝通典》、乾隆朝《大清会典》等记载，认为哈萨克是"'朝献'之'列国'……是真正意义上的属国，与清廷的关系既有政治上的关系，又有经济贸易的关系"，为清朝三类属国中关系最为密切的一类。此外，成崇德进一步指出，至19世纪清朝沦为半殖民地国家的形势下，指代哈萨克的两个概念"境外外藩"与"外藩属国"的内涵趋向一致并可以通用，并且随着清朝原来使用的所谓"属国""外藩""藩服"等

---

① 孙宏年：《清代藩属观念的变化与中国疆土的变迁》，《清史研究》2006年第4期。
② 张永江：《清代藩部研究——以政治变迁为中心》，黑龙江教育出版社2001年版。
③ 成崇德：《清朝与中亚"藩属"的关系》，载中央民族大学历史系主编《民族史研究》第3辑，民族出版社2002年版。成崇德：《论清朝的藩属国——以清廷与中亚"藩属"关系为例》，《云南师范大学学报》（哲学社会科学版）2014年第4期。

概念的消失,"宗主权""保护国"等近代意义、观念也逐步传入。

其二为"藩属关系"说。李大龙等学者认为:"用'宗藩'来描述中国古代王朝与周边民族或政权的关系并不恰当,一方面'宗藩'在中国古代有其特殊的含义;另一方面中国古代王朝与周边民族或政权的关系是'藩属'含义的组成部分,用'藩属'来称呼这种关系更有助于我们认识这种关系的形成和发展,也更加准确。"该说还认为,"宗藩"关系的用法在中国古代本是皇亲宗室分封藩王等之谓,直接使用这一概念在近代西方产生的新释义不但不符合清代实际所指,而且还在无意中默认了列强侵华时强加的、对边疆地区不具合法主权的"宗主国"身份,因而主张采用歧义更小且有历史渊源的"藩属"和"藩属体系"概念。① 张永江近年来亦主张采用"藩属体制"概念。②

其三为"国际关系"说。日本学者野田仁,哈萨克斯坦学者哈菲佐娃,美国学者弗莱彻、本杰明等人,以及苏联时期数个版本的《哈萨克斯坦共和国简史》及大多数俄文著作持此说。③ 野田仁既不赞同大部分中国学者提出的"宗藩关系"说,也不赞同日本学者小沼孝博主张的"额真—阿勒巴图关系"说,他认为乾隆朝

---

① 刘志扬、李大龙:《"藩属"与"宗藩"辨析——中国古代疆域形成理论研究之四》,《中国边疆史地研究》2006年第3期;李大龙:《汉唐藩属体制研究》,中国社会科学出版社2006年版;李大龙:《从"天下"到"中国":多民族国家疆域理论解构》,人民出版社2015年版;李大龙、李元晖:《游牧行国体制与王朝藩属互动研究》,内蒙古大学出版社2018年版。此外持哈萨克为清朝藩属观点的著作主要有:黄松筠《中国古代藩属制度研究》,吉林人民出版社2008年版;陈维新《清代对俄外交:礼仪体制及藩属归属交涉(1644—1861)》,黑龙江教育出版社2012年版;马大正主编:《清代中国边疆治理研究》,中国社会科学出版社2021年版,第352、354页。
② 李元晖、李大龙:《是"藩属体系"还是"朝贡体系"?——以唐王朝为例》,《中国边疆史地研究》2014年第2期,注释5。
③ 见哈佛大学2014年博士学位论文之绪论部分。Levey Benjamin Samue, "Jungar Refugees and the Making of Empire on Qing China's Kazakh Frontier, 1759 - 1773", Ph. D., dissertation, Harvard University, 2014.

时期的中亚哈萨克、浩罕等"国"与清朝、俄罗斯之间的关系，是一种"国际关系"；认为清朝与哈萨克三玉兹的关系发展极大地受到哈萨克与其他中亚势力及其对俄关系的影响，必须从清朝与哈萨克大、中、小三玉兹的关系入手进行探讨；并认为尽管清朝方面称哈萨克为其所属，但从哈萨克社会来看，"归附清朝"之举是一种"外交手段"，虽然向清朝派出使团，但哈萨克三玉兹与清朝"只是建立了关系"，并不构成实质上的"从属地位"。① 哈萨克斯坦学者哈菲佐娃认为，清朝与哈萨克关系属于"朝贡制度下的使团外交"②。本杰明亦认为，清哈之间是一种对等的"国际关系"。③

其四为"封贡体系"说。陈志刚讨论了学界对中外关系常用的7种概念，认为"封贡体系"最为准确。④ 在论及哈萨克在清代"封贡体制"内之"属国"身份时，认为："清乾隆二十二年哈萨克的主动请求内附，也是如此，中原王朝最终都没有郡县其地，而只是与其建立了封贡关系，彼此之间互惠互利友好往来。"⑤

其五为"综合定义"说。张荣、郑峰认为因史籍表述繁杂，哈萨克地位"难以确定"："我们在给卡外界内哈萨克身份进行定位时，不能被清朝皇帝以及典章文献中有关哈萨克的各种宣示和定位所迷惑。乾隆年间，清与哈萨克之间建立朝贡关系的前期，难以定调的藩国和藩部的哈萨克地位之争，很多情况下，只不过是一种

---

① 〔日〕野田仁，*The Kazakh Khanates Between the Russian and Qing Empires – Central Eurasian International Relations during the Eighteenth and Nineteenth Centuries*, Leiden, Boston: Brill, 2016.
② 〔哈〕克拉拉·哈菲佐娃：《十四—十九世纪中国在中央亚细亚的外交》，杨恕、王尚达译，兰州大学出版社2002年版。
③ Levey Benjamin Samue, "Jungar Refugees and the Making of Empire on Qing China's Kazakh Frontier, 1759–1773".
④ 陈志刚：《关于封贡体系研究的几个理论问题》，《清华大学学报》（哲学社会科学版）2010年第6期。
⑤ 陈志刚：《对封贡体系内属国与藩部界定标准的探论》，《东北师大学报》（哲学社会科学版）2009年第6期。

形式大于内容的朝贡关系下的名分之争。"① 耿琦利用近年出版的汉译版《乾隆朝满文寄信档》，考察"宗藩关系"下的乾隆帝与"中亚领主"关系，他还认为："乾隆帝利用他与外藩领主间的私人关系，巩固中亚宗藩体制的努力，确实在某种程度上获得了成功。"②

其六为"额真—阿勒巴图关系"（或汉译为"主—仆关系"）说。③ 日本学者小沼孝博注意到厉声和张永江的代表性研究成果，但批评中国学者过于依赖汉文史料是"单方面的研究"，其认为阿布赉"只是表面上归附清朝"，"清哈宗藩关系"并不存在；他还认为应从原始史料出发重新考察清哈关系的确切定义。他在考察了现存于中国第一历史档案馆的乾隆和嘉庆朝满文奏折、满文《平定准噶尔方略》、哈萨克王公向乾隆帝和伊犁将军呈送的托忒文和察合台文文书原件后，提出非汉语文书中的原有称呼并没有体现在汉文史料中的观点，其认为哈萨克对清廷行文，无论以托忒文还是察合台文书写，皆采用"额真"或"额真汗"这一满语词称呼清朝皇帝，而自称"阿勒巴图"，因而他提出，应该使用反映这一对应关系的"额真—阿勒巴图关系"来代替"宗藩""藩属""藩部""属国""属部"等关系；并称清哈政治关系实际上并未以儒家观念中的"宗藩关系"形式呈现，而是以起源于蒙古游牧社会并被清朝运用于其治下蒙古各部落的"额真—阿勒巴图关系"形式呈现的。他认为，继对哈萨克之后，清廷进而将此关系扩展至中亚其他国家与部族，并以此形成了与他们的连接，这才是清朝建立

---

① 张荣、郑峰：《试论清朝对哈萨克的"封官授爵"》，《中国边疆史地研究》2016年第2期。
② 耿琦：《再论清朝对中亚宗藩体制的维系与巩固——以乾隆帝与外藩领主的私人关系为中心》，《新疆大学学报》（哲学·人文社会科学版）2016年第2期。
③ 〔日〕野田仁、小沼孝博，"A Collection of Documents from the Kazakh Sultans to the Qing Dynasty", *Central Eurasian Research*, Special Issue 1, University of Tokyo, 2010。

的新中亚秩序。该说强调"额真"与"阿勒巴图"的"私人"关系，并以1778年清朝编设首个哈萨克牛录为例。① 为证明这两种关系的不同，他采用满文奏折、满文上谕、察合台文文献等材料考察1767年乾隆帝拒绝阿布赉借兵反抗浩罕额尔德尼伯克一事，认为此时乾隆帝表现出了与处理东南"宗藩关系"之属国类似事件的截然不同的"外交"态度，体现出了由"大汗"裁决、调停和维持欧亚大陆中部"国际秩序"的特征。该说尤其强调正因为"额真—阿勒巴图关系"的存在才保证了清哈双方对清朝皇帝和管理者具有相同的理解，进而才使得清朝在中亚"外交"交流中所推行的清朝政策拥有了政治基础；即维持清朝在中亚统治的政治基础或合法性，来自"额真—阿勒巴图关系"。此说已在美、日学界引起较大的反响。

笔者认为，以上诸定义都具有程度不同的合理性，反映出清朝与哈萨克关系的复杂性，体现学界在不同研究阶段的经典论述，具有重要的学术史价值和史学史意义。

较早采用的"宗藩关系"说，是较为简洁明了的解释框架，在20世纪相当长时期内为国内学界采用，一定程度上能够体现出封建统治者为联络感情，有将周边部族与皇家宗室进行类比之意图。② 因"宗主国"一词为西方传来，存在古代与近代所指的意义偏差，却并未引起国内学界理解的较大分歧。但是，随着近年来西

---

① 〔日〕小沼孝博：《论清代惟一的哈萨克牛录之编设及其意义》，载朱诚如主编《清史论集——庆贺王锺翰教授九十华诞》，紫禁城出版社2003年版。
② 如《清高宗实录》中仅有安南国王因被类比皇家宗室而使用"宗藩"一词两次，这两次分别指皇帝特降恩旨破格允许其在觐见过程中佩戴宗室之黄带以及获得近似宗室之恩赏。这正说明安南不能进入真正的宗藩序列。具体见"大皇帝于国王到京朝见时特赐金黄鞓带。天朝体制，惟宗藩始得系用此带。今国王特膺异数，比于亲藩，实为难觏宠荣。国王赴京，应仍系用红带，恭候到京面觐时，大皇帝加恩赏换"（《清高宗实录》卷1246，乾隆五十五年正月壬辰条）；"用沛宗藩之懋赏"（《清高宗实录》卷1356，乾隆五十五年六月丙辰条）。

方"新帝国主义"史的兴起,"宗主国"概念在西方语境中逐渐与殖民地时代列强侵占他国领土之行为紧密关联,这使得中国学术界原本采用的这一词具有了贬义,"宗主国"甚至成为部分西方学者"边疆非中国"谬论中的常用词。在英文中,"宗藩关系"和"宗主国"中的"宗"为同一词"suzerain",如继续沿用这一定义,则会影响到主张哈萨克作为属部归附清朝的合法性,且累及清代理藩院所管辖的内外蒙古属于中国的合法性,这已引起国内学者警惕,① 他们提出应用"藩属体制"代替"宗藩关系"说法。另外,"宗家—支族"之说确实可从近代朝鲜士人基于儒家文化背景的论述②中提炼得出,但该说法为清末光绪朝时才产生,并不能代表乾隆朝时的认知,将其用于乾隆时期西北边疆受满蒙部落文化影响较深地区,实有较明显的不适应性。笔者10余年来爬梳乾隆时期的诸多满汉文档案、文献,都未见用"宗藩关系"和"宗主"来表述清朝与中亚诸部之关系,因此认为对乾隆朝时期清朝与中亚关系的表述,似不宜直接采用"宗藩关系"概念。

"藩属关系"说不再使用"宗主"概念,符合清代之表述,但"藩属关系"是一方之于另一方而言的,不存在"双方藩属关系"一说。在"藩属关系"中对清朝的身份定位,需要结合史料做出,方能令学界认可。

"国际关系"说具有时代性,沙俄和苏联时期的学者,对相关历史问题的研究受到近代政治意识的影响,加之他们普遍不重视汉

---

① 李治亭:《"新清史":"新帝国主义史学"标本》,《中国社会科学报》第728期,2015年4月20日;刘文鹏:《回到国家建构——对清代历史研究中帝国主义路径的再分析》,《史学理论研究》2017年第2期;张继龙:《西方"中国'新帝国主义'"谬论辨析》,《当代世界与社会主义》2019年第5期。

② 如朝鲜流亡士人柳麟锡在给中华民国政府信中称:"敝邦为大中华之小中华,视中国如支族之于宗家。"柳麟锡:《毅庵集》卷25《与中华国政府》,载韩国民族文化推进会编《影印标点韩国文集丛刊》第338册,韩国民族文化推进会2003年版,第198页;转引自孙卫国《朝鲜王朝对清观之演变及其根源》,《廊坊师范学院学报》(社会科学版)2017年第3期。

文文献，尤其弱于满文文献的使用，忽视"藩属关系"的存在，使得这一提法客观性不足。而部分国外学者甚至一些国内学者过分依赖俄、英、日文研究成果，仍有赞同此说者。其实只要大量考诸满、汉文档案文献，即可发现此说难以成立。

"封贡关系"说，受日本"东亚世界论"学说的影响，有学者采用此种说法研究东亚地区以中国为中心的册封与朝贡体制。已有较多学者就此说缺乏朝贡贸易的内容而提出批评；还有学者认为"朝贡"是手段而非体制。① 如将其套用于和中国与其他周边关系有较大不同之处的清哈关系时，就会发现不合理之处颇多，如哈萨克人并未被清朝授予实职、双方贸易额极为巨大、双方交往多发生于边疆地区等情况，都说明这一说法不是理想的清哈关系解读。

"综合定义"说，受限于相关史料的运用。清哈关系的内涵远非朝贡关系所能概括，对清哈关系中的哈萨克身份难以定位，正说明相关研究者在清哈关系史研究中第一手资料收集得不完全，这才导致概念混淆和实证困难。

"私人关系"的提法，可视为传统"宗藩关系"说与"额真—阿勒巴图关系"说的某种结合，惟研究者未细究满文文献，未能发现满文原文中对相互关系的表述。而且"私人关系"一说，片面夸大个人交往之影响，掩盖了清朝与哈萨克三部间整体层面的交流和互动。

"额真—阿勒巴图关系"说，因对非汉文文献有所采用，颇能揭示以往研究中的遗漏和忽视之处。满文档案中，这两个词"额真""阿勒巴图"确实多见，这对偏重利用汉文史料论述清哈关系的学术著述之表述体系构成严峻挑战。笔者在对清代哈萨克满文档案的较为广泛的阅读基础上认为，这样一种表述——称清朝皇帝为"额真汗"②，称呼哈萨克人为"阿勒巴图"——在对话、文书中能使以

---

① 李大龙：《从"天下"到"中国"：多民族国家疆域理论解构》，第176—180页。
② 满文为 ejen han；该词的同音拼写多见于哈萨克首领在托忒文和察合台文书信中对乾隆帝的称呼。

"汗"为首领的哈萨克人容易理解,因而被清朝前线官员长期采用,也逐渐被哈萨克首领及其部众所接受。但这一用法皆出现于如下两种语境中:一是哈萨克首领向乾隆帝呈递禀文时的单对单称呼;二是清朝前线官员、侍卫在与哈萨克首领会晤交谈中,谈及乾隆帝与哈萨克首领及其部众关系时的单对单或单对多称呼。因此,"额真—阿勒巴图关系"说忽视了清哈双方在交谈与行文中存在的满文"国家"概念和"哈萨克部落"概念。①

要探讨清朝与哈萨克关系的实质,就应该从当时使用更为广泛的满文、托忒文和察合台文中的此类集体性词中寻找对应关系,而不应将单对单或单对多关系的表述说法夸大使用范围。其实,这一集体间的对应关系,反映在精通满、汉文的乾隆帝对哈萨克的认识中,尤体现在乾隆帝亲自审定、收入《四库全书》的清代第一部钦定西域地方志《西域图志》中。该图志明确将与哈萨克左、右部之关系用汉文"藩属"表示,且将其列入"藩属一"分类。②因而可以认为,满文中的由哈萨克众"阿勒巴图"组成的哈萨克部,等同于汉文的"藩属哈萨克",其对应面不再是"额真汗"或"大皇帝",而是记载哈萨克与清交往的满文文献中反复出现的、用来指称清朝的"大国"。此"大国"翻译自乾隆中期的满文上谕、奏折中所见的满文关键词"amba gurun",此词为清朝前线官员和清廷在与哈萨克交往时的自称。"大国"称呼具有特定的满语内涵,特指18世纪中叶,在满蒙游牧文化影响下的,由"大汗"(amba han)统治下的对各汗政权及各部具有管理权、裁决权和独一无二超高地位的正统国;这一定程度上又与"大唐""大明""大清"国号中以"大"来代表正统、延续正统相吻合,具有"天下共主"的古代中国文化传统内涵。其所指与今日国际关系中的

---

① 如清朝官员提及清朝,常称"我大国"(meni amba gurun),对哈萨克则常称"尔哈萨克部"(suweni hasak aiman)。
② 《西域图志》卷44,载钟兴麟等校注《西域图志校注》,新疆人民出版社2002年版。

"大国"完全不同,亦与今天美国"内亚"研究中类似概念的笼统所指有别,更不同于西方学者在清史研究中所用的"帝国"(empire)概念。"大国"与乾隆时期儒家文化中的"上国"① 概念较为接近,它内含地位不对等之关系。因而,"大国"是一个乾隆朝时期对哈萨克诸部使用的特定词,符合满汉语境下所指称的双边关系含义,如"据阿布赉云,我等带兵前来,并非敢与大国相敌"②。清朝在发给阿布勒巴木比特、阿布赉、阿布勒比斯等人的敕书中,就明确以"大国"自称,如"又,昨准俄罗斯部落来文,有尔等哈萨克旧系伊属之语。朕命所司传谕云,前大兵进剿厄鲁特,抵哈萨克边界,伊等慕化投诚。我大国之体,自当抚纳。非若汝外邦,动以威力相加,与之约誓,责其贡赋,亦未尝禁其服属他国也"③。

综上所述即可知道,对清朝与哈萨克诸部之关系的准确表述,应为符合当时历史环境的、双方共同认可的、由清朝主导的、源出于满汉文语境和具体交往实践的"大国—藩属关系",且在探讨中

---

① 之所以不采用"上国—藩属"概念,原因如下:其一,乾隆时期后期清朝官员在和哈萨克的实际接触中虽确有个别文书使用"上国"(dergi gurun),但绝大多数场合尤其是前中期,都使用"大国"(amba gurun);其二,"上国"为典型儒家文化词语,朝鲜使者朴趾源对"上国"优于"大国"有理解上的偏差:"今清,按明之旧,臣一四海,所以加惠我国者,亦累叶矣……我今称皇帝所在之处曰行在,而录其事。然而不谓之上国者,何也?非中华也。我力屈而服彼,则大国也。大国能以力而屈之,非吾所初受命之天子也。今其赐赉之宠,蠲免之谕,在大国不过为恤小柔远之政,则虽代蠲一贡,岁免一币,是惠也,非吾所谓恩也。"〔朝〕朴趾源:《燕岩集》卷13《热河日记·行在杂录》,第242—242页;转引自孙卫国《朝鲜王朝对清观之演变及其根源》,《廊坊师范学院学报》(社会科学版)2017第3期。其实,这背后体现的是朝鲜士人在尊明思想下所保持的儒家文化优于满蒙文化的固有认知。时人对于同一词语因文化背景不同而产生的巨大认识差异,恰好体现出在清代统一多民族国家的巩固和发展过程中"大国"这一词的内涵演进,这提示我们在清哈关系研究中,应综合考虑时代的总体面貌和多语环境来合理使用"大国—藩属"概念。
② 《清高宗实录》卷520,乾隆二十一年九月乙亥条。
③ 《清高宗实录》卷580,乾隆二十四年二月壬戌条。

不应忽视对应的集体概念。小沼孝博提出的"额真—阿勒巴图关系"应包括于"大国—藩属关系"内，适用于乾隆帝与哈萨克首领之私人关系表述。

从清朝的藩属体系来看，哈萨克和朝鲜分别为西、东部地区清朝最为重要的藩属，对两者进行比较，也具有史学价值。遵循本节分析思路也可推知，对于清朝和朝鲜、琉球之关系，基于档案史料和历史语境，使用"上国—属国关系"来代替"宗藩关系"可能是一种较准确的表述。

第二节　基本史料及关联资料

对于本书可资利用的史料，可按语种分为汉、满、俄、托忒、察合台等文字史料，其重要性如下。

首先是汉文史料。汉文史料中虽缺少乾隆时期与边疆民族有关的一手史料，但存世量很大，远超其他语种史料，且记载较为全面、系统，因此具有基础性地位。

其次是满文史料。从史料价值上说，清代对西北边疆地区的治理，在近一百年时间内，其上下行文主要采用满文书写，现存满文档案大多数为清中央一级的政令文书原件，且乾隆朝时期还形成了军机处专题《哈萨克档》，因而满文档案包含大量的重要信息。从数量上说，与哈萨克直接相关的军机处满文档案总数在4000份以上，间接相关的满文档案数量则更多，这些档案中所载的细节大多不见于汉文史料。笔者依据所查档案估计，乾隆时期与清哈关系相关的历史细节之满文记载尚有80%以上未译成汉文，因此满文史料具有原始性、权威性和不可替代性。

再次是俄文档案。俄文档案学术价值较高，主要是因为俄罗斯向哈萨克草原派遣使者所形成的记录，以及奥伦堡总督、西伯利亚总督等官员与俄廷的上下行文均具有原始史料价值，这类档案主要保存于俄罗斯各地档案馆内，但因大多不向国外学者开放，全面系统利用俄文史料仍难以做到，目前可从前人研究和俄文史料汇编中获知部分相关的内容。在对许多历史事件的评价上，俄文档案可与汉、满文史料记载相互参照。

最后是托忒文、察合台文史料。这两种文字是清代哈萨克首领向清朝行文时使用的正式文字，中国第一历史档案馆馆藏的相关文书有100份左右，其他科研机构也收藏有少量的史料。杜山那里对这些文书中的察合台文部分进行过专题研究，出有专著。① 日本学者小沼孝博和野田仁就其中3份托忒文和13份察合台文文书②进行转写，并比对相关的每份满、汉文档案，就用词和表述上的差异撰写了专题论文，③ 推进了相关研究。这些文书档案是了解哈萨克首领真实意图的关键史料，其中许多内容能够有力证明哈萨克归附

---

① 杜山那里·阿不都拉西木：《中国第一历史档案馆藏清代哈萨克语文献研究》，民族出版社2016年版。如该著之书名所示，此类文书大部分是以察合台文记录的当时所用哈萨克语言叙述的内容。杜山那里另有专文研究哈萨克公卓尔奇致塔尔巴哈台参赞大臣之行文，讨论卓尔奇在1786年察合台文中"抓住皇帝黄金衣角"之用语，认为这是对自身归附清朝皇帝的一种象征性表达。笔者认为，这一表达还有其前半部分，即"匍匐在皇帝脚下"，然后才是"抓住皇帝黄金衣角"，察合台文之记录往往只留下后半部分，应是一种语言表述上的缩写，表达的仍是对自身所具有的皇帝臣仆身份的认可。小沼孝博讨论了另一份1779年察合台文书，其中有阿布赉汗向伊犁将军伊勒图提及的"我抓住额真博格达汗黄金衣角"，他对杜山那里就两份文书中都出现的 etäkin（衣角）一词所做的分析表示认可。〔日〕野田仁、小沼孝博，"A Collection of Documents from the Kazakh Sultans to the Qing Dynasty"，*Central Eurasian Research*，Special Issue 1，p. 42；Dushannali. Qazaq güngi Jošïnïng Tarbayatay ambandarïna jazyan hanï [A Letter of the Kazakh‐Gong Jochi Addressed to the Councillor of Tarbaghatai]，šïnjang qoyamdïq yïlïmï (in Kazakh) 4 (2009): 51‐57。

② 这16份文书具体为：3份分别上奏乾隆、嘉庆、道光帝，5份写给伊犁将军，6份写给塔尔巴哈台参赞大臣，1份写给俄罗斯西伯利亚总督。这些用来对比的文书具有一定的代表性，其选择的文书、视角不但与杜山那里的研究有所交错，而且还有与之的学术对话。

③ 〔日〕野田仁、小沼孝博，"A Collection of Documents from the Kazakh Sultans to the Qing Dynasty"，*Central Eurasian Research*，Special Issue 1，pp. 8‐85。

清朝并成为藩属的性质。

本书相对以往研究,在汉文史料的利用上,根据研究的需要和认识的深入,大幅拓展了利用范围,梳理如下。

第一类,官书。《清高宗实录》《平定准噶尔方略》这两部史料可对研究者起到目录检索的作用,笔者对相关内容进行了通读。

第二类,志书。《西域图志》《钦定新疆识略》《新疆图志》①这三部官修新疆地方志,反映了乾嘉时期及清末对哈萨克的官方认识。《热河志》《承德府志》记载有大量清中期哈萨克部朝觐等内容。被乾嘉考据学和西北史地学所借助的各类方志,如《西陲总统事略》《朔方备乘》《西域闻见录》《伊江汇览》《异域琐谈》《塔尔巴哈台事略》《西陲要略》《啸亭杂录》《回疆志》《圣武记》《海国图志》等,反映了清中后期士人阶层对清哈关系的认知。笔者对以上各书中的相关内容进行了通读。其中,《西域图志》最为重要,该书撰写于清代全盛时期,成书时相关历史记忆尚存,总裁官大多为亲历"平准"战争和参与安定西域事务的朝廷重臣,如傅恒、舒赫德、阿桂、刘统勋、兆惠、福康安、刘墉等,且经过乾隆帝的亲自审定,因而与其他志书具有本质上的区别。《乾隆大清一统志》《满洲源流考》等书也包含相关内容,但不如以上《西域图志》记载那样详尽。

第三类,重要价值的汉文文献,如《四库全书》。以往清哈关系史研究中较为忽视这类史料,本研究所借助的这类史料主要有以下 8 大类:

(1)康熙、乾隆、嘉庆三朝《御制诗文集》全集,以及《皇清文颖》、《皇清文颖续编》、《乾隆御批纲鉴》等御制诗文集;

(2)《石渠宝笈》(及《石渠宝笈续编》《石渠宝笈三编》)、《清代内务府造办处承办宫中各项活计档册》(以下简称《活计档》)等美术史资料;

---

① 华林甫主编:《清代地理志书研究》,中国人民大学出版社 2014 年版。

（3）清代内廷文人所撰文集；

（4）《朝鲜王朝实录》等属国汉文文献；

（5）《八旗通志》《钦定蒙古回部王公表传》（其中所载官员生平资料中有涉及哈萨克的部分内容）；

（6）《乾隆十三排图》等清代地图；

（7）各类会典、则例、通典、《起居注》等有关国家典章、朝纲的官书；

（8）各部院汉文档案，如中国第一历史档案馆藏的《兵科题本》含有相关档案10多万份，《上驷院档案》含有相关档案7万余份。①

乾隆时期清哈关系，对此后清朝产生了深远影响，应该贯通利用好上述档案资料。这些容易被忽视但实际上与其他史料文献具有联系的汉文材料，在考证史实与史学史考察上，具有双重学术价值。得益于近年来的数据库建设，这些大部头著述大多已能被查询使用，使得在清代边疆史研究中，仅在汉文材料利用方面，就具有了超越以往的客观条件。以往此领域之研究，多依赖《清高宗实录》、《平定准噶尔方略》及各类方志。这一研究思路已在本书各章中得到体现。

本书的最大特点是大量使用满文材料，但笔者认为对满文史料也需要进行鉴别和批判。现根据研究的需要，梳理如下。

（1）《军机处录副奏折》、《满文上谕档》和《军机处满文月折档》类，此类史料最为重要且相关记载具有连续性。

（2）汉译满文档案汇编类，此类汇编档案查询方便，有助于

---

① 目前开放的这两类档案虽然数目不少，但完整性上仍有较大的欠缺。现开放的《上驷院档案》中本应保有接受哈萨克贡马后较为专门的繁育马匹的情况，但目前仅在相关牧场的其他事务中极个别地提及哈萨克马饲养的内容，系统性不足。《兵科题本》中，在参与哈萨克战事的官兵军功议叙中，本应有涉及哈萨克之详细内容，但目前所见的也不完整。对于这两类档案的进一步利用，还需要等待中国台湾地区所藏档案及中国第一历史档案馆所藏档案的进一步开放。目前可参见张莉《清代上驷院简论》，《清史研究》1991年第2期。

各领域研究者对此类档案的利用。

（3）尚未开放利用类史料，主要有军机处专题《哈萨克档》①、故宫博物院藏内务府档案以及满文舆图等。根据现有开放利用的资料，尤其是《军机处满文录副奏折》、《满文上谕档》和《军机处满文月折档》，已经能将其中的大部分信息梳理出来。

（4）以往较为忽视的但具有重要史学价值的满文材料有：一是满汉对照的各部院题本；二是满文著述，如蒙古旗人松筠所撰《百二老人语录》等；三是《西域同文志》《五体清文鉴》等所载的与哈萨克相关的词语演变内容；四是已公开的清代满文地图，如《康熙皇舆全览图》《雍正十排图》以及图里琛《异域录》中的满文地图等；五是《土尔扈特档》②中东归行经哈萨克之记载等内容。

笔者认为，以往认为满汉文对照官书，如《清高宗实录》《平定准噶尔方略》及朝臣所上满汉合璧题本中，满汉文所载内容几乎一致的观点，需要重新审视。经笔者比对，发现不少涉及清代边疆管理的满汉合璧史料有不一致之处。试举一例，《乾隆十三排图》所载御制诗汉文"核真令复逮渠搜"一句，相对应的满文"geli ili de

---

① 小沼孝博认为《哈萨克档》为4册满文专档。第1册名为"哈萨克名册"，是对1761—1785年哈萨克使团的派遣者及其成员的记录。第2册名为"哈萨克档：乾隆四十八年至五十一年"，包括5份1783—1786年清内廷高官阿桂、福隆安、和珅的奏折；其中每份又都包含清廷赏赐哈萨克使团派遣者及其成员礼物的汉文清单。第3册名为"哈萨克档：乾隆五十二年至五十六年"，是上一册的续编，包括了1787—1791年的10份奏折；该册奏折后还附有满、托忒、察合台文版上谕。第4册名为"哈萨克档：乾隆五十一年至五十四年"，但该册实际上是上两册的汇编简略版本。见〔日〕小沼孝博，"A Collection of Documents from the Kazakh Sultans to the Qing Dynasty", *Central Eurasian Research*, Special Issue 1, pp. 152 – 154。

② 满文《土尔扈特档》共25册，已于2021年6月由中国第一历史档案馆开放，可供全文检索，因土尔扈特东归行经哈萨克草原，其内有大量与哈萨克相关的内容。虽然《土尔扈特档》中的绝大多数内容已被《满文上谕档》和《军机处录副奏折》收录，且已有两部土尔扈特档案被编译出版，但该专档仍收录有未见于以上两档的如入觐、赏赐安排等内容的记载，且具有连贯性和完整性，有较高的学术价值。

isitala, ba na i arbun be nirubuha"，意为"再次（派遣绘图师）将直至伊犁地方的情形绘图完毕"①，同一句话的满汉版本，实际上表达了完全不同的意思。这一现象不应简单归结为满汉翻译的对错问题，而应理解为清代满汉对照文字具有二元一体的属性，即此时的汉文版和满文版同时具有意义，相互补充，而不是彼此一一对应。所以在利用满汉文合璧资料的历史研究中，要尽量做到全面考察，不能过于强调满文原文，而忽视对汉文版本的审读，也不能过于强调汉文翻译而抛开满文原文。笔者认为不论是满译汉，还是汉译满，都具有面对特定受众的存在价值。在本书所使用的史料中，哈萨克首领阿布赉用于自称的满蒙同源词"阿勒巴图"（albatu），在清廷以汉文宣示中外的诏告中，被译成了"臣仆"，而地方总督在据此诏告所上的满汉合璧题本的满文部分中，又使用了"aha jušen"（阿哈珠申）来对"臣仆"一词进行再翻译，②因此"阿勒巴图"一词，经过了满—汉—满的两重翻译后，被彻底替换成满文的"阿哈珠申"；从具有满蒙语义的"仆从""仆人"一词的"阿勒巴图"，经过了纯汉文语义下的"臣""仆"复合体"臣仆"一词后，最终变成了纯满文语义下的清朝皇帝近臣"阿哈"与平民"诸申"的复合体"阿哈诸申"。笔者认为，这样三种表述都具有其价值和意义，有助于三种语境下的特定人群的理解。这个以往满文史料运用中较为忽视的问题，在涉及满汉等多重语境并存的本研究中则具有重要意义。

在本书中，笔者在注释中对清哈交往中频繁出现的 amba ejen、ejen han、amba gurun、data、albatu 等满文关键词着重进行了讨论；在第六章对旗人松筠用满文所撰的《百二老人语录》及其相关历史记载的考察中，亦从满汉文史料的双重语义来理解当时的历史语

---

① 汪前进、刘若芳整理《清廷三大实测全图集——乾隆十三排图》，外文出版社2007年版。
② 《福建水师提督马大用为庆贺哈萨克汗阿布赖悔过投诚举部内属事》乾隆二十二年十月二十日，汉满合璧题本，中国第一历史档案馆藏，档案号：02-01-006-001553-0006。

境，体现本书的研究特色。

以下按文献类型进行讨论。

一　档案的整理出版情况

在清朝与哈萨克等边疆部族交往过程中，清朝中央形成了大批满汉文档案，现大多存放于中国第一历史档案馆，部分藏于日本、美国、俄罗斯、德国等以及我国台湾地区。以往对清朝与哈萨克关系史进行研究时，对于档案特别是满文档案利用不够充分，国内学者中仅林永匡、王熹《乾隆时期内地与新疆哈萨克的商业贸易》以及厉声《哈萨克斯坦及其与中国新疆的关系（15 世纪—20 世纪中期）》利用较多。国外学者中，近年来小沼孝博、野田仁、本杰明（Benjamin Samue Levey）等人相关论著运用满文档案较多。

中国边疆史地研究中心和中国第一历史档案馆合编，于 2012 年出版的《清代新疆满文档案汇编》，共 283 册，收录档案 7 万余件，是已出版文献中重要的一套大部头档案汇编，收入了中国第一历史档案馆收藏的绝大多数涉及清哈初期交往的满文档案。对此书的利用，必将有助于对清哈关系史研究的深化。

《清代中哈关系档案汇编》第 1、2 册，① 汇编了中国第一历史档案馆收藏的从乾隆二十年（1755）至乾隆二十九年（1764）九月的档案文件。因系影印出版，较好地保持了档案原貌，且选取部分未公开的内务府档案，这使得档案品类更加丰富。该书虽有益于清哈关系史研究，但在相关满文档案的完整性上尚有微小失误，如误将准噶尔贵族哈萨克锡喇②的相关档案大量收入，这对于清哈关系研

---

① 中国第一历史档案馆、哈萨克斯坦东方学研究所编：《清代中哈关系档案汇编》第 1、2 册，中国档案出版社 2006、2007 年版。
② 如所收的第二份档案《定边右副将军萨喇勒等奏闻钦差侍卫敦济布齐送上赏哈萨克锡喇衣帽等物返京情形事折》（乾隆二十年五月十九日）、第七份档案《理藩院左侍郎参赞大臣玉保等奏报移咨达尔党阿速派侍卫到达罕德勒驿站看望哈萨克锡喇等病情事折》（乾隆二十年十月初四日）。

究几无用处。此外,此书还在哈萨克档案的时间判断上出现个别错误,如将所收的第一份档案《军机处奏明将颁给哈萨克阿布勒拜木毕特等人敕谕翻译托忒字呈览事片》断为乾隆十九年(1754),但从内容"将颁给哈萨克阿布勒拜木毕特等人敕谕翻译成托忒字,并谨呈皇上御览后,以誊黄龙笺纸将此满文托忒文誊写并钤印,交付哈萨克使者赍往。为谨奏事"① 看,与事实不符,时间顺序不对,阿布勒拜木毕特实际上到乾隆二十二年(1757)以后才归附清朝,这或许是原件系脱落奏片而编者又未详细考订导致对时间判断出现错误。

  除收录于《清代中哈关系档案汇编》中的档案外,尚有大量关于清朝与哈萨克关系档案,散存于中国第一历史档案馆所藏各全宗中,其中尤以《军机处满文录副奏折》和《军机处满文月折档》中最为丰富,原因为清朝于18世纪中后期在西北地区的军事行动中,其上下行文、谕旨、奏折多使用满文。② 在中国第一历史档案馆收藏的各部院题本中,也有同哈萨克相关的内容。故宫博物院藏内务府档案虽包含有哈萨克朝觐的相关事宜,尚未完全开放,但其中《活计档》已公开出版,相关的画作如《哈萨克贡马图》及《职贡图》等上有哈萨克男女画像等内容。除中国第一历史档案馆、故宫博物院、台北故宫博物院等处所藏档案外,近年来也有大量档案被翻译出版,与本书密切相关的主要有赵令志、郭美兰主编的《军机处满文准噶尔使者档译编》③ 以及中国第一历史档案馆编

---

① 满文转写:"hasak i abulbaimbit sede wasimburehesei bithe be tote hergen i ubaliyabufi gingguleme tuwabume wesimbuhe dergici tuwafi tuchibuhe manggi, muduri noho suwayan haošan de manju tote hergen i arafi, boobai gidafi hasak i elchisa de afabufi gamabuki, erei jalin gingguleme wesimbuhe."
② 郭美兰:《近年来中国第一历史档案馆藏满文档案编译出版概况》,载郭美兰《明清档案与史地探微》,辽宁民族出版社2012年版。
③ 中国第一历史档案馆、中国边疆民族地区历史与地理研究中心合编:《军机处满文准噶尔使者档译编》(3册),中央民族大学出版社2009年版。

《清代西迁新疆察哈尔蒙古满文档案译编》①和《乾隆朝满文寄信档译编》②等。此外，还有满汉文《起居注》、朱批奏折汇编等可资利用。这些珍贵档案，对本书的写作具有重要的参考价值。

中国第一历史档案馆藏的与清哈关系相关的档案，大部分尚未被完整利用。这些档案包含自清哈接触到哈萨克归附并建立与清之藩属关系全过程的第一手史料，且因清哈早期交往阶段之原始档案，绝大部分或为满文档案，或以托忒文、察合台文书写，因而国内外学者对此利用不多。对这些从未被利用且涉及清哈之间使者往来、交战、贸易、封赐、朝觐等方面内容的大量满文档案进行翻译、整理，并理清这些档案与相关史料间的关系，进而对乾隆时期清朝与哈萨克诸部关系加以研究，成为本书的独创内容。

二 相关史料的梳理

除作为第一手史料的清宫档案外，《平定准噶尔方略》《清高宗实录》也为本书所借助的基本史料。③其中，《清高宗实录》作为清史研究的必备材料，具有重要地位；《平定准噶尔方略》成书较《清高宗实录》早且为钦定，主撰者傅恒时任首席军机大臣，

---

① 中国第一历史档案馆编：《清代西迁新疆察哈尔蒙古满文档案译编》，全国图书文献微缩复制中心1994年。
② 中国第一历史档案馆编：《乾隆朝满文寄信档译编》，岳麓书社2011年版。《乾隆朝满文寄信档》又称《乾隆朝满文寄信上谕》，实为对清廷用寄信方式发出的上谕档案之收录。据笔者在中国第一历史档案馆的查询，《乾隆朝满文寄信档》内所含与哈萨克有关的上谕数，约同时期全数的三分之一，可知《乾隆朝满文寄信档》虽具有较高的史料价值，但仍不足以再现乾隆帝处理哈萨克事务时的政策变化，学界还需对其余三分之二《满文上谕档》加以利用。
③ 对于《清实录》与《平定准噶尔方略》，有学者进行了专门研究。比如：吴丰培《史料价值极高的名著〈平定准噶尔方略〉》（《中国边疆史地研究》1991年第2期），从撰修者傅恒及其所采用的史料方面指出了《平定准噶尔方略》的学术地位；谢贵安《清实录研究》（上海古籍出版社2013年版），对《清实录》选材时的增加、删改内容有较详尽的分析，但忽视对满文版《清实录》的观照，稍显遗憾。本书在第三章将详细比较这两部官书，得出结论是研究清哈关系问题时《平定准噶尔方略》的学术价值更高。

重大决策无不参与,"而一切罪状,惟军营大臣见之,朕及军机大臣知之,天下后世不尽知之也"①,素为乾隆帝信任,"时举朝不知准噶尔内乱,狃于辛亥败兵之事,不愿劳师动众,惟傅文忠公一人力赞成之。上曰'卿朕之张华、裴度也'"②。因此,《平定准噶尔方略》比《清高宗实录》记录事件得更为全面,也对事件记载得更为详细,且较少修改原始材料。因哈萨克卷入准噶尔事务,所以《平定准噶尔方略》包含大量与哈萨克有关的细节内容,这些细节内容体现了清朝对准噶尔及哈萨克政策的演变过程。《平定准噶尔方略》取材大多来源于原始上谕与奏折,较为详尽地记录了清朝与哈萨克交往的经过,以及战后对天山南北的经营情况,并辑入相关的奏疏、上谕,具有较高的参考价值。

满文《平定准噶尔方略》③ 因直接取材于满文原始材料,未经过翻译,能在与汉文版的奏折、上谕对比中体现满文表达的不同,从而可以探寻到清廷决策时的原始情况,有一定的参考价值。④ 笔者将两种版本的《平定准噶尔方略》进行了比较,见出所记事件大体相同,但满汉文用词有较大的区别。此种比较研究方式适合在长时段内对具体词义的考证。

---

① 《平定准噶尔方略》正编卷23,乾隆二十年十二月戊申条。
② (清)昭梿撰《啸亭杂录》卷3《西域用兵始末》,何英芳点校,中华书局1980年版。
③ 满文《平定准噶尔方略》与汉文版同时修撰,取材大多选自原始满文谕旨。乾隆帝曾降谕曰:"从前办理准噶尔回部事宜,节次俱系清字谕旨。编纂方略时,所译汉文原不妨稍加词藻。至编辑清字方略,自有原奉谕旨可遵,不过节其繁冗,最为省便。"《清高宗实录》卷734,乾隆三十年四月辛亥条。
④ 赵令志教授在参与主编的《军机处满文准噶尔使者档译编》(3册,中央民族大学出版社2009年版)基础上,对此问题进行了专题研究,见赵令志《清修官书取材管窥——以〈使者档〉与〈方略〉〈实录〉之内容比对为例》,载赵志强主编:《满学论丛》第3辑,辽宁民族出版社2013年版,第329—345页。日本学者野田仁、小沼孝博的 "A Collection of Documents from the Kazakh Sultans to the Qing Dynasty" (*Central Eurasian Research*, Special Issue 1, University of Tokyo, 2010),在考证哈萨克阿布赉进呈乾隆帝的首封托忒文文书的发出时间时,亦以满文版《平定准噶尔方略》为参照。

地方志中，《钦定新疆识略》①多为清哈关系研究者所引用。该书作为重修的新疆地方志，上承《西域图志》，为边疆官员提供治边之法，是考察新疆史地沿革的重要史料。该书第12卷《外裔诸表》中，"哈萨克世次表"是清代汉文史料中记载哈萨克汗世系最为详细者，日本学者佐口透主要以此为据，制作了《哈萨克汗王公世系表》。该书其他章节也有大量的与哈萨克相关的内容。此外，《西陲总统事略》《朔方备乘》《西域闻见录》《伊江汇览》《异域琐谈》《塔尔巴哈台事略》《西陲要略》《筹办夷务始末》《啸亭杂录》《新疆图志》等志书中，也有大量可资借鉴的与清哈关系相关的内容。虽然史料大多并非当时人记当时事，错漏较多，但在具体事件的考证上仍可作为补充史料来参考，有助于梳理清人对哈萨克认识的变迁，具有一定的史料价值和史学史价值。

俄罗斯及哈萨克斯坦历年出版的著作中，列夫申著《吉尔吉斯—哈萨克各帐及各草原的述叙》②（1832）较早记载18世纪哈萨克三玉兹的活动，因成书较早，作者身份特殊，加之利用俄文档案和亲身调查内容较多，成为研究清哈关系史不可忽视的一部史籍。另一部较为重要的著作为捷连季耶夫的《征服中亚史》③，作者时为俄罗斯驻中亚军官，记录了大量有关哈萨克社会及其与清朝接触的内容。阿布赉汗曾孙瓦里汗诺夫，作为第一代哈萨克历史学家，于19世纪中叶通过实地调查和收集大量的民间资料写成了《阿布赉》④（1860年代）一书，此书有不同于主流俄文著述的学术观

---

① 松筠撰《钦定新疆识略》，载《中国边疆史地丛书（初编）》第1辑，台北：台联国风出版社1969年影印版。
② 〔俄〕列夫申：《吉尔吉斯—哈萨克各帐及各草原的述叙（摘译）》，新疆维吾尔自治区民族研究所译，1975年油印本。
③ 〔俄〕M. A. 捷连季耶夫：《征服中亚史》第1、2册，武汉大学外文系译，商务印书馆1980年版。
④ 〔俄〕瓦里汗诺夫：《阿布赉（摘译）》，新疆维吾尔自治区民族研究所译，1979年油印本。

点，史学价值较高。兹特拉金《准噶尔汗国史》①，记录18世纪中叶沙俄在中亚地区的行动较为详尽，对与清朝相关的叙事则有失客观，但因大量运用俄罗斯档案且对阿布赉着墨较多，有一定的参考价值。俄罗斯喀山出版的哈萨克文《哈萨克族世系》（1911），对研究哈萨克汗世系具有较高的参考价值。阿拉木图出版的俄文《15—18世纪哈萨克汗国史料集》（1969），所录第一手俄文档案，学术价值较高。此外，《东北部哈萨克生活概况》（1930）、《17—18世纪蒙古与中亚相互关系》、《哈萨克苏维埃社会主义共和国史》（1957）、《十八世纪以来的哈萨克斯坦历史：有关阿布赉的内外政策》（1988），以及库尔班·艾力著的塔塔尔文《东方五史》（1910）等，体现出俄罗斯和哈萨克斯坦特定视角下的关于阿布赉汗的叙事模式。这些著述多结合俄文档案与实地调查，可资借鉴，但因较少采用中国史料，又受俄苏时期意识形态的影响，多对阿布赉归附清朝这一历史过程付之阙如，且有部分史实不清之处，尤应详加考辨。除以上所列外，俄罗斯和哈萨克斯坦还收藏有大量的涉及清哈早期关系史的俄文、哈萨克文、满文、蒙古文原始档案，这些档案尚未得到学术界的充分利用。

第三节 研究综述

目前对乾隆时期清朝与哈萨克诸部关系史的研究，国内外已有许多成果。由于清朝和哈萨克关系涉及亚欧大陆诸多国家部族，史料语种丰富且时间跨度大，既有的研究成果呈现分布分散化与语种多样化的特点，形成了此一领域研究的国际化局面。鉴于这一特点，此部分的文献综述将分为两部分：一是按时间顺序梳理清朝与

---

① 〔俄〕伊·亚·兹特拉金：《准噶尔汗国史》，马曼丽译，商务印书馆1980年版。

哈萨克关系研究中使用新发现史料的情况；二是按研究方向概述国内外学者的研究成果。

一 史料运用和研究方向的拓展

从史料运用角度来看，与本书主旨相关的研究方向中，以日本学者佐口透为早期的代表。他较早综合利用了《清实录》《平定准噶尔方略》《西域图志》等中文史料，辅之以重要的俄文史籍，如《吉尔吉斯—哈萨克各帐及各草原的述叙》《东北部哈萨克生活概况》《哈萨克苏维埃社会主义共和国史》等，并融合了当时欧洲的东方学研究成果。其《18—19世纪新疆社会史研究》①内的第五章"哈萨克游牧社会的东方关系"，在对18世纪中叶清朝与哈萨克关系的研究中占有重要地位。对史料的详尽收集与缜密分析，是该书的一大特色。

从近年来国内外相关领域学者的研究成果来看，运用史料种类更加丰富，大都采用新发现的清代满汉文史料及俄文文献，并开始使用托忒文史料。如厉声在所著的《哈萨克斯坦及其与中国新疆的关系（15世纪—20世纪中期）》②内，利用了《17—18世纪蒙古与中亚相互关系》（俄文）、《哈萨克共和国通史》（俄文），并结合了林永匡等人借助满文档案对清朝与哈萨克贸易进行研究的成果。苏北海的《哈萨克族文化史》③，使用稀见的哈萨克文史料和中亚地区其他文字史料，如1911年喀山出版的《哈萨克族世系》（哈萨克文）、1910年喀山出版的《东方五史》（塔塔尔文）、1969年阿拉木图出版的《15—18世纪哈萨克汗国史料集》（俄文）等，进一步拓展了史料来源，使研究成果内容更加丰富。

---

① 〔日〕佐口透：《18—19世纪新疆社会史研究》，凌颂纯译，新疆人民出版社1983年版。
② 厉声：《哈萨克斯坦及其与中国新疆的关系（15世纪—20世纪中期）》，黑龙江教育出版社2004年版。
③ 苏北海：《哈萨克族文化史》，新疆大学出版社1989年版。

我国学者近几年的研究成果中，赵令志、郭美兰著《准噶尔使者档之比较研究》①为较有代表性的一部，该著翻译、研究了有关准噶尔部与清朝使者往来的军机处专题满文档案《军机处满文夷使档》。因清准之间的使者往来和清哈关系在时间上具有衔接性以及影响时间长的特点，因此该著也对本书写作有较大的帮助。

日本学者野田仁、小沼孝博的 2010 年论著《哈萨克苏丹致清朝文献集》（A Collection of Documents from the Kazakh Sultans to the Qing Dynasty）②，分析了 16 件阿布赉、阿布勒比斯、瓦里等哈萨克汗、王向清廷呈送的托忒文与察合台文文书，并结合满文档案及汉、俄文史料加以分析，强调清哈之间存在"ejen - albatu（额真 - 阿勒巴图）关系"③的观点，但华立教授更早提出"额真 - 阿勒巴图关系"。④ 其后，小沼孝博出版专著《清朝与中亚草原：从游牧民的世界到帝国的边疆》（『清と中央アジア草原：游牧民の世界から帝国の辺境へ』）⑤，综合运用汉、满、俄、托忒、察合台文及"中亚穆斯林文献"，以中亚这一大的外部环境为考察的切入点，分析清朝与哈萨克的关系以及清与周边部族的互动。野田仁则出版专著《俄清帝国与哈萨克汗国》（『露清帝国とカザフ＝ハン

---

① 赵令志、郭美兰：《准噶尔使者档之比较研究》，中央民族大学出版社 2015 年版。
② 〔日〕野田仁、小沼孝博，"A Collection of Documents from the Kazakh Sultans to the Qing Dynasty", *Central Eurasian Research*, Special Issue 1, University of Tokyo, 2010。
③ 此"ejen—albatu（额真 - 阿勒巴图）关系"提法，亦见于〔日〕小沼孝博《论清代惟一的哈萨克牛录之编设及其意义》，载朱诚如主编《清史论集——庆贺王锺翰教授九十华诞》，第 568—574 页。
④ 华立：《嘉庆四—五年哈萨克王位承袭问题与清廷的对应方针》，《清代新疆社会变迁研究》，西北大学出版社 2021 年版。此处为收入论文集时间，原文完整提出这一关系的时间要早于小沼孝博等学者。
⑤ 〔日〕小沼孝博『清と中央アジア草原：游牧民の世界から帝国の辺境へ』，東京大學出版會、2014 年版。

国』)①，又在该著基础上增加史料和修正观点，于 2016 年出版英文增订版《俄清帝国之间的哈萨克汗国：18—19 世纪的中亚国际关系》(*The Kazakh Khanates Between the Russian and Qing Empires – Central Eurasian International Relations during the Eighteenth and Nineteenth Centuries*)②。野田仁的专著撰写，是建立在他常年在哈萨克斯坦进行档案文献的调查及参与当地学者研究的基础上的，他尤其擅长对于俄文档案的发掘。他频繁走访哈萨克斯坦和俄罗斯西伯利亚等地的档案馆，深入挖掘有关清哈关系的俄文档案，获得了部分第一手俄文档案。他着重在中亚国际关系背景下，考察俄罗斯因素对清朝和哈萨克关系的影响，其中，他对 1820 年代俄罗斯阻挠清朝册封哈萨克首领爵位一事展开的深入讨论，颇有新意。该著对俄罗斯在清朝与哈萨克贸易之间所扮演的重要角色也做出了首创性的研究。美国本杰明（Benjamin Samue Levey）的哈佛大学 2014 博士学位论文 "Jungar Refugees and the Making of Empire on Qing China's Kazakh Frontier, 1759 – 1773"（《准噶尔难民与清帝国哈萨克边界形成研究（1759 – 1773）》），运用新出版的《清代新疆满文档案汇编》内大量的满文档案，并结合最新英文与日文研究成果，提出准噶尔难民为清朝构造和巩固哈萨克边界起到沟通作用。

从史料运用角度可见，清哈关系史的研究呈现史料与史籍使用的多元化以及史料语种运用的丰富化的特点。这在清哈交往中，则体现为民族、语种众多及资料丰富、多样的特点。在研究中，对多语种资料进行综合运用，越来越成为此一领域研究的主流趋势。

从研究方向和关注点来看，佐口透所著的《18—19 世纪新疆

---

① 〔日〕野田仁『露清帝国とカザフ＝ハン国』、東京大学出版會、2011 年版。
② 〔日〕野田仁，*The Kazakh Khanates Between the Russian and Qing Empires – Central Eurasian International Relations during the Eighteenth and Nineteenth Centuries*, Leiden, Boston：Brill, 2016。

社会史研究》①的特色，是对历史脉络的细致考察和首次综合利用东西方史料进行分析。因而其内许多研究结论，至今仍发人深思，该著也成为清哈关系史研究的必读书目。该著中的"哈萨克游牧社会的东方关系"一章，作者较早大量利用中、俄文史料和前人学术探索之成果，对清朝与哈萨克游牧社会的政治和贸易关系史进行全面梳理，很值得关注。随后，佐口透又发表了系列相关文章，进一步推进了清哈关系研究。

哈萨克斯坦学者克拉拉·哈菲佐娃于1980年代完成的，于2002年翻译出版的《十四—十九世纪中国在中央亚细亚的外交》②也有较高的学术价值。由于这部著作是哈萨克学者写成的，并大量使用俄罗斯和哈萨克斯坦馆藏未出版的俄文档案，能够代表哈萨克斯坦乃至整个中亚地区学术界对相关问题研究的最高水平。由于该著成书较晚，作者又大量采用俄罗斯、哈萨克斯坦所保存的珍稀档案文献，并在中国学习、工作中还查阅与使用了大量汉文史料，引征了较多中国学者的学术成果，因此，她在著作中特别注意到清朝对待哈萨克与对待中亚其他国家有明显的不同，哈萨克被清朝称为"屏藩"。这部专著视角独特，综合考辨了中、俄、哈三国所保存的有关清朝与哈萨克及其他中亚国家部族交往的史料，从研究角度上填补了学界的空白。

国内学者中，林永匡、王熹在中国第一历史档案馆工作期间，查阅满文史料，撰写了包括清哈交往与贸易的著作《清代西北民族贸易史》③，其中的第五章"清代中期的哈萨克贸易"以及二人合写论文《乾隆时期内地与新疆哈萨克的商业贸易》④，利用第一

---

① 〔日〕佐口透：《18—19世纪新疆社会史研究》，凌颂纯译，新疆人民出版社1983年版。
② 〔哈〕克拉拉·哈菲佐娃：《十四—十九世纪中国在中央亚细亚的外交》，杨恕、王尚达译，兰州大学出版社2002年版。
③ 林永匡、王熹：《清代西北民族贸易史》，中央民族大学出版社1991年版。
④ 林永匡、王熹：《乾隆时期内地与新疆哈萨克的商业贸易》，《历史档案》1985年第4期。

手满文史料,对清朝与哈萨克贸易进行了较为可信的考察和研究。

厉声《哈萨克斯坦及其与中国新疆的关系(15世纪—20世纪中期)》[①],是全面回顾与分析中哈关系史的重要专著,该著勾勒出哈萨克民族形成、发展的全过程,其内第五章"清对哈萨克部的治理政策"论述了清哈关系的建立及清哈贸易。由于作者能够直接运用俄文史料,这部专著较国内其他学者的研究,资料更加丰富、规模更加宏大。此外,该著还特别注意俄罗斯对清哈关系所产生的影响,以及哈萨克利用介于中俄之间的地理优势进行转手贸易的情况,并给予了专门分析,这对本书的写作多有启发。

其他国内外相关研究,成果众多,均从不同角度探讨了清朝与哈萨克交往的过程。此类研究中,重要成果特介绍如下。孟楠:《哈萨克三玉兹历史考略》,《新疆大学学报》(哲学社会科学版)2003年第1期;纳比坚·穆哈穆德罕:《十五世纪至十八世纪中叶哈萨克与西蒙古准噶尔部关系初探》,《新疆社会科学》1990年第3期;洪涛:《简述阿布赉》,《伊犁师范学院学报》1994年第3期;吴筑星:《沙俄征服中亚史考叙》,贵州教育出版社1996年版;阿拉腾奥其尔、吴元丰:《清廷册封瓦里苏勒坦为哈萨克中帐汗始末——兼述瓦里汗睦俄及其缘由》,《中国边疆史地研究》1998年第3期;姜崇仑:《哈萨克族历史与文化》,新疆人民出版社1998年版;齐清顺:《论近代中俄哈萨克跨境民族的形成》,《西域研究》1999年第1期;〔日〕滨下武志:《近代中国的国际契机:朝贡贸易体系与近代亚洲经济圈》,朱荫贵译,中国社会科学出版社1999年版;马大正、冯锡时:《中亚五国史纲》,新疆人民出版社2000年版;洪涛:《评乾隆皇帝的哈萨克政策》,《西域研究》2000年第3期;蔡家艺:《清代西北边疆民族史研究四题》,《民族研究》2003年第2期;〔日〕小沼孝博:《论清代惟一的哈

---

① 厉声:《哈萨克斯坦及其与中国新疆的关系(15世纪—20世纪中期)》,黑龙江教育出版社2004年版。

萨克牛录之编设及其意义》，载朱诚如编《清史论集——庆贺王锺翰教授九十华诞》，紫禁城出版社 2003 年版；厉声：《清王朝对西北藩属哈萨克治理政策研究》，《西北民族论丛》第 2 辑，中国社会科学出版社 2003 年版；王治来：《中亚通史·近代卷》，新疆人民出版社 2004 年版；祁美琴：《对清代朝贡体制地位的再认识》，《中国边疆史地研究》2006 年第 1 期；张杰：《17—19 世纪清朝与沙俄商贸关系探究》，《俄罗斯中亚东欧研究》2010 年第 6 期。

　　清朝与哈萨克关系研究，亦属于清史、边疆民族史、国际关系史研究的范围，且处于比较重要的地位。近年来有大量硕士、博士学位论文涉及相关内容，由于注重运用新史料及新的史学理论与方法，能够发现一些前人忽略的领域，这在一定程度上拓宽了研究思路。如 2012 年中国社会科学院李焱的博士学位论文《乾隆朝中亚政策研究》就指出中亚"伊斯兰世界"的存在，该文通过分析包括哈萨克在内的中亚各国与乾隆帝"大一统"世界观的碰撞，对清朝治理中亚进行了评价，并对中亚各国在朝贡册封、商业贸易中的例子进行了分析。2011 年兰州大学张荣的博士学位论文《清朝乾隆时期哈萨克政策研究》，从清朝立场出发，就清朝对哈萨克政策做了研究，该文尤其对哈萨克越界游牧之"卡外界内"这一问题加以关注，并做了独到的分析。此外，2012 年中央民族大学王洁的博士学位论文《清朝治理新疆的民族经济政策研究》，将哈萨克作为跨境民族予以特别关注。2014 年陕西师范大学陈海龙的博士学位论文《清朝——哈萨克汗国贸易研究（1757—1822）》，依靠已译编出版的史料，运用历史地理学方法，对清哈双方贸易的地点、数额、变迁以及对清朝的影响等方面进行了有益的探索。

二　对研究现状的评述

　　综上所述，近年来清朝与哈萨克关系史研究领域，不断涌现新的成果，研究方法也日益多样，但在运用满文史料进行研究上仍然未有超越前人之研究，且在一定程度上表现出止步不前的态势。未来在系统搜集、整理、翻译、考订中国第一历史档案馆等处收藏的满、汉、托忒、察合台等多语种、多全宗档案史料基础上，考察清代中国与中亚诸部关系之形塑与发展过程，定能够切实推动相关研究。笔者认为，本领域的进一步发展还将体现在以下方面。

第一，摆脱"俄罗斯中心观"和西方史学体系的主导。

从源头上说，现代中亚史的学科研究模式来源于俄罗斯。中亚地区在 19 世纪后期被沙皇俄国以武力征服，在随后的百余年时间内，沙俄推行"大俄罗斯沙文主义"①，中亚古代史的研究和阐述话语权，逐渐为俄罗斯史学家所掌控。此时期，国外有关中国与中亚地区关系的历史书写亦深受其影响，具体表现为对清代中国与中亚部族国家关系史研究的长期忽视，尤其是在中亚地区诸部在 18 世纪作为中国藩属的历史事实之研究上，付之阙如。即使是早期的欧美和日本学者，如伯希和、佐口透和弗莱彻，在研究清哈关系史时，也多受俄罗斯学者如瓦里汗诺夫等人的影响。② 我国直接以中亚史本体为研究对象的学者并不多，加之中亚研究长期从属于俄罗斯研究，在学科分类中又被划分到世界史学科下，因此对中亚史的研究，学者往往从俄罗斯研究领域拓展而来，"俄罗斯中亚学的发展与沙俄对中亚地区的征服和统治是同步的。同样，中国中亚学在俄罗斯学术影响下起步，其中也包括了俄苏统治中亚近两个多世纪的文化垄断意义。这一历史性的客观影响形成了在中国从事中亚问题研究的人员大多具有俄语或苏联研究背景的现实，而且这种特色

---

① 张建华、李朋：《苏联时期俄罗斯民族的特殊地位与"俄罗斯中心论"》，《东欧中亚研究》1997 年第 3 期；张建华：《俄国历史上俄罗斯民族主义的产生及其基础》，《世界历史》1994 年第 5 期；石婧：《中亚历史进程中的伊斯兰化、突厥化和俄罗斯化及影响》，《新疆师范大学学报》（哲学社会科学版）2005 年第 1 期；李琪：《历史记忆与现实侧观：中亚研究》，中国社会科学出版社 2016 年版。

② 以上学者在清哈关系研究的诸多方面引用和接受了俄罗斯学者的观点；相关著作见上节。

一直延续至今"①。这些成果往往不自觉地部分借鉴或接受了俄罗斯史观,有的甚至将之归入"外交史"范畴。改革开放以来,学界逐渐受西方史学理论的影响,往往缺乏辨析地借用"帝国视角"②"内亚史观"③等概念,这在一定程度上造成清代边疆研究领域的混乱局面。且这些研究往往忽视中国史料和文献中明确记载的中亚部族曾长期接受中国中央王朝的管理并形成对中国之认同的历史事实,因此所论并不完全与史实相符。

　　这些因素造成的研究状态,在19世纪和20世纪的全球历史环境中,可以说是难以避免的。但在过去的10余年中,学者们自觉对以上问题有了越来越强烈的认识,并开始对之进行再研究。从整体上而言,历史学的整体发展带动中亚史研究发生了深刻变化,从对汉、俄文史料越来越充分的发掘,转移到对满、托忒、察合台等文字史料反映出的具体历史情境的分析,包括历史事件发生、发展中的多元互动以及历史人物的思想观念等细节;同时,历史学也和人类学、社会学、地理学、经济学甚至艺术学科建立了密切联系,越来越充分借鉴这些学科所使用的非传统材料,包括新见的清代地图、人口档案和美术史资料。这一研究模式的崛起,反映出中亚史研究正从单向演进的"俄国中亚史"等范式,转向重构具体历史情境的空间性历史研究范式。与此相应,中亚史研究对学者的专业要求也发生了巨大变化,除了对俄罗斯中亚历史学的知识进行积累以外,还需要在中国历史、文献学、古代语言、部落变化和其他有

---

① 许涛、梁泽:《中国中亚问题研究概览:回顾、问题与前景》,《俄罗斯东欧中亚研究》2016年第4期。冯玉军:《俄苏文化的对华影响与中国人的"误读"》,《世界知识》2021年第11期。
② 刘文明:《历史学"全球转向"影响下的"新帝国史"》,《史学理论研究》2020年第3期;周芬、张顺洪:《帝国和帝国主义概念辨析》,《史学理论研究》2021年第2期。
③ 钟焓:《重释内亚史:以研究方法论的检视为中心》,社会科学文献出版社2017年版;祁美琴、陈骏:《中国学者研究中的"内亚"概念及其问题反思》,《中国人民大学学报》2019年第3期。

关领域，具有相当专业的知识积累和研究能力。新一代的研究者在这一学术环境中逐渐成长，将进一步深入中亚史的政治、文化、思想等领域进行研究。

第二，对满文档案的深入挖掘。

满汉文档案史料的开放，为相关研究的推进提供了现实基础。笔者 2018 年 2 月在中国第一历史档案馆查得各全宗下哈萨克诸部档案 5198 条。① 其中约 85% 为满文档案，且 80% 以上尚未汉译，可见清哈关系档案大部分尚未被完整利用。这些档案包含清朝与中亚部族从接触到成为清朝藩属过程的第一手史料，且因双方早期交往阶段的原始档案，绝大部分为满文、托忒文、察合台文档案，因而在国内外学者中利用此类资料者不多。对这些涉及使节出访、交战、贸易、封赐、朝觐等内容的大量档案进行整理、翻译，理清这些档案与相关史料的关系，进而对乾隆时期清朝与中亚部族关系加以研究，将成为新的学术增长点。俄罗斯和中亚五国亦收藏有大量涉及清哈早期关系史的俄文、哈萨克文、满文、蒙文原始档案，这些档案亦尚未得到充分利用。从新见史料的整理出发，深入挖掘体现清朝国家意志的边疆满、汉文等文字之档案，发现新的历史事实，弥补以往研究缺憾，得出整体性历史结论，定能够切实推动包括哈萨克诸部在内的中亚地区历史之研究。

第三，构建中国自身史学话语体系下的更广泛的区域史研究模式。

习近平总书记在给中国历史研究院的贺信中，强调构建中国史学话语体系的重要性。目前，学界所面临的重要任务之一，就

---

① 据笔者 2021 年 4 月 8 日再次检索中国第一历史档案馆档案系统，查得题名含"哈萨克"的档案有 5285 条，相较前次增加 87 条，这些新增的条目集中在近两年新开放的内务府档案及《上驷院档案》《满文上谕档》中，笔者对这 87 条也进行了考察。此外，还有大量满文档案虽然题名中未出现"哈萨克"，但含有与哈萨克相关的内容，甚至有些内容具有极为重要的史料价值，笔者估计这类档案应有数千件，也应尽可能对之加以阅读和利用。

是构建中国史学自身话语体系下的更广泛的区域史研究模式，潘志平已就此提出初步设想。①虽然世界不同地区的学术特点和侧重点会长期存在，但相互了解和合作已经成为趋势。中亚史早期的俄罗斯化研究模式，造成了史学叙事中的"俄罗斯中心观"；近年来西方史学理论的冲击，也一定程度上造成"历史虚无主义"观念的传播。为了应对如上挑战，除了扩充我国史学研究队伍，充实学者知识外，还应追求在更深的学理上和更多元的史学观念上有所超越。实际上，中国的中亚史研究早就有从中国历史角度，以"边疆史""西域史"面相取得的研究成果。以唯物史观为指导，发扬我国史学界的优良传统，在既有基础上加以创新，通过探讨清代乾隆时期哈萨克诸部在政治层面归附清朝后，从内部层面促进中亚社会变革与边疆稳定，从交往交流交融层面推动边疆部族融入清代中国等方面的根本问题，有助于推动清代边疆治理研究的进一步发展。

第四，服务于我国"一带一路"建设和边疆稳定。

研究包括哈萨克斯坦在内的中亚五国以及阿富汗等国与我国的关系史，对我国发展经济、稳定边疆，具有重要的历史意义和现实意义，具体体现在以下两个方面：其一，乾嘉时期清朝与中亚诸部的交往和贸易活动，是丝绸之路在清代的具体体现，探索相关经济、文化活动所蕴含的学术资源，可为我国"一带一路"建设提供可资借鉴的历史经验；其二，清朝将哈萨克、布鲁特等中亚部族纳入藩属，完善了清朝的治边体系，这一实践不但对中亚周邻部族具有示范作用，还对边疆稳定与社会发展有直接的助益，相关研究的加强，可在一定程度上为新疆社会稳定与长治久安的总目标提供智力支持。

以上各条，也将在新时期成为新的学术增长点。

---

① 潘志平：《区域史研究的考察——以中亚史为例》，《史学集刊》2011年第2期。

第四节　研究问题与创新点

本书的书写以对档案史料的贯通利用为基础，通过选取乾隆时期为考察时段，对清朝与哈萨克诸部关系的形成与发展做一个全方位的考量。各章及全书的研究问题和创新点如下。

第一章对清朝与哈萨克诸部关系的建立与发展过程中的准噶尔、俄罗斯、哈萨克因素展开探讨。清朝平定准噶尔后，原准噶尔属部哈萨克在与清朝交往的初期，准噶尔影响仍未消散，在诸多方面持续影响着中亚地区包括哈萨克在内的各部族对外的交往活动。俄罗斯与哈萨克诸部发生联系的时间早于清朝，并最终于19世纪中叶吞并哈萨克三部，即使在哈萨克成为清朝藩属期间，其与哈萨克间遣使往来也并未中断，对清哈关系的影响始终存在。哈萨克与清朝其他藩属相比，有着自身的特点，如具有松散的游牧社会部落联盟体制，其汗位需有成吉思汗血统者方可继承，等等，其社会内部结构也无时无刻不影响着清哈关系的发展。

第一章研究的三大因素，因涉及的语言多种、资料缺乏、前人研究成果庞杂，所以，笔者利用军机处满文档案的记载作为研究的切入点。对于准噶尔因素：首先考察准噶尔贵族阿睦尔撒纳及其属人居处清哈之间，参与和影响清哈决策及关系走向的史实；其次考察阿布赉擅长的准噶尔语言及托忒文，在中亚地区长期使用的特殊意义，揭示准噶尔因素在清哈关系建立与发展中的"过渡"作用。对于俄罗斯因素：以1758年俄罗斯将阿布赉1740年附俄之文书发往清朝以争夺哈萨克藩属之举为切入点，在长时段内考察清朝对类似主张的应对，发现隐藏在哈萨克"两属"表象下的清朝所奉行的自愿和互利原则，以及哈萨克藩属的真正向心力。对于哈萨克因素：选取少有人关注的满文《哈萨克户口数目档子》为切入点，展示哈萨克社会内部的结构；阐述清乾隆中期君臣们将哈萨克视作属人，并对了解哈萨克社会内部结构兴趣浓厚；论证这种了解是清哈关系顺利发展的关键保障。本章论题涉及面庞大，因而从有代表性的新史料入手，以期从细节处发现历史，为后续章节勾勒背景。

第二章研究哈萨克诸部从初期的对清认知到归附清朝的历史过程。

清朝与哈萨克诸部首次通使发生于1755年，经过大量的使者往来，在两年后成为清朝藩属，这段历史淹没于清朝"平准"之宏大叙事之中，在清代汉文方志中几无记载，而俄罗斯当时并非直接参与方，因而俄文史料内相关记载也极为缺乏。笔者通过关注清朝"平准"期间的满文奏折、上谕资料，梳理清朝与哈萨克从首次通使到频繁遣使往来的过程，力求揭示这一段历史之真相。

清朝与哈萨克三部交往初期的使者往来，尚未有学者进行系统研究。笔者通过考订史实，将哈萨克左、右部与清朝通使的时间，从以往研究结论的基础上向前推进了半年和三年，发现了新的历史事实。本章对通使前交往的梳理，以及通使后频繁的使者往来引发哈萨克归附的考察，皆为以往学者忽视之处。只有考察清哈初期交往，才能理解哈萨克归附及其归附后朝贡贸易能迅速开展的原因，这一研究对清代中亚历史也有重大的学术价值，以往学者往往将清军平定回部作为清朝势力扩展至中亚费尔干纳盆地之始，但忽略了清朝与哈萨克的交往；其实，清哈交往才是清朝获知中亚信息，并影响天山以西中亚政治格局之始，本章内容可以在一定程度上纠正学界在这方面的认识偏差。

第三章研究哈萨克首领阿布赉归附清朝的相关史实。

1757年，清军在阿雅古斯河附近误与阿布赉部交战，后互遣使者沟通，阿布赉向清使者呈递表文、进献马匹、请求臣属，并派出亨集噶尔①等11人入觐，这一消息及阿布赉所呈递的托忒文表

---

① 此人名在汉文文献中，也译为"亨吉噶尔""肯泽哈喇""根扎噶喇"等。

文录副①立即被呈往清廷。乾隆帝获悉后，随即发出了接纳阿布赉归附的谕旨，在谕旨中，乾隆帝将哈萨克置于与属国安南、琉球等同的地位。本章对这一过程进行了再探讨。

本章所论为清哈关系史上最为重大之事件，清代论及哈萨克之史籍、方志大多记载此事，然而在细节上多有错谬，以致以讹传讹；而国外学者又大多称阿布赉此举为"名义归附"。本章关键即在于通过详细考证，一一订误。本章通过满文文献与多语种史料的相互参照，厘清了阿布赉归附清朝的过程，揭示了掩盖在历代史学书写下的清哈互利交往，以及阿布赉率部诚心归附的历史事实。

第四章研究清朝与哈萨克间的朝贡关系。

左部哈萨克在1757年、右部哈萨克在1758年先后归附清朝后，都立即派出朝觐使团，呈献马匹、进奉表文。本章分为三节：第一节关注兆惠奏报左部哈萨克阿布赉归附，以及朝觐使团人员清单；第二节考察右部哈萨克归附，并分析奏报使者及进献马匹的满文档案；第三节以乾隆末年的1791年哈萨克汗瓦里之子阿弥宰入觐为中心，对乾隆朝哈萨克使团朝觐活动进行总体考察，以期达到点面结合的效果。

学界关于清代朝贡制度的研究，成果虽然很丰富，但关于哈萨克朝贡的专题则研究不多。本章将哈萨克朝贡分为朝觐和贡马两部分，各自选取典型满文史料进行探析。结合第一章哈萨克因素中的部落特征，考察左部哈萨克使团人员之构成，探寻长时间段内哈萨克社会内部权力结构转变的规律，并将满文档案所记该使团活动与《起居注》《钦定热河志》《钦定新疆识略》等文献中的记载进行

---

① 小沼孝博 "Political Relations Between the Qing Dynasty and Kazakh Nomads in the Mid-18th Century: Promotion of the 'ejen-albatu' Relationship in central Asia" (in "A Collection of Documents from the Kazakh Sultans to the Qing Dynasty", *Central Eurasian Research*, Special Issue 1, University of Tokyo, 2010), 认为清朝前线将领先将哈萨克归附之托忒文表文录副一份，先行驿递至京城，而原件则由哈萨克使者随身携带，于面圣时亲自呈递。

对比讨论，认为清廷在不同时段内不断更新对哈萨克的认识。对右部哈萨克使团贡马行为进行考察时，结合前人研究，考证出这批进献马匹即为郎世宁所画《哈萨克贡马图》之原型，并提出哈萨克朝觐的贡马被乾隆帝提炼成新国家意象的观点。第三节使用新公开的相关内务府档案，概述乾隆朝末期阿弥宰使团在京期间的朝觐活动，在时间上与前两节呼应，从而纵贯整个乾隆朝来探讨了哈萨克使团在京朝觐期间的基本活动及其管理机构。

第五章研究清朝与哈萨克间的贸易关系。

清哈贸易史一直受清代边疆史研究学者的关注，记录清哈贸易的满文档案数量庞杂，研究成果较多，日本学者佐口透、国内学者林永匡等都有代表性论著。

本章第一节考察清朝与哈萨克贸易之开端，指出前人研究忽视了满文档案中记载的1755年阿布赉所遣使者阿穆尔巴图鲁所表达的大规模贸易愿望，以及1758年正式贸易开展前，清军和阿布赉左部哈萨克已经有两次小规模贸易的事实，提出了阿布赉始终具有强烈贸易愿望的新观点，并首次论述了贸易商定初期前线将军兆惠所起的关键作用。第二节对乌鲁木齐成为首个贸易地点的原因进行再辨析，指出前人研究中误用史料导致的缺憾，并借助中国第一历史档案馆所藏汉文奏折分析了首次订立的哈萨克贸易章程的内容在长期进程中的调适和改变。第三节论述清朝与哈萨克贸易关系的全面展开，并揭示乌鲁木齐成为清哈贸易点后却迟迟未能开始贸易的原因。

第六章研究清哈"大国—藩属关系"对清朝治理西域地区的重要影响。

清哈关系对清朝治理新疆的影响，前人研究较多，如清朝从双方贸易中获得的马匹为边疆地区缓解了军需民用之急，以及哈萨克马匹被调拨内地后减省军费开支等内容，学界已有较为清晰的梳理，而清哈关系对乾隆时期治理中亚的影响，则鲜有学者问津。

本章选择1773年土尔扈特东归期间阿布赉忠诚清朝的表现，

以及乾隆末期官员松筠著述所反映的官员群体对哈萨克的认识为切入点，探讨哈萨克藩属对边疆稳定所起的作用和对清朝治理中亚的积极意义。第一节探讨哈萨克三部在土尔扈特东归中所起的作用，通过考察土尔扈特东归这一牵动亚欧大陆诸大势力事件中各方的反应和动向，得出阿布赉所率领的左部具有对外维护清朝利益的整体表现，对内则充当清廷中亚情报"信息源"的新结论。

考察乾隆时期哈萨克诸部在清朝藩属体系内的作用和清哈关系走向问题，需要适合的切入点。笔者采用将成文历史书写与原始档案记载相比较的方法，选取乾嘉时期高层官员松筠为研究对象，逐一分析松筠于乾隆末期撰成的满文著述内有关外藩哈萨克的表述，与前代官员在认识上的不同之处，并用清宫档案考证其史实记载的准确度和清朝治理哈萨克观念的变化。在梳理典型官员著述内容的同时，考察不同时代官员群体对哈萨克藩属认识之不同之处，再分析几十年间整个清代官员群体对哈萨克藩属在认识上的变化，发现乾隆朝后官员群体在对哈萨克的认识上与此前相比已出现"知识断裂"。在进一步探索出现这一认识转变的原因和造成的影响时，笔者认为，乾隆中期清廷打造盛世武功形象的历史书写，掩盖了清哈关系建立与发展的真相，记录在大量奏折、上谕中的真实信息和成功治理边疆的经验，此后没有得到有效提炼和继承，这是引发后代官员在整体上出现认识断层的原因，又为嘉道之时的边疆危机和哈萨克藩属渐被俄罗斯侵夺埋下隐患。因此，本章之研究为我国边疆研究提供新观点。

总体而言，本书涉及的档案资料众多，加之以往研究成果丰富，因此，必须重视第一手档案史料的选用。笔者查阅中国第一历史档案馆馆藏档案时，发现与研究相关的满文档案达5000余份，其中单份内容较多者如兆惠奏报阿布赉归附折，汉译后达6000余字，且大多数满文档案从未被汉译和利用。如何选取史料与确定研究内容，并提出令人信服的创见，是本书的难点，也是创新点所在。本书采用将以往研究与关键满文档案相结合的方法，探索关键事件的历史真相为各章创新点，并将各章研究之新发现结论整体串联后提炼出有新意的结论，作为全书创新点。在按逻辑关系探讨清哈关系建立的条件和过程后，转向以朝贡和贸易为主要特征的清哈"大国—藩属关系"研究，选取土尔扈特东归事件中哈萨克首领阿布赉的表现来考察其在诸多势力之间所持态度，并以此论证哈萨克诸部与清朝建立藩属关系十数年后其关系越发牢固的事实。随后考察"左右西"三部概念，并通过乾隆末期官员松筠著述再次回顾本书所述各部分内容，将清哈关系发展的动态考察与松筠著述的静态记载相比较，得出乾隆朝以后官员群体对哈萨克的认识与前相比有"知识断裂"现象的存在，在肯定乾隆朝清哈关系深入发展的同时，揭示了乾隆朝以后清哈关系与清朝藩部政策的走向。

第 一 章
清朝与哈萨克诸部关系发展中相关因素之探讨

以往对清哈关系史的探讨中，主要存在两大路径：其一，以清朝为中心考察清朝与哈萨克诸部关系，但仅仅将哈萨克列为清朝朝贡体系中的边缘藩属；其二，以俄罗斯或中亚区域为中心考察相关历史，但忽视哈萨克是清朝藩属的历史事实。以上研究路径，均忽视了18世纪亚欧大陆腹地纷繁、多元的政治军事格局和经济文化联系，并不能完全厘清清朝与哈萨克发生联系的准确线索。本章尝试跳出以清朝和俄罗斯为本位的视角，力图揭示和解析清朝与哈萨克"大国—藩属关系"之产生、发展的复杂性，为全书研究拨开迷雾，因而选取影响清朝与哈萨克关系，但又较易忽略的三大关键因素加以专题考察，并将满文档案与传世文献相结合，依次分析准噶尔（含阿睦尔撒纳在内）因素、俄罗斯因素及哈萨克游牧社会自身因素对清哈关系的影响。

第一节 准噶尔因素之影响

在清朝与哈萨克诸部建立联系的过程中，准噶尔是首要影响之因素。关于准噶尔部影响持续存在于中亚地区的研究已有不少，① 但专门将其与哈萨克联系的并不多。② 因而在使用新史料基础上，重新探讨这一因素的影响很有必要。早在雍正年间，清朝使者满泰于伏尔加河畔土尔扈特牧地，偶遇哈萨克遣往土尔扈特使者扎古斯塔（jagusta）时，扎古斯塔就曾声言"假如道路已通，我方诸汗业已向大博格达汗请安矣，待（大博格达汗）灭准噶尔后，我等皆将领受大博格达汗之恩典也"③，即哈萨克使者扎古斯塔明确表示，清哈之间的联系，必须扫除准噶尔阻碍之后方有可能发

---

① David Brophy, "The Junghar Mongol Legacy and the Language of Loyalty in Qing Xinjiang", *Harvard Journal of Asiatic Studies*, Volume 73, Number 2, December 2013, pp. 231 – 258；该文关注准噶尔政治与语言遗产在中亚地区的持续影响。马子木《清朝权力网络在西帕米尔的建立与展开——以清与巴达克山关系为中心》，收于中国人民大学清史研究所清风学社《中国人民大学清史研究所第九届青年学者论坛论文集》，2015 年版，第 459—506 页；该文后刊于台北《"中央研究院"历史语言研究所集刊》。该文指出清朝在中亚建立统治的过程中，继承了"准噶尔遗产"或"蒙古遗产"。相关研究还有：祁杰《准噶尔与哈萨克关系述略》，《西北民族学院学报》（哲学社会科学版，汉文）1996 年第 1 期；《准噶尔史略》编写组编著《准噶尔史略》，人民出版社 1985 年版；〔日〕佐口透《准噶尔部历史和社会经济概述》，选自《俄罗斯与亚细亚草原（摘译）》，第三章，新疆维吾尔自治区民族研究所译，1976 年油印本；〔苏〕伊·亚·兹特拉金《准噶尔汗国史》，马曼丽译，商务印书馆 1980 年版；〔苏〕伊·亚·兹拉特金《有关阿睦尔撒纳的俄国档案资料（摘译）》，新疆维吾尔自治区民族研究所译，1976 年油印本；承志：《十八世纪准噶尔十六大鄂托克——以一件满文奏折为中心》，载乌云毕力格主编《满蒙档案与蒙古史研究》，上海古籍出版社 2014 年版，第 137—204 页；纳比坚·穆哈穆德罕《15 世纪至 18 世纪中叶哈萨克与西蒙古准噶尔部关系初探》，《新疆社会科学》1990 年第 3 期；乌云毕力格《17 世纪卫拉特各部游牧地研究》，《西域研究》2010 年第 1 期。

② Levey, Benjamin Samuel："Jungar Refugees and the Making of Empire on Qing China's Kazakh Frontier, 1759 – 1773", 博士学位论文，哈佛大学，2014 年。该文研究准噶尔"难民"在清朝与哈萨克建立关系中所起的作用，小沼孝博、野田仁的系列研究对此也有一定的涉及。

③ 《出使土尔扈特副都统满泰奏闻到土尔扈特地方致书哈萨克汗等情形折》，雍正十年三月初五日，《军机处满文录副奏折》，中国第一历史档案馆藏，档案号：003 – 0173 – 1136 – 008；又见载于中国边疆史地研究中心、中国第一历史档案馆合编《清代新疆满文档案汇编》第 1 册，第 244 页。

生。可见，准噶尔政治势力之强大，且准噶尔处于清朝与哈萨克之间，长期阻断了清朝与哈萨克的直接交往。

因此，在三方的早期交往中，清朝和哈萨克都主要通过准噶尔来获取对方的信息。左部哈萨克首领阿布赉，不但在归附清朝前就已掌握准噶尔人使用的卫拉特语，而且其本人在归附后还长期使用托忒文而非察合台文向清朝行文，① 因而拥有获得清朝情报信息的条件。而清朝大量获取的有关哈萨克之信息，也来自降清的准噶尔首领阿睦尔撒纳等人，以及进兵准噶尔过程中降服的该部之其他部众。身处清哈之间的准噶尔贵族与部众，由于准噶尔部的影响力仍然存在，他们又对当地环境熟悉，在"平准"期间乃至其后在清哈内部长期供职，在语言、文字不通的清哈沟通上起到了不可替代的作用，因而对清哈关系之建立具有重要影响。对"准噶尔遗产"，即对准噶尔政治影响力在中亚地区持续发挥作用的评价，笔者亦认为有再研究的必要。因此，对清哈关系建立过程中准噶尔因素影响的探讨，能够深化对清哈关系的实质把握。

在清朝平定准噶尔过程中，对哈萨克情形的认知主要来自准噶尔辉特部贵族阿睦尔撒纳。阿睦尔撒纳之所以能在18世纪中期参与准噶尔汗位的争夺，其原因就是与准噶尔周边部族，尤其是与哈萨克首领阿布赉之关系非同一般，他与哈萨克中玉兹苏丹②阿布赉有旧交，如班珠尔所奏："若封阿睦尔撒纳为汗，哈萨克之诺颜阿布赉原系旧好，我等遣使修睦，带领哈萨克属人，瞻仰天颜，即令与阿睦尔撒纳等连界居住，从此当愈加和好，伊等必深感激，彼此

---

① 〔哈〕克拉拉·哈菲佐娃：《十四—十九世纪中国在中央亚细亚的外交》，杨恕、王尚达译，第245页。
② 亦有研究称阿布赉于1735年时已是哈萨克中玉兹汗，到1743年时成为哈萨克三玉兹汗，见苏北海《哈萨克族文化史》，第324页。但多数研究认为阿布赉称汗在1771年，如〔日〕佐口透《18—19世纪新疆社会史研究》，凌颂纯译，第343页。瓦里汗诺夫则称阿布赉在1762年仍是苏丹，见〔俄〕瓦里汗诺夫《阿布赉（摘译）》，新疆维吾尔自治区民族研究所译，第153页。综合史料来看，此时阿布赉应仍为中玉兹苏丹。

俱得乐业。"① 即在阿睦尔撒纳归降清朝之前，他和阿布赉交好，以下探讨其原因。

由大量历史记载可见，阿布赉与阿睦尔撒纳之间确实存在极为密切的关系。乾隆二十一年（1756），清军进兵征讨阿睦尔撒纳，击败阿布赉与阿睦尔撒纳联军，俘获阿布赉属人头目楚鲁克，派其往谕；后他带回阿布赉口信："据阿布赉云，我等带兵前来，并非敢与大国相敌，因寻阿睦尔撒纳，途间被大兵击败。阿睦尔撒纳，如穷鸟投林，擒献无难，恳求大皇帝开一面之网，全伊一命。"② 阿布赉在兵败后，仍替叛清的阿睦尔撒纳向清军求情。定西将军达勒当阿据此晓示楚鲁克等，"今阿布赉等并未将叛贼擒献，反二三其说为阿逆请命，明系尔等缓兵之计，不知反为尔众哈萨克招祸"。楚鲁克等又言，"我阿布赉为阿睦尔撒纳请命，亦不过希冀万一"③。在如此交涉之下，阿布赉仍未擒献阿睦尔撒纳，这显示阿布赉并未将来自准噶尔的阿睦尔撒纳视作无足轻重之人。

有俄文文献称，阿睦尔撒纳为阿布赉女婿："达瓦齐亲率少数随从逃往哈萨克中玉兹避难，阿布赉热情地接待了达瓦齐和阿睦尔撒纳，应允给予各种支持，并做主将女儿嫁给了阿睦尔撒纳。"④ 曾经出使阿布赉处的侍卫顺德讷于乾隆二十一年所奏，与这种说法相近，如"阿布赉将伊女与阿逆为妻，并查出伊部落内所获厄鲁特人等，交予管辖等语"⑤，即阿布赉将阿睦尔撒纳视作女婿，并令其管辖属下厄鲁特人众，以增其势力。笔者认为，此种姻亲关系说虽可能为真，但仍应有其他缘由。

---

① 《平定准噶尔方略》正编卷5，乾隆二十年一月辛卯条。
② 《平定准噶尔方略》正编卷31，乾隆二十一年九月乙亥条。
③ 《平定准噶尔方略》正编卷31，乾隆二十一年九月乙亥条。
④ 《17—18世纪蒙古与中亚相互关系》（俄文版），第54页；转引自厉声《哈萨克斯坦及其与中国新疆的关系（15世纪—20世纪中期）》，第92页。
⑤ 《平定准噶尔方略》正编卷32，乾隆二十一年十月甲申条。

依笔者考证，更重要原因应为阿布赉曾与阿睦尔撒纳盟誓。侍卫顺德讷于乾隆二十二年七月初一日入哈萨克游牧之地，擒拿阿睦尔撒纳，并至阿布赉营地，"于二十二日相见，阿布赉跪请圣安……阿布赉具言，逆贼阿睦尔撒纳被围脱出之事"；访查之下，顺德讷从阿布赉属人处得知阿布赉欲隐瞒之实际情由："十余日未相见，因向伊属人访问，有云，阿布赉等与阿睦尔撒纳约誓，不便擒献。"① 阿布赉身边属人将二人之盟誓，作为阿布赉袒护阿睦尔撒纳的首要理由，这较为可信。阿布赉正因与阿睦尔撒纳之间存在盟誓关系，因而才会长期以武力支持后者，也因此在与清朝建立关系过程中，深受阿睦尔撒纳及其属人的影响。

影响清哈关系的准噶尔因素中，阿睦尔撒纳属人因熟悉哈萨克情形，并奉阿睦尔撒纳之令在阿布赉身边活动，因此扮演了重要角色。在阿睦尔撒纳受封双亲王随清军进兵时，由于哈萨克部与之相距遥远，阿睦尔撒纳要维护外部联络，就需要长驻哈萨克部之人员，也需要频繁派员与之联络。阿睦尔撒纳亲信属人额林沁、巴特玛车凌、丹津央金、特古斯穆彰阿，即起到了这样的作用。作为阿睦尔撒纳的亲信，他们起到沟通、联络哈萨克的作用，因而成为阿睦尔撒纳凭借哈萨克势力既要挟清廷又影响准噶尔局面的重要依靠。

身处清朝与哈萨克之间的阿睦尔撒纳，他与哈萨克首领的联盟关系是其倚重的重要资源。在清哈关系建立过程中，阿睦尔撒纳的4位属人，即巴特玛车凌、额林沁、丹津央金、特古斯穆彰阿，往来于清哈、准哈之间，对地区局势发展产生了较大影响，但为前人研究所忽略，以下选取这4人作为典型个案，以分析阿睦尔撒纳及其属人的具体行动，探讨他们以准噶尔身份所起的特殊作用。

---

① 《平定准噶尔方略》正编卷44，乾隆二十二年九月丙寅条。

根据史料记载，巴特玛车凌为阿睦尔撒纳之兄①，额林沁是一位年迈的台吉②，以上二人都未随阿睦尔撒纳降清。丹津央金③为阿睦尔撒纳属人，出使中玉兹阿布赉处；特古斯穆彰阿则是原准噶尔部吉尔吉斯鄂托克的一位德木齐，同样由阿睦尔撒纳所选派，出使哈萨克大玉兹塔什干城；以上二人都在阿睦尔撒纳未叛前，分别代表清朝出使哈萨克左、右部。相较阿睦尔撒纳其他属人，他们4位的作用更为突出。因后二者在第二章有较多考察，以下仅分析前二者。

巴特玛车凌和额林沁的名字开始进入清廷视野，是在乾隆二十年（1755），该年初之消息称："去年十月内，巴特玛车凌、额林沁、阿布赉带领厄鲁特、哈萨克兵一万有余，将博尔塔拉等处游牧人众尽行抢掠，阿布赉于阔勒奇岭东，将掳掠人带回。"④乾隆十九年（1754）底，此二人未随阿睦尔撒纳入卡归附清朝，而是在其安排下作为核心成员留在哈萨克待命。二人在此期间与阿布赉共同带兵与达瓦齐作战，被击败后，随阿布赉一同退回哈萨克。此后，二人之名又在班第询问哈萨克使者情况的奏折中出现，在乾隆二十年，阿布赉第一次遣使者阿穆尔巴图鲁带来他的口信；在此口信中，阿布赉多次提及身在哈萨克的巴特玛车凌与额林沁，由此更可确定此二人为阿睦尔撒纳所倚重。因而清朝在追捕阿睦尔撒纳、处理与哈萨克关系中，亦重视此二人所起的

---

① 档案内有"先前阿睦尔撒纳又为此派人探听伊在哈萨克地方之兄巴特玛车凌消息"，见《定北将军班第奏派往哈萨克之使臣未归谨防哈萨克人抢掠牧场折》，乾隆二十年六月二十九日，《军机处满文录副奏折》，中国第一历史档案馆藏，档案号：03 - 0174 - 1445 - 005。满文转写：jai neneme amursana inu ere baitai jalin hasak i bade bisire ini ahūn batmacering ni mejige be gaime niyalma takūraha bihe。巴特玛车凌，应为阿睦尔撒纳之族兄。
② "即以额林沁而论，伊系阿逆党羽，年已衰迈"，见《平定准噶尔方略》正编卷35，乾隆二十一年十一月甲申条。
③ 丹津央金其人，详见第二章注。
④ 《平定准噶尔方略》正编卷9，乾隆二十年三月丙午条。

作用。

阿睦尔撒纳降清期间随清军北路前锋进兵时，即以清朝名义派出属人丹津央金前往哈萨克与阿布赉通信，同时令其私下与此二人取得联络，这引发额林沁从阿布赉处叛逃①，并在丹津央金返回清营之前寻找到阿睦尔撒纳；而巴特玛车凌，作为阿睦尔撒纳留在哈萨克的主要联络人，以额林沁新近反叛阿布赉为由，认为必须留在阿布赉身边取得其信任，未与丹津央金一同返回清军营地。丹津央金回到博尔塔拉时，见到声称正在朝觐途中的阿睦尔撒纳后，又带领阿布赉使者阿穆尔巴图鲁回到伊犁军营，班第将哈萨克使者带来的口信报告给清廷。②

对于清朝和哈萨克来说，丹津央金这次出使具有重要意义，他是哈萨克首领阿布赉见到的第一位清朝使者，引发阿布赉向清派出使者阿穆尔巴图鲁；他又是清朝将军班第见到的第一位哈萨克使者，完成了清朝与哈萨克的首次通使。这次通使，使得哈萨

---

① 额林沁虽不是阿布赉直属手下，但因为阿睦尔撒纳降清期间将额林沁交给阿布赉管理，听其指挥，受其制约，这种政治关系在不同档案中多有记载，这反映出哈萨克阿布赉、哈萨克使者及阿睦尔撒纳属人的巴特玛车凌、丹津央金看待额林沁这一行为的态度。将额林沁这一行为定性为"叛""反叛"则分别来自：使者丹津央金的自述"meni taiji erincin gaitai ubašafi, ceni niyalma be wafi ukame tucike（我处台吉额林沁突然叛乱，杀彼等人众逃出）"，丹津央金转述阿布赉所言"elemangga ehereme arbušafi ubašame genehengge, ai doro（愈加行恶叛走，是何道理？）"，丹津央金转述巴特玛车凌所言"erincin turgun akū ubašame jihe turgunde（因额林沁无故叛乱之故）"，将军班第亲自面见哈萨克阿布赉使者阿穆尔巴图鲁并询问他时也闻其所言"ericin uthai ubašame tucike（额林沁即叛出）"；以上4处皆被翻译成满文"ubašambi"（叛）；丹津央金转述阿布赉所言"erincin batmacering be meni bade ujifi te geli cashulaha（额林沁、巴特玛车凌在我处休养生息，现也已反叛）"，此处被翻译成满文"cashulaha"（反叛），见《定北将军班第密奏前往哈萨克使者来报阿布赉请求归附及阿睦尔撒纳作恶之情折》，乾隆二十年七月二十五日，《军机处满文录副奏折》，中国第一历史档案馆藏，档案号：03-0174-1423-004。

② 《定北将军班第密奏前往哈萨克使者来报阿布赉请求归附及阿睦尔撒纳作恶之情折》，乾隆二十年七月二十五日，《军机处满文录副奏折》，中国第一历史档案馆藏，档案号：03-0174-1423-004。

克几乎在此时就决定归附清朝,但这一趋势为阿睦尔撒纳所阻。阿睦尔撒纳为实现独霸准噶尔的目的,试图利用信息不对称来左右局势。因此,他凭借自己居处清哈之间的地位,隐瞒自身作为副将军受将军班第节制之事,企图通过阻挠清哈之直接联络,阻止清哈政治关系的建立。此点由阿兰泰讯问丹津央金所获取的信息可知:

> 阿睦尔撒纳教我说话:见巴特玛车凌后,言我现将四卫拉特之族众皆治理,尔于彼处充任宰桑①。观哈萨克阿布赉之情形,我深信阿布赉已知我掌管之事。我亦愿使你脱出,勿目光短浅、轻举妄动、胡乱行事!如此告诉,对使者亦如此交代。②

由此还可知,巴特玛车凌确实被阿睦尔撒纳作为联络人留在哈萨克,但额林沁与巴特玛车凌此时在阿布赉处遭遇困难局面:"巴特玛车凌现在从哈萨克人处借母马挤奶以度日糊口,生活穷困不堪。"③ 他和额林沁都有尽快回到阿睦尔撒纳身边的意愿,"我到达哈萨克之前,与巴特玛车凌、额林沁皆相见,他们如此相告:你们来了,无论如何让我们出去吧!"④ 阿睦尔撒纳亦应料及此二人在哈萨克受苦情形,⑤ 因而特意交代丹津央金告知巴特玛车凌,让其

---

① 阿睦尔撒纳自称已掌管准噶尔四部,令巴特玛车凌为驻哈萨克宰桑,但实为脱离实际的任命。从档案史料来看,这一任命中的所谓"宰桑"职位也未被哈萨克承认。
② 《参赞大臣阿兰泰奏报讯问派往哈萨克使者丹津有关阿睦尔撒纳情况折》,乾隆二十年八月二十八日,《军机处满文录副奏折》,中国第一历史档案馆藏,档号:03-0174-1423-008。
③ 同上。
④ 同上。
⑤ 与本书第二章论及的清朝与西哈萨克通使时所见的原准噶尔时期驻塔什干城之收税官不一样,他们二人并不是准噶尔强盛时期所派出的官员,且因阿布赉并不听命于阿睦尔撒纳,二人实处于寄人篱下的境地。同时,这也是准噶尔乃至中亚地区长期战乱下,民众生活困苦、各部落生活水平普遍下降的反映。

留在哈萨克忍辱负重，不要轻举妄动。巴特玛车凌因是阿睦尔撒纳族兄，对其言听计从，选择继续留在哈萨克；而额林沁则极可能从丹津央金处得知阿睦尔撒纳带清军前来的消息后，不堪在哈萨克受苦，因而叛出。

额林沁叛出哈萨克之事件牵涉各方，但以往少有学者关注。笔者据新史料认为，额林沁从阿布赉处叛逃影响甚大，不但中断了哈萨克与清朝达成第一次大规模商品贸易的进程，而且推迟了清哈关系建立时间，以下分述之。

其一，额林沁的叛逃中断了哈萨克与清的贸易准备，据清使者丹津央金称：

> 我到哈萨克与台吉阿布赉，以及扎坎、额色伯伊、哈德尔、拜木尔扎等众人相见……他们说：现在大皇帝军队到来，将你们卫拉特蒙古治理。我们到现在才赶着一万匹马到将军大臣那里，除了进贡伯勒克马匹外，其他马匹我们想求得和睦相处后，在那里出售，购买各种商品带回，我等族众甚为喜悦，如此相告。

丹津央金又言：

> 正在将一万匹马，一千人派出时，进入哈萨克之辉特台吉额林沁突然行动，将哈萨克五十余人杀害，向这里而来。阿布赉带领两千军队征讨额林沁，并将其手下一万阿勒巴图聚集。将人口全都算上，额林沁只有五百余男女人丁，向这里而来与阿睦尔撒纳会合。我到达哈萨克之前，与巴特玛车凌、额林沁皆相见，他们如此相告：你们来了，无论如何让我们出去吧！我与哈萨克台吉阿布赉相见后，观阿布赉情形甚为喜悦，正要将巴特玛车凌、额林沁往这里派出之时，因额林沁突然动出之

缘故而取消。①

据丹津央金所述，阿布赉已聚集 1 万匹马，准备由 1000 人驱赶前往与清朝贸易，并有具体的操作步骤，即先进献伯勒克马匹给清朝将军大臣，求得和平相处后再进行商品贸易。这一计划之所以停止，原因只有一个，即额林沁突然杀害哈萨克 50 多人叛逃而出，阿布赉因此取消贸易计划，转而组织兵力全力追捕额林沁。

其二，额林沁叛逃行为出乎阿布赉之意料，这使他所率领的哈萨克左部游牧势力，在关键的时间节点上对卫拉特蒙古的信任发生动摇，因而采取谨慎态度，所遣哈萨克使者阿穆尔巴图鲁见到清朝将军班第时，不但未提贸易之事，而且还申述额林沁叛逃之事，只求先归附清朝以确定关系。② 此足见额林沁叛逃对阿布赉影响之大。正是在额林沁反叛这一因素影响之下，清哈第一次大规模贸易乃至进一步交往未能实现。

---

① 两处引文参见《参赞大臣阿兰泰奏报讯问派往哈萨克使者丹津有关阿睦尔撒纳情况折》，乾隆二十年八月二十八日，《军机处满文录副奏折》，中国第一历史档案馆藏，档号：03 - 0174 - 1423 - 008。满文转写：bi genefi hasak i taiji ablai jai jakan esebei hader baimurja i jergi ursebe acafi……ceni gisun te amba ejen i cooha jifi oilet monguso be bargiyafi be te ci uthai emu tumen morin be dalime gamafi jiyanggiyun ambasa de beleke jafafi funcehengge be hūwaliyasun be gaime tubade uncafi jaka hacin be gaifi gajici meni urse umesi urgunjembi seme gisurefi tumen morin minggan niyalma be tucibufi jing jiki serede hasak de dosika hoite i taiji erincin gaitai ašašafi hasak i susai funcere niyalma be wafi ebsi jiki serede ablai juwe minggan cooha be gaifi elincin be dailafi ini fejerei albatu tumen isire anggala be gemu gaifi elincin damu sunja tanggū funcere haha hehe be gaifi ebsi jifi amursana de acahabi bi hasak ci tucire onggolo batmaceling elincin de gemu acaha batmaceling elincin i gisun suwe jihe be dahame minbe ainame ainame tucibureo seme alara jakade bi hasak taiji ablai de acaha manggi ablai i muru be tuwaci umesi urgunjeme batmaceling elincin sebe ebsi unggire muru jing bisire de gaitai elincin ašašafi tucike turgunde nakū。

② 《定北将军班第密奏前往哈萨克使者来报阿布赉请求归附及阿睦尔撒纳作恶之情折》，乾隆二十年七月二十五日，《军机处满文录副奏折》，中国第一历史档案馆藏，档号：03 - 0174 - 1423 - 004。

巴特玛车凌因有身在阿布赉处之优势，因此阿睦尔撒纳从降清伊始就向乾隆帝奏请由其族兄巴特玛车凌来联络阿布赉，一同追击达瓦齐所部。阿睦尔撒纳叛乱后，清朝前线将领亦对曾留在哈萨克的巴特玛车凌抱有戒心。此也由阿兰泰讯问丹津央金可知：

> 再，尔系阿睦尔撒纳亲信、有用之人，阿睦尔撒纳将尔派往哈萨克时，向其兄巴特玛车凌传何信？巴特玛车凌现在如何居住？尔已被抓获，须如实交代，如此讯问。丹津供称：阿睦尔撒纳教我说话之处：见到巴特玛车凌后，言我现在将四卫拉特之族众皆治理，你在那里充当宰桑。观哈萨克阿布赉之情形，我深信阿布赉已经知道我掌管之事。我也实在想要使你出来，勿目光短浅、轻举妄动、胡乱行事！如此告诉，对使者亦如此交代。巴特玛车凌现在从哈萨克人处借母马挤奶以度日糊口，生活穷困不堪。此间因额林沁等从哈萨克向这里前来之故，想来巴特玛车凌也为哈萨克擒拿。①

阿睦尔撒纳叛乱后，巴特玛车凌继额林沁之后，也从哈萨克回到阿睦尔撒纳身边。他们二人都在阿睦尔撒纳与达瓦齐争夺汗位失利后，一起投奔哈萨克，接受阿布赉帮助，并都在阿睦尔撒纳叛清后，离开哈萨克继续追随阿睦尔撒纳，步调一致。乾隆帝一面组织

---

① 《参赞大臣阿兰泰奏报讯问派往哈萨克使者丹津有关阿睦尔撒纳情况折》，乾隆二十年八月二十八日，《军机处满文录副奏折》，中国第一历史档案馆藏，档号：03 - 0174 - 1423 - 008。满文转写：geli si serengge amursana i hanci akdafi baitalara niyalma amursana simbe hasak de unggerede amursana ahūn batmaceling de ai gisun jasihan ne batmaceling de adarame tehebi si te emgeri jafabuha eiten bade yargiyan be tucibume ala seme fonjici jaburengge amursana minde tacibuha gisun batmaceling be ucaraha manggi minbe te duin oirat i ursebe gemu bargiyafi dalahabi si tubade jaisang tefi hasak i ablai i arbun muru be tuwame bi šu gūnici ablai minbe te dalaha be safi simbe inu tucibumbi dere ume cinggiyan oilohodome balai arbušara seme alakini sehe elcin de inu uttu ala sehe batmaceling ne hasak i bade niyalma ci geo baifi sunsirime ergen be hetumbume suilashūn i banjime bi gūnici ere sidende elincin sei hasak ci ebsi jihe turgunde batmaceling inu hasak de jafabuha dere sembi。

兵力追缉阿睦尔撒纳，一面为分化其势力，断绝其与哈萨克的联络渠道，令前线将军班第首先争取额林沁之归附：

> 所奏塔尔巴哈沁台吉额林沁由哈萨克逃回，现住博罗塔拉，与阿睦尔撒纳同族而有宿嫌。今虽攀援内附，中心必不相合。俟来见时，加意体察，自可得哈萨克与巴特玛车凌信息等语。班第等或令额林沁前来入觐，或酌量安插原游牧处，公同酌定，即行奏闻。①

在清廷内部，即使对"平准"战争有重要影响的军机大臣也认为，阿睦尔撒纳如逃往哈萨克，必然不能和平相处。其依据是阿睦尔撒纳和额林沁原本亲近，而额林沁和阿布赉新近产生了严重矛盾，自然导致阿布赉与阿睦尔撒纳之间也将产生矛盾，分析如下：

> 军机大臣奏言……至哈萨克，虽与阿睦尔撒纳和好，但与额林沁仇隙甚深。今阿睦尔撒纳已娶额林沁之媳为妻，以其孙为己子，复聚塔本集塞、库图齐讷等鄂托克牲畜，资助额林沁向日被哈萨克掳掠之人。哈萨克闻之，必不能与伊和好。②

在接下来追缉阿睦尔撒纳过程中，乾隆帝根据阿布赉与额林沁有矛盾这一情报，③ 为将额林沁从阿睦尔撒纳势力中分离出来，专门指示与额林沁保持联络的厄鲁特贵族唐古特，在和额林沁通信时特意强调所听闻的纳嘎查之言——阿睦尔撒纳准备将额林沁捉拿送交阿布赉以换得信任，以此进一步离间额林沁和阿睦尔撒纳之关

---

① 《清高宗实录》卷494，乾隆二十年八月乙酉条。
② 《平定准噶尔方略》正编卷20，乾隆二十年十月辛酉条。
③ 档案内见"额林沁、巴特玛车凌在我处休养生息，现也已反叛"（原文：erin-cin batmacering be meni bade ujifi te geli cashulaha）；见《定北将军班第密奏前往哈萨克使者来报阿布赉请求归附及阿睦尔撒纳作恶之情折》，乾隆二十年七月二十五日，《军机处满文录副奏折》，中国第一历史档案馆藏，档案号：03-0174-1423-004。

系。乾隆帝指示如下：

> 唐古特……如通信额林沁时，其书词大指，告以阿睦尔撒纳与阿布赉久相和好，而额林沁从哈萨克逃出时，曾伤害多人，阿布赉甚怀愤恨。今阿睦尔撒纳欲将额林沁擒送哈萨克以修好，此系询问和硕特台吉纳嘎查所告之词，其言必非无实据，额林沁自知与阿睦尔撒纳有隙，且与哈萨克不和，伊亦阅历有年，岂不预防祸害。若令其将阿睦尔撒纳擒拿，即可复仇免患，且可承受恩赏。策楞即传谕唐古特，将此意作书，开导额林沁，并将唐古特言语情形奏闻。①

在年底撤兵时，乾隆帝认为巴特玛车凌、额林沁二人刚从哈萨克回来，并未一直在阿睦尔撒纳身边，且来自前线的口供称，额林沁确有受阿睦尔撒纳之欺凌，因而有尽力争取此二人的打算，他进一步晓谕前线将领策楞："若巴特玛车凌、额林沁二人，甫从哈萨克前来，且额林沁素与阿逆有仇隙，或能协力擒贼，更当格外宽宥。"②

笔者认为，乾隆君臣得此判断所依据的信息，其来源是可靠的，逻辑亦合情理，但事情之发展并未如愿。因为从其结果来看，乾隆君臣既没有成功争取到巴特玛车凌和额林沁，也没能借助哈萨克之阿布赉和准噶尔之额林沁、巴特玛车凌之手擒获阿睦尔撒纳。此反映出清朝决策层对阿布赉、阿睦尔撒纳、巴特玛车凌及额林沁之间的关系，仍未能有实质性的把握；这也为其后之事实即阿睦尔撒纳兵败逃入哈萨克后，受阿布赉收留、庇护所证明。事实上，阿布赉不但在乾隆二十年底帮助阿睦尔撒纳收拢被清军击溃的属部，而且还在次年派哈萨克兵助他与清兵作战，这足以说明阿睦尔撒纳和阿布赉之联盟关系在当时相当牢固。

---

① 《平定准噶尔方略》正编卷20，乾隆二十年十月乙丑条。
② 《平定准噶尔方略》正编卷23，乾隆二十年十二月戊午条。

尽管阿睦尔撒纳收留杀害哈萨克部众、叛逆阿布赉的额林沁，但阿布赉依然倾向于支持阿睦尔撒纳，这是为什么呢？清朝决策层为什么会出现这一重要误判？其原因就应为阿布赉此时仍重视与阿睦尔撒纳的关系，而清朝从前线获得的情报也有不足之处。这就导致了1755—1757年清朝虽向哈萨克派遣多批使者却不能得到及时回应，不得不向哈萨克草原采取军事行动以追捕阿睦尔撒纳。此项内容，将在第二章做详细探讨。

对巴特玛车凌和额林沁在阿睦尔撒纳叛乱后从哈萨克返回的行为进行分析，可知他们不但比较坚定地追随阿睦尔撒纳，而且还是阿睦尔撒纳和哈萨克关系的见证人和具体维护者。清廷根据阿布赉使者阿穆尔巴图鲁所带来的信息，敏锐地发现额林沁和阿布赉之间产生矛盾，并根据数次报告判断他们是阿睦尔撒纳势力的核心成员，应尽快安排人员向额林沁和巴特玛车凌递信开导，使他们对阿睦尔撒纳生疑，以达到分化阿睦尔撒纳阵营乃至借助此二人之手擒获阿睦尔撒纳的目的。与此同时，清廷遣使告知阿布赉，阿睦尔撒纳不但收留额林沁，而且还结为姻亲，试图以此离间阿布赉与阿睦尔撒纳之关系，阻止阿睦尔撒纳投靠哈萨克。虽然这些措施力度有限，但从一年后额林沁降清时所反馈的信息可知，清朝利用哈萨克和阿睦尔撒纳属下之矛盾缓慢分化了对方阵营，清朝的这些谋略①部分取得了成功。

阿睦尔撒纳的降清，深刻改变了清朝与哈萨克关系，也改变了巴特玛车凌和额林沁的命运，此二人以阿睦尔撒纳亲信之身份，留在哈萨克潜做眼线，等待时机。巴特玛车凌见到代表清朝出使阿布赉处的丹津央金后，继续替阿睦尔撒纳联络哈萨克，而额林沁则不堪困苦，反叛哈萨克并返回阿睦尔撒纳处，这一意外事件打乱了阿布赉原定与清朝进行贸易交好的计划。清朝在与哈萨克交往中发现

---

① 清朝执行这些谋略，更多的是凭借使者和书信的往来，这种军事行动之外的使者活动，在清朝平定阿睦尔撒纳叛乱中体现得极为明显。

此二人在擒拿阿睦尔撒纳行动中存在价值，特专为二人量身制定策略。此后，额林沁在追随阿睦尔撒纳时获得清朝书信，因而背叛阿睦尔撒纳降清。其中具体情形，据策楞之奏折可知："定西将军策楞等疏奏解送贼党额林沁来京……解贼党额林沁至军营，臣等公同询问，据称我为阿睦尔撒纳挟制同行，不得已勉强服从，后接到将军等谕令擒贼赎罪之文，因力弱不能擒献，今大兵已到，情愿归诚等语。查额林沁自去年由哈萨克前来，即蒙恩优加体恤，乃并未至军营，中途即同阿逆背叛，今力穷被执，饰词乞降。"①此一阶段，清军追击阿睦尔撒纳成果不彰，"仅得一老迈之额琳沁，亦旋即病毙"②，而清廷所看中另一人巴特玛车凌也因"出痘身死"③。巴特玛车凌和额林沁被卷入历史的旋涡，经历坎坷，在这一历史节点上扮演了重要角色，此二人的经历折射出清哈关系建立中准噶尔因素的影响。

自乾隆二十年清军开始进兵准部，直至阿布赉归附，清朝决策层对准噶尔因素中准噶尔贵族及其下属所具有的重要影响力缺乏足够的认识，这导致出现误判，使清朝与哈萨克关系发展受到较大影响。因此，在清哈关系研究中，对准噶尔因素的复杂性应该给予充分的重视。

此外，准噶尔因素还包括该部所使用的厄鲁特语、托忒文在中亚地区的继续使用。其后，掌握厄鲁特语和托忒文字成为清朝选择哈萨克通事的条件之一，据"兆惠奏言，现在军营行走之双全，系正红旗蒙古鸟枪护军，雍正九年，在和通胡尔哈为厄鲁特所掠二十余年，去年随军效力。经臣等奏请，如果奋勉即拨回本旗当差，查双全识托忒字，习厄鲁特言语，于哈萨克回部情况，亦颇熟悉。本年哈萨克遣使到营，令伊通事传语，俱能达意，请将双全咨行该

---

① 《平定准噶尔方略》正编卷26，乾隆二十一年四月戊戌条。
② 《清高宗实录》卷514，乾隆二十一年六月丁未条。
③ 《清高宗实录》卷506，乾隆二十一年二月壬子条。

旗，坐补护军，留于军营效力行走"①。

在与清朝通信时，阿布赉亦使用托忒文字作为正式文字，如乾隆二十二年阿布赉交给顺德讷所带回的信件，即用托忒文字书写："顺德讷所送阿布赉交付托忒字清单，内开……将阿布赉所给托忒字人名清单谨呈奏览。"② 阿布赉及其统领的中玉兹哈萨克游牧集团使用托忒文字，一直持续到阿布赉去世的 1781 年，其后才逐渐被察合台文字所取代。③

综上所述，本节探讨的 18 世纪清朝与哈萨克部关系建立中的准噶尔因素可归纳为如下几点。

其一，原准噶尔辉特部台吉阿睦尔撒纳，给清朝统治下的西域造成影响。此影响有二：一是主要的影响，体现在学界关注较多的其叛乱之举上；二是连带的影响，体现在他降清期间，替清廷派遣通哈使者丹津央金和特古斯穆彰阿一事上。作为"平准"期间最早的清朝通哈使者，此二人完成了与左、右部哈萨克众首领会面的使命后安全返回，为清朝与左、右部哈萨克建立联系打开了局面。遣使丹津央金前，阿睦尔撒纳与额驸色布腾巴勒珠尔经过商议，决定遵循清朝原有制度，特授予丹津央金以体现清朝职官制度的顶戴花翎以壮声势，其目的应为在外藩部落面前，突出清朝使者的身份

---

① 《平定准噶尔方略》正编卷 46，乾隆二十二年十一月丙申条。
② 《定边右副将军兆惠等奏哈萨克阿布赉派人协拿阿睦尔撒纳事成后请赏赐伊等片》，乾隆二十二年六月二十九日，载中国边疆史地研究中心、中国第一历史档案馆合编《清代新疆满文档案汇编》第 24 册，第 51—52 页。满文转写：šundene i ablai i buhe tot hergen araha……ablai i buhe tot hergen i niyalma gebu be araha afaha be fempilefi gingguleme tuwabume wesimbuhe。
③ 〔日〕野田仁和小沼孝博考察哈萨克向清朝呈送文书所使用的文字时，发现阿布赉去世前，察合台文已逐渐取代之前占绝对优势的托忒文。见〔日〕野田仁、小沼孝博，"A Collection of Documents from the Kazakh Sultans to the Qing Dynasty", *Central Eurasian Research*, Special Issue 1, University of Tokyo, 2010。

以宣示国威。将军班第接下来在遣使达勇阿①、博尔伦时，也照前例给二人特授顶戴花翎。② 这两次遣使中的特授顶戴花翎之安排，为以后清廷使者出使哈萨克所沿用而成为定制，开创了先例。

其二，阿睦尔撒纳降清期间，将亲信属人额林沁和巴特玛车凌留在哈萨克，凭借他们获悉消息、刺探情报。丹津央金出使哈萨克，使额林沁得到阿睦尔撒纳返回准噶尔的确实信息，此举导致额林沁从哈萨克叛逃，继而引发阿布赉对阿睦尔撒纳属人及准噶尔被清朝平定的怀疑，改变了他对清朝和阿睦尔撒纳关系的判断，终止了与清朝进行大规模贸易的计划。这一系列连锁反应，是1755—1757年清朝深刻改变准噶尔面貌，冲击原有势力格局的具体体现。以阿睦尔撒纳为代表的原准噶尔贵族及其属人，在这一历史节点上扮演了重要角色。

其三，中玉兹哈萨克首领阿布赉对准噶尔语言文字的熟悉，以及对阿睦尔撒纳支持背后所隐藏的阿布赉游牧集团与准噶尔阿睦尔撒纳集团的联盟关系，显示阿布赉在归附清朝前，试图帮助阿睦尔撒纳争夺准噶尔部之权力。阿布赉对准噶尔的了解③并主动介入准噶尔部权力的重新分配，是谋求哈萨克部族自身利益的体现。

本节之探讨，与国际史学界关注较多的清朝"平准"后"准噶尔遗产"对中亚地区影响研究④有较大的相关性。以往研究对准噶尔之政治影响力在清朝"平准"后的延续，以及其语言文字在

---

① 清朝汉文文献如《清实录》《平定准噶尔方略》《朔方备乘》等书中，对满文人名"dayongga"的汉文音译有两种译法，即"达永阿""达勇阿"；本书引用时，亦不改变原书译法。
② 《定北将军班第等奏派达勇阿博尔伦给哈萨克阿布赉送旨照例赏顶戴花翎片》，乾隆二十年七月十二日，载中国边疆史地研究中心、中国第一历史档案馆合编《清代新疆满文档案汇编》第11册，第284—285页。
③ 阿布赉曾于1740年代被准噶尔俘虏后在其腹地生活约一年，参见蔡家艺《清代西北边疆民族史研究四题》，《民族研究》2003年第2期。
④ David Brophy, "The Junghar Mongol Legacy and the Language of Loyalty in Qing Xinjiang", *Harvard Journal of Asiatic Studies*, Volume 73, Number 2, December 2013, pp. 231–258.

中亚地区的通用和地位都有所讨论,①但所论均有些许不足。如在论及"准噶尔遗产"时,则主要从游牧强权所遗留秩序的角度着手,过于突出蒙古因素,虽有一定的合理性,但低估了清朝的主体性,忽视了其主动引导中亚秩序转型的战略构想。在语言文字方面,虽强调托忒文文书之重要性,这点实属应当,但对具体案例分析仍有欠缺,如于满文档案中所见之哈萨克头目、使者、部众等与清朝方面交往时,既使用厄鲁特语进行口头交流,又使用满、托忒、察合台文多语种进行文书来往,此种方式促进哈萨克诸部对清朝产生政治文化认同,对此做更为细致之研究,便可以丰富、深化相关内容。本节论述的准噶尔贵族阿睦尔撒纳及其属人,学界过去多将其放在准噶尔历史范畴内作讨论,对他们在清哈关系乃至中亚政治格局中所起的作用则关注不足。从上述历史事实可以看出,不但阿睦尔撒纳企图利用居处清哈之间之地位以实现其政治野心,而且其属人对清朝与哈萨克间的政治交往和贸易也产生了影响。

清朝在与哈萨克交往时,慎重处理原先遗留的准噶尔与哈萨克之关系,逐步打消阿布赉支持准噶尔残余势力的幻想,并以剿灭准噶尔叛乱势力为契机,将准噶尔遗留下的历史记忆作为说服中亚诸部归附的有效方法,②为之后将原先向准噶尔称臣的哈萨克、布鲁特③纳入藩属奠定了基础。清朝将准噶尔因素纳入边疆治理中,较为成功地填补了"平准"后所出现的地区权力真空,这对在西北

---

① 〔日〕小沼孝博,"Qing Communication with Central Asia: The Language Used in Negotiations","The Qing Dynasty and Its Central Asian Neighbors",*Saksaha: A Journal of Manchu Studies*,Volume 12,2014。
② 清朝在向哈萨克、布鲁特以及中亚其他诸部行文时,经常将诸部服属准噶尔时期的待遇与清朝对之的宽大政策进行对比,详见本书第二章。
③ 这一过程在《西域图志》中则体现为将哈萨克置于"藩属一"条目下,将中亚其他诸部置于"藩属二、三"条目下。布鲁特归附清朝及清朝对其的治理,参见陈柱《清朝权力在西天山地区的推进——以清朝与布鲁特宗藩关系的建立为中心》,博士学位论文,中国人民大学,2017年;张伯国《翎顶赏赐制度与清代布鲁特治理新探》,《贵州民族研究》2018年第9期。

边疆建立起的包括哈萨克藩属在内的与各部良好交往的较为稳固的政治局面具有重要作用。

第二节　俄罗斯因素之影响

在清朝与哈萨克诸部建立联系过程中，俄罗斯是重要的外部影响因素。清、俄、哈之关系史，素来受到学界的关注，已有的研究成果也丰硕炫目，① 但仍有进一步拓展与完善的空间。阿布赍在1757年正式归附清朝成为藩属前，曾于1740年名义上"臣服"俄罗斯，俄罗斯据此"誓约"和《清俄修好定约》②，于1758年向清朝提出交涉，与之争夺对哈萨克的管辖权。清廷对俄罗斯之主张并未让步，对哈萨克诸部实行自愿归附原则，不来归附则不强迫，来归附则加以庇护，在清朝国力强盛之际，这一宽容、恩养、互利的

---

① 主要有：厉声《哈萨克斯坦及其与中国新疆的关系（15世纪—20世纪中期）》（黑龙江教育出版社2004年版），梳理俄罗斯在哈萨克的殖民统治及兼并过程；王治来《中亚通史·近代卷》（新疆人民出版社2004年版），研究俄罗斯对哈萨克草原的扩张及中亚与俄罗斯的关系；贾合甫·米尔扎汗《哈萨克族历史与民俗》（夏里甫罕·阿布达里译，新疆人民出版社2014年版），梳理了沙俄以堡垒线作为军事据点进行侵略、占领并步步推进的征服中亚过程；苏北海《哈萨克族文化史》（新疆大学出版社1989年版），着力于对哈萨克反抗沙俄侵略的梳理；蓝琪《16—19世纪中亚各国与俄国关系论述》（兰州大学出版社2012年版），分述哈萨克三玉兹臣属俄罗斯及被兼并之事，但对哈萨克在近百年里作为清朝实际藩属存在的历史事实则论述不足；尤淑君《接待俄使之异：论清朝对俄政策的变化》（《中国边疆史地研究》2013年第3期）从礼仪角度研究描述了清代中俄关系的变化；日本学者野田仁 The Kazakh Khanates Between the Russian and Qing Empires – Central Eurasian International Relations during the Eighteenth and Nineteenth Centuries（Leiden, Boston：Brill, 2016），利用俄文档案和满文档案，讨论俄罗斯对清朝与哈萨克关系的影响。其他成果还有：吴筑星《沙俄征服中亚史考叙》，贵州教育出版社1996年版；齐清顺《论近代中俄哈萨克跨境民族的形成》，《西域研究》1999年第1期。
② 即《恰克图条约》。

藩属政策为安定边疆起到了很好的作用，不但引发曾"臣服"俄罗斯的哈萨克诸部相继归附，而且还为清朝治理西北边疆提供了良好的外部环境。

本节首先讨论"誓约"的由来及内容。阿布赉归附清朝后引起俄罗斯的关注，彼时俄罗斯的萨纳特衙门不但奉女沙皇之令，接连寄信给清朝特别论述俄哈关系，而且还附上所谓俄哈"誓约"之拉丁文译本全文及其说明，要求清朝不接纳哈萨克部，试图从国家层面阻止哈萨克部归附清朝。围绕这一重要文本展开探讨，考察清朝应对之史实，可以在亚欧大陆政治格局背景下，在清哈关系建立过程中，深化对俄罗斯因素的认识。

有清一代，俄罗斯是与清朝实力相近的非直接臣属国。[①] 两国约定，由理藩院与萨纳特衙门对等进行公文往来，避免了在国体上有直接的高低之分，这反映出两国地位之接近。俄罗斯与准噶尔部在 17 世纪建立联系后进兵准部受挫，逐渐形成相对固定的边界。清朝于 18 世纪中叶平定准噶尔部，并承袭原准俄边界以及准哈等与中亚诸部的边界后，在西北方与俄罗斯位于额尔齐斯河边的铿格尔图喇堡垒分界。因此，俄罗斯具有长期与清朝及其准噶尔部交往的历史。

俄罗斯与哈萨克接触也有较长历史，不但自 17 世纪开始即沿俄哈边界修建堡垒线进行军事压制，而且还长期以提供政治庇护等方式诱使受到准噶尔军事威胁的部分哈萨克贵族向其宣誓"臣服"。至 18 世纪末，俄罗斯从最初希冀打通阿富汗、印度贸易线，发展到逐渐吞并哈萨克游牧地，并逐步切断哈萨克中、大玉兹与清朝已建立的藩属关系，最终于 19 世纪中叶吞并哈萨克三玉兹领地。

[①] 陈维新：《清代对俄外交：礼仪体制及藩属归属交涉（1644—1861）》，黑龙江教育出版社 2012 年版；叶柏川：《俄国来华使团研究（1618—1807）》，社会科学文献出版社 2010 年版；阿拉腾奥奇尔：《清朝图理琛使团与〈异域录〉研究》，广西师范大学出版社 2015 年版。

佐口透较早对三方关系进行研究，① 认为哈萨克汗、王、公除与清朝建立朝贡关系外，从1740年起还和俄罗斯建立了朝贡关系；中玉兹汗阿布赉也向俄罗斯提出了承认他汗地位和充当朝贡国的要求后，俄罗斯随即予以承认，因此，阿布赉和清、俄两国都建立了朝贡关系。佐口透等学者虽注意到哈萨克"臣服"俄罗斯这一历史事件，但限于史料未能对"誓约"进行解读，他提及的哈萨克向清朝和俄罗斯"双重臣服"的概念，成为困扰学界研究的一大议题，这进一步凸显清哈关系中俄罗斯因素所产生的影响。

1755年，阿布赉率左部哈萨克最早向清朝表达归附愿望，1757年、1758年哈萨克左、右部陆续归附清朝，至1771年，清哈关系发展到新的高度，哈萨克阿布赉等部已成为清朝忠诚的藩属，在面临俄罗斯压力和同族的邀约下，他做出有利于维护自身与清朝藩属关系的明确决断，② 但此期间发生的大量关于哈萨克的清俄交涉，仍留下一些有待考察的问题。

从档案中可见，这一"誓约"文本出现在俄罗斯强烈关注清哈关系发展的历史节点上，即俄罗斯在获悉阿布赉归附清朝的消息后，改变仅在西伯利亚地区驻兵阻止清朝与哈萨克接触的做法，这体现局势发展超出俄罗斯的掌控。之前清俄之间的涉及哈萨克的代表性事件，莫过于乾隆二十年底，清廷因阿睦尔撒纳叛乱，欲晓谕已遣使表示归附的阿布赉，但因准部不宁，无法直接前往而不得不寻找其他路线时，额琳沁多尔济奏报，准噶尔贵族噶尔藏多尔济称"自汗哈屯等处取道至哈萨克甚近，彼处现有伊所属之乌梁海"③，因而派出德善使团欲借道俄属乌梁海出使哈萨克。不久，清廷获知出使未能成功，判断其原因为德善使团至乌梁海处，听信乌梁海人

---

① 〔日〕佐口透：《18—19世纪新疆社会史研究》，凌颂纯译，新疆人民出版社1983年版。
② 见本书第六章第一节。
③ 《平定准噶尔方略》正编卷18，乾隆二十年九月壬午条。噶尔藏多尔济，也译成"噶勒藏多尔济"。

所捏造之言而退回。为杜绝出使哈萨克人员因怯懦退回之事再次发生，清廷下令"从前遣德善往谕哈萨克，中途退回，实属怯懦。若此时阿逆果逃入哈萨克地方，著哈达哈即将德善在军营正法，以为畏葸偾事者戒"①。德善出使未成事件，从表面上看，是乌梁海部阻止了德善使团的通行，如乾隆帝追究乌梁海部之人责任的上谕所称："前已令青衮杂卜、策布登扎布等领兵前往办理乌梁海等，著即行谕知，将起意阻止德善之人查明从重治罪。"② 随着平叛的顺利进行，清廷未再追查深层原因，似无关紧要，但如果参考兹拉特金所引俄罗斯准噶尔档案可知，德善使团未成行之原因是"取道"俄罗斯前往，而遭俄方干涉、拒绝：

> 清朝当局那时已经企图引诱中玉兹执政者反对阿睦尔撒纳。他们派了一个总数为三十人的特别使团去哈萨克，该使团于1756年1月出现在乌梁海兀鲁思，宣称打算穿过俄国领土取捷径去阿布赉那里，因为经由伊犁的那条路被阿睦尔撒纳截断了。没有准许他们通过俄国领土，他们只得返回，没能完成任务。③

结合清俄双方档案文献来分析，未出使成功的真正原因，实为清朝对俄罗斯涉哈萨克政策尚缺乏足够认识。此次俄罗斯利用其控制下的部分乌梁海部落阻止清朝联络哈萨克，已反映出其不希望清朝对哈萨克产生影响，维持俄罗斯在亚欧大陆中部地区的霸权的目的。这也应是两年后引发俄罗斯据"誓约"就中玉兹哈萨克归附

---

① 《平定准噶尔方略》正编卷26，乾隆二十一年三月壬辰条。
② 《平定准噶尔方略》正编卷26，乾隆二十一年三月壬午条。
③ 〔俄〕伊·亚·兹拉特金：《准噶尔汗国史》，马曼丽译，第423页。其史料来源为《准噶尔卷宗（1755—1757年）》第4卷，俄罗斯对外政策档案馆藏，第170张。

事向清朝提出交涉的深层原因。①

清朝与哈萨克中玉兹阿布赉等部建立"大国—藩属关系"前，阿布赉确实曾于1740年"臣服"俄罗斯，俄罗斯据此为凭，向清朝提出交涉，争夺对哈萨克的管辖权。因而，应首先分析俄罗斯为证明阿布赉为其属人，向清朝递送的"阿布赉宣誓书"或"誓约"之文本。据满文档案，该文书原为蒙古文，俄罗斯将其拉丁文译本寄给清朝，清朝再将此拉丁文本译为满文。该满文译本，现保存在中国第一历史档案馆《军机处满文录副奏折》和《军机处满文月折档》中，并被收录于近年出版的《清代中哈关系档案汇编》第1册和《清代新疆满文档案汇编》中，笔者翻译如下：

阿布赉汗之一千七百四十年定盟文书

哈萨克汗我面向上天，愿我及所属之人，皆永远成为你哈屯汗所属，从哈屯汗之令，亦遵国之律例而行，诸般定例，至死维护，诸事皆从哈屯汗而行。如此定盟。以此，上天祝佑于我。

此誓约原件以蒙古文字撰写、盖印②

---

① 日本学者野田仁对乌梁海中俄"两属"问题进行了精彩分析，见〔日〕野田仁 *The Kazakh Khanates Between the Russian and Qing Empires – Central Eurasian International Relations during the Eighteenth and Nineteenth Centuries*, Leiden, Boston: Brill, 2016。

② 参见《哈萨克汗阿布赉与俄罗斯哈吞汗一七四〇年盟书》，乾隆二十三年三月，载中国第一历史档案馆、哈萨克斯坦东方学研究所编《清代中哈关系档案汇编》第1册，第105—106页；又见于《清代新疆满文档案汇编》第29册，第222页；原件藏于中国第一历史档案馆，档案号：03-0177-1688-012；哈吞汗，即哈屯汗。按：虽档案题名如此，但从原文内容来看，如以"誓约"替代"盟书"则翻译更为准确。满文转写：abulai han i emu minggan naden tanggu deheci aniya de toktoho gashūn i bithe, hasak han bi, dergi abkai baru mini beye, mini harangga niyalma gemu sini hatoon han de enteheme harangga oki. hatun han i hese be dahaki, gurun i toktobuha kooli be inu dahame yabuki, eiten toktobuha cooli be bucetele karmaki. yaya baita be hatun han i cihai yabukini seme toktobume gashūhabi, uttu oci, dergi abka mimbe aisilame karmambi, ere gashūn i bithe i da jise be monggo hergen arafi, doron gidahabi。

清廷自清初就有精通满文、拉丁文双语的西方传教士在宫中钦天监等处效力，自拉丁文本翻译成满文本过程中，应能基本保证语义的准确。从俄罗斯提供的文本内容看，此为哈萨克阿布赉汗于1740年向俄罗斯女皇宣誓效忠之誓词。满文译本最后说明部分注明原件为蒙古文，此蒙古文应为其时中亚地区各部族，受准噶尔部影响而普遍使用的托忒蒙古文字，即原件应是阿布赉向哈屯汗即俄罗斯伊丽莎白女皇呈递的托忒文文书；盖印，是哈萨克部落首领的习惯，在中国第一历史档案馆藏的阿布赉、阿布勒比斯等哈萨克首领，向清廷所行的保存至今的托忒文、察合台文之呈文原件上，大多盖有椭圆形印。但俄罗斯提供的这份拉丁文本"誓约"部分，是否忠实翻译原托忒蒙古文文本，说明部分是否改写了原始信息，都是我们需要仔细考辨的。该文书存在的问题主要有如下两点。

　　其一，该文书的真实性。对于该文书所反映的事件是否存在，目前尚无异议，因为可与相关的档案文献对应，即阿布赉当时确实曾前往俄罗斯求援，以躲避准噶尔的进攻。但该文书内容似乎有俄方的改动。首先，该文书写到阿布赉于1740年为汗，这明显与俄罗斯对阿布赉的定位不符，当时受俄罗斯承认的哈萨克汗，是小玉兹的阿布勒海尔汗，俄罗斯宫廷及绝大多数俄文档案、著作皆认为，阿布赉至1780年代受俄册封后才成为汗，之前只具有苏丹的身份。

　　其二，该文书分段。由满文档案可见，该文书满文本共有4扣，除第1扣单独居中写有"latino i bithe"即"拉丁文文书"之外，后面3扣内容连续不分段，即都在满文档案正文中。笔者认为，此拉丁文文书应分为3段，比较明显的是最后一句"此誓约原件以蒙古文字撰写、盖印"，一定为说明文字。同样比较重要的是，"阿布赉汗之一千七百四十年定盟文书"这句虽在满文本中与下文连写，而且也很容易让人认为是哈萨克汗提交文书的起始部分，但考虑到这里也出现了1740年俄罗斯不承认的"汗"称号，因此，这句亦应为俄方添加的说明文字而非正文，是对此份文书所起的名称，类似于档案名，希望对清廷的判断起到引导作用。

因该满文文书缺乏其他信息，笔者核对中国第一历史档案馆在整理过程中所拟的题名和所确定的档案形成日期，从"阿布赉誓约"题名看，此份文书有可能是阿布赉1740年前往奥伦堡宣誓"臣服"时递交文书的译本，① 而从笔者在中国第一历史档案馆查得的未收于《清代中哈关系档案汇编》第1册内的，中国第一历史档案馆工作人员为该件所拟的档案信息来看，这份满文档案原件包括在《军机处满文月折档》乾隆二十三年三月包内，因而翻译时间应在乾隆二十三年三月或之前。

结合以上分析来看，首先1740年时阿布赉势力较弱，难以自称汗；其次俄罗斯当时并未承认其为汗。提前40年到来的与阿布赉身份不符的"汗"称号，成为这份文书的最大疑点，甚至不能排除萨纳特衙门有在文本中添加内容以作伪的可能。如何解释这一疑点？其中，一种可能是俄罗斯边防哨所之江格尔图喇驻兵，1757年从追捕准噶尔叛军的清军将领顺德讷处得知阿布赉自称汗并归附清朝的消息后，将之报送俄皇；俄罗斯遂据这一消息，为应和清朝称呼也如此书写，但并未改变以苏丹地位看待阿布赉的待遇；但如果如此书写，俄方就应该在内容中加入了"汗"这一虚假信息。另一可能即这一文书所呈者另有他人，并非阿布赉。考虑到文书三部分中第二部分正文里出现"哈萨克汗"这一称谓，且段意连贯，第二部分应为一完整文书。此处存在俄方认为阿布赉本人文书说服力不足或阿布赉本人文书已不存，遂以其他哈萨克汗文书代之的可能性。目前最可能用来冒充阿布赉文书的，当为彼时小玉兹阿布勒海尔汗的宣誓文书。从以上分析来看，阿布赉1740前往俄罗斯求

---

① 厉声在《哈萨克斯坦及其与中国新疆的关系（15世纪—20世纪中期）》（第85页）中述及阿布赉1740年宣誓事时认为，这是在准噶尔的巨大军事压力和俄方的多次诱迫下，才宣誓"臣服"俄罗斯的，是哈萨克人在一定条件下的退却，他们并不十分看重这种关系。

援,应有其事,但这里呈现的文书很可能并非阿布赉提交的文书,其中原因有可能是阿布赉身份非汗从而并未单独提交文书,为解决这一问题,俄方利用与清廷间的信息不对称,使用阿布勒海尔汗或其他哈萨克汗之"誓约"文本以冒充。这些文书中存在的疑点,削弱了俄方主张的可信度。对此问题的进一步研究,需要学界考察更多的档案文献。

总而言之,乾隆二十二年六月阿布赉正式归附清朝时,乾隆帝未注意到阿布赉可能有过"臣服"俄罗斯之举。其后,当清朝与俄罗斯交涉准噶尔逃人问题时,告知俄方阿布赉已归附清朝,俄方因而提出阿布赉为其属人,不愿接受阿布赉亦归附清朝这一史实。① 这份文书,应是俄罗斯为证明1740年事件的存在,而由萨纳特衙门转给清朝理藩院的副本,并在京城被翻译成满文。在其后的乾隆帝满文上谕中,有将阿布赉称作"两属之人"之说法,此种说法的最重要的直接来源,可能是此份文书。虽然该文书内容存在疑点,但清朝并未深究,理藩院照乾隆帝之意在给俄罗斯萨纳特衙门的回文中着重强调说,如果俄罗斯善待属众,怎会有阿布赉归附清朝之事,且并未按照俄罗斯的意图拒绝哈萨克阿布赉之归附。这一清朝回复文书,也出现在下文论及的伊勒图如何应对涉哈萨克事件的上谕中。

清朝中期与俄罗斯的交涉中,原有通过恰克图传递文书、迎送使者之例。哈萨克诸部归附清朝前后,位于俄罗斯南部、与中亚地区接壤的额尔齐斯河畔的江格尔图喇哨所,成为清朝与俄罗斯交涉原准噶尔及哈萨克事务的重要地点。阿布赉归附后,顺德讷前往访查阿睦尔撒纳行踪时,即前往此处与俄交涉:

> 次日寻至俄罗斯境之锵格尔图喇,遣人告知,十八日,俄

---

① 《俄罗斯萨纳特衙门为与理藩院商议及准噶尔事宜事咨文》,乾隆二十三年三月,《军机处满文录副奏折》,中国第一历史档案馆藏,档案号:03-0177-1688-006。

罗斯喀丕坦等,至额尔齐斯河滨相见,免冠叩请大皇帝安。因告以我将军大臣为逆贼阿睦尔撒纳逃窜,派兵分路查拿,看贼众大概逃入尔境,应遵彼此不纳逃人之议,擒拿送出。喀丕坦等云,阿睦尔撒纳,前遣使来,已拿送我察罕汗,其本身及属人,并未曾来,我俄罗斯法度颇严,岂敢背约藏匿等语。随告以阿逆等即未到来,自应遵照前约,传知尔等各卡伦,俟逆贼来时,擒拿解送,并先将我等奉差索取之处,行知萨纳特衙门,仍将现在并无阿逆,给文为据,以便我等回报将军大臣转奏。往复再三,喀丕坦等因给与俄罗斯印文,并行文边界,遂于二十日带兵回程。①

此后,清朝又多次因准噶尔逃人等事在此同俄罗斯交涉,俄罗斯前往左部哈萨克(中玉兹)的许多使者,也从此地出发;至18世纪末期,此地逐渐发展成俄罗斯侵夺哈萨克草原的前线堡垒据点。清哈关系的建立和巩固,改变了清朝与俄罗斯间的地缘政治格局。

清朝在乾隆后期,始终关注俄哈关系的发展。乾隆四十四年(1779),时任伊犁将军的伊勒图奏报称,哈萨克王阿布勒比斯之子卓勒奇向清朝呈送文书时,误将阿布勒比斯欲遣其子布普前往俄罗斯之事所得俄方之回信,当作呈送给清朝文书的封皮一并送至,伊勒图将这一偶然发现的俄文信件译为满文,从而知晓阿布勒比斯仍与俄罗斯有所联系。就此所获悉的清朝藩属哈萨克阿布勒比斯家族与俄罗斯官员私下联络一事,乾隆帝降旨指示伊勒图:"哈萨克原有二心,伊虽已臣服于我,而俄罗斯亦系大部落,与伊接壤,哈萨克不免疑虑两顾。今观哈萨克阿布勒比斯,欲将伊子遣往俄罗斯托奔城,请示于俄罗斯,则伊又欲归附于彼,其意显然。此事虽不甚关紧要,仅可作为不知,置之不议。"②

乾隆帝这段上谕,广为中外关系史研究者征引,以此作为清朝

---

① 《平定准噶尔方略》正编卷41,乾隆二十二年丙辰条。
② 《清高宗实录》卷1914,乾隆四十四年十一月辛巳条。

对哈萨克内外政务执行"不干涉""不管不问"政策的证明,但这一认识存在理解上的偏差,学者们忽略了此处主语"此事"(ere baita)所描述的并非"哈萨克原有二心"及"哈萨克不免疑虑两顾"①,其实指的是伊勒图通过非正常渠道得获这份文书之事。考证连贯的档案史料可知,此时的哈萨克中、大玉兹众首领,断无向清朝明示其有与俄罗斯联系之心;乾隆帝如此应对,也绝不是说哈萨克"两属"之事无关紧要,而是说获得此信之事本身无关紧要,没有必要因小事而激变,以此为凭而追究对清朝一向恭顺的阿布勒比斯之责任。此处分析清朝政策,不应割裂其历史语境。

正因这件事与清朝有间接的关系,由伊勒图在无意中得知,乾隆帝于是令伊勒图不予追究,先处理其他事务,并非"不管不问""不敢过问",其实是一种掌握主动权下的"保留变化"②,属于灵活驾驭外藩之道。真正说明此时清廷态度的,是乾隆帝对阿布勒比斯向清、俄两国称臣之行为。在对阿布勒比斯的认知得出"看来此等俱系无定之人"的基础上,考虑到该事件的性质,以及将来清哈关系中还可能会出现俄罗斯因素,乾隆帝未雨绸缪,提前准备应对方案,他指示伊勒图说,若再遇出自俄罗斯之来投者,即可以照1758年敕覆俄罗斯的较为强硬的收留人众之文书以应对:"此际再有投来者,恐俄罗斯等咨呈领取,著将从前敕覆俄罗斯之文,钞录一分,寄与伊勒图知之。"③ 这一文书,即为上文阿布赍于1757年来投后,俄罗斯向清廷出示阿布赍1740年附俄"誓约"时,理藩院回复萨纳特衙门的应对言辞;其内容大意是,若哈萨克或其他部众自愿从俄罗斯来投,则清廷断无不接纳之理,并将该部众等已成清朝之人明示俄罗斯,断不给还。乾隆帝为此下的上谕为:"但从前阿布赍来投时,俄罗斯曾有书来言阿布赍系伊处之人,不可收留。朕亦敕覆以

---

① 此类清朝皇帝对事态的分析内容在清代上谕中较为常见。
② "保留变化"实为对弈时的专业术语,指不急于定型,给下一步留下主动权和回旋余地。
③ 《清高宗实录》卷1914,乾隆四十四年十一月辛巳条。

阿布赉系尔之人，尔等如善为抚驭，必不来投我，今既不能使之安居乐业，致伊等投降我国，即系我国之人，揆之柔远之意，岂能却之，尔又岂可干与乎？"① 这一上谕体现，此时清廷对俄罗斯的长期意图和部分哈萨克首领的"两属"状态，有着较为清醒的认识。

考察以上一系列应对，也可见乾隆时期，清朝的边疆政策具有连续性，且具有更关注现实和长远大局的特点。俄罗斯虽较早诱使处于准噶尔部军事威胁下的哈萨克各部首领临时"臣服"，但阿布赉仍在1757年率部归附清朝，成为清朝藩属，并在其后渐渐与俄罗斯疏远，而与清朝关系越来越密切。这是清朝乾隆时期边疆政策成功的体现。

乾隆时期，清廷不畏俄罗斯索取，对来归之哈萨克部族实行自愿原则，不来归附则不强迫，来归附则加以庇护；在清朝国力强盛之际，此一原则对西部边疆起到了很好的安抚作用。清廷不但因采取宽容、恩养、互利的藩属政策，引发曾"臣服"俄罗斯的哈萨克诸部归附，而且对俄罗斯索要来归属众之主张不做让步，这是清朝灵活边疆政策成功的体现，为之后引发布鲁特②、

---

① 《清高宗实录》卷1914，乾隆四十四年十一月辛巳条。
② 布鲁特的归附受哈萨克归附之影响，此可见于在哈萨克归附后，成衮扎布准备在春季进兵时，对中亚地区的其他部落的交往方案；《定边左副将军成衮扎布奏陈回子及招抚布鲁特情形折》，乾隆二十三年正月十七日，《满文朱批奏折》，中国第一历史档案馆藏，档案号：03-0177-1676-021。首先归附的布鲁特头目玛木特胡里（mamut hūlibai）等人所言："去年听闻，大兵将准噶尔地方皆平定，哈萨克阿布赉归附大皇帝，遣使后，将阿布赉封为哈萨克汗，阿布赉等大头目皆获赏金银绸缎等物，直至彼等下人，皆获赏绸缎。我等亦愿归附大皇帝，为如阿布赉一般领受恩典，去年秋季将我等游牧向此处迁来（duleke aniya donjiha bade, amba cooha jun gar i babe gemu toktobuha, hasak i abulai amba ejen de dahame dosifi, elcin takūraha de, abulai be hasak i han sindaha, abulai i jergi ambakasi urse de gemu aisin menggun suje i jergi jaka šangnaha, ceni fejergi buya urse ci aname, gemu suje šangnaha be donjifi, be inu amba ejen de dahame dosifi, abulai i adali kesi be aliki seme, duleke aniya bolori meni nukte be ebsi gurime）。"《定边将军兆惠奏报布鲁特巴依吐鲁齐拜等归顺折》，乾隆二十三年五月十五日，《满文朱批奏折》，中国第一历史档案馆藏，档案号：03-0177-1695-002。

浩罕①等中亚诸部归附清朝②打下了政治基础，对地区格局的深刻改变具有示范作用。

俄罗斯借此事件声称阿布赉为其属人，并将阿布赉1740年宣誓词发往理藩院，意在使清廷知晓阿布赉曾宣誓效忠沙皇之事，其动机在于阻止清哈建立关系，因为哈萨克与清朝关系愈近，清朝介入中亚就愈深入，与哈萨克各部之关系就愈牢固，而对俄罗斯在中亚的政治、商业局面就愈不利。此一时期，俄罗斯因欧洲战事兵力分散，加之清朝国力强盛，俄无力与清朝兵戎相见，因而不得不接受既成的事实。俄罗斯对中玉兹影响力不断下降与中玉兹逐渐成为清朝忠诚的藩属，这一此消彼长的过程是同时发生的，清朝于1750年代获得对中亚事务的支配权，并逐渐赢得哈萨克众首领和贵族的认同。但从长远看，其缺点在于一旦俄罗斯国力超越清朝，进兵侵夺中亚地区清朝之藩属诸部，清朝即面临应对乏力之局面。1820年代，俄罗斯加快了以武力吞并哈萨克草原的步伐，清哈关

---

① 浩罕之归附，也受哈萨克归附之影响，见于满文档案中浩罕首领额尔德尼比见到清朝使者时所言："听闻大国之兵已灭准噶尔，使哈萨克、布鲁特归附。布鲁特赛克、希尔巴噶什之玛木特胡里、图鲁可依、名扎尔哈等人众，皆已领受大皇帝之恩。将军处全未给我文书，且亦未遣使，我深感疑惧、悔恨。现向我遣使，我无尽欢欣。我情愿带领我管理之安集延、马尔噶朗、纳曼干、浩罕四城，愿为大皇帝之阿勒巴图（donjici, amba ejen i cooha jun gar be mukiyebuhe, hasak burut be dahabuha, burut saik, sirbagaši i mamuthūli, tuluki, mingjalha i jergi urse, gemu amba ejen i kesi be aliha bime, jiyanggiyūn i baci umai minde bithe buhekū, inu umai elcin takūrahakū be, bi labdu kenehunjeme korsombihe, te minde elcin takūraha be, bi urgunjeme wajirakū, bi cihanggai mini kadalaha anjiyan, margalang, namagan, hoohan duin hoton i urse be gaifi, amba ejen i albatu oki sembi)。"见《定边将军兆惠奏安集延浩罕等遣派使臣修书投诚折》，乾隆二十四年十月十三日，《满文朱批奏折》，中国第一历史档案馆藏，档案号：03 – 0178 – 1793 – 025。

② 参见〔日〕小沼孝博专题研究 "Political Relations Between the Qing Dynasty and Kazakh Nomads in the Mid-18th Century: Promotion of the 'ejen-albatu Relationship' in Central Asia"，〔日〕野田仁、小沼孝博，"A Collection of Documents from the Kazakh Sultans to the Qing Dynasty"，*Central Eurasian Research*，Special Issue 1, University of Tokyo, 2010, pp. 86 – 125。

系再次发生转变，而俄罗斯在其间发挥的作用，值得结合更为丰富的文献史料做更深入的探讨。乾隆年间，处于清朝和俄罗斯之间的哈萨克游牧社会，在与这两大强邻交往时，不得不进行综合考量。要之，研究清朝平定准噶尔后与哈萨克建立联系，并接纳其为藩属这段历史时，应重视俄罗斯因素所起的作用。本节所考察的1740年"誓约"，对更好把握清哈贸易关系从嘉道时期开始衰落，至咸丰元年（1851）中俄签订《中俄伊犁塔尔巴哈台通商章程》时结束的过程，亦有帮助。

第三节　哈萨克游牧社会自身因素之影响

哈萨克游牧社会，具有自身独特的政治、经济、军事结构与文化体系。对其进行探讨，有助于更好地理解清朝与哈萨克关系的建立与发展。① 由于哈萨克游牧社会具有口头史学传统，加之战乱频繁，保留至今的18—19世纪哈萨克部族所使用察合台、托忒文文书数量较少，这使得从哈萨克自身现存的历史文本角度来解读清哈关系，困难重重。而汉文、俄文、英文和中亚其他文字史料，虽能对这一时期的历史书写有所补充，但缺乏系统、准确、客观的文字记载，尤其缺少当时人记当时事的文献资料。所幸的是，清哈关系

---

① 相关研究主要有：孟楠《哈萨克三玉兹历史考略》，《新疆大学学报》（哲学社会科学版）2003年第1期；纳比坚·穆哈穆德罕《15世纪至18世纪中叶哈萨克与西蒙古准噶尔部关系初探》，《新疆社会科学》1990年第3期；姜崇仑主编《哈萨克族历史与文化》，新疆人民出版社1998年版；苏北海《哈萨克族文化史》，新疆大学出版社1989年版；阿拉腾奥其尔、吴元丰《清廷册封瓦里苏勒坦为哈萨克中帐汗始末——兼述瓦里汗睦俄及其缘由》，《中国边疆史地研究》1998年第3期；阿里肯·阿吾力《一件清代哈萨克租牧地文书的研究》，《民族研究》2006年第5期；〔日〕小沼孝博《论清代惟一的哈萨克牛录之编设及其意义》，载朱诚如主编《清史论集——庆贺王锺翰教授九十华诞》，第568—574页；〔哈〕克拉拉·哈菲佐娃《铁斯克和他的时代》，《兰州大学学报》（社会科学版）2002年第4期。

建立后，清朝在长时间段内大量遣使哈萨克，获取了哈萨克游牧社会的第一手资料。本节从满文档案记载出发，梳理清朝所了解到的哈萨克内部情形，并结合相关史实，对清哈关系实质问题做进一步的讨论。

不可否认，清朝文献所记载的哈萨克信息，并不能完全勾勒出哈萨克游牧社会大、中、小三玉兹在18世纪中叶的全貌。① 由于哈萨克游牧社会内部三玉兹分立，汗系多传，部落众多，这导致清朝在逐步了解哈萨克社会的过程中，出现混淆各部首领之现象。如乾隆二十二年土尔扈特使者吹扎布，经清廷允许赴藏熬茶返回前，因哈萨克阿布赉刚刚归附清朝，军机大臣即向吹扎布宣谕，此后可经由哈萨克前来。但在此处，清朝官员就将左部哈萨克（中玉兹）首领阿布赉和西部哈萨克（小玉兹）阿布勒海尔汗二人混为一人。"吹扎布言……我等现居之地……与哈萨克阿布赉之子努勒苏勒坦毗连，亦有时交兵等语。因告以阿布赉今已归降，遣使奉表，朝夕将至。吹扎布喜云，哈萨克即为大皇帝臣仆，若蒙谕旨，令我等由彼前来，更不迂回道路，我等甚属有益。"② 实际上，此处吹扎布所言阿布赉之子努勒苏勒坦，为游牧于伏尔加河畔的小玉兹阿布勒

---

① 据笔者查阅档案所见，清朝满汉文档案中所含三玉兹信息之详细程度，体现清朝对哈萨克内部情况的了解程度，这与清朝和哈萨克三玉兹关系是否密切呈现高度的相关性。清朝对在塔尔巴哈台边外频繁接触的中玉兹，了解最多，这体现在本节所分析的中玉兹《哈萨克户口数目档子》上；清朝对分布在塔什干附近，但和南疆接近的大玉兹的了解，则集中体现在对其汗系、众头目姓名与部落活动等情况的掌握上；对与清朝距离较远的小玉兹的了解，则最为缺乏。欲探究乾隆时期大玉兹和小玉兹更为详细之情况，则需利用更多的察合台文、帕尔西文文献和俄文档案。至于俄罗斯占领哈萨克三玉兹后，于1839年和1851年所做的分区人口统计，可参见日本学者野田仁著作内之表格；见〔日〕野田仁，*The Kazakh Khanates Between the Russian and Qing Empires – Central Eurasian International Relations during the Eighteenth and Nineteenth Centuries*，p. 88；野田仁所利用的俄文文献为 Kozybaev etal.，Istoriia Kazakhstana；301。
② 《平定准噶尔方略》正编卷42，乾隆二十二年八月癸酉条。

海尔汗之子努拉里，① 阿布赉与阿布勒海尔发音相近，清朝官员此时缺乏对哈萨克小玉兹的认知，以致混淆。

不仅如此，即使是在哈萨克研究中占有重要地位的《钦定新疆识略》中的"哈萨克世次表"，也有多处错误，② 但这并不意味着清朝在乾隆中期与哈萨克接触时，对哈萨克社会不甚了解；当时清朝大量遣使深入哈萨克社会内部，获得了大量的第一手信息，其史籍中错误认知较多的原因，其实是保存于当时所形成的满文档案中的绝大多数哈萨克信息，没有被此后的清朝史籍编撰者有效利用。因而，依靠乾隆朝遗留下的满文史料中所记载的有关哈萨克的内容，分析其关注重点、详略分别、用语措辞，不但可以获悉俄文和中亚其他文字史料中不载的哈萨克社会内部情形，而且还可以厘清清朝对哈萨克的真实态度和清哈关系的实质，这正是本书所关注的重点。

笔者在浏览满文档案时，于中国第一历史档案馆见到的一份题为《哈萨克户口档子》的档案，《清代中哈关系档案汇编》第1册亦有收录，现翻译如下。

哈萨克户口数目档子

额尔图③玉兹之塔拉克图、阿尔干、奈曼、可热④、瓦克、图拢古、哈巴查克，此七爱曼。

塔拉克图鄂托克约400户，为尼玛泰巴图尔所管。

噶萨嘎拉阿尔干1000余户，为布昆拜巴图尔所管。克拉合色克2000户，为哈撒波克比所管。阿尔太阿尔干3000户，为尼亚斯巴图尔所管。阿塔盖阿尔干1000户，为扎巴克巴图

---

① 努拉里后继承阿布勒海尔汗的小玉兹汗位。
② 此外，该表对小玉兹汗系的记载完全缺失，对大玉兹阿比里斯和汗巴巴汗系以及中玉兹阿布赉承袭汗位的时间也都没有相关的记载。
③ 哈萨克语之"中"的意思。
④ "可热"（kere）部应为今天的哈萨克中玉兹"克烈"（kelie）部，但在发音上有差别。

尔所管。喀啦胡尔阿尔干2000户，为永喀啦巴图尔所管。巴沙坦阿尔干2000户，为扎那扎克巴图尔所管。托波克图阿尔干1000户，为卡尔颇克比所管。霍扎干阿尔干2000户，为图柳克比所管。图尔屯阿尔干2000户，为巴布科比所管。阿尔干麦喇巴拉塔鄂托克1000户，为永喀啦巴图尔所管。巴巴阿尔干500户，为巴哈那亚尔比所管。此即为阿尔干之十一鄂托克，于托本、嘎查干、莫多等处四季游牧。自阿布拉尔行四十日后，可抵游牧中心处。本年阿尔太阿尔干之克孜巴克比，尼亚斯巴图尔前来卡尔克里尔、哈萨拉克处游牧。

图拢古鄂托克1000户，为扎纳扎尔巴图尔所管，原先清查时未得名称，此鄂托克人众，为头克汗①之人，闻得内有各类人等，居于纳克投等地四季游牧。

特热斯塔玛哈拉鄂托克1000余户，为雅拉勒伯巴图尔所管。喀啦科勒拜吉克特奈曼1000户，为哈班拜、杜劳拜巴图尔等所管。马泰奈曼1万户，为鄂尔吉拜、阿塔拉克所管。萨尔杜尔奈曼1000户，为麦拉伊巴图尔所管，原先清查未得名称。图尔图古尔奈曼1000户，为唐阿塔尔比所管。波拉克齐奈曼500户，为塔斯巴图尔所管，原先清查未得名称。库克扎奈曼1000户，为巴拉克巴图尔所管。波拉奈曼2000户，为岳波萨尔巴图尔所管。巴哈那拉奈曼2000户，为马拉尔巴图尔所管，原先清查未得名称。巴尔塔尔奈曼500户，为鄂图西巴图尔所管，原先清查未得名称。此为奈曼之十鄂托克。

阿察麦里可热1万户，为杜尔逊拜巴图尔所管，原先清查未得名称。阿察麦里可热库尔喀拉鄂托克2000户，为马萨拉赫尔德巴图尔所管，原先清查未得名称。阿巴克塔可热1000户，为霍集博尔根巴图尔所管。阿巴克塔500户，为尼雅苏巴图尔所管，原先清查未得名称。恩特里可热1000户，为扎图

---

① 哈萨克诸部分裂为大、中、小玉兹之前的最后一位大汗，他于1718年去世。

鲁巴图尔所管，原先清查未得名称。此即可热之五鄂托克。

瓦克鄂托克 1000 户，为萨尔巴彦所管。瓦克鄂托克 1000 户，为提柳巴图尔所管，原先清查未得名称。瓦克鄂托克 500 户，为巴尔马克巴图尔所管，原先清查未得名称。伊合可图瓦克 1000 户，为鄂斯郭尔巴图尔所管，原先清查未得名称。章古瓦克 500 户，为萨尔巴图尔所管，原先清查未得名称。此即瓦克之五鄂托克。

哈巴查克鄂托克 3000 户，为霍索特尔拜巴图尔所管。

以上大鄂托克三十五，户口 6.8 万余户。①

由此可知，中玉兹七大部落有鄂托克和户口：塔拉克图部一鄂托克 400 户，阿尔干部十一鄂托克 1.75 万户，图拢古部一鄂托克

---

① 参见《哈萨克户口数目档子》，中国第一历史档案馆藏，档案号：03-0177-1678-006；此份档案亦收于中国第一历史档案馆、哈萨克斯坦东方学研究所编《清代中哈关系档案汇编》第 1 册，第 87—89 页。据笔者查询，这份档案在中国第一历史档案馆检索系统中的著录题名疑似有误，应译为《哈萨克户口数目档子》更准确。该档案说明页上注明，此份档案出自乾隆二十三年正月月折包内，但具奏人、具奏日期缺失。以此推断，具奏日期当在乾隆二十三年正月之前，日本学者野田仁研究认为具奏人为纳旺。满文转写：hasak boigon i ton i dangse, ortoyus i taraktu, argan, naiman, kere, wak, tulunggu, habacak, ere naden aiman. taraktu otok i duin tanggu isire boigon be nimatai batur dalahabi. gasagala argan minggan funcere boigon be bukumbai batur dalahabi. kera hesek i juwe minggan boigon be hasabek bi dalahabi. altai argan i ilan minggan boigon be niyas batur dalahabi. atagai argan i emu minggan boigon be jabak batur dalahabi. karahūl argan i juwe minggan boigon be ion kara batur dalahabi. bašatan argan juwe minggan boigon be janazak batur dalahabi. tobok tu argan emu minggan boigon be karpok bi dalahabi. hozagon argan juwe miggan boigon be tulioke bi dalahabi. turtun argan juwe minggan boigon be babuki bi dalahabi. argan mailabalata otok i emu minggan boigon be ion kara batur dalahabi. baba argan i sunja tanggu boigon be babanayar bi dalahabi. ere argan i juwan emu otok ohoho, tobon, gacagan, modo jergi bade duin erinde tubade nuktembi, abural ci dehei inenggi yabuha manggi, nukte i dulimbade isimbi, ere aniya altai argan kezbak bi, niyas batur karkeril, hasalak bade nukteme jihebi. tulunggu otok i emu minggan boigon be janazar batur dalahabi, da baicara de, gebu akū bihe, ere otok i urse tuke han i urse, hacin hacin i niyalma

1000户，奈曼部十鄂托克2万户，可热部五鄂托克1.45万户，瓦克部五鄂托克4000户，哈巴查克部一鄂托克3000户，相加可得三十四鄂托克6.04万户。档案中给出的总数是三十五大鄂托克6.8万户。以每户4—5人估算，此时中玉兹人口已达27万至34万人。且这一数字并未包括没有身份地位的奴仆。与前人研究中所估的准噶尔全部人口为60万至80万人相较，亦约半数。考虑到哈萨克与准噶尔比邻而居，生活习俗相近，而准噶尔尚能在百年间与清、俄较量而不落下风，因此，哈萨克游牧社会之军事力量实不容小觑。清廷在此时获知如此准确的哈萨克内部信息，为清朝后续制定治理中亚政策提供了坚实基础。

分析这份户口档子，能得到哈萨克游牧社会内部结构的更多

---

bi sembi, nakteo jergi bade duin erinde nuktembi. teres tamahala otok i emu minggan funcere boigon be yaraleb batur dalahabi. kara kere baijigete naiman i emu minggan boigon be habambai, duloobai batur se dalahabi. matai naiman i emu tumen boigon be oljibai atalak dalahabi. sardur naiman i emu minggan boigon be mailai batur dalahabi, da baicara de gebu akū bihe. tultugul naiman i emu minggan boigon be tangga-tar bi dalahabi. bolakci naiman i sunja tanggu boigon be tas batur dalahabi, da baic-ara de gebu akū. kukja naiman i emu minggan boigon be barak batur dalahabi. bora naiman i juwe minggan boigon be yobosar batur dalahabi. bahanala naiman i juwe minggan boigon be malar batur dalahabi, da baicara de gebu akū. baltal naiman i sunja tanggu boigon be etusi batur dalahabi, da baicara de gebu akū. ere naiman i ju-wan otok. acamaili kere i emu tumen boigon be dursumbai batur dalahabi, da baicara de gebu akū. acamaili kere kur kara otok juwe minggan boigon be masalahelde batur dalahabi, da baicara de gebu akū. abakta kere emu minggan boigon be hojibergen ba-tur dalahabi. abakta sunja tanggu boigon be niyasu batur dalahabi, da baicare de ge-bu akū. enteili kere emu minggan boigon be jaturu batur dalahabi, da baicara de gebu akū. kere i sunja etok. wak otok emu minggan boigon be sar bayan dalahabi. wak otok i emu minggan boigon be tilio batur dalahabi, da baicara de gebu akū. wak otok bar-mak batur sunja tanggu boigon be dalahabi, da baicara de gebu akū. iheketu wak emu minggan boigon be esgol batur dalahabi, da baicara de gebu akū. janggu wak sunja tanggu boigon be sar batur dalahabi, da baicara de gebu akū. wak sunja otok. habacak otok i lian minggan boigon be hosoterbai batur dalahabi. ereci wesihun ambakan otok gūsin sunja, boigon ninggun tumen jakun minggan fencere boigon。

信息。

　　以往研究中，对哈萨克内部结构提出过多种解释，每种解释皆提出哈萨克游牧社会的层级结构。对这份满文档案进行分析，则可以明显看出，其中有哈萨克—玉兹（yus）—爱曼（aiman）—鄂托克（otok）的四级结构，即哈萨克内部组织结构实为三玉兹—中玉兹等部落联盟—奈曼等部族—单一部落四个层级，与准噶尔部四卫拉特—准噶尔等部落联盟—绰罗斯等部族—数十鄂托克与昂吉的层级结构，具有较大的相似性。满文档案中所见的当时准噶尔部之单一鄂托克（部落）户口数平均为2000户，若先不计哈萨克中玉兹内奈曼、阿尔干各包括一个万人之鄂托克（部落），则哈萨克游牧平均户数约为1400户。每单一部落（鄂托克）平均为1000—2000人的规模，与准噶尔社会每鄂托克的人数规模相近。此应为当时亚欧大陆中部依据冬夏草场承载量而形成的适当游牧规模，因此与周边其他游牧社会具有相似性。专属于1718年去世的头克汗的图拢古（tulunggu）鄂托克1000户，由各类人等组成，应为头克汗在世时，专为其服务的各部落及外部人员组成的特殊鄂托克，此鄂托克人数虽少，却与有1.75万户口的阿尔干和有2万户的奈曼同列入七大爱曼，拥有独特地位，与清朝进兵准噶尔时所见之达瓦齐专属鄂托克具有类似性，应为当时中亚游牧社会共通的汗专属鄂托克（部落）制度之体现。在当时的哈萨克社会内部，之所以存在这样一种社会结构，既有哈萨克自身原因，也有与准噶尔长期接触、相互影响的因素。

　　在各种官私文献及档案记载中，当时作为中玉兹最重要首领的阿布赉、阿布勒比斯，均未出现于鄂托克管理人名单上；换言之，他们二人似乎没有领有任何自属的鄂托克。而从《钦定新疆识略》所载《哈萨克世系表》中，可见后来中玉兹半数鄂托克为阿布赉众子所管理，而中玉兹奈曼部又为阿布勒比斯所管理，对比之下，可见他们两人在当时虽反复与清朝接触，频频出现于前线官员的满文奏折中，但阿布赉和阿布勒比斯在归附清朝之初，远未有后来那么大的影响力和政治实力。这一改变说明，哈萨克社会内部政治结构发生了巨大变化，其原因离不开清朝将他们视作藩属与臣仆后所给予的扶持和帮助。

深入了解哈萨克游牧社会，是清朝统治者治理中亚地区的需要，作为纳入清朝版图的准噶尔领土周边的除俄罗斯以外的最强大的政治势力，哈萨克诸部受到了清朝的高度关注。清朝对哈萨克政策不是一成不变的，也不是临时拟定的，而是通过不断的主动了解，至迟从康熙朝①开始，在长期调整中逐步形成的。从清朝角度来说，仅从这一份哈萨克中玉兹的户口数目档子可以见出，哈萨克拥有较多的人口，具有与准噶尔相似的游牧社会结构；这些特点，再加上它对清所持有的较为恭顺之态度，使得清朝给予哈萨克更高的待遇，清廷以此期望哈萨克长期履行好清朝藩属之职责。

为什么会有这样一份《哈萨克户口数目档子》？为什么清朝未对中亚除哈萨克、布鲁特②以外的其他诸部做这样的户口数目清查？此中原因，笔者认为，是清廷将哈萨克人众视为其属人。从此份满文档子内文中的"原先清查未得名称"③可知，这并不是第一次做清查，而此次在原先所知的二十一鄂托克之外，又增加了十三鄂托克，这说明这样的清查行动是在清廷主导下的行为，是经过清廷授意的。哈萨克人口数目，是经前线清朝将军、官员与阿布赉等

---

① 康熙朝满文奏折中，在有关准噶尔事务之处多次出现"哈萨克"一词，但并未引起康熙朝君臣的特别关注；雍正派往土尔扈特部的满泰使团，意外见到哈萨克遣往土尔扈特的使者后，曾晓谕哈萨克，勿因清朝征伐准噶尔而惊慌；在上谕中，雍正朝君臣开始对哈萨克有更多关注；详见第二章。

② 对布鲁特的调查，见《参赞大臣富德奏报布鲁特等习俗情形折》，乾隆二十三年八月初四日，《军机处满文录副奏折》，中国第一历史档案馆藏，档案号：03-1077-1713-003；《参赞大臣富德查奏报特穆尔图诺尔一带地形地貌物产以便确定布鲁特游牧边界折》，乾隆二十三年十一月初六日，《军机处满文录副奏折》，中国第一历史档案馆藏，档案号：03-1077-1728-022。

③ 满文转写：da baicare de gebu akū。

哈萨克首领共同议定后，在哈萨克首领们的配合下，由清朝官员、侍卫前往哈萨克内部做调查所得的，而这次的清查更加彻底，反映出清朝对哈萨克游牧社会有了解和强化管理的强烈愿望。相较于中亚其他部族，清廷给予哈萨克更高的待遇，这说明清朝在边疆政策的侧重上有所不同。有关清朝获取哈萨克游牧社会与中亚其他部族内部之情况，以及其相应政策之形成，本书在第四章朝贡部分还将继续深入探讨。

以阿布赉归附清朝为始，哈萨克各鄂托克首领陆续前来归附，除阿布赉、阿布勒比斯二人外，以上户口清单内所见霍集博尔根是较早来归者：

> 兆惠等奏言，七月初六日，额卜克特西卡伦报称，有兵二百余，从爱呼斯雅尔河前来，马迹甚大，似哈萨克人众，臣等遣侍卫达善等带兵往探。初七日，带领哈萨克霍集伯尔根之子拜达里克，喀喇巴喇特之弟玛密等到营告称，闻阿布赉投顺大皇帝，因遍行晓谕各游牧，我父兄闻信，即带兵搜缉阿睦尔撒纳，先遣我等来见，并擒巴雅尔属人尼玛为质，以求赏赐。臣等言，尼玛系我剿灭余贼，无关紧要，非阿睦尔撒纳可比，若擒献阿逆，自有重赏，因遣人往迎。霍集伯尔根等于初九日，率属六十余人，来至军营，跪请皇上圣安，并唪经祝颂万寿，与臣等行礼。据霍集伯尔根等言，我等因掠取准噶尔逃户，不知大兵已至边界，途中闻阿布赉投诚大皇帝，此即前往擒拿阿睦尔撒纳，我等亦愿为臣仆。臣等告言，尔等前来甚是，即将尔等职名及投诚缘由奏闻，今阿布赉等，已将达什策凌①、齐巴罕擒送，只有阿睦尔撒纳尚未擒获，阿逆罪恶满盈，系奉大皇帝谕旨擒拿之贼，阿逆不获，我等断不撤兵，且我诸路之兵暂停者，因阿布赉投诚之故，若尔等擒献阿逆，必受大皇帝天

---

① 也译成"达什策凌"。

恩重赏。霍集伯尔根等言，阿睦尔撒纳毫无依倚，我等何必留此一吗哈沁，若在我等游牧，岂有不行擒献之理，或在他人游牧，亦当报知，协力擒拿。臣等言，阿逆料不能远遁，不过在尔等游牧，即远遁至布哈尔布鲁特等处，则我兵必由尔游牧擒拿，恐有惊扰，此时如有人欲献出阿逆，向尔等索马以酬，虽数百匹，尔等不妨给予，我大皇帝必加重赏，仍给尔等马价，否则我等驻尔边界屯田，长向游牧搜捕，厉害较然，尔等自可自行度量。霍集伯尔根等言，我等岂不知此理矣，回游牧后，必竭力擒献。臣等劳以酒食，初十日，复设筵宴，伊等饱食毕，令其观我兵校射，相扑，又悬锁子甲为的，射必洞穿，并令走马献伎，众哈萨克皆称赞欢笑。十一日，霍集伯尔根等辞归，臣等复加谆谕，伊等恳给印文，为投诚之据，复于两营之间，安设卡伦，令官兵将所余什物，及俘获人口，与哈萨克交易马匹，共得马二百余匹。臣等伏睹霍集伯尔根、喀喇巴喇特，情词恭顺，谨将给予印文，及伊等所属头目名单，录呈御览。①

左部哈萨克阿巴克塔可热鄂托克首领霍集伯尔根，曾在上年与阿睦尔撒纳合兵与清军作战，② 听闻阿布赉归附清朝消息后，即前来归附，这说明他的游牧地与阿布赉驻扎地相距不远，在之前的哈萨克联军军事行动中，他也与阿布赉保持一致，可见他是阿布赉所领导的左部哈萨克（中玉兹）游牧集团中的成员。霍集伯尔根所献马匹，还出现于郎世宁所绘《哈萨克八骏图》③ 中，以图像留下

---

① 《平定噶尔方略》正编卷42，乾隆二十二年八月丙寅条。霍集博尔根，也译成霍集伯尔根。
② 据笔者所见，乾隆二十一年满文档案记载，清朝官员奏称霍集伯尔根为阿睦尔撒纳"naiji"（卫拉特语"朋友"之意），且阿睦尔撒纳自准噶尔返回后，首先投奔霍集伯尔根，然后再前往阿布赉处。
③ 中玉兹阿巴克塔可热鄂托克头目霍集伯尔根巴图尔进献骏马"散玉骢"，此种马毛色青白；详见第四章。

了历史见证。清廷没有追究曾经帮助阿睦尔撒纳或与之有旧的哈萨克众头目之罪，起到了良好示范作用，引致哈萨克各鄂托克首领纷纷前来归附。

清军接待霍集伯尔根的程序，与之前接待阿布赉使者亨集噶尔等人极为接近，包括接受哈萨克头目的行礼、赐筵宴、观赏军事演练。当清军发现哈萨克部众对骑射、相扑、射锁子甲这类的军事表演极为关注后，特有意在表演中增加了这些内容，以迎合了哈萨克首领及其所遣使者们的喜好。在交往中，驻扎边界之前线清军将领，从无到有逐步形成了一套效果良好的接待中亚部族首领的仪礼程序。其后，富德带领清军接待前来的布鲁特首领时，即采用了类似接待程序。[①] 与哈萨克交往中所获得的经验，拉近了清朝与中亚诸部的距离，取得发展、巩固双方友好关系的效果。

前线清军从与哈萨克首领交往中，获得与中亚其他部族交往的经验；清廷则在哈萨克使者入觐时，通过观察其言行举止等，获得与哈萨克相似的其他中亚部族的信息和交往经验。正是在哈萨克草原和京城发生的这些活动，增强二者间的相互了解和信任，为清哈关系的建立、发展和巩固，提供了最为重要的基础。重视哈萨克因素，从哈萨克处获得的交往经验，为清朝成功治理中亚地区诸多部族，如布鲁特、巴达克山、浩罕、爱乌罕等，储备了重要资源。

除以上三大因素，还有两大因素，即清朝自身的边疆观因素和中亚其他部落之因素，笔者不在这里展开。这五大因素间的互动关系，将放在后文中讨论。

[①]《参赞大臣富德奏报于塔拉斯地方与布鲁特头人买塔克会见并贸易折》，乾隆二十三年七月十五日，《军机处满文录副奏折》，中国第一历史档案馆藏，档案号：03-1077-1710-025；《参赞大臣富德奏报向布鲁特显示军威折》，乾隆二十三年七月十五日，《军机处满文录副奏折》，中国第一历史档案馆藏，档案号：03-0177-1710-026。

小　结

本章对清朝与哈萨克诸部关系建立、发展过程中较为重要的三大相关因素展开探讨。清朝平定准噶尔后，原准噶尔属部哈萨克在与清朝发生交往初期，准噶尔的影响仍未消散；俄罗斯与哈萨克诸部发生联系较早，又于 19 世纪中叶侵吞哈萨克，对清哈关系的影响始终存在。哈萨克社会与清朝其他藩属相比，有着自身游牧社会部落联盟制等特征，哈萨克社会自身特点是其与清朝其他藩属的区别之处。对于准噶尔因素：首先考察准噶尔贵族阿睦尔撒纳及其属人，居处清哈之间，参与并影响清哈关系决策和走向的史实；其次考察阿布赍擅长的准噶尔语言文字和托忒文，在中亚地区长期使用的特殊意义，揭示准噶尔因素在清哈关系建立与发展中的过渡作用。对于俄罗斯因素，通过关注 1758 年俄罗斯发往清朝的阿布赍 1740 年附俄文书来争夺哈萨克藩属之举，在长时段内考察清朝对类似主张的应对，发现隐藏在哈萨克"两属"表象下的清朝所奉行的自愿和互利原则，对哈萨克藩属的真正吸引力。对于哈萨克因素，选取少有人关注的满文档案《哈萨克户口数目档子》为切入点，展示哈萨克社会内部结构，论证乾隆中期君臣对哈萨克社会内部结构所具有的了解，并认为这种了解是清哈关系顺利建立、发展的关键保证，对清朝更好地实施因地制宜、因俗而治的政策助益良多。中亚地区复杂的政治格局、部族分布以及多语并存、习俗多样的状况，都对乾隆朝清哈关系建立、发展产生重要影响，这导致按照时间线索展开的讨论，在对诸多影响因素作解释时，难免乏力。本章对较为隐性但实际产生重大影响的三大影响因素的讨论，为后续章节提供必要的背景支持。除此以外，其他影响因素，如中亚其他诸部如浩罕、布鲁特与哈萨克间的战争和往来，以及清朝军机处、理藩院等机构与哈萨克事务的对接等，具有或更加显性或更加常态化的特点，将分散在本书各章节中加以讨论。

第 二 章
清朝与哈萨克诸部的初期交往

18世纪初,随着清朝与准噶尔部交往的日益深入,清朝对位于准噶尔以西、亚欧大陆中部的哈萨克诸部有了初步印象。乾隆朝中期,在出征准噶尔部过程中,清朝对于哈萨克游牧社会的政治、经济结构及其军事实力有了进一步的了解,并开始正式与之通使。左部哈萨克首领阿布赉,成为哈萨克三部中最早与清朝通使的首领。随后,哈萨克右、西二部首领相继遣使,与清朝建立正式的交往关系。[1] 对清朝与哈萨克诸部首次通使进行考察,无疑是研究双方交往关系史的重要问题。学界以往虽对清朝与哈萨克早期交往有所关注,[2]

---

[1] 张永江:《清代藩部研究——以政治变迁为中心》,第156—160页。
[2] 〔俄〕列夫申:《吉尔吉斯—哈萨克各帐及各草原的述叙(摘译)》,新疆维吾尔自治区民族研究所译,1975年油印本;曾问吾:《中国经营西域史》,商务印书馆1936年版;〔日〕佐口透:《18—19世纪新疆社会史研究》,凌颂纯译,新疆人民出版社1983年版;〔苏〕伊·亚·兹特拉金:《准噶尔汗国史》,马曼丽译,商务印书馆1980年版;厉声:《哈萨克斯坦及其与中国新疆的关系(15世纪—20世纪中期)》,黑龙江教育出版社2004年版;苏北海:《哈萨克族文化史》,新疆大学出版社1989年版;林永匡、王熹:《清代西北民族贸易史》,中央民族大学出版社1991年版;〔哈〕克拉拉·哈菲佐娃:《十四—十九世纪中国在中央亚细亚的外交》,杨恕、王尚达译,兰州大学出版社2002年版;王治来:《中亚通史·近代卷》,新疆人民出版社2004年版;〔日〕野田仁、小沼孝博,"A Collection of Documents from the Kazakh Sultans to the Qing Dynasty", *Central Eurasian Research*, Special Issue 1, University of Tokyo, 2010。以上研究均有参考价值,但在清朝与哈萨克首次通使等若干问题上尚待深入探讨。

但所据核心史料多为《清高宗实录》《平定准噶尔方略》等官修史籍和清代私人著述，并未充分利用满文档案史料，因此，在诸多方面存在尚不明确或尚待探究的问题。本章主要在清代满文档案的基础上，参考其他文献史料，从探讨具体问题入手，以点及线、及面，系统考察清朝与哈萨克诸部首次通使的全过程，以期推进清朝与哈萨克诸部交往关系史研究深入。

第一节　清朝与哈萨克通使前的相互认知

在清朝出征准部前，清朝与哈萨克诸部并未正式通使。清朝早期对哈萨克情况虽有所听闻，但属间接了解。如康熙三十七年（1698），准噶尔汗策妄阿拉布坦奏言："臣之与哈萨克构兵，［情］非得已也。昔噶尔丹擒哈萨克头克汗之子，以畀达赖喇嘛，故头克使人乞臣关说，求还其子，与彼完聚。臣乃使人于达赖喇嘛，索得头克之子，拨五百人，护送归之，头克反尽杀臣五百人……哈萨克屡来犯臣，有如许过恶，臣是以兴兵而往。"① 由此可见，与康熙帝同时代之哈萨克头克汗，其实力足以对抗准噶尔策妄阿拉布坦，并与亚欧大陆诸势力相关联。头克汗于1718年去世后，② 哈萨克诸部形成大、中、小三玉兹鼎立之局面。

雍正七年（1729），清朝进征准噶尔时，派副都统满泰出使俄罗斯，联络土尔扈特以夹击准噶尔。满泰等人于雍正九年（1731）五月至土尔扈特牧地时，恰遇哈萨克遣往土尔扈特和谈之使者宰桑扎古斯塔。有学者对此次会面进行了开

---

① 《清圣祖实录》卷188，康熙三十七年四月癸亥条。
② 厉声：《哈萨克斯坦及其与中国新疆的关系（15世纪—20世纪中期）》，第60页。

创性的研究，① 值得肯定，但在解读满文档案时夸大了会面的意义。

首先，该文称，"满泰授予扎古斯塔雍正帝所颁敕书，希望双方能达成某种战略联合"，但此文书并非"敕书"，而是临时撰写的文书；事实上，满泰是在抵达土尔扈特后，才听闻哈萨克与土尔扈特邻近，且与准噶尔接壤的，为不令哈萨克因消息不畅而受清军征讨准部之惊扰，故而临时撰写文书交给哈使者。② 其次，认为此时扎古斯塔表明了"哈萨克汗国希望与清朝能够直接通使通贡的意愿"，所据译文为"若要道路畅通，我们的大汗们早已向博格达汗请安了"，此句之意实为"待［大博格达汗］灭准噶尔后，我等皆将领受大博格达汗之恩典也"③，并无立即主动表达交往的意愿。综上所述，并结合满泰出使土尔扈特时的全部三份满文奏折④内容

---

① 赵卫宾：《哈萨克与准噶尔政治关系史研究：1680—1745 年》，硕士学位论文，新疆师范大学，2010 年，第 36—40 页。赵卫宾：《清与哈萨克汗国首次外交会晤考——兼议使臣满泰生平》，中外关系史学会 2015 年会论文，北京，2015 年 10 月，第 477—483 页。赵卫宾：《清与哈萨克汗国的首次交往——兼议使臣满泰生平》，《西域研究》2016 年第 1 期。

② 满文转写：ubade isinjifi, donjici, suweni hasak gurun turgut de hanci bime jungar i emgi jecen acahabi sembi, meni gūnin de, meni gurun i amba cooha ere aniya doilame dosimbi, coohame dairangge jun gar, tesei emgi acame tehe suweni hasak i niyalma turgun be sarkū de balai jobome aššarahu seme, be emu bithe unggiki sembihe。

③ 满文转写：jungar be mukiyebume manggi, be gumu amba bokda han i kesi be alime kai sehe。

④ 《出使土尔扈特副都统满泰奏闻到土尔扈特地方致书哈萨克汗等情形折》，雍正十年三月初五日，《军机处满文录副奏折》，中国第一历史档案馆藏，档案号：003-0173-1136-008；又见于中国边疆史地研究中心、中国第一历史档案馆合编《清代新疆满文档案汇编》第 1 册，第 244 页。《出使土尔扈特副都统满泰奏噶尔丹策零之弟罗卜藏舒努等派遣使臣以表投顺之意折》，雍正十年三月初五日，载中国边疆史地研究中心、中国第一历史档案馆合编《清代新疆满文档案汇编》第 1 册，第 248 页。《出使土尔扈特副都统满泰奏闻出使土尔扈特情形折》，雍正十年三月初五日，载中国边疆史地研究中心、中国第一历史档案馆合编《清代新疆满文档案汇编》第 1 册，第 261 页。

可见，雍正九年的这次会面，实为满泰使团单方面向扎古斯塔告知清军征准之行动，目的为安抚哈萨克游牧部落，并未对此提及夹击准噶尔的战略意图；而此时的扎古斯塔并未负有联络清朝的使命，且双方身份也不对等。① 两使会面时，哈使仅领受文书，未表示在军事上配合清朝的征准行动，亦无通使、朝贡等意愿的明确表达。

雍正十二年（1734），清廷与准噶尔商议划界事宜，以哈萨克的情况作为凭据，谕令清使者傅鼎等说服噶尔丹策零："哈萨克、布鲁特等敌国，乘隙屡屡侵扰，则焉能保尔属乌合之众，一心不二，死命效力于尔耶。"②

如此谕令，来自清廷对准哈关系有一定的了解。如雍正十三年（1735），准噶尔逃人就带来哈萨克与准噶尔连年对战的消息："前年哈散克③来吃准噶尔达赖台吉，抢了一半人折了；去年哈散克又把额尔科图吃了八十家；今年哈散克又把准噶尔许多马匹赶着去了。"④ 此言可印证清廷之判断。

从康、雍、乾三朝之准噶尔汗奏言、清大臣奏折、清廷谕令，以及准噶尔逃人的供言可见，哈萨克诸部已有较强的军事实力，此点也已为清廷知悉。但自康熙三十七年（1698）起，至乾隆十九年（1754）长达50余年里，清廷虽获得越来越多的有关哈萨克的消息，并且有过一次接触，但清使者并未到达哈萨克，哈萨克使者也未来出使清朝，双方并未通使。对哈萨克内部之情形，清廷尚缺乏详细的情报。

---

① 扎古斯塔接受满泰文书后，"叩头不止"（emdubei hengkišeme）。
② 《侍郎傅鼎等拟告知噶尔丹策零可奏请划界以求和好之语》，雍正十二年，《军机处满文夷使档》，中国第一历史档案馆藏，档案号：1760-1；转引自中国第一历史档案馆、中国边疆民族地区历史与地理研究中心合编《军机处满文准噶尔使者档译编》上册，第822页。
③ 原汉文录副如此，应为"哈萨克"之近音异写。
④ 《总统驻防哈密赤靖等提督樊廷奏报审问准噶尔投诚夷人公格敦多布口供事》，乾隆元年八月十五日，《军机处满文录副奏折》，中国第一历史档案馆藏，档案号：03-0522-016。

乾隆二十年开始，随着清廷出征准噶尔，有关哈萨克的信息不断出现于前线将领的奏折中，① 如"去年十月内，巴特玛车凌、额林沁、阿布赉带领厄鲁特、哈萨克兵一万有余，将博尔塔拉等处所有游牧人众尽行抢掠"②，哈萨克首领阿布赉以其军事影响力，正式进入清朝视野内。清廷于乾隆二十年二月，谕令前线将军："若哈萨克人等投诚前来，将伊大头目酌量赴京入觐，赏给官爵，其所属之人仍于原游牧处安插，不必迁移。倘径不归诚，亦不必用兵攻取。"③ 显然，此时清廷对哈萨克的政策极为宽松，即来归则厚遇之，不来亦不必用兵。只要哈萨克能安分守己，清廷就可腾出手来处理更为紧要的"平准"事务。

此时，清朝获取哈萨克信息的主要来源，为乾隆十九年归附清朝的阿睦尔撒纳。他因与哈萨克中玉兹苏丹④阿布赉关系密切，在归附后主动提出遣使哈萨克。⑤ 乾隆帝对其极为重视，于当年十一月召见他于热河，并亲自以蒙古语询其变乱始末。⑥ 在随后的清朝与哈萨克交往中，阿睦尔撒纳本人及其遣往哈萨克左部阿布赉处之使者丹津央金、遣往哈萨克右部使者特古斯穆彰阿，以及其留驻哈萨克之属人额林沁、巴特玛车凌，都深刻影响了清哈交往的进程。

哈萨克在通使前对清朝的了解，也主要通过准噶尔部来获取信

---

① 《平定准噶尔方略》正编卷9，乾隆二十年三月丙午条。
② 《平定准噶尔方略》正编卷9，乾隆二十年三月丙午条。
③ 《平定准噶尔方略》正编卷8，乾隆二十年二月癸酉条。
④ 亦有研究称阿布赉于1735年时就已是哈萨克中玉兹汗，到1743年时成为哈萨克三玉兹汗；见苏北海《哈萨克族文化史》，第324页。但多数研究认为阿布赉称汗于1771年，如〔日〕佐口透《18—19世纪新疆社会史研究》，凌颂纯译，第343页。瓦里汗诺夫则称阿布赉在1762年仍是苏丹；〔俄〕瓦里汗诺夫：《阿布赉（摘译）》，新疆维吾尔自治区民族研究所译，第153页。综合史料看，此时阿布赉尚为中玉兹苏丹较为可信。
⑤ 《平定准噶尔方略》正编卷5，乾隆二十年一月辛卯条。
⑥ 昭梿撰《啸亭杂录》卷3《西域用兵始末》，何英芳点校，中华书局1980年版。

息。与精通蒙古语的乾隆帝类似,阿布赉本人就掌握卫拉特语。① 清哈双方对蒙古语言的熟悉,使清哈双方往来时拥有共通之语言。哈萨克在归附后,仍使用托忒文字向清朝行文,这更说明准噶尔因素在双方沟通中起重要作用。通过考证乾隆二十年哈萨克使者阿穆尔巴图鲁及清使者丹津央金的表述可知,阿布赉已了解到清朝无用兵哈萨克的意图,说"又闻大皇帝仁恩,不向我处行战事,使生灵安逸,甚为喜悦",并称赞清朝在"平准"战争初期之表现,"此次〔大汗〕在准噶尔地方行战事而来,不杀一人,不拿一物,诚令我们赞叹喜悦"。② 此外,阿布赉还结合自身部落之游牧特点,表达了与清朝进行贸易的强烈意愿:"其余马匹想求得和睦相处后在彼处出售,以购买各种商品带回。"③ 可见,阿布赉对清朝信息的获取非常关注,也非常详细;此点还可在此后的档案史料中得到证明。乾隆二十二年六月,阿布赉归附清朝时所遣哈萨克使者霍托桂达木,在清军军营观看骑射表演后,向富德等言及哈萨克亦有骑射技艺,又言阿睦尔撒纳曾向哈萨克人提及清军使用右手骑射就已困难,反手骑射更无法做到,今日亲眼得见清军骑射屡屡以左手放箭命中目标,技艺高超。④ 他言外之意是,阿睦尔撒纳在向哈萨克讲述清军战斗力时,并未透漏实情。哈萨克通过准噶尔获得的对清朝军力情况的认知,由此可见一斑。

---

① 〔哈〕克拉拉·哈菲佐娃:《十四—十九世纪中国在中央亚细亚的外交》,杨恕、王尚达译,第 245 页。
② 《定北将军班第密奏前往哈萨克使者来报阿布赉请求归附及阿睦尔撒纳作恶之情折》,乾隆二十年七月二十五日,《军机处满文录副奏折》,中国第一历史档案馆藏,档案号:03-0174-1423-004。
③ 《参赞大臣阿兰泰奏报讯问派往哈萨克使者丹津有关阿睦尔撒纳情况折》,乾隆二十年八月二十八日,《军机处满文录副奏折》,中国第一历史档案馆藏,档案号:03-0174-1423-008。
④ 《定边右副将军兆惠奏闻宴赏哈萨克来使及其恭顺情形折》,乾隆二十二年六月十三日,《军机处满文录副奏折》,中国第一历史档案馆藏,档案号:03-0176-1643-011。

第二节　清朝与哈萨克诸部的首次通使

乾隆二十年，清朝开始与哈萨克交往。侍卫顺德讷出使哈萨克，被学界公认为是双方的第一次正式会面。① 顺德讷于当年七月二十八日到阿布赍处，十月十六日返回博尔塔拉时被阿睦尔撒纳扣留，后于十二月十七日被释放，回到清军军营。②

对阿布赍首次表示归附的口信，学界有不同的研究结论。苏北海《哈萨克族文化史》认为，《朔方备乘》卷6《哈萨克内属述略》记载阿布赍向清朝使者言"向闻大皇帝临御中土，以山川之故，贡译未通。今天威远播，扫伊犁、兴黄教，俾与准夷俱庆升平，实无疆之福，敢以诚心，归于德化"③，此是哈萨克阿布赍最早表示归附的口信。这一记载不见于《清高宗实录》和《平定准噶尔方略》，且苏书也未说明是哪一批清使者出使时之阿布赍所言，是否为综合了几次口信的表述。清朝这次所遣使者为何人，成为问题的关键。经笔者查证《朔方备乘》，在这段话前有"乾隆二十年二月，准噶尔平，诏遣使往谕，阿布赍言与使臣侍卫顺德讷、达勇阿曰"④。由此可知《朔方备乘》这段记载，即《清高宗实录》《平定准噶尔方略》所载顺德讷、达勇阿出使哈萨克之事。

然而清人何秋涛，并未利用清宫满文原档，因史料局限，所述多有不确之处。笔者考证军机处满文档案，其所记顺德讷、达勇阿

---

① 如苏北海《哈萨克族文化史》（第328页）、厉声《哈萨克斯坦及其与中国新疆的关系（15世纪—20世纪中期）》（第99页）、〔日〕佐口透《18—19世纪新疆社会史研究》（凌颂纯译），均认为顺德讷为清朝最早出使哈萨克之使者。
② 《平定准噶尔方略》正编卷24，乾隆二十一年正月辛未条。
③ 苏北海：《哈萨克族文化史》，第328页。
④ 何秋涛：《朔方备乘》卷6《哈萨克内属述略》，载李毓澍主编《中国边疆丛书》第2辑，台北：文海出版社1964年影印版。

并非同时出使，其出发有先后；① 乾隆二十年至二十一年，两人都单独出使哈萨克两次。② 何秋涛所记，实融数次出使于一次。乾隆帝谕令遣使哈萨克时间，亦非乾隆二十年二月，而是当年五月。③ 且其所记阿布赉所言，并非与达勇阿、顺德讷会面之时，而是遣使丹津央金之时；④ 其内容亦为阿布赉数次所言之综合表述。

综上所述，包括《朔方备乘》之著者何秋涛在内，从清代至今，国内外绝大多数研究者限于史料，基本上都将顺德讷这次出使阿布赉判断为清廷的首次遣使，且认为此次遣使给清朝带来了阿布赉的这封口信，但这一判断有待订证，以下笔者就此问题进行探讨。

一 与左部哈萨克的首次通使

顺德讷出使哈萨克之原因，见于乾隆二十年五月上谕。当时，清廷认为，遣使哈萨克时机已经成熟："现在两路大兵已经会合，奏功指日可成。朕意，此时正宜遣人往谕哈萨克。"⑤ 随着清廷战略重心转移到善后事宜上，解决哈萨克袭扰问题就变得更加迫切，清廷因而决定主动遣使。相比 3 个月前的宽松政策，清廷此时提出"须各守边界，不得妄行出境掠夺准噶尔人"的具体要求，并对哈

---

① 详情见于《平定准噶尔方略》正编卷 11，乾隆二十年五月辛巳条；《平定准噶尔方略》正编卷 14，乾隆二十年六月甲子条；《定北将军班第奏派往晓谕哈萨克之使臣未归谨防哈萨克人抢掠牧场折》，乾隆二十年六月二十九日，《军机处满文录副奏折》，中国第一历史档案馆藏，档案号：03 - 0174 - 1445 - 005。《定北将军班第奏派达永阿博尔伦给哈萨克阿布赉送旨照例赏顶戴花翎片》，乾隆二十年六月十二日，《军机处满文录副奏折》，中国第一历史档案馆藏，档案号：03 - 0174 - 1444 - 003.2。

② 《平定准噶尔方略》正编卷 28，乾隆二十一年五月己卯条。

③ 《平定准噶尔方略》正编卷 11，乾隆二十年五月辛巳条。

④ 《定北将军班第密奏前往哈萨克使者来报阿布赉请求归附及阿睦尔撒纳作恶之情折》，乾隆二十年七月二十五日，《军机处满文录副奏折》，中国第一历史档案馆藏，档案号：03 - 0174 - 1423 - 004。

⑤ 《平定准噶尔方略》正编卷 11，乾隆二十年五月辛巳条。

萨克发出"倘不谨遵谕旨，必发大兵征剿"的战争威胁。①

这道上谕办理情形如何？以下满文档案回答了这一问题。

> 臣班第、阿睦尔撒纳、萨喇尔、额林沁多尔济、鄂容安②谨奏，……乾隆二十年六月初六日奉上谕③：著寄谕班第等，今勘定准噶尔全境，唯哈萨克因与准噶尔曾有战事，故仍入境妄自劫掠，致使准噶尔人众不得安宁。现今准噶尔地方及人口皆归于我朝，哈萨克若仍旧妄自劫掠，则断然不可。故此，朕先前业已降旨，派人赴哈萨克晓谕。著班第等遵照朕先前所降谕旨往哈萨克派人……再，先前阿睦尔撒纳又为此派人④探听

---

① 《平定准噶尔方略》正编卷11，乾隆二十年五月辛巳条。
② 具奏5人均为当时驻伊犁军营之大臣：班第为定北将军，阿睦尔撒纳为定边左副将军，萨喇尔为定边右副将军，额林沁多尔济为喀尔喀和硕亲王，鄂容安为西路参赞大臣。
③ 此道上谕发于六月初六日，于六月二十七日（见定北将军班第回奏）到达伊犁班第处，驿递时间为21天。清代根据信件的重要程度采用不同级别的驿递，"平准"期间信件驿递之级别亦与此原则相符。当时京城与伊犁间的驿递时间约为20天。笔者对班第在伊犁期间所发奏折到京之单程时间有所关注。如有重大军情，快奏有11天左右即达到京城者，如《定北将军班第奏报巴朗身分并请进兵时联合哈萨克兵折》（《军机处满文录副奏折》，中国第一历史档案馆藏，档案号：03－0174－1417－003），发出时间为乾隆二十年二月七日，朱批时间为二月十八日。亦有12天驿递至京城者，如《定北将军班第奏报喀尔喀贝勒车布登扎布密呈阿睦尔撒纳调兵驻守哈萨克等地折》（《军机处满文录副奏折》，中国第一历史档案馆藏，档案号：03－0174－1421－004），发出时间为乾隆二十年六月十四日，朱批时间为六月二十六日。但随着考察信件数目的增加，10天左右驿递至京者仅为少数，京城与伊犁军营间的大部分奏折上谕，单程驿递时间在20天左右。
④ 《参赞大臣阿兰泰奏报讯问派往哈萨克使者丹津有关阿睦尔撒纳情况折》，乾隆二十年八月二十八日，《军机处满文录副奏折》，中国第一历史档案馆藏，档案号：03－0174－1423－008。此处阿睦尔撒纳所派之人为丹津央金，其后奏折中称其为"丹津"。丹津之人见于班第的奏报（《平定准噶尔方略》正编卷16，乾隆二十年八月乙卯条）："阿睦尔撒纳遣往哈萨克之丹津，与哈萨克来使阿穆尔巴图鲁同至……上谕军机大臣曰……哈萨克来使阿穆尔巴图鲁既恳入觐……阿布赉诚心钦附，恭顺可嘉。"

伊在哈萨克地方其兄巴特玛车凌消息……臣等钦遵训谕，遣使往哈萨克阿布赉等处赍送敕谕……臣阿睦尔撒纳首次所派使者丹津央金，预计将于今晚或明日返回。①

由该奏折可见，清廷继五月谕令遣使哈萨克后，再次于六月初六日寄谕催督。班第等将丹津央金称为已派往阿布赉处使者，判断其将于当晚或次日返回。

丹津央金是由定边左副将军、双亲王阿睦尔撒纳派往哈萨克阿布赉处的，且以使者身份出现在包括最高指挥官班第在内的全体前线将领共同署名的奏折中；班第随后派侍卫达勇阿出使哈萨克时，亦遵循丹津央金出使时特授顶戴花翎之成例："先前将阿睦尔撒纳之宰桑丹津派往哈萨克地方寻找巴特玛车凌、额林沁时，阿睦尔撒纳、额驸色布腾班珠尔一起商议后，赏给丹津顶戴花翎……查得，此举对威武送旨之事甚有益处。"② 由此可知，丹津央金的使者身份为班第等将领所认可，且出使时佩戴顶戴花翎，其作为清使者的身份是完全具有合法性的，为何丹津央金在以往研究中被忽视？原因应有如下两点。

其一，丹津央金这一全名，以及他从哈萨克处带回阿布赉口信及出使之情形，未载于官修史籍中；未收录的原因应为史籍纂修官员判断，事关丹津央金满文奏折价值较低，因而未予采用。

---

① 《定北将军班第奏派往晓谕哈萨克之使臣未归谨防哈萨克人抢掠牧场折》，乾隆二十年六月二十九日，《军机处满文录副奏折》，中国第一历史档案馆藏，档案号：03-0174-1445-005。

② 《定北将军班第奏派达永阿博尔伦给哈萨克阿布赉送旨照例赏顶戴花翎片》，乾隆二十年六月十二日，《军机处满文录副奏折》，中国第一历史档案馆藏，档案号：03-0174-1444-003.2。色布腾班珠尔，即色布腾巴勒珠尔。满文转写：neneme amursana i jaisang danjing be hasak i bade takūrafi batmacering elincin be baime unggire de amursana efu sebtenbanjur emgi hebušefi funggala hadabufi unggihe bihe……tuwara de horonggo ambalinggu hese baita de tusangga ofi。

其二，班第与阿睦尔撒纳同处伊犁军营，日见其叛迹明显，遂接连以密折报告其作恶行为，阿睦尔撒纳属人丹津央金，亦被视为不可信，进而影响对其出使的记载。

事实上，从哈萨克阿布赉看来，即使阿睦尔撒纳叛清，丹津央金依然代表清朝，这为阿布赉向他表达归附清朝意愿，以及丹津央金返回时派出哈萨克使者至清军军营请求前往京城入觐所证明。① 因而汉文史料虽记载不清，但综合满文史料中清朝与哈萨克两方面的表现来看，丹津央金是最早代表清朝出使哈萨克阿布赉部的使者，此点确定无疑。

笔者所见到的一份定北将军班第的满文密折，其中即有向乾隆帝报告他们对丹津央金此次出使及其所带回哈萨克使者进行询问之详情：

> 丹津我于五月二十二日至哈萨克阿布赉处，向其言阿睦尔撒纳、班珠尔带来大汗②五万军队和我们卫拉特一万军队，平定并驻居准噶尔地方等语，阿布赉闻言甚悦……随即将丹津〔我〕与阿布赉之人火速派出。阿布赉先前为使阿睦尔撒纳知晓此等缘由，已遣大头目哈伊巴汗③及如阿穆尔④二十二人⑤。
>
> 询哈萨克阿穆尔巴图鲁，告称丹津到来前，已听闻阿睦尔

---

① 《定北将军班第密奏前往哈萨克使者来报阿布赉请求归附及阿睦尔撒纳作恶之情折》，乾隆二十年七月二十五日，《军机处满文录副奏折》，中国第一历史档案馆藏，档案号：03-0174-1423-004。
② 此处满文转写为"amba han"，直译为"大汗"，特指乾隆帝。
③ 此处满文转写为"ambakan data haibahan"。
④ 与上文所述之阿穆尔巴图鲁，应为同一人，即阿布赉此前已经向清军派出像阿穆尔巴图鲁这样的使者22人。因其时哈萨克游牧社会有巴图鲁之官职名和称号，因此由两处称呼之不同便可知，此哈萨克使者名应为阿穆尔，巴图鲁应是其官职名或称号。
⑤ 这22位哈萨克使者都未见载于清朝史料，其中原因，应为阿睦尔撒纳所截留。

撒纳带来大国之军,成准噶尔地之汗,又闻大皇帝①仁恩,不向我处行战事,使生灵安逸,甚为喜悦。我等已集结军队,准备派出与准噶尔作战,听闻大国之军到来消息,遂将军队皆遣散,使各返游牧地。正查看彼等卫拉特人畜,各得分拨返回时,额林沁叛变而出,杀三十余人……我处人众早已听说大汗仁恩威名,甚有敬慕之心,但不能通晓得享。此次［大汗］在准噶尔地方行战事而来,不杀一人,不拿一物,诚令我等赞叹喜悦。我们阿布赉追赶额林沁时,派使者携礼物去见大汗之人,以求得安宁之福。因已赶不及,返回游牧地后,我［阿布赉］想若得特派使者,由阿睦尔撒纳带去觐见圣主英明,我甚为愿意领受大皇帝之恩,瞻仰大皇帝。②

这份密折内容为:丹津央金告知阿布赉,清军业已平定准噶尔;阿布赉听闻后则首先将额林沁叛离哈萨克之事相告,然后谈及曾遣使携礼物追赶清军,最后告知他计划遣使者阿穆尔巴图鲁随丹津央金前往伊犁;丹津带领阿穆尔巴图鲁见到将军班第后,两人分别述及阿布赉言行及其遣使入觐之愿望。该份档案,第一次详细记载了清朝前线官员与哈萨克使者直接交流的情况。

因该份满文奏折所形成的官修史籍之记载,极大地影响到以往

---

① 此处满文为"amba ejen",本意为"大额真",清代多译为"大皇帝"。此处是哈萨克使者阿穆尔巴图鲁的自述,应为哈萨克使者当时对乾隆帝的称呼。笔者对此份满文档案进行分析,认为清朝官员在与哈萨克使者交流时,对乾隆帝称呼统一为"amba ejen",这导致哈萨克此后对清朝皇帝也用此称呼。日本学者小沼孝博考证了1757年至1820年哈萨克各部首领致清朝的16件托忒文和察合台文文书,发现哈萨克对清朝皇帝沿用"ejen"(额真)这一称呼,见〔日〕野田仁、小沼孝博,"A Collection of Documents from the Kazakh Sultans to the Qing Dynasty", *Central Eurasian Research*, Special Issue 1, University of Tokyo, 2010。

② 《定北将军班第密奏前往哈萨克使者来报阿布赉请求归附及阿睦尔撒纳作恶之情折》,乾隆二十年七月二十五日,《军机处满文录副奏折》,中国第一历史档案馆藏,档案号:03-0174-1423-004。

清哈关系史研究所依据的史料，因而需进行横向比对。笔者遂考证与此相对应的《平定准噶尔方略》和《清高宗实录》中的"乾隆二十年八月乙卯条"①。

在《平定准噶尔方略》中，《定北将军班第等疏奏哈萨克通使情形》包括班第对清廷乾隆二十年七月初五日上谕的复述、疏奏，以及清廷对此所颁之新上谕三部分内容。将《平定准噶尔方略》与上述满文奏折对比，可见《平定准噶尔方略》疏奏部分，至少综合了班第七月二十五日之密折及其对七月初五日上谕的回奏这两份奏折的内容。这反映在撰修《平定准噶尔方略》的过程中，史官不但对原奏折做了裁剪和概括处理，而且还有拣选其他几份奏折融于同一疏奏的做法。在疏奏内容上，撰修史官对哈萨克使者前来之情形做了大量删减，对之仅有"辞意极为恭顺"一句之记录，甚至未提及遣使之哈萨克首领阿布赉；在所颁新上谕中，仅提及班第当时应向哈萨克使者言说的"阿布赉诚心钦附，恭顺可嘉"，并无班第或清廷对此之态度的记录。而《清高宗实录》则完全略去复述和奏疏，仅收录所颁之新上谕。比较此满文奏折与《平定准噶尔方略》和《清高宗实录》的记载，可见后二者是对原奏折内容的高度概括，仅有使者前来之信息，对于至关重要的清、哈使者自述及阿布赉之口信则全未收录。因此，从史料上看，史料本身之缺陷造成包括佐口透②在内的许多学者长期以来对丹津央金和阿穆尔巴图鲁之出使情况不够重视。

对清廷及前线将军班第应对阿布赉遣使一事，亦有重新梳理、

---

① 《平定准噶尔方略》正编卷16，乾隆二十年八月乙卯条。
② 国内外学者仅知阿穆尔巴图鲁前来，并不清楚其明确目的，实因缺乏以上满文奏折之详细信息。如日本学者佐口透注意到阿穆尔巴图鲁，"是哈萨克统治阶级派到伊犁地方当局去的最初通好的使者"，但未能厘清这一阶段清哈交往发生之细节，如阿穆尔巴图鲁已是阿布赉所遣的第二批使者，之前阿布赉就曾遣使携礼求见但未能追及，等等，因而对阿布赉归附意愿估计不足，对阿布赉此时就欲与清朝进行贸易之事，更是完全未予关注。见〔日〕佐口透《18—19世纪新疆社会史研究》（上），凌颂纯译，第318—319页。

具体考察的必要。将军班第在收到要求追回阿睦尔撒纳并相机办理此人的上谕后，一面接见了哈萨克使者阿穆尔巴图鲁，一面派人追赶阿睦尔撒纳，并于七月二十五日向乾隆帝发出报告哈萨克使者情形的密折。之后，为避免将阿睦尔撒纳召回军营办理时惊吓到哈萨克使者，班第便遣人将先前派去召回阿睦尔撒纳之人星夜追回，并就调整计划情形再次具奏。乾隆帝随即发出回复这两份奏折的上谕。① 乾隆帝在上谕中认为班第错失良机，本应令哈萨克使者直接入觐。实际上，这次阿穆尔巴图鲁入觐未能成行，即阻于阿睦尔撒纳。据丹津央金此后所言："我等在莫特海卡尔甘之地追赶上阿睦尔撒纳，阿睦尔撒纳询问使者后，并不向京城派出，而向哈萨克派回。"② 将军班第在处理阿布赉来使入觐请求时缺乏决断，使清哈间错失此时建立联系机会，也间接使得哈萨克正式归附清朝时间推迟了两年。

此外，这份奏折的价值还在于记录了阿布赉口信。③ 其中，阿布赉清楚表明哈萨克与清朝交好的愿望："又闻大皇帝仁恩，不向我处行战事，使生灵安逸，甚为喜悦"，"我甚为愿意领受大皇帝之恩，瞻仰大皇帝"。在双方还未发生直接政治、军事接触的阶段，阿布赉就主动遣使携礼求见乾隆帝，"我们阿布赉追赶额林沁时，派使者携礼物（beleke）去见大汗之人，以求得安宁之福"，足见其想要与清朝建立长期稳定关系的意愿强烈。虽然遣使往追未获成功，但在见到清使者丹津央金之后，阿布赉立即表达先前之遗憾，"返回游牧地后，我想若得特派使者，由阿睦尔撒纳带去觐见

---

① 《平定准噶尔方略》正编卷16，乾隆二十年八月乙卯条。
② 《参赞大臣阿兰泰奏报讯问派往哈萨克使者丹津有关阿睦尔撒纳情况折》，乾隆二十年八月二十八日，《军机处满文录副奏折》，中国第一历史档案馆藏，档案号：03-0174-1423-008。
③ 《定北将军班第密奏前往哈萨克使者来报阿布赉请求归附及阿睦尔撒纳作恶之情折》，乾隆二十年七月二十五日，《军机处满文录副奏折》，中国第一历史档案馆藏，档案号：03-0174-1423-004。

圣主英明",随后马上付诸行动,"将丹津与阿布赉之人火速派出"①,很快向清朝派出第二批使者阿穆尔巴图鲁。

阿布赉与清朝积极交好有何直接意图?约一个月后,参赞大臣阿兰泰讯问丹津央金的满文奏折补充了此次出访的关键细节:

> 有名为丹津之人,先前所奏曾遣往哈萨克……丹津供称……我到哈萨克与台吉阿布赉,以及扎坎、额色伯伊、哈德尔、拜木尔扎等众人相见……彼等言:现在大皇帝军队到来,将汝等卫拉特蒙古收拢治理,你我已被分开,我等何敢敌对生事。我等现将赶一万匹马到将军大臣处,除进贡伯勒克马匹,其余马匹想求得和睦相处后在彼处出售,以购买各种商品带回,我等族众甚为喜悦,等语。丹津又言:正将一万匹马,一千人派出时,进入哈萨克之辉特台吉额林沁突然行动,将哈萨克五十余人杀害,向此处而来。阿布赉带领两千军队征讨额林沁。②

这份奏折所包含的未被将军班第询问具奏之重要细节,令阿布赉主动遣使清朝的意图更加明朗。阿布赉早有进贡伯勒克马匹求得和平相处,进而与清朝进行大规模贸易,以哈萨克马匹换取清朝商品的明确意图。阿布赉已经组织好大规模贸易商队,只因额林沁叛乱而被迫中止。从阿布赉为与清朝贸易所采取的切实行动上可见,其后百年之清哈缎马贸易,在此时已初露端倪。

丹津言说阿睦尔撒纳带来大皇帝和卫拉特军队平定准部,应出于阿睦尔撒纳授意。阿睦尔撒纳借此通使之际,特向阿布赉暗示他将治理准部。但阿布赉并未被其蒙蔽,他不但将使者派向清军军营,

---

① 《定北将军班第密奏前往哈萨克使者来报阿布赉请求归附及阿睦尔撒纳作恶之情折》,乾隆二十年七月二十五日,《军机处满文录副奏折》,中国第一历史档案馆藏,档案号:03-0174-1423-004。

② 《参赞大臣阿兰泰奏报讯问派往哈萨克使者丹津有关阿睦尔撒纳情况折》,乾隆二十年八月二十八日,《军机处满文录副奏折》,中国第一历史档案馆藏,档案号:03-0174-1423-008。

而且还要求建立与清朝的直接联系；对于当时的形势，阿布赉等人也看得清楚，他们认为"现在大皇帝军队到来，将汝等卫拉特蒙古收拢治理，你我已被分开"。由此可见，阿布赉等人此时已经清醒认识到清朝有直接治理准部之意图。此外，阿布赉还有接连两次遣使携礼求见之行为，以及"我甚为愿意领受大皇帝之恩，瞻仰大皇帝"之恭顺言辞，由此可以肯定，阿布赉有归附清朝的强烈意愿。这一点亦为将军班第所察觉："闻哈萨克之人所告……虽有丹津生事，哈萨克又如此愚钝糊涂，尚属可信，喜悦之情真切。"① 前线最高级别的将领班第，经过与哈萨克使者的首次接触和交谈后，已经对哈萨克给予正面评价，他的认知将影响到清廷对哈萨克政策的制定。

二 清朝与右、西部哈萨克的首次通使

乾隆二十年时，满文档案出现对"右哈萨克"②的描述，即："右部哈萨克，东去左部二千里，北界俄罗斯界，西南至塔什罕。"③由于此部距离准噶尔部最近，因此长期被其统治。以上所引班第的奏折中，有"再，亦往布鲁特遣使晓谕"④的奏言，实为遣使布鲁特与右部哈萨克。笔者所见班第等于乾隆二十年八月十二日的具

---

① 《定北将军班第密奏阿睦尔撒纳派往哈萨克使者情况折》，乾隆二十年六月二十九日，《军机处满文录副奏折》，中国第一历史档案馆藏，档案号：03-0174-1423-005。

② 笔者认为，班第奏折中使用的满文"wargi hasak"，在军机处则被汉译为"西哈萨克"并进入汉文史籍；此后，对该部的称呼又演变为"右哈萨克"，这体现了满语一词的多义和清廷对哈萨克三部认识的逐步深入。因满语中"wargi"一词兼有"西"与"右"二义，清廷与之接触初期，以"西哈萨克"译之、称之，其后了解到哈萨克三部分别位于准噶尔西北、西南和此两部以西的地方，遂将位于最西一部（小玉兹）称作"西部哈萨克"，而将此处所称之"西哈萨克"（大玉兹）改称为"右部哈萨克"。

③ 《西域图志》卷44，"藩属一·右部哈萨克"条；见钟兴麟等校注《西域图志校注》，新疆人民出版社2002年版。

④ 《定北将军班第奏派往晓谕哈萨克之使臣未归谨防哈萨克人抢掠牧场折》，乾隆二十年六月二十九日，《军机处满文录副奏折》，中国第一历史档案馆藏，档案号：03-0174-1445-005。

奏，即为清使者特古斯穆彰阿出使右部哈萨克及返回之详情：

> 特古斯穆彰阿告称，我前往古尔班和卓处，将事由相告后，古尔班和卓甚为喜悦，随即送我至塔什干城，与哈萨克达塔①会见。哈萨克众达塔聚集后……将使者卓过七里、铁木尔真二人与古尔班和卓使者多伯过，及由我处派驻塔什干德木齐

---

① 达塔，系满文转写"data"之音译，满文中"da"为"头目"之意，"ta"为复数后缀，因而在满文中出现"data"一词时，一般指"众头目"。但笔者所译档案（《定北将军班第密奏前往哈萨克使者来报阿布赉请求归附及阿睦尔撒纳作恶之情折》，乾隆二十年七月二十五日，《军机处满文录副奏折》，中国第一历史档案馆藏，档案号：03-0174-1423-004）中，满文"ambakan data haibahan"（大头目哈伊巴汗），明显指一人，即"data"在此为单数指头目，与满文"data"通常作复数"众头目"之意并不完全一致，且由于此两份满文档案中出现"data"一词时，都为转述，因而"data"一词在当时的满语和哈萨克语语境下具有相近意义。笔者为此亦考证哈萨克文词典如《哈汉词典》，其中收录有发音为"datkha"之词："داتق <名词>［波］｛旧｝，皇宫中官吏的最高职衔。"努尔别克·阿布肯主编《哈汉词典》，民族出版社2005年版，第228页。由此可知，来源于波斯语的旧哈萨克语词中有发音接近"data"且意义相符的词。此词作名词用，指仅次于国王之高级官吏。考证哈萨克文词典《词库》［卡克西·海尔江：《词库》（哈萨克文），民族出版社2010年版］，得此词详细解释如下："داتقا جۇرتتىڭ حانعا بەرگەن ءوتىنىش، ارىزدارىن.لارمەن ادەت-عۇرىپ سالتىن جاقسى داتقا زات. پارسى. كونە. حان سارايىنداعى جوعارى حاننىڭ جاۋ ابىن، جارلى ءعين جۇرتقا حابارلاپ وتىرعان. ورتا ازيادا ىقپالدى رۇ باسى لارمەن شەشەن باتىل ادامدارعا اتاق رەتىندە دە بەرىلگەن قابىلداپ، ىيلمتىن.."将此哈萨克文翻译如下："<名词>［波］｛旧｝，皇宫里官吏的最高职衔。'datkha'是把群众对汗的要求与诉愿转告给汗，把汗的旨意与回答转告给群众的人。在中亚一般把这个职衔赐给影响力较大的部落首领和熟悉民俗传统且有口才、勇敢的人。"综上，笔者认为，特古斯穆彰阿所转述的哈萨克语"datkha"，被伊犁清朝笔帖式音译为具有"众头目"之意的满文"data"而记录下来。此词的实际意义是指，"特定存在于当时哈萨克以及中亚社会中，在汗和部众之间起到沟通作用的部落头目"。除此处右部哈萨克使用这一官职名称外，"达塔"一词亦出现于清朝使者丹津央金转述左部哈萨克首领阿布赉的原话中，可见"达塔"与"巴图尔"类似，为当时哈萨克各部通用官职名。另，本书中哈萨克内部官职"巴图鲁""巴图尔"为满文音译，两者意义相同。此注内的哈萨克文之翻译，笔者应感谢阿尔深·阿拜之帮助。

卓甘一同派出……

　　将哈萨克使者带来文书译出内开：吐里拜、辉格尔德、特柳克、萨萨克拜、哈图拜、彰各拜、魁索莫斯①呈递。先前噶尔丹策零时期，我们三鄂托克②人众并不敌对，安逸生活。后四卫拉特交恶，互相攻杀，征伐动乱，也将我等劫掠。当逃亡者来告时，我等派军队迎战互攻，亦将彼等游牧劫掠，和彼等成为敌对。至今为打仗，人皆不下马。现使者前来言汝等居旧游牧，我等甚为喜悦，想来或成噶尔丹策零时之势。求各返原游牧地，将塔什干城驻扎之阿奇木、哈尔罕取消，汝等居中搅合，两边生事。从今往后，为互相和好而派遣使者，甚好。

　　为知晓使者口信，向铁木尔真询问，其言与文书相近……臣等向彼等使者铁木尔真言，尔等达塔若欲前来相见，即可前来，如愿受圣主恩典，前去瞻仰大皇帝，派使者请安进贡之处，尔等到时，议定上奏。塔什干驻扎阿奇木、哈尔罕，乃从前旧制，不可取消。至若先前所派之人为恶，可另换派好人等语。如此明白告知，并将先前给哈萨克等之敕书颁给。③

清使者特古斯穆彰阿到达布鲁特古尔班和卓处后，被其送至塔什干城会见右部哈萨克众头目，随后带领右部哈萨克使者铁木尔真等回到伊犁军营。班第等翻译右部哈萨克7位达塔联名之信件后，得知右部哈萨克听闻准噶尔战事结束甚喜，并请求撤销准噶尔征税官，此后遣使通好。将军班第以统辖者身份言明旧制不可取消，但可以换人；告知若右部哈萨克头目愿意入觐朝贡，则将代为上奏；赐予缎匹、茶叶，颁赐他们乾隆帝给哈萨克之敕书。右部哈萨克使

---

① 此7人为右部哈萨克头目，满文奏折记载最全。
② 此处"三鄂托克"系满文"ilan otok"；因此词译自哈萨克信件，因而应指哈萨克三部大、中、小三玉兹。
③ 《定北将军班第奏报西哈萨克等处派使臣来告塔什干城管理情形并请照例设置阿奇木等职折》，乾隆二十年八月十二日，《军机处满文录副奏折》，中国第一历史档案馆藏，档案号：03-0172-0448-001。

者铁木尔真等，带着敕书和赏赐返回后，班第随即遣侍卫章武前往招抚右部哈萨克，此举获得乾隆帝肯定。①

此次清朝与右部哈萨克间的包括书信呈递、行使统辖权、颁赐敕书在内的通使活动，为双方首次正式往来。学界以往研究，多以乾隆二十三年七月十六日②右部哈萨克归附，为双方通使之始。③而这件档案，可将双方首次通使时间提前3年。

右部哈萨克来使铁木尔真等带到清军军营的信件，由7位巴图尔（达塔）联名呈递。这一联合署名说明，当乾隆二十年不晚于七月④清朝使者特古斯穆彰阿到达右部哈萨克时，他们召开了由众达塔参加的部落大会，该信件代表了右部哈萨克的共同决定。在信件中，他们表达了对残酷战争的厌恶，以及对清朝平息战乱的感激，对和平的向往使他们提出了"为互相和好而派遣使者"的请求，并以属部身份请求取消征税官。当时阿睦尔撒纳未叛，道路基本畅通，铁木尔真等人能够安全返回。图里拜⑤等接到清廷敕书后，即可在第一时间了解到乾隆帝的对哈政策。

右部哈萨克于3年后正式归附清朝，富德奏折中再次出现右部哈萨克众头目的名字："询知右部哈萨克头目吐里拜、辉格勒德、萨萨克拜等，俱在塔什罕[干]城与回人争战，特柳克已经病故……十六日，阿比里斯等集众来见，告称我右部哈萨克久欲归诚……我等欣闻招抚，情愿入觐。"⑥彼时，右部哈萨克汗权⑦衰

---

① 《平定准噶尔方略》正编卷16，乾隆二十年八月乙卯条。
② 《平定准噶尔方略》正编卷61，乾隆二十三年九月庚寅条。
③ 见何秋涛《朔方备乘》卷6《哈萨克内属述略》，载李毓澍主编《中国边疆丛书》第2辑，台北：文海出版社1964年影印版。而右部哈萨克首位使者铁木尔真携书信前来之事，笔者尚未见此前研究有所涉及。
④ 该奏折发出日期是八月十二日，除去特古斯穆彰阿在右部哈萨克塔什干城逗留之时长，以及返回伊犁行路之时长，他到达右部哈萨克时间应不晚于七月。
⑤ 即引文中的"吐里拜"。
⑥ 《平定准噶尔方略》正编卷61，乾隆二十三年九月庚寅条。
⑦ 据松筠撰《钦定新疆识略》中"哈萨克世次表"，阿比里斯为原中玉兹汗阿布勒班毕特之次子阿布勒比斯。误，实为二人，详见第六章。

微，实权握于众巴图尔之手。见《西域图志》："右部哈萨克……其巴图尔有三，曰吐里拜，曰辉格尔德，曰萨萨克拜。阿比里斯驻塔什罕[干]城，不事事，受成而已，惟吐里拜实专其政。"① 清朝此时遣使右部哈萨克及右部哈萨克使者前来清军军营获颁敕书之举，都对右部哈萨克极为珍贵。3 年后，参加这次部落大会的各巴图尔（达塔）中除特柳克病故外，掌握右部哈萨克实权之吐里拜、辉格勒德、萨萨克拜尚在。他们能在彼时即刻臣服，固然有对清军战力的认可，以及受左部阿布赉臣服垂范之影响，但这次使者往来，也一定给他们留下了深刻印象，推动了他们的归附。其时所言的"久欲归诚"可为旁证。

西部哈萨克，位于左右二部以西，邻近里海，与清朝通使最晚。《钦定新疆识略》称其为"西部"，"其西部额勒里汗、弩喇丽汗处极西，为最远"②。因西部哈萨克与清朝相隔左部，加之阿布赉长期代表哈萨克三部与清朝交往，因而清朝得知西部哈萨克则在阿布赉于乾隆二十二年六月归附后，当时，阿布赉向清使者顺德讷言："我等哈萨克，有三部落。我系鄂尔图玉斯头目，奇齐玉斯、乌拉玉斯，皆我族兄为长。"③ 奇齐玉斯即西部哈萨克，为哈萨克语"小玉兹"之意。虽然西部哈萨克曾于乾隆二十二年底派额呼里进兵沙喇伯勒等地抢掠准噶尔策楞等部，并与清军接触，④ 却并未正式通使。至乾隆二十八年（1763）正月，西部哈萨克才经伊犁将军明瑞奏请后，遣使者乌克巴什颇拉特首次入觐，获颁敕书。⑤ 在此敕书中，乾隆帝言："汝远在遐荒，未通朝命……念汝

---

① 《西域图志》卷 44，"藩属一·右部哈萨克"条；见钟兴麟等校注《西域图志校注》，新疆人民出版社 2002 年版。
② 松筠撰《钦定新疆识略》卷 12 "哈萨克世次表"，载李毓澍主编《中国边疆丛书》第 1 辑，台北：文海出版社 1965 年影印版。
③ 《清高宗实录》卷 543，乾隆二十二年七月丙辰条。
④ 《清高宗实录》卷 555，乾隆二十三年正月辛亥条。
⑤ 《清高宗实录》卷 675，乾隆二十七年十一月丙子条。

游牧之地甚远，初通贡使，赏赉特优。"① 明瑞在奏报时称"左部哈萨克努尔赉遣使入觐"，敕书中则称"赐右部哈萨克奇齐玉斯努尔里"等，由此表述可见，当时伊犁将军明瑞未能将西部哈萨克与左、右部哈萨克区分开。西部哈萨克因与清朝相隔遥远，又面临俄罗斯的吞并威胁，因而与清朝通使最晚。

综上所述，由于乾隆帝与哈萨克诸部首领的重视，双方首次通使。清廷对哈萨克初期的政策，从属于"平准"大局，以"平准"为首务，对哈萨克并无征服之心；而哈萨克各部游牧社会经历长期分裂、战乱后，需要休养生息，为谋求生存与发展，愿意寻求与清朝通使以达通商。在如此背景下，清廷获悉哈萨克的归附意愿、贸易需求，哈萨克亦知晓清廷"平准"、定边政策，双方首次通使的发生，为双方后续交往奠定基石。

乾隆帝二十年五月上谕中，首次下令遣使传旨晓谕哈萨克，② 并于六月初六日再度降旨催督，班第等也遵旨依次派出侍卫顺德讷、达勇阿等前往哈萨克，但首次代表清朝成功出使哈萨克的使者，是此前定边左副将军阿睦尔撒纳派出的丹津央金和特古斯穆彰阿。虽然阿睦尔撒纳企图借清朝遣使以扩大自身的影响力，但哈萨克左部阿布赉将佩戴顶戴花翎之丹津央金，当作清朝的正式使者来对待。班第则向右部哈萨克所派遣之使者铁木尔真等人行使统辖权、颁发敕书等。此两次通使，成为清朝与哈萨克左右部的首次正式往来。

乾隆二十年七月二十五日，左部哈萨克使者阿穆尔巴图鲁，在清朝使者丹津央金的带领下，到达清朝伊犁军营，他带来了阿布赉的口信，表达了希望归附清朝并由阿穆尔巴图鲁代其前往京城入觐的意愿。此次通使，还带来阿布赉曾经遣使携礼往追清军，希望与清朝交好，以上万哈萨克马匹交换商品的信息。通过研究新史料，可将清朝获悉左部哈萨克首领阿布赉归附意愿的时间，从以往主流

---

① 《清高宗实录》卷678，乾隆二十八年正月丁卯条。
② 《平定准噶尔方略》正编卷11，乾隆二十年五月辛巳条。

研究认为的乾隆二十年十二月十七日，即顺德讷回到清军军营时间，提前至当年七月二十五日前，即班第奏报使者阿穆尔巴图鲁到达伊犁的密折发出时间，约提前五个月。此密折发出后，于乾隆二十年八月十四日即奉朱批，从而使得清廷在第一时间掌握哈萨克内部情形及阿布赉与清朝交往的真实意图，进而直接影响清朝"平准"战争决策与清朝的对哈政策。

清朝使者特古斯穆彰阿，于乾隆二十年六月初六日前从伊犁出发，约七月内见到右部哈萨克众首领，于八月十二日前带领使者铁木尔真等人回到伊犁班第处。右部哈萨克在书信中表达出希望"为互相和好而派遣使者"的愿望，将军班第代表清朝行使统辖权，答复书信中有关塔什干征税官的请求，并赐予使者乾隆帝敕书。此次通使，可以将学界以往认为的清朝与右哈萨克通使时间提前三年。该信件上的七位联名之达塔，三年后大多握有右部哈萨克的权柄，此次通使，为右部哈萨克顺利归附清朝埋下伏笔。左右部与清朝的通使归附交往，引致四年后离清朝更遥远的西部哈萨克的遣使入觐，这次通使使得汉文史籍中"西哈萨克"一词所指发生变化。

乾隆帝对哈萨克情形的掌握程度及其对哈萨克态度，直接决定了清廷的政策走向。清哈间首次通使，使乾隆帝形成了对哈萨克的基本判断。满文档案中所载哈萨克信息，正好弥补乾隆帝对哈萨克认识中未载于官修汉文史籍中的部分，为厘清史实提供了可靠依据。哈萨克阿布赉准备以马匹换货的举动，充分说明其与清朝有贸易的现实需求，为此后清哈缎马贸易活动的全面开展做好了铺垫。乾隆帝随后制定的对哈萨克政策，蕴含了此次通使所形成的良好印象，为双方的和平关系之建立、发展奠定了基础。

第三节　哈萨克归附清朝前之使者往来

自乾隆二十年清朝与哈萨克左、右部通使，至乾隆二十二年阿布赍率哈萨克左部归附清朝，清朝与哈萨克频繁遣使往来。对于这两年间每次派出使者的时间、使者人名及遣使原因等情况，以往研究中尚无系统梳理，对使者所起作用也缺乏整体评价。本节总结这一过程，以揭示使者的往来不断促进了双方交往、交流的深入发展，并最终引发清哈关系发生质变之实质。

一 阿睦尔撒纳叛清前后的使者往来

清朝与哈萨克诸部早期关系，可以"平准"战争进程来分期。乾隆二十年上半年，清廷认为"平准"大功即将告成，哈萨克也无意与清朝兵戎相见，双方使者在相对和平状态下往来。但乾隆二十年下半年，与哈萨克阿布赍关系较为密切的阿睦尔撒纳发动叛乱，致使局面大变，清廷重新组织大兵进剿，清朝"平准"战争进入新阶段，清哈使者往来也大大受阻。清廷认识到阿睦尔撒纳极可能逃往哈萨克左部联络阿布赍，因而多次遣使晓谕，但因对此二人关系认知不足，前线将领又多次失误，致使阿睦尔撒纳乘机逃入哈萨克获得阿布赍的庇护，这不但给清哈关系平添变数，而且也影响到双方使节的出访以及沟通联络，加之阿布赍在此期间确有以军事支持阿睦尔撒纳的举动，因此清哈交往徒增困扰乃至一度中断。

在清哈早期使者往来中，上节所讨论的丹津央金和特古斯穆彰阿首次出使哈萨克左右部，以及清朝使者顺德讷出使左部哈萨克阿布赍部，多载于志书，是清哈关系史上的重要事件。虽然顺德讷等早在乾隆二十年五月底就已继丹津央金后出发，但等他们回来时已历半年，即到了乾隆二十年底。此期间，顺德讷等不但被阿睦尔撒纳扣押在博尔塔拉达月余之久，而且阿布赍所派遣的三位使者及进献马匹也被他扣留下带回，阿睦尔撒纳直接阻挠了清哈之间的使者往来。因顺德讷等在阿睦尔撒纳叛乱后归来，其所获情报已影响清廷对哈之决策，本书将其出使列入清哈交往的新阶段。

顺德讷等从伊犁军营出发出使哈萨克，班第奏报如下：

> 班第等奏称派侍卫顺德讷、宰桑巴桑策凌赍奉敕书，前往哈萨克晓谕……俟顺德讷等回时，将哈萨克言语情形，即速奏闻。①

从出使时间上看，报告顺德讷等出使之奏折发出日期为六月初三日，顺德讷等应在六月初派出，② 刚好处在乾隆帝于五月与六月初六日两次下达派出使者的上谕之间。由于受驿递速度的限制，第二次催促班第遣使哈萨克的上谕，在顺德讷等出发后方到达军营。据此可以判断，顺德讷等肩负着清廷当年五月第一次下令遣使时的使命，即认为前线战事即将奏功，警告哈萨克不可侵袭已成为清朝臣民的准噶尔部众，具体内容如下：

> 告以近因准噶尔等扰乱多年，互相残杀，荼毒地方。朕抚有天下，以安辑群生为心，特发大兵，勘〔戡〕定准噶尔，俾得休养生息，不罹兵革之灾，共享太平之福。虽准噶尔与尔哈萨克为仇，经朕平定以后，已降旨严禁准噶尔等，不得肆意妄行，掠夺哈萨克人众。尔哈萨克情愿归诚与否，听尔自为，惟须各守边界，不得妄行出境，掠夺准噶尔人等。倘不谨遵谕旨，必发大兵征剿，毋贻后悔。③

将军班第对第二道催促上谕的答复为："臣等钦遵训谕，遣使哈萨克阿布赍等处赍送敕谕。"④ 即班第应在顺德讷之后又派出新使者。《平定准噶尔方略》中虽未记载所遣使者的姓名，但据军机

---

① 《平定准噶尔方略》正编卷14，乾隆二十年六月甲子条。
② 《定北将军班第奏派宰桑巴桑车凌等晓谕哈萨克准噶尔已平定嗣后不得互相抢掠折》，乾隆二十年六月初三日，《军机处满文录副奏折》，中国第一历史档案馆藏，档案号：03-0174-1445-004。
③ 《平定准噶尔方略》正编卷11，乾隆二十年五月辛巳条。
④ 《定北将军班第奏派往晓谕哈萨克之使臣未归谨防哈萨克人抢掠牧场折》，乾隆二十年六月二十九日，《军机处满文录副奏折》，中国第一历史档案馆藏，档案号：03-0174-1445-005。

处满文档案可知,班第继顺德讷之后,派出侍卫达勇阿给哈萨克阿布赉送旨,且特授其孔雀花翎以益出使,具体见班第奏片:

> 六月十二日。查得,先前将阿睦尔撒纳之宰桑丹津派往哈萨克之地寻找巴特玛车凌、额林沁时,阿睦尔撒纳、额驸色布腾班珠尔一起商议后,赏给丹津顶戴花翎。随后将侍卫顺德讷与阿睦尔撒纳之宰桑巴桑车凌向哈萨克派出之时,臣等亦上奏赏给顶戴花翎。现将达勇阿、博尔伦派往哈萨克之阿布赉处送旨,应仍照前例赏给使者顶戴花翎。查得,此事对威武送旨之事甚有益处,臣等公同商议,将赏给达勇阿、博尔伦孔雀花翎派出之处恭谨奏闻。乾隆二十年六月三十日奉朱批:知道了。钦此。①

班第在派出顺德讷后,又于六月十二日左右派出达勇阿等人,两批使者分别带着敕谕前往哈萨克阿布赉处晓谕。由以上分析可知,使者出发时间顺序为:丹津央金最早,顺德讷次之,达勇阿再次之。顺德讷等出使以后,乾隆帝得到他回到前线军营的信息,已是乾隆二十一年一月,据哈达哈的奏报:

> 据侍卫顺德讷禀称,七月二十八日,前往哈萨克阿布赉所住之额卜图淖尔地方,宣示敕谕。阿布赉不胜欢忻,告称今准噶尔全部俱归附天朝,蒙皇上不弃荒裔,遣使晓谕,实出望外。今遣我弟岳勒伯勒斯、额图里、达瑚等三人,赍捧奏章,同往入觐。并遣我弟岳勒伯勒斯,带领属人,通使军营大臣。又我尚有进献马匹,恐路远易致疲瘦,当缓期送赴阿睦尔撒纳处,转为呈献等语。并于八月二十五日,至阿布赉之弟汗巴巴处宣示敕谕讫。至十月十六日,至博尔塔拉地方,见阿睦尔撒

---

① 《定北将军班第奏派达永阿博尔伦给哈萨克阿布赉送旨照例赏顶戴花翎片》,乾隆二十年六月十二日,《军机处满文录副奏折》,中国第一历史档案馆藏,档案号:03-0174-1444-003.2。

纳，始知背叛情由，留住月余。因军营遣往晓谕之厄鲁特兆齐到彼，阿睦尔撒纳缮写奏折，给与驮马，一并遣回。①

顺德讷于七月二十八日到达阿布赉处，距清朝第一位使者丹津央金于五月二十二日到达阿布赉处之时间，相隔两月有余。阿布赉在见到顺德讷后，清楚表明入觐乾隆帝之意图，随即派出三位使者随顺德讷出发，并言明将进献清朝之马匹缓期送往阿睦尔撒纳处，并听任顺德讷在哈萨克境内行动，顺德讷随即约在一个月后，到达阿布赉之弟汗巴巴处宣示敕谕。但当顺德讷返程到达博尔塔拉时，方得知阿睦尔撒纳已经叛清，自己与哈萨克使者都被扣留。如果不是乾隆帝询问阿睦尔撒纳叛乱缘由的谕旨刚好送达，以及阿睦尔撒纳在回信时为显示诚意，顺德讷可能无回来的机会。

清廷得到顺德讷出使后的消息，已在阿睦尔撒纳叛乱后。彼时，伊犁军营失守，清军对伊犁、博尔塔拉等地失控，若顺德讷从出发时路经博尔塔拉的原路返回，必然遇叛乱，可见顺德讷应该是先返回尚未变乱的伊犁，以下是目击者对顺德讷行踪的口述：

> 今据策凌奏称，自伊犁前来之呼尔璊台吉萨喇尔告称，遣往哈萨克之侍卫达勇阿、顺德讷带领哈萨克使者，同至伊犁，哈萨克情愿投顺等语。看来哈萨克阿布赉甚属恭顺，并无可疑。著哈达哈等传谕德善等，仍遵前旨，前往哈萨克。②

名为萨喇尔③的厄鲁特台吉于乾隆二十年九月前，声称在伊犁见到带着哈萨克使者返回的顺德讷。根据哈萨克使者仍与顺德讷在一起来看，这件事应发生于他被阿睦尔撒纳扣留在博尔塔拉之前，即顺德讷在返程时先回到伊犁，然后路过博尔塔拉寻找清军时，被阿睦尔撒纳扣留。但出现在这里的侍卫达勇阿之出使信息，并不见

---

① 《平定准噶尔方略》正编卷24，乾隆二十一年一月辛未条。
② 《平定准噶尔方略》正编卷21，乾隆二十年十一月戊寅条。
③ 此处萨喇尔，非定边右副将军萨喇尔。

载于《清高宗实录》和《平定准噶尔方略》，核对军机处满文档案可知，达勇阿亦为班第派出传旨阿布赍的使者，① 因为他与顺德讷出使时间接近且一起返回，而且由顺德讷将哈萨克阿布赍处情形报告清廷，因此，本书将此二人视为同一批使者。

由以上分析可见，顺德讷从哈萨克返回途中因阿睦尔撒纳的叛乱，行程很不顺利。虽然清朝在九月已得知顺德讷带着哈萨克使者到达伊犁，② 但顺德讷又经过三个月后才回到军营。至此，顺德讷出使用了约半年。应当肯定的是顺德讷出使取得了相当的成功，这次出使的意义与丹津央金的首次出使不同。顺德讷拥有清朝侍卫之身份，而丹津央金是阿睦尔撒纳之属人，此点使得阿布赍更直接地了解到清朝的真实意图。顺德讷在出使中给阿布赍带去了敕书和口谕，又当面晓谕阿布赍之弟汗巴巴，并带着准备入觐的三位哈萨克使者返回；此外，他还得到阿布赍进献马匹的承诺。尽管哈萨克使者和进献马匹没能带回，但顺德讷之出使再次确认丹津央金首次出使时所禀告之阿布赍的意愿——即刻向清朝朝贡入觐，增加清朝对阿布赍的信任程度。

清朝在乾隆二十年六月十二日前向阿布赍处先后派出使者侍卫顺德讷和达勇阿后，在长达半年多时间里，失去他们的消息：出使是否成功？哈萨克对阿睦尔撒纳态度如何，是否愿意协助清朝擒拿叛乱之人？因阿睦尔撒纳在入觐途中逃走后，尽快传谕与其有旧的哈萨克阿布赍等首领，促其协助擒拿阿睦尔撒纳就成为重中之重。由于第二批使者顺德讷与达勇阿③出使耗时太久，为避免错过最佳

---

① 《定北将军班第奏派达永阿博尔伦给哈萨克阿布赍送旨照例赏顶戴花翎片》，乾隆二十年六月十二日，《军机处满文录副奏折》，中国第一历史档案馆藏，档案号：03-0174-1444-003.2。

② 《平定准噶尔方略》正编卷21，乾隆二十年九月戊寅条。

③ 达勇阿应为出使时遭遇阿睦尔撒纳而被扣留，约半年后乘玉保追击阿睦尔撒纳时脱困返回："即如达勇阿自阿逆处脱出即向玉保言，阿逆相距仅隔一日路程，趱行可追及，玉保理应速行前进，乃并不追擒，只令达勇阿转告策楞，以卸其责。"《平定准噶尔方略》正编卷34，乾隆二十一年十一月己巳条。

战略期，清廷考虑重派使者。乾隆二十年下半年，策楞带领的西路军退回巴里坤后，接到立即进兵的命令，但迟迟没有行动；而哈达哈带领的北路军，这时处在靠近哈萨克的前线位置，乾隆帝因而根据阿睦尔撒纳逃跑以后第一次被击败的战报，于九月向哈达哈下达了从北路遣使哈萨克的命令：

> 谕参赞大臣哈达哈等通使哈萨克事宜。上谕军机大臣曰：据额林沁多尔济等奏报，阿睦尔撒纳逃窜，追捕无踪。看来伊必至塔尔巴噶［哈］台游牧，否则径投哈萨克。今讯问噶尔藏多尔济，据称自汗哈屯等处，取道至哈萨克甚近。彼处现有伊所属之乌梁海等，因遣伊宰桑固穆扎卜，交侍卫德善带往。哈达哈等奉到谕旨，著派副管旗章京职衔莫尼扎卜［布］同往传谕哈萨克阿布赉。①

并详细交代了令使者传谕阿布赉的内容和接下来的安排：

> 尔所遣使臣阿穆尔巴图鲁，来见定北将军时，已将尔恭顺之意奏闻，大皇帝甚为嘉悦。俟来使入觐后，正欲加恩，讵意阿睦尔撒纳潜谋叛逆，将来使遣回，且于入觐时中途逃窜。伊去年受困于达瓦齐，穷极来归，所受大恩不可胜数，乃心怀反复，欲总统准部，恃我威力，残扰临近诸部落，正与尔来使所云厄鲁特人全不可信之语相符合。今已传知各路，堵截追擒，自当弋获。如追捕甚急，窜入尔境内，果能即行擒送，大皇帝必重加恩赏。否则潜踪日久，为我师所觉，径入擒剿，恐尔境内人等不无惊扰。如此明白宣示，看阿布赉情形若何。哈达哈等候固穆扎卜、莫尼扎布到彼传谕及归途信息，速行奏闻。再乌梁海赤伦如情愿同行，亦令其随往。②

---

① 《平定准噶尔方略》正编卷18，乾隆二十年九月壬午条。
② 《平定准噶尔方略》正编卷18，乾隆二十年九月壬午条。

这次遣使目的明确，即告知哈萨克：阿布赉第一次所遣使者阿穆尔巴图鲁所带来的入觐请求与恭顺情形，乾隆帝已经知晓且深为嘉悦。并引阿穆尔巴图鲁言及额林沁叛出时所讲的话为据言："正与尔来使所云厄鲁特人全不可信之语相符合。"① 进而告诫哈萨克，如藏匿阿睦尔撒纳将引火烧身，并在敕书中首次要求哈萨克将阿睦尔撒纳"即行擒送"。

准噶尔杜尔伯特部贵族噶尔藏多尔济的宰桑固穆扎卜与清军章京莫尼扎布，被指定为此次出使人员。这时候清朝已经清楚认识到，阿睦尔撒纳最有可能逃回两个地方：其一是旧游牧地塔尔巴哈台；其二是哈萨克左部。以下满文档案即为达尔党阿针对此道上谕的回复奏折：

> 奴才达尔党阿、阿兰泰、雅尔哈善、桑斋多尔济、舒赫德谨奏，为奏闻事。此前恭奉谕旨：著将向哈萨克遣使颁敕之事，询问赤伦，伊若愿同往，则可与莫尼扎布一同遣往。伊若言称游牧有事不愿出使则罢。钦此。钦遵。奴才等行文和通古卓之青滚杂卜，使之查问临近之赤伦，其若愿往，则一面报知我等，一面晓知侍卫，著伊等同往。将此往询之处，业已具奏。十月十七日据青滚杂卜处来文内开：我遣人将赤伦招至，传旨后询问。赤伦乃跪称，因我等族众尽皆匪盗，诸事不张。若无人约束，伊等则又乱行偷盗欺骗，不能阻止其生事。故赤伦我即返回游牧，约束我等族众。接赤伦相告之处后，查得侍卫德善、副都统衔章京莫尼扎布等，已行抵乌里雅苏台，正收拾行装，准备动身。奴才等为使伊等知晓赤伦不愿前往，而行

---

① 《定北将军班第密奏前往哈萨克使者来报阿布赉请求归附及阿睦尔撒纳作恶之情折》，乾隆二十年七月二十五日，《军机处满文录副奏折》，中国第一历史档案馆藏，档案号：03-0174-1423-004。

文告知。为此谨具奏闻。十月十九日。①

从档案中可见，乌梁海赤伦以需要管束自身游牧为由，回绝了出使哈萨克的差遣，理由是自己若不在游牧地，部众不受约束，恐会生事。② 由于赤伦不愿出使，出使人员就只两位清朝官员德善和

---

① 《定边左副将军达勒当阿奏查明侍卫赤伦不愿去哈萨克传旨缘由折》，乾隆二十年十月十九日，《军机处满文录副奏折》，中国第一历史档案馆藏，档案号：03-0174-1382-063；达尔党阿，即达勒当阿。满文转写：daldangga se cilun i alaha nukte de genefi, geren be bargiyatame kadalame teki sehe babe donjibume wesimbure jalin wesimburengge aha daldangga, arantai, yarhašan, sangjaidorji, šuhede gingguleme wesimburengge donjibume wesimbure jalin, neneme isinjiha hese dorgi, hasak de hese wasimbume elcin takūrara de cilun de inu fonji, i aika cihanggai sasari geneki seci, inu monijab sei sasa unggikini, cilun i aika nukte de baita bi cihakū oci, uthai unggire be joo sehebe. gingguleme dahafi, aha be uthai hotogūjon i cengunjab de yabubufi, hanci be tuwame cilun de getukeleme fonjici, cilun cihanggai geneci, emu dergi mende boolajibume, emu dergi musei hiya sede ulhibume alafi tederi sasa genekini seme fonjinabume babe wesimbuhe bihe. te juwan biyai juwan nadan de cenggunjab i baci benjige bithede, bi niyalma takūrafi cilun be ganabume gajifi, hese be ulame fonjiha de, cilun niyakūrafi alarangge, meni urse serengge umesi hūlhi, eiten be sarakū, bargiyatame kadalara niyalma akū oci, ce balai hūlha holo baita dekdebure be akū obume muterkū turgunde, cilun bi amasi nuked de genefi, meni urse be bargiyatame kadalame teki sembi seme. cilun i alaha babe boolanjihabi, baicaci hiya dešan meiren i janggin i jergi gūsai janggin monijab se, te gemu uliyasutai de isinjifi, jing dasatafi jurambi, aha be cilun i generakū babe cende sakini seme yabubuha ci tulgiyen. erei jalin gingguleme donjibume wesimbuhe abkai wehiyehe i orinci aniya omšon biyai ice de fulegiyan fi i pilehe hese saha sehe juwan biyai juwan uyun。

② 对于赤伦是否因与阿睦尔撒纳有牵连而拒绝出使哈萨克，需做一考证。此处出现的赤伦是一位厄鲁特宰桑，其游牧地在乌梁海附近，于乾隆十九年（1754）被参赞车布登扎布等带领的清军所败而归附清朝（见《清高宗实录》卷474，乾隆十九年十月丙午条）。在编设旗分佐领时，赤伦被授予三品总管（见《清高宗实录》卷477，乾隆十九年十一月丁酉条）。继成为乌梁海总管后，受阿睦尔撒纳派遣，带兵招抚汗哈屯地方之乌梁海人众，因办事奋勉又被授予副都统职衔："阿睦尔撒纳等奏，乌梁海总管赤伦，欲带人前往招服汗哈屯之乌梁海人众……赏给赤伦副都统职衔，以示鼓励"（见《清高宗实录》卷480，乾隆二十年正月己丑条）。其后，赤伦在阿睦尔撒纳和青滚杂卜叛乱时都没有跟从，而是积极配合清军剿逆。由此来看，赤伦未出使哈萨克之原因，当与阿睦尔撒纳的关系不大。

莫尼扎布。当达尔党阿于乾隆二十年十月十九日发出这份奏折时，两位新使者已到达乌里雅苏台，收拾行装准备动身。他们想绕开阿睦尔撒纳叛乱地区，走北路取道乌梁海直接前往哈萨克阿布赉处。

这次出使过程在清朝史料中记载较少，其间之事有如下所载：

> 侍卫德善奉差时，已有畏惧情形。及至彼处，一闻乌梁海等捏造之言，不审虚实，即行退回，甚属怯懦。德善著革去侍卫，仍同顺德讷前往哈萨克晓谕，以观后效。①

清廷不久获知此次出使未能成功之消息后，认为德善是在出使中到达乌梁海处后，听信乌梁海人的捏造言论而退回的，但实际上，这次出使失败很可能是俄罗斯的干涉造成的。②

清廷对第三批使者寄予厚望，却因德善办事不力而未能成行。为整顿出使哈萨克人员之军纪，杜绝怯懦退回之事再次发生，乾隆帝下令称如果阿睦尔撒纳逃入哈萨克，则将德善就地正法以示惩戒：

> 再，从前遣德善往谕哈萨克，中途退回，实属怯懦。若此时阿逆果逃入哈萨克地方，著哈达哈即将德善在军营正法，以为畏葸偾事者戒。③

阿睦尔撒纳叛清前后，清朝向哈萨克阿布赉处派出三批使者。但只有第一批丹津央金，于乾隆二十年七月二十五日之前带领哈萨克使者顺利返回；第二批顺德讷返回时遇阿睦尔撒纳的阻挠，于乾隆二十年十二月十七日④只身艰难返回，达勇阿返回亦受阿睦尔撒

---

① 《平定准噶尔方略》正编卷25，乾隆二十一年三月己巳条。
② 德善等人此次出使未成行之原因，有俄罗斯因素，见第一章分析。
③ 《平定准噶尔方略》正编卷26，乾隆二十一年三月壬辰条。
④ 《平定准噶尔方略》正编卷24，乾隆二十一年正月辛未条。

纳之阻挠，于乾隆二十一年三月才得以逃回①；第三批德善使团则受阻于俄罗斯因素未能成行。从相关势力即阿睦尔撒纳集团和俄罗斯方面来看，他们都不希望清朝与哈萨克交好。从时间上看，从乾隆二十年六月到二十一年一月，长达大半年时间里，清哈交往之形势随着阿睦尔撒纳的叛清而出现转折，在多重因素的影响下，清哈交往暂时中断。

二 清军追击阿睦尔撒纳期间的使者往来

"平准"战争第一阶段，清朝向哈萨克派出使者，每次都选在关键节点上，其首要目的都是维护准噶尔部的局面稳定。阿睦尔撒纳叛逃后，"平准"战争进入了第二阶段。此一阶段，清廷遣使晓谕哈萨克的内容发生改变，从要求哈萨克安分守己，转变成望其擒献阿睦尔撒纳。为阻止阿睦尔撒纳藏于哈萨克并煽惑阿布赍部进犯准噶尔的现实需要，使得遣使哈萨克急迫性提高，因此，清廷遣使哈萨克的形式和内容呈现更加丰富的面相。

乾隆二十一年初，策楞带领的西路军收复伊犁，哈达哈带领的北路军收复塔尔巴哈台、博尔塔拉，并掌控乌梁海。此时，清廷判断阿睦尔撒纳极可能逃往哈萨克，认为其一旦逃往哈萨克，进可骚扰诸部——"阿逆至哈萨克后，必煽诱哈萨克人等，骚扰各游牧地方"②——退可栖身哈萨克草原，因而再次遣员出使哈萨克势在必行。第二批出使的顺德讷一经返回后，即为清廷所重视，其本人亦立即受命进京面圣汇报出使情形。乾隆帝命军机大臣再次拟就赐阿布赍之晓谕与敕书，并钦命顺德讷再次出使，这就是清朝派往哈萨克的第四批使者，上谕称：

> 顺德讷曾往哈萨克晓谕，人尚明白，著授为头等侍卫……令其再往哈萨克传旨晓谕阿布赍，现在逆贼阿睦尔撒纳穷蹙无

---

① 《平定准噶尔方略》正编卷34，乾隆二十一年十一月己巳条。
② 《平定准噶尔方略》正编卷24，乾隆二十一年正月辛未条。

聊，计日就擒。前阿逆曾向哈萨克借兵，阿布赉并未给与，深知大义，实可嘉予。再，哈萨克属人等亦有抢掠塔本集塞之事。塔本集塞正在附和阿逆之时，则伊等初非助逆行事，乃正为天朝出力，剪其党羽。恐伊不知，妄生疑虑，是以遣使前往晓谕。阿布赉从前遣使朝贡，具见诚悃。如能倾心内附，自当格外加恩，俾伊等安居乐业，永享太平。伊等惟善自约束，毋使属人越境滋扰。其准噶尔各部，已严行禁止，亦不得扰害该部落。将此明白晓谕。如阿布赉遣使入觐，即令顺德讷带领前来。①

此上谕逐项交代了顺德讷面见阿布赉时需向其晓谕的内容：首先肯定阿布赉深知大义，未借兵给阿睦尔撒纳；其次指出已原谅其劫掠已归附清朝的塔本集塞之事，不予追究，打消其顾虑；再次赞扬其遣使朝贡之举，并允诺如若进一步倾心内附，将格外加恩，点明出路；最后再次重申与乾隆二十年五月上谕中"各安游牧，约束部众"②类似要求，即"惟善自约束，毋使属人越境滋扰"。除此口头晓谕外，还准备颁予书面敕书，主旨为"速行擒献阿睦尔撒纳"：

赐哈萨克阿布赉敕书

上谕哈萨克阿布赉曰：准噶尔数年来内乱频仍，各部惊扰。厄鲁特等流离困顿，并失生计。朕为天下共主，不忍坐视；爰申天讨，平定伊犁，令伊等共享升平之福。一切善后事宜，正待将次经理，以为久远计。不料逆贼阿睦尔撒纳负恩背叛，肆行猖獗。今特命将军、大臣等统领大兵，兼程追捕，而准噶尔众台吉、宰桑等复纠集义旅，协力擒拿。现在阿睦尔撒纳势力穷匮，弃众远飙，势必窜入尔哈萨克境内。此贼罪不容

---

① 《平定准噶尔方略》正编卷25，乾隆二十一年三月己巳条。
② 《平定准噶尔方略》正编卷11，乾隆二十年五月辛巳条。

诛，无论逋逃何处，务期俘获正法，万无漏网之理。尔阿布赉恭顺天朝，从前遣使请安，足见诚悃，亦因逆贼中途阻止，未经入觐。至逆贼性情狡诈，尔等素所稔知，断无容留逆贼之理。设容留在彼，亦于尔部有损无益。尔部与准噶尔接壤，从前噶尔丹策零时，尔等尚受其节制，近来遭准夷衰乱，始得逞志。现在西域诸部落俱入我版图，尔等果将逆贼隐匿容留，准噶尔部众无一人与阿逆同心，势必群起滋事。是尔因一人而受众人之敌也。况大兵业已压境，彼时陈师索取，尔部岂能晏然安处？事后追悔，即已无及。尔其熟计利害，一切俱遵朕谕旨，速行擒献，永受朕恩。钦哉毋忽。①

与之前三批使者所带往之内容相比，可以明显看出这次晓谕和敕书内容有很大变化。这次晓谕中强调双方的共同利益，并嘉许哈萨克欲遣使朝贡的行为，要求各安游牧，互无侵扰。但在敕书中则点明清朝已大兵压境，哈萨克如不遵命擒献阿睦尔撒纳，阿布赉将承担因袒护一名清朝罪犯而使整个部族陷入战乱的严重后果。可以说当面传达的口头晓谕表达了基本原则与和好之意，而书面敕书则阐明了清朝的底线。清朝虽在这次赐阿布赉的敕书中出现战争的威胁语，但是方针明确，即先礼后兵：先向对方表明善意，晓以利害、申明祸福，如不听劝告则招致战争之惩罚。此种方针比较稳健，乾隆帝试图在稳定交好的对哈政策前提下，尽量采用和平方式解决清哈之间涉及阿睦尔撒纳的问题。

顺德讷此次出使应走北路，由唐喀禄等护送，哈达哈等奏言称"据副都统职衔唐喀禄等报称，护送侍卫顺德讷赴哈萨克，至济尔玛台地方"②。但在接下来的史料里，笔者并未能找到顺德讷此次出使返回的内容，因而推断第四次出使的顺德讷很可能受阻于随后发生的战事而未能成行。与顺德讷此次出使时间相近，清军也派达

---

① 《平定准噶尔方略》正编卷25，乾隆二十一年三月己巳条。
② 《平定准噶尔方略》正编卷29，乾隆二十一年七月壬申条。

勇阿第二次出使，但其遇害于哈萨克草原，未能返回。笔者也尚未找到达勇阿是否到达阿布赉处的史料。

乾隆二十一年二月，也即派出顺德讷之前的一个月，清廷降旨西路军统领定西将军策楞，命其遣使前往布鲁特、右哈萨克晓谕，要求擒献阿睦尔撒纳：

> 谕定西将军策楞等……此时逆贼若仍未获，则此旨到日，逆贼必早经免脱，或先定一窜迹之地矣。如果逃往哈萨克、布鲁特等处，断不可虚张追逐之势，遽行撤兵。即著派达尔党阿、玉保、尼玛于索伦兵内择选一二千名，奋力追赶。仍先遣人往哈萨克传谕，阿睦尔撒纳乃重负厚恩之逆贼，今逃入汝界，汝等将伊擒献，大皇帝必重加恩赏。伊或诡言逆贼到伊界内，又逃往布鲁特，即当谕以逆贼所到之处，大兵即当穷追，期于必获而后已，并不骚扰汝等。汝等稍有阻挠，即是甘与贼通，必将一体办理。使之所知震慑，出力追捕，决不可稍为姑息。①

乾隆帝于二月谕令策楞向右哈萨克、布鲁特部遣使，三月谕令向左部阿布赉处遣使，应是统一筹划之举。此时遣使，应有乾隆二十年将军班第驻扎伊犁时会见左、右部哈萨克及布鲁特使者时所得的情报作参考，从而判断阿睦尔撒纳因过去与此三处地方有联系，极可能逃往躲藏并借为外援。策楞接到这道上谕后并未回奏，遍寻史料也未见他派出使者及返回的信息，因而推测策楞很可能未向右哈萨克、布鲁特遣使。随后，乾隆帝向策楞发出如下谕旨：

> 伊等从前折内，尚有遣人前赴哈萨克之说，今乃并无一言，惟将逃人所诉阿逆逸出时带往哈萨克阿布赉之弟岳勒博罗斯，并留于准噶尔之俄罗斯使人颇罗和尔一同前去之语，敷衍

---

① 《平定准噶尔方略》正编卷25，乾隆二十一年二月乙亥条。

具奏……著传谕策楞……将遣赴哈萨克之人及玉保等何日启程之处,速行奏闻。①

乾隆帝虽屡次催促,但策楞奉命遣使之事仍未办妥,"虽有遣瑚集图前往哈萨克之语,究竟前往与否,亦未奏明"②。这里的瑚集图是哈萨克俘虏,策楞考虑战乱之下清使者出使有风险,提出派哈萨克俘虏瑚集图作为使者的方案,但遭到乾隆帝的严厉斥责:"而策楞等奏称,恐哈萨克羁留我使,致开衅端。欲遣哈萨克之俘留于厄鲁特者,令其前往。如此措置,岂不褒朝命而贻笑于诸厄鲁特耶!"③此时乾隆帝坚持派遣清朝官员出使,认为不可轻易用哈萨克俘虏以代替,因为清朝官员是否勇于出使并积极取得成效,与前线众将士无惧生死、勇敢奋勉之士气息息相关,因而训斥策楞。④策楞接旨后,立即调集官兵会盟厄鲁特,准备进兵哈萨克与布鲁特搜捕叛军。

乾隆二十一年上半年,清军对战哈萨克的首场战斗中以少胜多:"近据富德奏到,追杀叛贼唐古忒,至塞伯苏台地方,遇哈萨克一千余众,我军以索伦兵三百余直前冲突,悉皆溃散,斩三百余级。所获军械牲只甚多"。⑤这使乾隆帝得出哈萨克军队"本非劲旅"⑥的判断,获得了有关哈萨克军力的准确情报。在京询问由前线送来的哈萨克俘虏呼岱巴尔氏等人后,⑦清廷判断清哈交战原因

---

① 《平定准噶尔方略》正编卷26,乾隆二十一年四月辛丑条。
② 《平定准噶尔方略》正编卷26,乾隆二十一年四月辛丑条。
③ 《平定准噶尔方略》正编卷26,乾隆二十一年四月辛丑条。
④ 《军机大臣为著策楞从速进军缉拿阿逆并报玉保等何时起程前往哈萨克等事致定西将军等》,乾隆二十一年四月初四日,《满文上谕档》,中国第一历史档案馆藏,档案号:03-18-009-000015-0003-0029。
⑤ 《平定准噶尔方略》正编卷27,乾隆二十一年四月丁巳条。
⑥ 《清高宗实录》卷27,乾隆二十一年四月丁巳条。
⑦ 《平定准噶尔方略》正编卷27,乾隆二十一年五月辛未条:"擒获尔属人呼岱巴尔氏、额赛尔拜二人解送来京询问。"《平定准噶尔方略》正编卷27,乾隆二十一年四月辛酉条:"上谕军机大臣曰,询问富德解到哈萨克呼岱巴尔氏等告称。"

应为哈萨克首领、部众听信阿睦尔撒纳之煽惑之言，劫掠了已归附清朝的原准噶尔塔本集塞等游牧，进而推断阿睦尔撒纳之目的在于，利用清哈间信息不对称之弊端，造成清哈对立与矛盾升级之事实，从而令自己得以在哈萨克长期驻足。此外，清廷还判断整个左部哈萨克都有可能受阿睦尔撒纳的煽惑与清军交战。应当说，清廷综合多方信息尤其是面询哈萨克俘虏所得之信息而作出的这一判断，是较为符合实际情况的。

乾隆二十一年清廷在清哈交战状态下，根据掌握的最新情报，改变了和平时期派遣清朝官员尤其是侍卫出使哈萨克的模式。清廷在继乾隆二十一年三月命顺德讷作为第四批使者出使哈萨克后，转而令达尔党阿派出干练人员，将两名哈萨克俘虏呼岱巴尔氏、额赛尔拜作为第五批使者送回哈萨克，以晓谕阿布赉。乾隆帝给达尔党阿的具体谕旨内容为：

> 阿逆现窜入哈萨克境内……或逞其狡谋，诈言哈萨克缚贼擒献，引兵深入，设伏以待，皆不可不预为防备……现在富德追袭唐古特等，所遇哈萨克兵丁，系受阿逆怂恿，抢掠塔本集塞、噶勒咋特等游牧。在阿逆之意，无非欲使哈萨克有得罪天朝之名，而伊因得潜窜彼处，以为藏身之固。是以特降谕旨，晓谕哈萨克阿布赉，令其擒献阿逆，不特将抢掠塔本集塞等事概免究问，尚当加以厚恩，并将富德等所获哈萨克属人二名，即行遣回。达尔党阿等接到谕旨，即先遣干员，同伊属人前往详细传谕，仍带兵速行进发，责令擒献。①

在晓谕达尔党阿中，乾隆帝再次指出阿布赉属下虽有抢掠塔本集塞等游牧之行为，但清廷不仅予以免究，还因哈萨克恭顺加以厚恩。

第五批使者带往阿布赉处的上谕内容为：

---

① 《平定准噶尔方略》正编卷27，乾隆二十一年四月辛酉条。

上谕左部哈萨克阿布赉曰：逆贼阿睦尔撒纳势穷力竭，窜入尔哈萨克境内，又煽惑尔属人等抢掠塔本集塞、噶勒杂特游牧，诱令尔等获罪天朝，伊得以栖身尔境，苟延残喘。今尔部边境人等误信其言，私相劫掠，遇大兵击败，擒获尔属人呼岱巴尔氏、额赛尔拜二人，解送来京询问，知尔固不知情也。应即将此二人正法，念尔部落向属恭顺，不过属人误听阿逆之言，是以格外加恩，将尔属人释放遣回，并赍赏内缎四匹。从前侍卫顺德讷奏称，尔欲受天朝厚恩，遣使进贡，后使人为阿睦尔撒纳所留，未经入觐，朕已早鉴尔诚悃。此次接到谕旨，即将阿逆擒献，不特抢掠塔本集塞等事概免究问，仍当加以厚恩。现遣两路将军等领兵万人，将抵尔境，尔等倘堕贼奸计，迷而不悟，不即擒献，则必更发大兵，尽行剿灭。尔其熟审利害，毋贻后悔。①

从结果来看，这一特殊时期的遣使模式转变，使得清哈间的沟通活动取得了重要进展。受恩被释放的哈萨克俘虏呼岱巴尔氏、额赛尔拜，既在北京受到优待，对清朝的实力和态度有直观了解，有利于增进哈萨克对清朝了解，又熟悉回哈萨克之道路，能增强传信成功的可能性。

虽然谕旨内容仍要求哈萨克擒献阿睦尔撒纳，但这次遣使具有如下新的特点。其一，这次出使是在清哈第一次交战后，军机处在乾隆帝授意下在京询问哈萨克战俘有所获的前提下进行的，史无前例；其二，这是清朝第二次派出顺德讷出使后的新出使行动，也是第五次向阿布赉处派使者，联络姿态积极；其三，清廷及时对新近发生的清哈首战做了表态，指出此战虽然错在哈萨克派兵抢掠清属厄鲁特游牧部，但因其一向恭顺，清朝将不予追究，平息纷争；其四，首次向释放回的哈萨克战俘赏赐缎匹，以

---

① 《平定准噶尔方略》正编卷27，乾隆二十一年五月辛未条；噶勒杂特，即上引之"噶勒咋特"。

礼相待，以德报怨；其五，清朝在充分表达善意之后，威胁阿布赉如仍继续容留阿睦尔撒纳，将发两路大兵以万众征讨，剿灭左部哈萨克。

从清哈交往角度来说，虽然全面发兵哈萨克对清朝来说并非最佳选择，但随着局势发展，如果哈萨克企图继续支持阿睦尔撒纳，清朝为完成"平准"大业，除去叛乱首恶阿睦尔撒纳，将不得不与哈萨克一战。为彻底改变阿布赉的态度和行为，除晓谕左部哈萨克外，清廷还根据哈萨克俘虏所供之消息——"哈萨克呼岱巴尔氏等告称，阿逆逃窜，若由阿勒坦额默勒、库陇癸岭，经过沙喇勒擘勒地方，可至右部哈萨克境内等语"①，推测阿睦尔撒纳仍有可能逃窜至右部哈萨克，因而"另有谕旨，晓谕右部哈萨克，著侍卫布衮驰驿赍往"②，即钦命侍卫布衮出使右部哈萨克汗阿比里斯处传谕：

> 上谕右部哈萨克阿比里斯曰：阿睦尔撒纳生性奸诈，为尔等所稔悉。今者背恩逃窜，滋扰厄鲁特各部落。朕命将军等领兵擒拿，伊力穷计蹙，又逃入尔哈萨克境内。此特因准噶尔地方不获栖身，以尔部乃边远之人，不深悉其罪状，易于欺罔，暂求依托，或乘间煽惑尔等掳掠厄鲁特游牧，借此生衅，使尔部有获罪天朝之咎，不便将伊擒献，以为苟延旦夕之计。尔等中伊诡谋，或现将伊存留容隐，亦未可定。是以特行降旨晓谕，速将逆贼擒献军营，朕必重加恩赏，并令两部落照旧安居，勿令骚扰。现在大兵两路进发，不过万余。如尔等甘为贼用，执迷不悟，朕必兴师十万，尽行剿灭。尔等其熟计利害，仰承恩典，毋贻后悔。③

---

① 《平定准噶尔方略》正编卷27，乾隆二十一年五月辛未条。
② 《平定准噶尔方略》正编卷27，乾隆二十一年五月辛未条。
③ 《平定准噶尔方略》正编卷27，乾隆二十一年五月辛未条。

这是清哈关系史上见载于汉文史料中的乾隆帝给右部哈萨克汗阿比里斯的第一道谕旨,此谕旨虽可能阻于战乱并未送达,但有以下几点重要意义。

其一,这是清廷首次计划向右部哈萨克汗直接派出使者,据上节可知,乾隆二十年,在清朝使者特古斯穆彰阿到达塔什干后,右部哈萨克遣使至伊犁面见将军班第,其言语和书信中只提及7位大头目,并未提及阿比里斯汗;而至乾隆二十三年右部哈萨克归附时,方有未掌握实权的阿比里斯汗的出现,这里是阿比里斯汗的名字首次出现在上谕中。其二,按清朝习惯,对未获清朝册封的各游牧政权之汗往往只称名,此处符合这一特点。其三,这道谕旨措辞极为严厉,或许因为右部哈萨克与清相距甚远,以武力威慑更能见效,但这也体现乾隆帝有因屡次追捕叛首阿睦尔撒纳不获而越来越倾向于用武力解决袒护者的意图。其四,从谕旨内容看,"阿睦尔撒纳生性奸诈,为尔等所稔悉。今者背恩逃窜,滋扰厄鲁特各部落",显然是对铁木尔真等人带来右部哈萨克信件的回应,①这说明清朝重视与右部哈萨克互派使者中的信息交流,并与之取得共识。其五,阿比里斯此前并未出现在前线将领的满文奏折、奏片中,因而很可能是军机处奉命在京面询哈萨克战俘呼岱巴尔氏等人所获的信息,这更说明通过直接沟通的形式,清朝对哈萨克诸部信息的掌握越发深入、详细。

清朝是在确定阿睦尔撒纳逃入哈萨克、清哈间发生第一次对战,以及哈萨克战俘在京接受询问后,才派遣第五次使者的。第五次遣使分两路:一路向左部阿布赉处,所派出使者由达尔党阿挑选军中干练者,陪同哈萨克战俘呼岱巴尔氏等携带敕书前往;另一路向右部哈萨克汗阿比里斯处,由侍卫布袭携带敕书前往。

乾隆二十一年五月,清朝前线军队得知阿睦尔撒纳仅带30余

---

① 《定北将军班第奏派往晓谕哈萨克之使臣未归谨防哈萨克人抢掠牧场折》,乾隆二十年六月二十九日,《军机处满文录副奏折》,中国第一历史档案馆藏,档案号:03-0174-1445-005。

人随从逃入哈萨克草原后，停留于离阿布赉游牧地仅三站远之招摩多①。清廷决策中心至此完全掌握阿睦尔撒纳之行踪，并判断阿布赉可能容留阿睦尔撒纳，因而果断改变策略，做战和两手准备，并安排西、北二路进兵："达尔党阿等务大震军威，勿稍示怯……并传谕哈达哈等，即将乌梁海事办竣，领兵径赴阿布赉游牧，会同西路大兵奋力剿捕，毋得少有迟误。"② 为清剿藏匿于阿布赉游牧地附近的阿睦尔撒纳叛军，乾隆帝第一次明确下令进军阿布赉部，并特意提及接应第四批所派出的两位使者：

> 从前遣达勇阿等由西路前往，顺德讷等由北路前往，降旨晓谕哈萨克。今达尔党阿、哈达哈率兵至哈萨克边界，若候达勇阿、顺德讷等信息，始行前进，倘伊等在阿布赉处少为稽留，以致延迟时日，反失机会。且达勇阿、顺德讷等孑身奉使，亦不可无兵力接应。③

值得注意的是，虽然出使时达勇阿④出西路，顺德讷出北路⑤，但在上谕中将他们相提并论——"若候达勇阿，顺德讷等信息"，还推测他们可能同时在阿布赉处停留——"倘伊等在阿布赉处少为稽留"，说明两人出使时间相近，目的地相同。因而顺德讷第二

---

① 位于今哈萨克斯坦境内之爱古斯河流入巴尔喀什湖的河口附近；满文转写为"joo modo"。
② 《平定准噶尔方略》正编卷28，乾隆二十一年五月丙子条。
③ 《平定准噶尔方略》正编卷28，乾隆二十一年五月己卯条。
④ 达勇阿曾由将军班第派遣，继顺德讷出使阿布赉处，返回时被阿睦尔撒纳扣押，在玉保带兵追捕阿睦尔撒纳时脱困返回；见《定西将军策楞奏平定准噶尔被俘之达永阿等脱回并申明送京片》，乾隆二十一年三月十一日，《军机处满文录副奏折》，中国第一历史档案馆藏，档案号：03-0176-1584-004.2。汉文文献中的"达勇阿""达永阿"二名并存，实指一人，应为音译所致。
⑤ 《平定准噶尔方略》正编卷25，乾隆二十一年三月己巳条。顺德讷此次出使，亦见《定边左副将军哈达哈奏报钦差乾清门一等侍卫顺德讷抵达北路军营日期片》，乾隆二十一年四月初十日，《军机处满文录副奏折》，中国第一历史档案馆藏，档案号：03-0176-1588-003.2。

次出使即清朝第四次遣使哈萨克时，清朝派出两路使者，选择的人都是上一年出使哈萨克的有经验的人员。

清廷获得阿睦尔撒纳逃入哈萨克游牧地的准确情报后，在遣使左、右哈萨克同时，下令进军哈萨克游牧地，兵力为北路5000人，西路2000人。① 因追捕时机稍纵即逝，且出兵又有接应使者之目的，因而乾隆帝命令不用等待使者之消息，立即带兵深入，并要求到达哈萨克地方后，严格约束兵士之军纪，仅加以防范，不许滋扰哈萨克游牧人众，只有在被阻挠的情况下才加以兵威。② 可以确认的是，清廷在清哈局势有可能恶化的前提下，仍无意主动对哈萨克开启战端。

乾隆二十一年七月，清军在追擒阿睦尔撒纳途中，与以阿布赉为首的哈萨克联军发生了清哈历史上规模最大的两场交战，西路军由达尔党阿所率领，击败阿睦尔撒纳与哈萨克霍集博尔根之联军：

> 达尔党阿等奏言，臣等领兵至雅尔拉地方，遣章京雅卜唐阿前往搜查，知哈萨克兵丁，俱潜伏于山沟幽僻之地。七月初三日，遣毕里衮带兵一百名，占据右翼高阜之处，又派乌尔登带兵一百名，进山引出贼众，臣等带兵一千名，各按队伍前进，贼众二千余人迎战，臣等派齐努混，玛瑞，特通额，额尔登额带领队伍，分部前进，阿里衮，鄂宾，哈宁阿，明瑞管理左右两翼，臣达尔党阿，扎拉丰阿统领大队兵丁奋勇杀贼，斩首五百七十余人，生擒十一人，中箭带伤者甚多。复于十一日，追逐至努喇地方，整兵前进，遇贼众二千余人，奋勇鏖战，杀贼三百四十余人，生擒十人，内有阿逆宰桑扎南布，臣等严加讯问，知阿逆与霍集伯尔根，带兵迎战。③

同时，定边左副将军哈达哈率领北路军击败哈萨克阿布赉及其

---

① 《平定准噶尔方略》正编卷28，乾隆二十一年五月庚辰条。
② 《平定准噶尔方略》正编卷28，乾隆二十一年五月己卯条。
③ 《平定准噶尔方略》正编卷31，乾隆二十一年九月己巳条。

部属布衮拜之军队:

> 哈达哈等奏言,据贝子达尔扎等报称,卡伦地方见哈萨克千余人,自巴颜山向西前进等语。臣等即派札萨克三都卜等带兵六百名,前往奋击,臣等随亦带兵策应,共将哈萨克击败,斩首百余人,夺其马匹辎重,并生擒五人,逐加刑讯,供称现在带兵迎战,即系阿布赉。臣等击败哈萨克后,复派散秩大臣达仕策凌,副都统职衔瑚尔起等,率兵追赶,并派总管鄂博什,侍卫奇彻布随后接应,臣等统领大兵继进。据达仕策凌,瑚尔起等报称,追及阿布赉后队,斩首百余级,获马二百余匹,器械百余件,又与阿布赉别队之布衮拜等交战,杀贼二十余人,生擒一人,获马四十余匹。即由阿布赉,布衮拜逃窜之路往追,贼众已纷纷四散。①

清军在两场战斗中,皆大获全胜。战况从哈萨克方面来说,分兵两路:一路由阿布赉带一队走北路,遇哈达哈部为其所败;一路由哈萨克头目霍集博尔根和阿睦尔撒纳走南路,遭遇达尔党阿部并为其所败。清军虽获得胜利,但并未能俘获阿睦尔撒纳和阿布赉二人。这两场战斗影响深远,清朝与哈萨克皆投入重兵,战斗规模较大,阿布赉与阿睦尔撒纳联军遭到重创,使阿睦尔撒纳借哈萨克兵重返准噶尔的图谋彻底破灭,而阿布赉败退后远避锋芒,再未敢与清军直接交战。综合战报及战俘之供言,可以得出如下结论。

首先,哈萨克内部并不团结。据战俘供言,有哈萨克长老主张擒献阿睦尔撒纳,交给清朝大皇帝以求得安生。这说明阿布赉集团对清朝的意图极为清楚,这很可能是清朝反复遣使晓谕的结果。

其次,阿布赉并不愿与清朝全面对抗,这从他战败后将游牧西迁并带兵远走上可以看出。阿布赉虽有长期与准噶尔作战、交往之经验,但对于清朝大皇帝的了解,应该更多来自清朝"平准"过程中陆续传来的消息。阿布赉最初向清朝派出使者阿穆尔巴图鲁

---

① 《平定准噶尔方略》正编卷31,乾隆二十一年九月乙亥条。

时，即表达了遣使进贡的意愿，这说明他虽然此时仍想尽力袒护阿睦尔撒纳，但并不想为此与清朝全面为敌。

最后，清军已处于绝对优势地位。此次清军两路仅共出7000人众，就能在哈萨克境内直接击溃阿布赉所率的哈萨克和阿睦尔撒纳部联军，且连战连捷，并会师于哈萨克草原腹地，即阿布赉游牧地的哈萨拉克。曾经让准噶尔汗噶尔丹策零顾忌的哈萨克军队，以及遥远的哈萨克草原，已经褪去了神秘光环。即使战事进一步升级，清朝也拥有足够让阿布赉付出更大代价的军事实力，这一点亦为阿布赉及哈萨克诸部首领和部众所见。

在此次战事初期，达尔党阿之西路军俘获哈萨克昭华什、楚噜克二人，将其释放后作为第六批使者返回哈萨克沟通。此后，他们带回阿布赉的禀言："我等带兵前来，并非敢与大国相敌，因寻阿睦尔撒纳，途间被大兵击败。阿睦尔撒纳，如穷鸟投林，擒献无难，恳求大皇帝开一面之网，全伊一命。"又据楚噜克称："我阿布赉为阿睦尔撒纳请命，亦不过希冀万一，如必责令擒献，岂敢抗违。请再予限十五日，我等星夜驰回，即将阿睦尔撒纳擒献，不敢欺罔。"达尔党阿等商议后认为，阿布赉虽有擒献阿睦尔撒纳可能，但所言亦有缓兵之计之可能，因而继续追擒。①

清廷获悉前线清军与哈萨克联军交战后，立即谕令两路予以谨慎应对，未要再扩大战事，因此，之后清哈之间虽仍有零星交战，但规模不大。因搜寻阿睦尔撒纳未得且时近冬季，清廷否定了前线将领希望驻扎哈萨克游牧地过冬以便来春继续搜捕的方案，下令撤兵。在随后发布的宣谕中外的撤兵事宜中，乾隆帝总结了乾隆二十一年用兵准噶尔和哈萨克之得失；此外，他还指出之所以不在哈萨克腹地驻扎过冬，是因为"今又岂肯遂非，使师旅劳惫于绝域，且马力已疲而贼踪益远，非此诸臣姑且迁延所能了事"②。

---

① 以上引文见《清高宗实录》卷520，乾隆二十一年九月乙亥条。
② 《平定准噶尔方略》正编卷32，乾隆二十一年九月丁巳条。

在宣布撤兵事务的同时，乾隆帝还下令加恩放回所有哈萨克俘虏，并给其中的哈萨克头目赏赐缎匹："所有此次进兵俘获哈萨克人等，原无得罪天朝之处，应酌量施恩，释放回巢，俾伊等众哈萨克咸知感戴，自将阿逆擒献。现有旨传谕阿布赉，择伊等明白晓事者赍往，仍加恩酌给口粮，其头目人等并著赏赐缎匹。"① 这次用俘虏代为传谕哈萨克阿布赉及汗巴巴的方式，取得了成功。第七批使者里的哈萨克战俘乌图布带去的书信，正是次年阿布赉归附前令哈萨克部众随身携带的作为求和凭证的清朝将军书信。此为成衮扎布等所奏证明：

> 奴才成衮扎布、舒赫德谨奏，为奏闻事，七月十一日，副将军兆惠等处派蓝翎校布图讷带领兵丁，将哈萨克使者鄂托尔齐、库图伯克等四人带至奴才我等军营后，奴才等与彼等相见询问，鄂托尔齐、库图伯克等告称，去年大皇帝之大学士给我等乌图布文书，信中向阿布赉所言，现贼人阿睦尔撒纳叛我等大皇帝而逃。阿睦尔撒纳乃至何处，将使何处遭殃之奸恶狡诈之人，绝不可轻率。现藏于尔等哈萨克处，想来，又将祸害尔等哈萨克人等，擒献送给我等，我们双方皆为有益也。②

---

① 《平定准噶尔方略》正编卷32，乾隆二十一年十月丙寅条。
② 《成衮扎布等》，乾隆二十二年七月十四日，《满文朱批奏折》，中国第一历史档案馆藏，档案号：04-02-001-000395-0035。满文转写：aha cenggunjab, šuhede gingguleme wesimburengge, donjibume wesimbure jalin, nadan biyai juwan emu de, aisilara jiyanggiyūn jao hūi sei baci, funggala da butune be dalabufi, cooha gaifi, hasak i elcin otorci, kutubok i jergi duin niyalma be gajime aha meni coohai kūwaran de isinjiha manggi, aha be uthai cembe acafi, fonjici otorci kutubok sei alarangge, duleke aniya amba ejen i aliha bithei da, meni vtub de bithe bufi, abulai de jasiha gisun, te hūlha amursana meni amba ejen ci ubašafi ukaka, amursana serengge, ya bade bici, ya babe susunggiyame yabure ehe koimali niyalma, ainaha seme oihorilaci ojorakū, te suweni bade sosikabi, gūnici, geli suweni hasak niyalma be susunggiyambi, jafafi mende benjici, muse juwe ergide gemu tusa seme ofi. 乌图布此次专门将清朝文书送达阿布赉处，其曾参与1742年阿布赉被准噶尔俘虏后的交涉，亦在1757随阿布赉归附清朝，后有效力行为，详见后文。

乾隆二十一年，清朝用兵哈萨克，行战事于其无领土要求之准噶尔界外之哈萨克游牧地，耗军费于无预先计划之远征，如无阿布赉相助，阿睦尔撒纳早已无所遁形。可以说清朝对哈萨克首领阿布赉，完全有理由像办理其他阿睦尔撒纳同党一样，尽行剿灭。但在上谕中，清廷却对阿布赉全无敌视，将一切罪责都归咎于阿睦尔撒纳的背恩叛逆、煽惑生事，对于哈萨克部一切袒护、相助阿睦尔撒纳的行为，都仅仅以"堕贼术中"一语以蔽之。在对哈萨克部举动的表述中，这一点体现得更为明显。哈萨克部受创原因被归结为"不识去逆效顺之所致"，将离开逆贼、效法忠顺清朝的藩属义务自然转移到哈萨克部头上。对于来年清朝极有可能再度用兵哈萨克，或使其"坐至灭亡"，乾隆帝申明"朕心不忍"，再次从天下体系出发，指出"朕为天下共主，一视同仁"；并重申哈萨克可擒献阿逆以拥有和清朝其他藩属部相同的地位，获得和平发展之契机："尔等接奉朕旨，即将阿逆擒献，遣使前来，朕必曲加宽宥，尚当格外施恩，俾尔等永享承平之福。"① 这一表述同满文奏折中记载的哈萨克第一位使清者阿穆尔巴图鲁返回时班第所说的基本一致。据班第所奏，当时他对阿布赉所遣使者阿穆尔巴图鲁言，"大皇帝如此笃信佛法，内外一体，使众生得享安宁"②。此处乾隆君臣所表达的"一视同仁""内外一体"乃清朝所持的天下观，即清朝君臣上下一致，在"平准"期间一直向哈萨克传递愿接其为清朝藩属的意图。

清朝在军事行动之外，还以大量的使者派遣活动相配合，传递清朝谋求和平解决阿睦尔撒纳问题的意图，在对哈萨克制造军事威压的同时，又使其产生向心力，引发哈萨克内部众首领、长老态度的逐渐分化。随着这套举措的实施，支持交出阿睦尔撒

---

① 《平定准噶尔方略》正编卷32，乾隆二十一年十月丙寅条。
② 《定北将军班第密奏前往哈萨克使者来报阿布赉请求归附及阿睦尔撒纳作恶之情折》，乾隆二十年七月二十五日，《军机处满文录副奏折》，中国第一历史档案馆藏，档案号：03-0174-1423-004。

纳、与清朝交好的呼声变得越来越高。① 在军事威压下的频繁使者往来，最终促使了哈萨克内部立场发生转折性的改变。清朝的各项对哈萨克政策需要有效传达，才能获得实际效果，这其中使者之往来扮演了重要角色。

通过本章梳理可见，清哈关系之建立，除有清朝君臣前后一致的对哈政策外，不懈地遣使往来也起到十分重要的作用。此期间，阿睦尔撒纳之叛乱、俄罗斯的阻挠，以及阿布赉的主观义气，都是阻碍清哈关系建立的重要因素，但双方使者的往来沟通冲破阻碍，在军事对垒之中，艰难地推动双方关系在曲折中发展，最终达到清哈互信、哈萨克归附之目的。

使者往来中，双方都有积极遣使的意愿和行为。自乾隆二十年始，至乾隆二十一年止，清朝向哈萨克左部首领阿布赉、汗巴巴等处，派出使者七批，向哈萨克右部首领阿比里斯、图里拜、特柳克等处派出使者三批。左部哈萨克阿布赉在见到前两批清朝使者后都派出了回访使者，右部哈萨克众头目也派出了回访使者。早在乾隆二十年，清哈双方就完成了首次通使，虽然左部哈萨克回访使者受阻于阿睦尔撒纳未能入觐，但其后清朝仍不断向哈萨克派出多批使者，力图将清朝政策及时晓谕哈萨克，改变其袒护阿睦尔撒纳态度。哈萨克部在正式通使前，虽再未主动向清朝遣使，但前两次通使仍然给清朝带来了珍贵的哈萨克内部信息。左、右部使者阿穆尔巴图鲁和铁木尔真到达伊犁面见清朝将军，经奏言上达圣听。清朝在经历第三、四批使者派出失败后，转而采用派遣哈萨克战俘携带文书并转达口信的方式，取得了新的成效。乾隆二十一年上半年，清哈战事中被俘的呼岱巴尔氏等被送往京城接受询问后，获得优待并作为清朝第五批使者返回，他们应已带回在清朝亲历亲闻的准确信息。而下半年战事中第六批使者即蒙恩获释的昭华什、楚噜克完成了往返传信的任务，再次向阿布赉传递了清朝方面的要求。清朝

---

① 《平定准噶尔方略》正编卷41，乾隆二十二年六月丁亥条。

所派第七批使者乌图布与第五批使者情况相似，仍为清军所俘获的哈萨克属人，这次传信对象是阿布赉和其弟汗巴巴，内容仍主要为索取阿睦尔撒纳，其所带回的清朝将军书信，正是乾隆二十二年阿布赉归附时令哈萨克部众随军携带的凭证。

清哈使者往来中的阻力，并非来自清朝和哈萨克内部的反对。在清朝内部，笔者在满文档案包括上谕、奏折、奏片中，都未见对遣使发展清哈关系的异议，这应与乾隆帝所主导的对哈萨克执行宽大政策有关，政令贯彻较为彻底。在哈萨克内部，虽存在个别头目阻挠清哈发生关系，但在笔者爬梳相关档案过程中，并未见到相关内容；虽在战乱中，清朝或哈萨克使者有路遇匪徒而被劫的情况，但至少可以认为，绝大多数哈萨克首领部众并不反对与国力强盛且态度友好的清朝往来。如乾隆二十一年间，还有哈萨克查噶拜巴图尔表达了对清朝的向往，"现据玉保、顺德讷奏称，哈萨克查噶拜巴图尔等心向我方，惟此查噶拜巴图尔是何等人也？伊究竟如何所想之处不得而知。再，兆惠询问哈萨克锡喇、尼玛后，彼等若言查噶拜尚为哈萨克内一重要之人，若言其有向我方之势，现正值施放俘虏遣往之时，相机晓谕送往，于事甚为有益"①。

清哈交往中的阻力，有一部分来自俄罗斯方面。对俄罗斯来说，其长期以来就有经营原准噶尔影响下的哈萨克乃至中亚诸部的企图，这可为清军在追索阿睦尔撒纳时缴获的俄罗斯对其拉拢、许诺书信，以及乾隆二十一年阿布赉营地有俄罗斯使者来访等情况所证明。俄罗斯通过信息阻隔，阻挠清朝与中亚军力最强的哈萨克部直接往来，

---

① 《军机大臣为著令兆惠晓谕各鄂托克防范哈萨克并释放此次进兵所获哈萨克人等情事寄信副将军兆惠等》，乾隆二十一年十月初二日，《满文上谕档》，中国第一历史档案馆藏，档案号：03-18-009-000017-0002-0004。满文转写：ne ioi boo šundene i wesimbuhebe tuwaci, hasak i cagabai batur se mujakū ebsi forome gvnire ici bi, damu ere cagabai ai gese niyalma? i jiduji adarame gūniha babe bahafi sarkū, jao hvi hasak sira nima de fonjifi, ce aika cagabai be kemuni hasak i oyonggo niyalma ebsi fororo ici bi seci, beleni ne olji sindafi unggire ildun de acara be tuwame ulhibufi unggici, baita de inu umesi tusa.

不仅可以达到隔断清哈建立政治联系的目的，而且还可以使哈萨克无法将两国之对其政策作对比，从而也就无法做出更有利于自身的决策。但俄罗斯彼时关注点在欧洲战场，且并未直接控制哈萨克部，因而俄罗斯之阻碍目的，仅能通过受俄罗斯势力影响的部分乌梁海部阻挠第三批德善使团出使哈萨克来实现。至于本书第一章俄罗斯因素中所讨论的1757年俄罗斯将阿布赉"附俄文书"送达清朝以争夺哈萨克藩属之举，因清朝坚持哈萨克自愿归附应予以接纳之主张，俄罗斯并未达到目的。由此可见，此间俄罗斯的阻挠是间接的。

相较而言，阿睦尔撒纳阻挠清哈使者往来的行为，是直接的，造成的负面影响较大。对阿睦尔撒纳来说，其曾与阿布赉盟誓，且与邻近准噶尔边界游牧的哈萨克贵族霍集博尔根等早有交往；而哈萨克部本就是阿睦尔撒纳争夺准噶尔权力的重要外部依靠，若清哈直接联络，势必使其居处中间利用信息不对称操纵局面的可能性消失；加之其管辖的辉特部游牧地位于接近哈萨克游牧地的今我国塔城附近，因而其具有较强烈的阻挠清哈通使的动机和条件。这种阻挠也可从阿睦尔撒纳的行为中得到印证。如其叛乱后，除伺机进兵伊犁争夺权力外，还多游走、活动于准哈交界地带的交通要道附近，阻挠举动颇多。其一，阿睦尔撒纳扣留了出使哈萨克返回的清朝使者顺德讷和达勇阿；其二，阿睦尔撒纳极可能于哈萨克草原荒地杀害了第二次出使的作为清朝第四批使者的达勇阿；① 其三，阿睦尔撒纳扣留哈萨克两批派往清朝的使者，其中甚至有准备入觐的使者；其四，阿睦尔撒纳尤其重视破坏清朝驿传系统中的台站，其中包括响应其叛乱的青滚杂卜对清朝北路驿传线路的破坏。这些都说明阿睦尔撒纳对清哈使者往来的阻挠，是有意实施的。此外，前线将军早在阿睦尔撒纳未叛时，就知道其与阿布赉系旧相识，并对

---

① 带兵孤军深入哈萨克草原的玉保，访探到达勇阿的遗骸后，立即对周围的哈萨克部众进行询问，虽未明确具体的施害者，但笔者认为极有可能是阿睦尔撒纳指示其残部所为。

其在遣使哈萨克中欲私自行动表示不满，① 而阿睦尔撒纳必欲在清朝出使哈萨克使团中加入属人的举动也愈发可疑。② 随着形势的不断变化，清朝对阿睦尔撒纳的信息也愈积愈全，对哈萨克阿布赉的认识也更加深入。阿睦尔撒纳叛入哈萨克后，依阿布赉游牧地而居，清廷怀疑阿布赉有袒护阿睦尔撒纳之心；清军入哈萨克草原搜寻阿睦尔撒纳时，阿布赉与阿睦尔撒纳统领之联军与清军为敌，战败后阿布赉仍替阿睦尔撒纳向清廷求情。清廷终于确认此二人关系极为密切，其应对措施也就具针对性，具体体现在清朝改变遣使策略上。清廷改派遣所俘获的哈萨克属人出使，是因这些改派出使的哈萨克属人熟悉路径，大大降低了被阿睦尔撒纳阻挠的可能性。实际情况也确实如此，1756 年清廷及时调整策略改派出使的第五、六、七批哈萨克战俘使者，取得了重大成效。

从档案史料可见，在与清朝最初交往中，阿布赉原本抱有幻想：一是支持与其关系密切的阿睦尔撒纳成为清朝属下之准噶尔地区的总汗；二是率哈萨克部获得与清朝交往和贸易的资格。当阿睦尔撒纳于 1755 年下半年在朝觐途中叛逃之后，阿布赉面临继续支持阿睦尔撒纳和归附清朝的两难抉择。但因阿睦尔撒纳一经叛乱就扣留清朝第二批使者的返回，俄罗斯阻挡清朝的第三批使者前往，清朝所派的第四批使者也受到阿睦尔撒纳干扰，③ 这

---

① 如《清高宗实录》卷 491，"乾隆二十年六月甲子"条记载："至奉晓谕哈萨克敕书时，阿睦尔撒纳故意犹豫，欲先自行遣使。臣等力指其非，始令侍卫顺德讷同往。"

② "朕命班第等遣人晓谕哈萨克，而阿睦尔撒纳必欲遣伊属人前往。即此可以想见其心，其中必潜通信息。故令巴特玛车凌留住哈萨克，窥探此处情形。若不令阿睦尔撒纳统辖准噶尔地方，则将借巴特玛车凌以为挟制之具。今办理阿睦尔撒纳之意已决，班第等接到前旨自当妥办。但事后哈萨克闻知，巴特玛车凌等势必前来构衅，不可不留心豫［预］备"；见《清高宗实录》卷 491，乾隆二十年六月壬申条。

③ 《定边左副将军哈达哈奏报出使哈萨克侍卫顺德讷中途受阻返回折》，乾隆二十一年七月十五日，《军机处满文录副奏折》，中国第一历史档案馆藏，档案号：03 - 0176 - 1619 - 006。

些因素使得近一年时间内清朝与哈萨克间的直接往来被切断。加之阿布赉对清朝的准确意图和真实实力缺乏清醒认识，仍从盟友义气出发，于1756年出兵支持阿睦尔撒纳。这比较符合清朝对阿布赉"堕贼术中"的判断。经过两场大战，阿布赉和阿睦尔撒纳所率的联军受到清兵重创，阿布赉本人也身负重伤，这导致阿布赉对清朝实力及其形势的认识发生了根本性的改变，在其领导的哈萨克内部，反对接纳、庇护阿睦尔撒纳的呼声也愈趋高涨。据清军擒获的俘虏供称，阿睦尔撒纳受到哈萨克部众排斥，如"兆惠等奏言，六月初二日，参赞大臣富德遣员押解阿逆之侄达仕策凌至军营，亲加询问，据供，上年阿睦尔撒纳因为哈萨克众人不容，回至布空地方"①；这一点也可从玉保的奏报中得到确认："玉保处奏称，从哈萨克脱出卫拉特妇人巴布噶吉尔告称，阿睦尔撒纳为哈萨克所败，仅带二三人逃往阿布赉处，听闻阿布赉处亦将擒献阿睦尔撒纳。"② 阿布赉作为首领，在哈萨克共同做出政治军事决定的游牧社会体制下，如继续支持阿睦尔撒纳就会遭受更大的内部压力。清朝在此期间不断遣使阿布赉处，达到了有效的沟通目的。

清朝在1755—1756年每次遣使哈萨克，都选在"平准"战争的重要节点上。这样一种处理方式充分体现了乾隆帝意图分化阿布赉与阿睦尔撒纳阵营，争取哈萨克成为清朝藩属以助清擒拿阿睦尔撒纳的策略。尽管包括哈萨克在内的中亚诸部在文化、宗教、语言上与清有各种不同，但都表现出与清朝交往的意愿，其

---

① 《清高宗实录》卷541，乾隆二十二，六月戊子条。
② 《军机大臣为著玉保速带兵前往哈萨克缉拿阿睦尔撒纳事寄信内大臣理藩院侍郎玉保》，乾隆二十一年五月十八日，《满文上谕档》，中国第一历史档案馆藏，档案号：03-18-009-000016-0001-0066。满文转写：ioi boo i baci, hasak ci tucike oilet hehe babugajil i alaha, amursana hasak i urse de gidabufi, damu juwe ilan niyalma gaifi abulai i jakade ukame genehe, abulai i baci inu amursana be jafafi alibumbi sere jergi gisun be donjifi.

中阿布赉表现尤其强烈。① 这应与阿布赉自身特殊的生活经历有关，即他既与大多数哈萨克诸部首领仅长于内部事务管理有所区别，又较中亚其他诸部首领拥有更强的交往沟通能，这体现在他首次派遣阿穆尔巴图鲁使清的行为上。阿穆尔巴图鲁在使清时在心理、行为上所表现的认可、符合清朝价值体系之处，使得清廷从一开始就敏锐捕捉到阿布赉的沟通交好乃至归附的意愿，并在归附上给予阿布赉以足够信任和耐心，如在追缉阿睦尔撒纳过程中，清廷对其尽量以使者沟通方式代替武力征讨，并在交战发生之后依然不问其罪。

  清哈互遣使者的行为，具有长期性、延续性。清哈在初始阶段的遣使沟通，为后来双方关系的进一步发展，提供了较为有效的交往交流模式。哈萨克草原辽阔无际，哈萨克部众因游牧生活，行踪不定，在此中条件下，单纯依靠军事行动来搜剿阿睦尔撒纳残部，清军在时间、人力、物力上需要付出巨大的成本，这对同时平定准部、回部的清朝来说，不是好的选择，会面临各种资源的紧张局面。因而，清朝在乾隆帝的主导下，以1755年双方开始通使中所获得的阿布赉欲朝觐、贸易的信息，以及前线将军班第等对哈萨克可值信任的判断为依据，对遣使哈萨克改变阿布赉的态度始终抱有信心，最终促使哈萨克归附，实现了以最小的成本巩固清朝边疆的目的。

  通过分析清哈通使以及清朝"平准"过程中阿布赉所起的重要作用，我们就能够更加准确地理解清廷制定对哈萨克政策时的考虑，就能更好把握这一重大历史进程的发展脉络。现特将1755—1757年清哈通使情况梳理如表2-1，方便以后研究者运用。

---

① 阿布赉亦有与原准噶尔部、哈萨克大、小玉兹，乃至布鲁特、浩罕、俄罗斯、控噶尔国等势力较多交往的经历。

表 2-1 1755—1757 年清朝派往哈萨克使者一览

批次	年份	目的地	选派人	清朝派遣使者名	成行	回访	哈萨克使者名
第 1 批	1755	左、右部	阿睦尔撒纳	丹津、特古斯穆彰阿	是	是	阿穆尔巴图鲁等
第 2 批	1755	左部	将军班第	顺德讷、达勇阿	是	是	岳勒伯勒斯等
第 3 批	1755	左部	将军策楞	德善	否	否	
第 4 批	1756	左、右部	乾隆帝	顺德讷、达勇阿	否	否	
第 5 批	1756	左、右部	乾隆帝	呼岱巴尔氏等、布衮	是	否	
第 6 批	1756	左部	达尔党阿	昭华什、楚噜克	是	是	
第 7 批	1756	左部	前线将军	乌图布	是	否	
第 8 批	1757	左、右部	乾隆帝	布衮、明嘉萨尔	否	否	
第 9 批	1757	左部	富德	达里库等	是	是	和托圭达木等
第 10 批	1757	左部	将军兆惠	顺德讷、那旺	是		
第 11 批	1757	左部	将军兆惠	努三、鄂尔克沙喇	是		

资料出处：笔者根据本书内容制作，其中第 8、9、10、11 批使者情况见第三章，为便于比较也列入此表。

小　结

本章研究清哈关系的发生与发展，即哈萨克诸部从了解清朝到走向归附清朝的过程。清朝与哈萨克诸部首次通使发生于乾隆二十年即 1755 年，正因为前期有大量的使者往来，这才增进了交往、交流和相互了解，哈萨克左部也才在两年后成为清朝藩属。此期间的使者往来的历史，因其琐碎而易被忽略，一直淹没于清朝"平准"之宏大叙事中，在清代汉文书籍中几无记载，俄文史料之记载也极为缺乏。清朝与哈萨克诸部交往初期的使者往来，包括通使前的交往、通使后的使者频繁往来所引发的哈萨克归附，以及通使成效评价三部分。考察清哈初期交往，从量变引起质变的视角加以分析，能够破除对哈萨克归附原因所产生的种种疑问，厘清并纠正1757年阿布赉是迫于清朝武力威胁才假意投靠的错误认识，帮助研究者探寻到归附后哈萨克朝贡贸易能迅速开展的原因。本章研究希望能对清代中亚历史研究有所推进作用，学界往往以平定回部为清朝势力扩展至中亚费尔干纳盆地之始，忽略此前之清朝与哈萨克诸部之交往，由此可以推知，清朝获知中亚信息、影响中亚政治格局可能更早。

从本章梳理可清晰认识到，1755年至1756年清朝与哈萨克诸部的使者往来，具有重要意义。尽管清廷与哈萨克首领都具有交好的意愿，但双方之间障碍重重。清朝通过7次遣使交流，逐步打消了常年战乱下哈萨克部众对清朝的疑虑，使左部哈萨克内部支持归附清朝的呼声逐渐占据上风，最终引导哈萨克部众消除隔膜，与清朝建立互信、归附之关系。经历这一历史过程后，清朝和阿布赉游牧集团的互信关系得到了强化、深化，为双方在"大国—藩属关系"框架下长期友好交往奠定了坚实基础。

第 三 章
哈萨克首领阿布赉归附清朝史实考

左部哈萨克首领阿布赉，为哈萨克三部中最早正式归附清朝的首领，① 此部归附发生于乾隆二十二年。对哈萨克归附清朝之事进行考察，是研究双方关系史的重要步骤。学界以往虽对此有所涉及，② 但所据核心史料多倚重官修汉文史籍和清代私人著述，并未充分利用满文档案史料，在诸多方面仍存在不明确或待探究的问题。本章考察阿布赉归附清朝的全过程，着重分析双方的具体考量及深层原因，以期对推进清朝与哈萨克诸部关系史之深入研究有所帮助。

---

① 张永江：《清代藩部研究——以政治变迁为中心》，第156—160页。
② 与本章内容较为相关的前人著述有：〔日〕佐口透《18—19世纪新疆社会史研究》，凌颂纯译，新疆人民出版社1983年版；〔苏〕伊·亚·兹特拉金《准噶尔汗国史》，马曼丽译，商务印书馆1980年版；厉声《哈萨克斯坦及其与中国新疆的关系（15世纪—20世纪中期）》，黑龙江教育出版社2004年版；〔哈〕克拉拉·哈菲佐娃《十四—十九世纪中国在中央亚细亚的外交》，杨恕、王尚达译，兰州大学出版社2002年版；〔日〕野田仁、小沼孝博，"A Collection of Documents from the Kazakh Sultans to the Qing Dynasty"，*Central Eurasian Research*，Special Issue 1, University of Tokyo, 2010；〔俄〕瓦里汗诺夫《阿布赉（摘译）》，新疆维吾尔自治区民族研究所译，1979年油印本；〔美〕费正清等编《剑桥中国晚清史（1800—1911）》上下卷，中国社会科学出版社1985年版；〔苏〕伊·亚·兹拉特金《有关阿睦尔撒纳的俄国档案资料（摘译）》，新疆维吾尔自治区民族研究所译，1976年油印本；蔡家艺《清代西北边疆民族史研究四题》，《民族研究》2003年第2期；成崇德《清朝与中亚"藩属"的关系》，载中央民族大学历史系主编《民族史研究》第3辑，民族出版社2002年版。

第一节　阿布赉正式归附前之形势

　　乾隆二十一年底准噶尔及哈萨克地区严冬到来后，清廷暂留兆惠领兵1000余人驻扎伊犁守卫，并筹备来年之行动。此时，清廷治理准噶尔地区政策日渐成形，天山以北逐渐巩固；阿睦尔撒纳在清朝武力打击下，仓皇出逃；哈萨克游牧集团内部日渐认识到与清朝为敌于己不利之处。清朝以强大国力为后盾，在平定准噶尔的过程中，不断以兵锋触碰、影响着中亚势力板块，使得后者格局重新分化组合，这一切都致使乾隆二十二年左部哈萨克阿布赉归附清朝及清哈"大国—藩属关系"的最终建立。乾隆二十二年六月，清军在塔尔巴哈台山附近与哈萨克联军交战。经过三次接触后，阿布赉正式进献表文，归附清朝，并遣使进京朝觐。

一　清军进兵塔尔巴哈台缉拿阿睦尔撒纳

　　乾隆二十二年四月，兆惠奏称富德进兵时遭遇阿睦尔撒纳，后者逃遁。乾隆帝因此改变部署，下令先行追缉阿睦尔撒纳，并认为："至阿逆逃窜之路，不过哈萨克、俄罗斯二处，如逃入俄罗斯，则自可申明成例，向彼索取；若哈萨克，即与阿逆不睦，将军等领兵赴彼，晓谕利害，自必速为擒献。"① 同时，乾隆帝命定边左副将军成衮扎布遣员晓谕左、右哈萨克两部：

　　　　昨据兆惠奏阿逆穷窜情形，自可计日就俘。惟左、右哈萨克地方，应预行遣人晓谕。已降旨令成衮扎布等遣员赴阿布赉处开示利害，令其擒献。三等侍卫布衮、蓝翎明嘉萨尔熟悉彼处情形，著驰驿前往军营，交与成衮扎布等，选派侍卫数员，

---

① 《平定准噶尔方略》正编卷39，乾隆二十二年四月庚寅条。

带领前往。阿布赉有欲图阿逆之意，此时未必再行逃往。其右部哈萨克特柳克①，或尚容留阿逆，亦未可定。第遣员径赴右部哈萨克，恐伊等坠入贼计，饰辞容隐。著布衮等先赴阿布赉游牧，明白晓谕。即令阿布赉遣人同往右部，俾知阿逆反复无常，断难容留，致贻后悔。仍谕以天朝威德，如果擒献，自当格外加恩，一面带兵前往索取。②

从晓谕右部特柳克来看，清廷考虑到若阿睦尔撒纳已逃至特柳克处，直接遣使前往，恐被阿睦尔撒纳欺瞒，因而决定先遣使前往较为恭顺之阿布赉处，让阿布赉派人陪同清使者前往特柳克处，协助说服。清廷并不认为仅凭晓谕就能拿获阿睦尔撒纳，因而同时令成衮扎布出兵前往索取。

在此上谕中，清廷判断阿睦尔撒纳与阿布赉关系恶化，可逃之地无多。可知至此时，清廷尚未能准确把握阿布赉与阿睦尔撒纳关系之实质。阿布赉所统领的哈萨克部落联盟内，反对帮助阿睦尔撒纳的呼声虽有所提高，但从阿睦尔撒纳离开哈萨克进入准噶尔以后，依然派达仕策凌等向阿布赉借兵和求助马驼牲畜的行为可见，阿睦尔撒纳和阿布赉的联盟关系并未完全破裂。据《平定准噶尔方略》记载，达仕策凌被缉捕后供称："阿睦尔撒纳即遣巴布克往告哈萨克，求助马驼牲畜……复遣我赴哈萨克借兵。"③

兆惠五月才从济尔哈朗出发追击，于六月初二日至额米尔西岸接应富德，但此次清廷决定多备马匹，由富德率精兵先行，并集中精锐部队，加强长途奔袭能力，长驱直入。此战术取得了效果，清

---

① 此处提及的特柳克，为右部哈萨克署名七位头目之一，乾隆二十年（1755）定北将军班第在伊犁时曾收到右部哈萨克所遣使者铁木尔真等带来书信，其中有特柳克签名；见《定北将军班第奏报西哈萨克等处派使臣来告塔什干城管理情形并请照例设置阿奇木等职折》，乾隆二十年八月十二日，《军机处满文录副奏折》，中国第一历史档案馆藏，档案号：03-0172-0448-001。
② 《平定准噶尔方略》正编卷39，乾隆二十二年五月癸卯条。
③ 《平定准噶尔方略》正编卷41，乾隆二十二年六月丁亥条。

兵虽未能追及阿睦尔撒纳，但擒获了巴雅尔，更为重要的是促成了乾隆二十二年六月的阿布赉归附清朝一事。具体情况是，富德带兵追击阿睦尔撒纳过程中遇哈萨克兵，双方进行接触，侍卫达里库前往爱呼斯河地方与阿布赉见面，此举终于实现阿布赉之归附。①

阿布赉正式归附清朝，出现在汉文官书《平定准噶尔方略》和《清高宗实录》之乾隆二十二年七月丙午条的记载中，目前涉及清哈关系的研究也大多基于此两条。满文档案中，与此对应的则是兆惠于六月十三日一天内所上的 13 件满文奏折。

---

① 本节讨论阿布赉归附清朝前后之事，以《平定准噶尔方略》的记载为主，以《清高宗实录》的记载为辅，并结合其他史料。对于这一时段的内容，《清高宗实录》和《平定准噶尔方略》相比，删节、修改、润色之处尤为明显。如《平定准噶尔方略》正编卷 41 乾隆二十二年七月丙午条之"定边右副将军兆惠疏奏擒获叛贼巴雅尔"条、《平定准噶尔方略》正编卷 41 乾隆二十二年七月丙午条之"定边右副将军兆惠疏奏哈萨克归顺情形"条、《平定准噶尔方略》正编卷 42 乾隆二十二年七月丙辰条之"定边右副将军兆惠等疏奏哈萨克协擒阿睦尔撒纳情形及擒献逆党达仕策凌等"条，比较两者字数，《平定准噶尔方略》和《清高宗实录》分别为 895 个字和 566 个字，1132 个字和 792 个字，1436 个字和 1146 个字。对同一内容的记载，后者字数减少 20%—37%。这三条材料都是记录事件，其中，不见于《清高宗实录》处的多为细微事件，且共同具名中排名靠后的人名，以及具体细节、详细日期，《清高宗实录》都删节明显。而《平定准噶尔方略》正编卷 41 乾隆二十二年七月甲午条之"命以哈萨克归降宣谕中外"条，以及《平定准噶尔方略》正编卷 43 乾隆二十二年八月丁亥条"宣谕达尔党阿哈达哈罪状"条，这两条在《清高宗实录》里的记载反而多出 460 字和 861 字，分别比《平定准噶尔方略》的记载内容多出 49%和 57%。这两条材料都是记录总结性的。《清高宗实录》所载修改、润色明显，经过内容扩充后，用词更为考究，行文更具文采，结构也更加严谨，且补充了很多之前发生的使论述更具说服力的细节。从考据角度出发，可以看出两书用来编写清哈关系建立阶段的材料，主要为原始满汉文奏折和上谕，虽然两书都对原始档案进行了加工，但因《平定准噶尔方略》成书早于《清高宗实录》，所以相关细节更为丰富，可信度更高。《清高宗实录》经过了再次加工后，其记录的总结性事件中加入的很多材料，可以用来与《平定准噶尔方略》的记录进行对照，以此获得较宏观的认识，并对编写《清高宗实录》的清朝史官之心理有所了解。此外，将本节内容与下节笔者所译满文档案作参照考证，更可探史事之真相。

在这一天，《平定准噶尔方略》中有关哈萨克的内容有 4 条，分别是"定边右副将军兆惠疏奏擒获叛贼巴雅尔"、"定边右副将军兆惠疏奏哈萨克归顺情形"、"谕哈萨克阿布赉"以及"命以哈萨克归降宣谕中外"，相近内容也见于《清高宗实录》，但《平定准噶尔方略》对于此事还多一篇 320 字的"臣等谨案"。在这 4 条中，《平定准噶尔方略》所记的前两条中，时间、地点、人物更清楚，且细节丰富；第 3 条两者相同；第 4 条，《清高宗实录》字数明显更多，润色痕迹也较为明显。因此，我们将以《平定准噶尔方略》为主要考察对象。

前两条之内容主要为兆惠奏折，第 1 条最后是封赏官员的圣旨。其中有的受赏人员，如在降服哈萨克中立功之贝勒罗卜藏多尔济①及侍卫努三，虽未在擒获巴雅尔之役中立功，但也获得封赏，这说明此次封赏记载，是将擒获巴雅尔与降服哈萨克两事合并一起考虑的。擒获巴雅尔与哈萨克归附在时间上有先后关系，空间上也有重叠，因而，本节将从擒获巴雅尔开始，力求还原阿布赉归附清朝的过程。

乾隆二十一年冬，阿睦尔撒纳待清军撤兵后，先行回到博尔塔拉举事，第二年三月往扎那噶尔布游牧部劫掠。据《平定准噶尔方略》之记载："臣等复询问达什策凌、齐巴罕。金供，阿逆于本年三月，带鄂毕特等人众，抢掠扎那噶尔布游牧，忽闻大兵来信，遂四散奔逃。"②此次劫掠的结果是，在济尔哈朗地方遭遇清军，并被清军击败：

> 至济尔哈朗，遇见大兵，即行败走，逃至伊玛图、鄂伦卓尔等地方。复遣我赴哈萨克借兵，途中被宰桑塔什拿获，现在阿睦尔撒纳或仍往哈萨克，或逃入俄罗斯，俱未可定等语。③

---

① 《平定准噶尔方略》和《清高宗实录》也记作"罗布藏多尔济"。
② 《平定准噶尔方略》正编卷 42，乾隆二十二年七月丙辰条。
③ 《平定准噶尔方略》正编卷 42，乾隆二十二年六月丁亥条。

因当时成衮扎布带领西路军在伊犁办理叛乱的尼玛、扎那噶尔布、哈丹、阿巴噶斯等人，① 兆惠于五月从济尔哈朗出发接应富德，据"兆惠奏言，臣于五月十九日，自济尔哈朗起程"② 可知，此役发生在富德与阿睦尔撒纳之间。

阿睦尔撒纳为参赞大臣富德屡次击败，逃至伊玛图、鄂伦卓尔地方；所抓获的阿睦尔撒纳宰桑也供称"阿逆现在逃往塔尔巴噶台地方等语"③。富德带领的清军推测阿睦尔撒纳可能再次向位于西北方的其旧游牧地塔尔巴哈台附近逃跑。事实上，阿睦尔撒纳此时正驻军塔尔巴哈台的额卜克特山。

富德随即将所部清军分为前后两队，派出奇彻布、达礼善、努三等人率前队先行，他自己亲率罗卜藏多尔济、爱隆阿、图伦楚等人为后队跟进。当富德率领的后队于五月初一日到达额卜克特山时，"探知阿逆已遁"④。此后，富德再次询问之前抓获的达仕策凌，得知阿睦尔撒纳可能逃入塔尔巴哈台，因而继续前往。在途中遇到先行的奇彻布所率之前队，且奇彻布也判断阿睦尔撒纳还在塔尔巴哈台，富德随即分兵四路而进："途次遇奇彻布等，亦称贼踪虽有数处，总不离塔尔噶台前后，乃分兵四路追剿。"⑤ 直至二十一日，富德发现巴雅尔的游牧踪迹并抓获俘虏，经审问方得知巴雅尔自此逃跑已三日，随后追踪进袭，经二十四日之塔尔巴哈台山之战后，巴雅尔仅带50余人逃跑。

富德再次分兵前后队，派奇彻布等领前队先行进剿，前队于五月三十日与哈萨克兵交战，奇彻布中鸟枪身亡，哈萨克随后归降。这一消息被爱隆阿于六月初三日报告给此前一天到达额米尔河西岸接应的将军兆惠，兆惠此时刚与富德所派出的解送达仕策凌之兵

---

① 《平定准噶尔方略》正编卷40，乾隆二十二年六月辛酉条。
② 《平定准噶尔方略》正编卷41，乾隆二十二年七月丙午条。
③ 《平定准噶尔方略》正编卷40，乾隆二十二年六月乙丑条。
④ 《平定准噶尔方略》正编卷41，乾隆二十二年七月丙午条。
⑤ 《平定准噶尔方略》正编卷41，乾隆二十二年七月丙午条。

会合。

富德于六月初三日至爱呼斯后,立即分兵两路搜寻,并于当日擒获巴雅尔,但巴雅尔坚称他不知阿睦尔撒纳之行踪。兆惠随后于六月十二日在萨里接到富德的军报,获悉与哈萨克兵交战之详情,该军报内称,贝勒罗卜藏多尔济、副都统爱隆阿、奇彻布等于五月三十日在爱登苏与哈萨克兵交战,其交战过程由兆惠根据富德的咨文上奏清廷。由于富德并不在交战现场,此咨文应为他据罗卜藏多尔济及爱隆阿等人的军报所写,因此,其中关于哈萨克的归顺过程,出现了两种说法,即"政书说"和"《啸亭杂录》说"。

二 对《啸亭杂录》《平定准噶尔方略》所记哈萨克归附的考察

先看《啸亭杂录》的记载:

> 六月,兆文襄公使爱将军星阿、阿拉善王罗卜藏等追阿逆至哈萨克,其长阿布赉以为大兵取其部也。锋刃既交,我兵势寡,阿拉善王曰:"与其同没,何若冒死说敌,犹可冀免。"因脱帽蹈烟炮驰去,作蒙古语曰:"吾来说降。"阿布赉因收军见王。王从容曰:"吾亦系也速后(王之父阿宝始降本朝),固厄鲁特也。因归降故,荷大皇帝抚绥,裂土封之,永为藩服。今部长蕞尔小国,何可信阿逆之言,自与天朝为敌,是代人受祸也。"阿布赉悟,请降为属国。适阿逆率二十人往投之,阿布赉约以诘朝相见。先使人收其马,阿逆惊,又逃,阿布赉执其兄达什策凌送军门。事闻,上大悦,封罗为亲王,受阿布赉降,令其岁时纳贡如朝鲜、琉球云。①

若依此说,将军爱星阿②、阿拉善王罗卜藏多尔济③率领清军

---

① 昭梿撰《啸亭杂录》卷3《西域用兵始末》,何英芳点校,中华书局1980年版。
② 《平定准噶尔方略》和《清高宗实录》记作"爱隆阿",时为副都统。
③ 《平定准噶尔方略》和《清高宗实录》或记作"罗布藏多尔济",时为贝勒。

追逐阿睦尔撒纳，被阿布赉认为清军将攻取其部，遂发兵与之交战。正当清军不敌哈萨克全军覆没之际，罗卜藏多尔济只身以蒙古语求见并劝说阿布赉。罗卜藏多尔济此举不但令双方止战，而且还以自身家族归降清朝蒙受扶绥为据，游说阿布赉，力劝其不可受阿睦尔撒纳蒙骗与大国为敌，阿布赉因而幡然醒悟，愿请降为清朝之属国。

从《啸亭杂录》记载来看，停战取决于罗卜藏多尔济。他以一己之力拯救清军于全灭之际，且当面游说阿布赉悔过归降，自愿成为清朝属国，可谓厥功至伟。但在《平定准噶尔方略》和《清高宗实录》的记载中，却完全看不到罗卜藏多尔济的这一功绩。《啸亭杂录》因作者昭梿身居高位，史料来源较为可信；且其人治学严谨，长于著史，因而常常能补正史之不足，历来为清史研究者所重视。但此记载与官修史籍差别过大，值得认真研判。

再看"政书说"之《平定准噶尔方略》的记载：

> 参赞大臣富德咨称：贝勒罗卜藏多尔济、副都统爱隆阿等追贼巴雅尔，五月三十日至爱登苏，遇贼五十余人，突出拒敌。侍卫奇彻布中鸟枪阵亡，贼已败回，又来贼众二百余，鏖战数次。正调后队接应，复有贼众举玛尼纛四杆排立。遣人来告云，我等系哈萨克阿布赉属下，阿布赉遣伊弟阿布勒比斯，侵扰厄鲁特游牧。并令如遇大国之兵，既出去岁将军所发印文为据，以求归附。因仓促不知，是以拒战。我等即退兵，告知阿布赉，约于五日内，遣人来见将军参赞等语。①

按富德所述，清军与哈萨克兵五月三十日于爱登苏之战中，奇彻布虽在首战中阵亡，但哈萨克败退；接着，哈萨克虽有援兵200余人赶到，清军仍能与之交战几次并调集后队，并未处于下风。但实际上清兵处于劣势，据《平定准噶尔方略》之记载："今岁阿布

---

① 《平定准噶尔方略》正编卷41，乾隆二十二年七月丙午条。

赉遇我兵三十余。"① 正当此时，突然有哈萨克兵举玛尼蠹四杆排立而出，并派人来告之清军将领此乃阿布赉之属下，受阿布赉带领，由其弟阿布勒比斯派遣前去侵扰厄鲁特游牧；来人称阿布赉有令，如遇大国②之兵，立即出示上一年清将军所发之印文为凭，以求归附。来人还解释说，此前因事出仓促，不知情况而与清兵交战，现退兵告知阿布赉，并约定五天内派人来见。

从《平定准噶尔方略》记载来看，停战决定于哈萨克。因阿布赉属下随身带有印文，有遇见清兵即归降的准备，所以一经确认对战方为清军，便马上派人举蠹归附。由此可以看出，由阿布赉之弟阿布勒比斯所带领的哈萨克军队表现出很强烈的主动归附清朝的意愿，他们不但无意与清朝对战，而且还随身携带上年清朝将军所颁发之文书，以此为凭，主动要求替清军将领联络阿布赉。

那么呈报的军功中，为何没有出现罗卜藏多尔济的功绩？

事件发生时，将军兆惠与参赞大臣富德都不在现场。从《平定准噶尔方略》的记载来看，这一消息当由爱隆阿和罗卜藏多尔济上报富德，由富德咨文兆惠，最终由兆惠上报清廷。由于富德在具体参战官员和将军兆惠之间起着承上启下的作用，兆惠在向朝廷汇报战功时，应主要参考富德之咨文内容，因此我们可从富德咨文的可信度开始考察。

乾隆二十三年正月，爱隆阿向兆惠呈控说，富德在此役中隐瞒其功绩，称："伊从前擒拿巴雅尔，与哈萨克对阵，夺回奇彻布尸骸，参赞大臣富德俱未奏报等语。"③ 此事经兆惠调查，认为："臣等查爱隆阿呈词情节，与原报不相符合，显系争功妄控。"④ 清廷采信兆惠调查结果，认为"爱隆阿贪功讦告，甚属器小，理应从

---

① 《平定准噶尔方略》正编卷43，乾隆二十二年八月辛亥条。
② 满文档案记录中，哈萨克部众大多称清朝为"amba gurun"，即"大国"之意。
③ 《平定准噶尔方略》正编卷48，乾隆二十三年正月庚子条。
④ 《平定准噶尔方略》正编卷48，乾隆二十三年正月庚子条。

重治罪"①，对其严加训饬。爱隆阿指责富德瞒报其军功虽未成功，但可肯定，富德在撰写军报时，确实会因疏忽或有意争功而发生奏报之内容与实际情况不符的情况，如《平定准噶尔方略》就记载此次军功之漏报："惟图伦楚、达礼善等，因一时疏漏，复补请加恩。"② 也就是说，既然富德被爱隆阿控告瞒报下属之军功，那他就也有可能瞒报罗卜藏多尔济之军功。富德虽为参战三位将领的上级官员，却并不在现场，罗卜藏多尔济的功绩大小与他切身利益关系不大，因而富德与之争功的动机并不明显。

考察完富德后，还需考察爱隆阿。由于爱隆阿和罗卜藏多尔济为同级官员，在考察爱隆阿有无瞒报动机之前，得先考察他有无瞒报之能力。据富德禀报，由他们两人共同呈报军功："至擒拿巴雅尔后，即委罗卜藏多尔济、爱隆阿等，将官兵功次呈报。"③ 罗卜藏多尔济排名在爱隆阿之前，如他立此丰功，本人一定会将此事告知富德。但因军报以满文书写，而罗卜藏多尔济为蒙古贝勒，爱隆阿可能口头应允而在罗卜藏多尔济不知情下瞒报。在这种情况下，爱隆阿具备瞒报之能力。

爱隆阿瞒报的动机为何？因两人共同与哈萨克兵交战并接受其归附，对这一过程不同的表述将带来不同的封赏，关乎切身利益，因而存在事后争抢功劳的可能。加之爱隆阿控告富德有瞒报自己功劳的行为，这说明爱隆阿极为在乎自己在此次战斗中的军功评定。若按《啸亭杂录》说法，罗卜藏多尔济立有大功，爱隆阿则毫无表现。两相比较之下，爱隆阿甚至还有可能以胆小不前之罪被问责，因而爱隆阿有瞒报之动机。

分析至此可知，富德和爱隆阿都有瞒报罗卜藏多尔济功劳的可能，但后者有更强烈之动机，只是尚乏实据，因此我们必须再次回

---

① 《平定准噶尔方略》正编卷48，乾隆二十三年正月庚子条。
② 《平定准噶尔方略》正编卷48，乾隆二十三年正月庚子条。
③ 《平定准噶尔方略》正编卷48，乾隆二十三年正月庚子条。

到原始文献中寻找线索。

在《啸亭杂录》的记载中，罗卜藏多尔济在战斗中奋勇向前，方得以面见阿布赉。在《平定准噶尔方略》的记载中，三四天后，即"六月初三日，巴雅尔即擒，适哈萨克得木齐和托圭达木到营，问系阿布勒比斯等问安请罪，并献马二匹"①；而清使者见到阿布赉则是4天之后，即"六月初七日，达里库至爱呼斯河，与阿布赉相见"②，3天后即"初十日，回至富德军营"③。也就是说，清朝派往哈萨克兵驻地见阿布赉的是达里库，返回时间是约7天之后。这说明阿布赉之驻地离清军驻地有三四天之路程，由此判断，罗卜藏多尔济当天不可能见到阿布赉。

由于《平定准噶尔方略》对阿布赉归降过程中的众多时间点、地点、人物有明确记载，且在时间和逻辑关系上前后事件可以衔接、印证，形成多条证据链，因此更为可信。《啸亭杂录》所记载的罗卜藏多尔济奋勇往见阿布赉、慷慨劝降的记叙，应为作者的杜撰。

由于此际发生之事纷乱复杂，战场上哈萨克明显兵力占有优势，爱隆阿与同僚相互猜忌、控告，这使得《啸亭杂录》的记叙在虚实之间有了看似合理之处。正因为哈萨克归附事件有巨大的影响力且不广为人知的详情，这一和事实不相符之文本方得以广泛流传。

第二节　阿布赉与清军接触及归附清朝的过程

乾隆二十二年六月，清军与哈萨克兵经过三次接触后，阿布赉

---

① 《平定准噶尔方略》正编卷41，乾隆二十二年七月丙午条。
② 《平定准噶尔方略》正编卷41，乾隆二十二年七月丙午条。
③ 《平定准噶尔方略》正编卷41，乾隆二十二年七月丙午条。

上表文正式请求归附清朝，并遣使入觐。清朝随即答应其贸易请求，并申明各项要求。在此过程中，兆惠是负责追击阿睦尔撒纳，并引领阿布赉归附之重要人物。他发出的奏折、奏片内有一件以满文书写的长篇奏折，且奉有朱批，详尽记载了这一过程，笔者特将其全文翻译如下：

> 奴才兆惠谨奏：奏闻为哈萨克阿布赉遣使归附事。六月十二日奴才驻扎于塔尔巴哈台西北希里地方，当日接参赞大臣富德咨文，内称：富德我带领图伦楚、达礼善等追缉贼人巴雅尔，向前派出哨探，加紧行军时，接贝勒罗卜藏多尔济、副都统爱隆阿等呈文，内称：我等官兵共三十一人，五月三十日抵爱登苏河东南方一小泉，午歇已毕正欲牵马而走时，忽见五六贼人踪迹。我等带领业已备好马兜嘴十余兵，先行追击抓捕之时，忽自山脊上有五十余贼人前来抓拿我等。全军被俘之际，我等接二连三，数度接战，将彼等击退。此间，有巴图鲁侍卫奇彻布中鸟枪身亡，并有索伦披甲伯吉贺尔耳部负伤。接续又有二三股共二百人包围而来，又经连番鏖战。此间，罗卜藏多尔济、爱隆阿将我军蓝翎额尔登额派出，对其言：汝带兵二名速回，因我等马匹已疲，将后方驻扎守备官兵行李收拾妥协，选取尚可堪用马匹，从速接应，一面向参赞大臣报告消息。如此交代之后派出。①

自上年进兵哈萨克草原两次与哈萨克兵交战后，清军与哈萨克军队并未再度交战，这次的遭遇事发突然，阿布赉归附清朝更是定边右副将军兆惠和带领前锋队的参赞大臣富德之意料之外的事件。

---

① 《定边右副将军兆惠奏哈萨克阿布赉遣使归附折》，乾隆二十二年六月十八日，载中国边疆史地研究中心、中国第一历史档案馆合编《清代新疆满文档案汇编》第23册，第405—424页；以下引文出处相同。因该奏折长达120扣，故将满文内容附书后，请见附录。

富德追缉准噶尔反叛者阿睦尔撒纳和巴雅尔的过程中，所派遣的30余人小队由罗卜藏多尔济、爱隆阿等带领来到爱登苏一带时，突然与哈萨克200余兵遭遇。双方都将对方当作准噶尔逃散部队而发生激战，此期间清军将领奇彻布因中枪阵亡，清军无法取胜之下，不得不派兵返回营地求援，形势危急。

> 又自后方有二百余贼人举四玛尼纛，分列而出，派人止战，喊话道：尔为何方之兵？向何处去？此际我方派出阿拉善台吉喇嘛达西、侍卫车凌纳木扎尔答曰：我等乃征讨准噶尔叛贼而前来之大国之兵，正为追赶躲藏逃窜之贼人巴雅尔行军，尔等为何方军队？向何处去？如此派遣使臣后，他们言说：我等乃哈萨克阿布赉之兵，去年正要向大国交出已抓获之阿睦尔撒纳时，为其所觉，盗我处六十余匹马逃走。又因去年听说四爱曼之卫拉特叛变大国，我阿布赉今年率三万兵从三路进军，为擒拿阿睦尔撒纳而劫掠卫拉特游牧。阿布赉遣其弟阿布勒比斯、阿布尔等领五百兵，交代：如遇大国之兵，出示去年将军所给之盖印文书，以求和睦相见。先行派出哨探相遇时，因不知是大国之兵，互相战斗，皆有负伤。如我等知大国之军仍战斗，将无得领受大汗之恩，我等前来途中皆如此发誓。大臣们如让我等一起征讨卫拉特，我们就战斗征讨，如让我等向后撤军，我们就从游牧撤退。唯汝等所派之人有卫拉特语口音，因此请派通晓满洲、蒙古言语之人，我等地方尚有向大汗上奏之文书。

正当清军援兵未至之时，新进入战场的哈萨克200余人举四玛尼纛而出，派人息战，并喊话询问。在得知清军之身份后，哈萨克军队头领立即声称，他们是奉阿布赉之令前来擒拿阿睦尔撒纳等准噶尔叛乱者的；并称阿布赉早有交代，让他们随身携带去年清朝将军所给之盖印文书以为凭证，请求和平。关于这次止战之事，在上文分析的《啸亭杂录》中，则被记载为罗卜藏多尔济单骑出阵，以蒙古语当面力劝哈萨克阿布赉归降。从此满文奏折的记载来看，这也明显与史实不符。

从这支哈萨克军队的表现来看，他们明显有备而来，在提防遭遇准噶尔兵的同时，也已经做好可能遭遇清军的准备。他们不但随军携带清朝文书，而且还在辨明身份后立即相见，表达误战之悔意，自愿听从清朝命令或差遣或退兵，并称哈萨克营地有已写成的向乾隆帝上奏之文书，这说明阿布赉等人此时已完全打消对抗清朝之企图，但求和睦蒙恩。

此际，爱隆阿、罗卜藏多尔济将吉林乌拉佐领委参领达里库、察哈尔护军校委参领敦杜克等派出。他们向阿布勒比斯、阿布尔等言：准噶尔之地，皆已为我军所尽得。唯有贼人阿睦尔撒纳、巴雅尔尚未拿获。如何处理你军之处，理应待我们地方平定后，查有无事务再行定夺。哈萨克再问：有何将军前来？告知：朱勒杜斯之路，有喀尔喀之卫将军带两万军队前来；额林哈毕尔噶之路，有兆将军带二万军队而来；阿尔泰之路，有德将军，汗、公、喀尔喀巴图鲁王带二万军队前来。现在统我军前来者，乃富参赞大臣。为此，彼等言：去年我等在霍伯克萨里地方战斗，带军队去往我等地方者，富参赞也，我等认得，就向富参赞派遣使者吧。如此言说后，阿布勒比斯、阿布尔将德木齐霍多桂达木①等三人与达里库、敦杜克等一同派出。将盖有将军印之文书、彼等兄弟之凭证、送给将军大臣伯勒克马匹二匹送来。

前来之使者霍多桂达木等言：现我等军队已返回，在爱呼斯河地方见到阿布赉后，向参赞大臣处派遣使者，约定五日，等待向大汗上奏之文书。此间，如阿睦尔撒纳前来我等游牧[地]，亦抓拿交给。如此转告所带口信。是以，从我等处派

---

① 此处"德木齐霍多桂达木"，即上引文之"得木齐和托圭达木"。

察哈尔参领敦杜克和军士一人，将哈萨克使者二人、跟役一人混同，向参赞大臣处送去。我等仍带约二十名官军，循巴雅尔踪迹进军先前到达之大山，为平贼接连交战。此次军报，待明白访查再行补报，如此报来。

此即第一次接触，于五月三十日发生于爱登苏附近，清军30余人与哈萨克军队200余人仓促交战，哈萨克方面在阵前出示清朝将领于上年遣使递送给左部哈萨克的印文，以之为据息战，双方在阵前确认身份。随后清军派出使者，面见统领这支哈萨克军队的阿布勒比斯等人，互通信息。阿布勒比斯声称知晓参赞大臣富德，他将上年接获的清朝将军盖印之文书、阿布勒比斯与阿布尔兄弟的凭证，交予清使者和哈萨克使者。清军前锋队官员则将哈萨克使者等直接送往富德营地。与此同时，阿布勒比斯带哈萨克兵返回爱呼斯河边哈萨克营地向阿布赉报告，约定五日后，再派使者将向乾隆帝上奏之文书送去。清军30余人的前锋部队则继续循迹搜剿逃遁的巴雅尔。

其后，六月初三日，哈萨克所遣使者霍多桂达木到达后，富德我询问派遣使者前来缘由，以及哈萨克军队与我方交战之处。告称：阿布赉二弟阿布勒比斯、阿布尔兄弟二人派我等，特来向参赞大臣请安、献马、认罪。带来口信：我等哈萨克与大皇帝，素无敌对也。去年只因一阿睦尔撒纳，正遣使之时，阿睦尔撒纳为边界居住之族众所留。此间，阿布赉并未与其见面情由下，与大皇帝军队成为敌对。我等从前生活安宁、生灵安逸之游牧，成分崩离析、四处逃散、败逃躲藏之状。父母妻子，离散蒙难，众多牲畜物品，尽行抛弃，实乃灾难到来。是以，阿布赉向众人告知，即刻抓拿交出，以求和解之时，为阿睦尔撒纳所觉，逃走之时，将我等五六十匹马盗走。因此事，我等去年获罪于大皇帝。今年我等听闻卫拉特皆叛，大皇帝军队陆续抵达之信。大国之军围捕卫拉特等，其必向此处前来，我等欲阻截劫掠，掠取物品。如遇大国之军，即出具将军大臣所给盖印文书，以为和解凭证。如此安排之下，阿布赍与其二弟一同领兵而来。不意与你军仓促遭遇，未能认出情形下，互相战斗，负伤众多。我等并非为成敌对而来，如明知大国之军而战，我等将无得领受大皇帝之恩矣！此次哈萨克前来全军，皆为此担保发誓（若说谎愿）领死，不得回返相见父母妻子。又告称：阿布赍带自己军队，驻扎于阔阔辛之地，阿布赍之弟二名领前锋五百人前来，遣我二人送伯勒克马匹一匹于将军、一匹于参赞大臣，并告知缘由，认罪而来。此间，如阿睦尔撒纳进入我等边界，即抓拿交出。如令我等劫掠卫拉特游牧，我等既带兵劫掠以赎罪；如令我等返回，我等亦将返回。又言：如能求得让我等居旧游牧地，领受大皇帝之恩，以成和好后，请往来贸易。再言及：如从参赞大臣处派使者见阿布赍，阿布赍必定向大皇帝上奏认罪，派遣使者亦料不定。将以上事项再三相求。

阿布勒比斯派遣的霍多桂达木到达富德营地后，富德与其详谈。霍多桂达木相告说，阿布赍、阿布勒比斯并无对抗清军之想法；并推脱说，上年交战时阿睦尔撒纳与霍集博尔根共同带兵作战之事并非阿布赍授意，实为哈萨克内部不受约束部众自行其是之举。接着他为此次哈萨克兵与清朝前锋队交战赔罪，承诺擒拿阿睦尔撒纳，愿听从清朝号令出兵攻击准噶尔余众，并再三请求清朝允许哈萨克部众前来游牧以及贸易。最后，他建议富德遣使阿布赍游牧处。

霍多桂达木此来所述之事，为阿布勒比斯特别授意。从其后清哈关系的发展来看，其所提入界游牧和贸易二事，都成为重要议题，可见此时哈萨克已对清朝形成较为清晰的请求。

富德我又向哈萨克德木齐霍多桂达木言：尔等行军劫掠准噶尔而来，言及如遇我军，即出示将军所交付文书，和好认罪，求军队通过。显见，如诚为求和睦而来，理应见我军即出示止战文书，方为妥当矣！现我方少数军队追击脱逃叛贼巴雅尔等七人之时，尔等明知故战，令我方一人阵亡，显系探我军多寡情形而来。汝须据实回答，现我等带领军队，为战斗中死去之人报仇，且阿睦尔撒纳如向你方去，必定擒拿。如此相问之下，仍如先前回答。

哈萨克之性情，素来狡诈，虽不足信，但观彼等前来二使者，情形恭顺，且与我军突然遭遇，辨认不出交战后，恐我方交恶后将其征讨，流露畏惧情形。告知爱隆阿等带领三万兵前来，乃扬言也。彼等再三请求回派使者情形下，如若不派，反为其将我等视作畏惧胆怯，或归因于我方兵少。是以，我等共同商议，详查之下：以其为去年与我方交恶之处认罪，怀有我方盖印文书为凭行走观之，又可见其明显畏惧征讨。原意如阿睦尔撒纳竟入哈萨克，我方亦因素来平定之意，随之进入。乘其未备，猝然进抵，携口粮、掠游牧、以擒拿阿睦尔撒纳。现不意因追击巴雅尔，猝然遭遇哈萨克三四百兵。我官军三十一人，为罗卜藏多尔济、爱隆阿、奇彻布等带领。官兵纷纷发奋勇往、众持一心，数度冲锋陷阵，西布图开巴图鲁侍卫阵亡（朱批：诚为可惜矣！阅此以至落泪，其尸骨找到否？），亦杀哈萨克四五人，互有负伤交战后，方有哈萨克遣人至我营地认罪。此情此景，实仰赖圣主天恩。我如得见阿布赉，归附则已，若交恶，即与之交战，将其击退，阿睦尔撒纳贼人，势必无可逃窜躲避之处，如此定议。

富德为奇彻布阵亡之事，诘问霍多桂达木等，哈萨克军队若为求和而来，何故仍战，以致清军折损，并威胁发兵征剿，以验霍多桂达木等所言之虚实。霍多桂达木言语前后一致，因此，富德终于确信哈萨克人等此次恭顺畏惧之情形。富德尤其将清军以少敌多，奋勇战斗，打出清军之士气，令阿布勒比斯等哈萨克首领遣使认罪做了报告，不幸的是奇彻布阵亡，① 乾隆帝朱批称"阅此以至落泪"，并询问其尸骨是否找到。可见此役感动清廷君臣。

诘问、详思之下，富德仍做好两手准备，即愿纳降，但亦不畏交恶。无论阿布赉归附与否，富德所部都将继续擒拿阿睦尔撒纳。

> 从彼等处向将军呈献马一匹，送于我马一匹，我等随即接受。从我处向阿布赉之二弟阿布勒比斯、阿布尔回送礼物，办给每人缎三匹及小刀、火镰包、烟袋等物。二位使者亦赏缎及小什物件。仍将交战时曾遣做使者之吉林乌拉佐领委参领达里库，任为营长为首；阿拉善侍卫车凌纳木扎尔、察哈尔护军校委参领敦杜克为副；将喀尔喀章京乌尔央、健锐营前锋萨哈泰、宁古塔前锋文泰任为富德之领催，赏给顶戴。亦向索伦披甲委富德之领催讷木德尔，军功花翎沃吉拓、芬喀纳、安赛，编入绿营满军硕色，吉林乌拉披甲费扬阿赏戴虚顶。将此十一人与哈萨克使者霍多桂达木、亨集噶尔等，约定六月十三日往返后派出。

富德接受霍多桂达木等带来礼物后，亦回赏缎匹什物。遂命达里库等11人为使前往阿布赉处，正是这批清朝使者，见证了阿布赉归附清朝。富德所派的这批使者，与以往使者有所不同，皆为阵前立有军功之军官，他们有继续施压阿布赉之效。而霍多桂达木、亨集噶尔带领他们返回，说明此后阿布赉首批派往入觐使团正使亨集噶尔，此时随阿布勒比斯行动。

> 为此次遣使向阿布赉带话之事，我等在哈萨克使者前交代：我你双方本无敌对，只因阿睦尔撒纳，归附我大皇帝，官爵至亲王将军，所享荣耀已极，竟叛出为贼，亦阻挠准噶尔，为非作乱。其妻、子、属人皆为我国所获，只身逃入尔哈萨克

---

① 奇彻布在此役中战死，后其绘像挂入紫光阁巴图鲁绘像中。

时，我大皇帝仁爱体恤，是以令军队潜踪而入，意在不抢掠尔等游牧。为使阿布赉务必擒献阿睦尔撒纳，曾特降谕旨，赏给绸缎物品，遣有大臣。尔等坠入阿睦尔撒纳之计，与我军作战不退兵，且又出军队作对之时，我军长驱直入，诸路皆将尔等击溃重创。随后，我将军大臣等，以在哈萨拉克之地过冬，令尔不得修养，今春进军全歼为请上奏。大皇帝宽仁体恤：若在彼地过冬，尔等游牧无得自巴彦奥拉等地回返，众生将蒙难受苦，即刻将大军撤回，驻扎于乌里雅苏台、巴里坤，将我军所俘获乌图伯之人释放，遣其告知阿布赉擒献阿睦尔撒纳。降旨之时，我等实出望外，全无准备，遂一面撤军，一面释放乌图伯，方有现送交盖印文书也！尔等现知罪错，为受大皇帝之恩，享太平生活，归附大皇帝。尔阿布赉等人，封至王、公、贝勒、贝子；以下众达塔亦赏官职，每岁领受重恩，极尽荣华；尔等下属族众，永受大皇帝之恩，得享安生，休养生息，且于乌里雅苏台、巴里坤交易亦可。如仍如去年，坠阿睦尔撒纳之计，与我军敌对，尔等试思之，我军自交恶一年以来，无止无休，现杀净之准噶尔，即为尔榜样！今年我六万军队出三路，尽剿准噶尔，务必获阿睦尔撒纳于藏身地。如其仍在你处，我军不得不前来尔边界过冬，向尔等索要，如若不给，我等必不罢休。此等利害得失之处，阿布赉如能分辨明了，此间若阿睦尔撒纳去尔等地方，今日擒送，我军明日即撤矣！如信得过，阿布赉自己约定地方，与我会面，将诸事定议。准噶尔游牧部众，愿归附者已归附，该抓拿者已抓，该杀者也已杀，并不需尔等军队相助。现我军已获巴雅尔，将擒拿阿睦尔撒纳。尔等如明祸福，愿送来依附大皇帝，则此间阿睦尔撒纳去往尔哈萨克之地时，即擒送遣使，替尔等上奏！如此交代后派出。

此即为第二次接触，阿布勒比斯派遣霍多桂达木等到达清军营地，转达愿意和好之口信，清军为此遣使参领达里库等人前去爱呼斯河附近会见阿布赉。

富德在达里库等人出发前，详细交代应说、应办之事，以及应如何答复之各情。富德此举是向阿布赉强调清军一贯持善意，望阿布赉审时度势，明白清朝之意图。并告知阿布赉归附后，清廷不仅将封爵授官，岁领恩赏，而且还可前来乌里雅苏台和巴里坤贸易。此外，他还虚言清军6万大兵压境，恩威并施，以促成阿布赉归附并擒献阿睦尔撒纳。

富德此处所言封爵授官、岁领恩赏，与已归附清朝之准噶尔首领相同，可见在富德眼中，阿布赉一旦归附，即与清朝版图内臣民相同拥有正式身份，与藩属大有区别。笔者认为，这一表述反映出富德等前线将领此时已达成共识，如哈萨克归附，则以内属之准噶尔标准看待，这与其后《西域图志》将哈萨克列为"藩属"有明显区别。

其后，六月十日，为招抚哈萨克阿布赉，所遣吉林乌拉佐领达里库等，带领哈萨克阿布赉之使者抵达。对此，先行询问达里库等，带来使者与出使情由，及阿布赉归附与否。答曰：我等初七日，抵达阿布赉军队驻扎之爱呼斯河地方，阿布赉即与我等相见。依参赞大臣交代，将大皇帝之恩明白晓示。言及归附之处后，阿布赉言：自我祖起，从未得领大皇帝之恩，现我愿率哈萨克全部，归附大皇帝，只是未及与兄弟相商。如此稍事推诿，言说情形下。我等言：我军已抵尔边界，不及待尔等找寻商议，如此相迫之下，阿布赉之语：我即为首之人，自当主张。我自己愿带我等哈萨克归附，成为大皇帝阿勒巴图，从我处向大皇帝上奏书，献马四匹，并瞻仰大皇帝使者七人、跟役四人，共派十一人。另有向参赞大臣庆贺所遣四人，伯勒克马一匹。以及献给成将军、兆将军伯勒克马二匹，所派使者四人。又向其言：阿布赉汝诚心归附大皇帝，奏书、遣使、献马，我等皆带回。只是请言明，究竟于何处与我参赞大臣相见之事。如此再三催劝之后，阿布赉言：若派遣使者，就如同我自己一样，虽不能与参赞大臣相见，亦与相见一样。现我领军前往古尔班察尔之地，查拿逃散卫拉特等。今我已归附大皇帝，俱已成大皇帝之阿勒巴图，或另有相见之日。阿布赉如此回答之后，既带其所遣使者而来。

达里库出使阿布赉处返回时，带来阿布赉遣往觐见乾隆帝之使者11人。阿布赉情愿归附清朝，其意甚明，虽先推脱欲与兄弟相商，但最终正式归附，并呈奏书、遣使、献马。阿布赉在归附时反复使用"成大皇帝阿勒巴图"之语，已有日本学者小沼孝博等人对此进行了探讨，他们认为清朝与哈萨克游牧社会关系可用"额真—阿勒巴图关系"来表述。但对这一表述有何内涵外延，与清朝之"藩属关系"有何区别，仍未阐明，本书后续章节，将对就此展开讨论。

达里库还奉有促成阿布赉前往与富德相见的任务，虽阿布赉巧为推辞但态度恭顺，达里库亦未勉强，带领哈萨克使者归来。此后，阿布赉并未有亲自前往清朝军营之举，每次皆遣使往来。

再，向阿布赉所遣使者亨集噶尔等七人言：阿布赉除向大皇帝所上归附奏书外，还有口传奏言否？另将我与阿布赉未得会见之处尽言：尔等亦应将皆受大皇帝之恩，永享安生之处言说也！为何仅言及派遣使者之事？如此相问之下，答称：阿布赉归附奏书内，所盖印记一处，阿布赉之也；下方所盖印记一处，阿布勒比斯之也，并将奏书恭谨捧举呈递后言：我等哈萨克，极边之地生活之人也，不知奏书之体例，今既已归附，成大皇帝阿勒巴图，即如一家，请从参赞大臣处，将所奏考订编修，通顺言语吧。阿布赉口信：见到参赞大臣所遣使者时，心思如见参赞大臣本人。现我虽不能前去与参赞大臣相见，所遣赴京入觐之人，皆为我信赖之人，参赞大臣想来，亦如见我无异矣！为此遣使，并非不为大皇帝奋勉效力。现从大军处逃散之卫拉特内，阿睦尔撒纳或游走其间皆未可定。我率三百军队，堵截而去，将此等逃散族众查拿，向大皇帝擒献其头人，如死，则送来彼等头颅。我为此而去，虽未能与参赞大臣见面，思之亦如同见面。按我等礼俗，从远地派遣使者之言语与面见，可谓皆可深信。

阿布赉使者亨集噶尔等人前来后，示以盖有阿布赉、阿布勒比斯印之文书，但富德仍详细向他们询问阿布赉是否有口授之信，亨集噶尔等以清朝在中亚地区招抚外藩部众时各部通常用的话语说"今既已归附，成大皇帝阿勒巴图，即如一家"；并称，阿布赉说我派遣之使者皆为亲信之人，见使者如见我面。此外，他们还替阿布赉不能前来做了解释，说阿布赉要替清军擒拿逃遁的阿睦尔撒纳。这体现出阿布赉及其使者在处理与清朝关系时非常慎重。随后兆惠到达，阿布赉所遣之使者，立即被送往京城，开启哈萨克遣使入觐的序幕。

> 查阿布赉表文及使者言语，甚为恭顺，以求归附，此皆仰赖圣主仁爱万物，养善惩恶。再，去年大军深入哈萨克游牧，因搅扰彼等游牧而撤兵之事，众皆感戴恩德。至阿布赉等恭顺归附，若论阿布赉率下属全部哈萨克归附，并未将彼等头人姓名，鄂托克、爱曼之数访查带来。遂又向亨集噶尔等言：现阿布赉遣使，诚心归附大皇帝，由我处转奏大皇帝，向将军处所遣使者，亦一体派遣。唯我与阿布赉不得会见，则将尔等哈萨克之众鄂托克头人之名，德沁①之数访查后，向大皇帝转奏，必定赏赐尔等。现前来者皆为汝（阿布赉）之子、弟、相识之人，如众鄂托克族众纷至沓来之时，大皇帝行赏亦有难处，尔等头人亦不能均享恩赐。是以，现我约定一中间之地，务必会见阿布赉，以得尔等头人数目，上奏大皇帝。如此相告后，

---

① 德沁，为准噶尔部社会、军事组织之基层单位，以40户为一德沁。该条蒙承志教授赐示。

哈萨克使者言：阿布赍现带领军队，转移游牧地，访探阿睦尔撒纳而去，今参赞大臣前去，已赶不及也。

第三次接触，为六月七日达里库等人面见阿布赍，阿布赍称自己乃"为首之人，自当主张"。接着撰表文，献马匹，派出亨集噶尔等11人使团入觐。达里库于六月初十日带领阿布赍派往入觐的亨集噶尔使团回到富德军营后，富德说起哈萨克既已归附，就应该清查众鄂托克及户口数目，具奏乾隆帝，以便行赏。来使则称，"惟有遣大员，与我等回返使者一同，将诸事查访妥当，向大皇帝上奏。"

是以，我等公同商议，阿布赍虽恭顺归附，但本人并不面见我大臣，即便言说相见，亦不前来。由是观之，或疑惧而去；或诚为拿获阿睦尔撒纳后，携头人姓名归附，亦料不定。是以，向前来使者等言：仍约定在我地与阿布赍会见，或派出大员等与尔使者一同回返，为会见阿布赍，共同办理此等事。给予一日空闲，容尔等商议。众使者商议之后，前来告说：依参赞大臣交代，我等共同议定，现我阿布赍如不与此地大臣等会见，诚不能得我众鄂托克头人数目，但阿布赍已领军去往他处，无法约定。惟有遣大员，与我等回返使者一同，将诸事查访妥当，向大皇帝上奏，则我族众皆均得恩赐，甚为荣光，遣大员之事甚好！是以，将归附哈萨克众鄂托克头人姓名，鄂托克、德沁数目，是否全部归附，或仍有剩余不归附之人，查访明白、清楚办理，方为妥当也。而我如随后前去找寻阿布赍，稍似于例不和，且尚有追缉阿睦尔撒纳任务在身。

富德虽未再追究阿布赍未能前来之事，但仍约以中间之地，务必与之会见。富德此举有考验阿布赍是否诚心之意，也借此探查哈萨克使者之应对。随后，使者们商定由富德再派高级官员前往清查鄂托克头人数目，这一访查结果，已在本书第二章讨论，这体现出阿布赍之归附并非有名无实。自此，哈萨克阿布赍部被纳入清朝属人，成为正式的藩属。

  因此，会见阿布赉，将此等事清楚查访办理之时，如遣平常人等，则不能尽心办理。现有我路前来将军成衮扎布之子额尔克沙喇，在准噶尔之地二十余年，知晓哈萨克性情，亦认得哈萨克阿布赉。且额尔克沙喇告言：我父教导我知晓卫拉特、哈萨克之事，令我在将军大臣前竭力行走，报效圣恩，将我派在将军大臣之路，今如将我与另选一人共同派遣，必奋勉效力，报效圣恩。查额尔克沙喇，人可堪用，且通晓卫拉特、哈萨克性情。查得额尔克沙喇虽为台吉，并未授顶戴，现将其遣往新归附哈萨克地，因边界之人不知贵贱，惟识顶戴花翎，遂循办理要事之例，以于事有益暂赏戴空翎，为此暂给其赏戴顶戴花翎。另有其兄努三，乃性情早为圣上洞鉴之人，理合效力于此钦命要事。如仍赏戴蓝翎，派其与额尔克沙喇一同出使，商议办理哈萨克事务，似视其为无主见之人，然如此安排，惟为圣主事有益计，并非拘泥于从前过错，伊并非不明是非之人。是以，亦赏努三暂戴空孔雀花翎，与额尔克沙喇一同派出。虽一同跟去之人过多无益，但仍需足够向众鄂托克逐个派遣。为此，自戴军功花翎超群行走官军中选良士，若不足数，自超群行走之人中选取，亦赏戴空翎，并赏给带去之物。回返之时，再将他们好生行走之处，另报将军，为请旨而奏。

再次派遣使者前往会见阿布赉，并清查哈萨克鄂托克及户口数时，富德斟酌人选，令额尔克沙喇和努三出使，额尔克沙喇为成衮扎布之子，准噶尔统治时就曾在伊犁生活，与1740年代被噶尔丹策零扣押于伊犁的阿布赉有过交往，其父曾将此事汇报乾隆帝。富德之所以选派额尔克沙喇，是因为他熟悉哈萨克社会，与阿布赉有旧，能够保证出使成功。而一同出使的是额尔克沙喇之兄努三，此人先前犯有过错，戴罪办事，所以富德为之进行解释。努三此次出使后，被乾隆帝任命为清朝与哈萨克进行贸易的负责人，他居间沟通，是清哈缎马贸易得以开展的重要人物，本书将详述之于第五章贸易部分。

> 送此份文书之日，富德得知奴才兆惠我到来之消息，晓示哈萨克使者。次日即六月十三日，奴才及富德等在驻扎之额卜克特军营，与前来之哈萨克使者们相见，共同询问，向阿布赉遣使之事，另折具奏。为此谨奏闻。（乾隆二十二年七月十六日奉朱批：知道了，降旨该部知道。）

分析这份兆惠所奏的长达 120 扣的满文奏折，并比对《平定准噶尔方略》和《清高宗实录》以及其他汉文史籍中之相关记载，可见出汉文史籍对此过程中的许多重要事项往往几笔带过，与之详略悬殊。此类汉文史籍中信息不全的记载，常令后代学者得出含混不清之结论。当乾隆帝判断阿布赉归附事时，这份满文奏折可为主要凭证；今日之学者则与之不同，可在这份奏折的基础上，综合其他大量史籍和相关之研究成果，可谓幸事。将这份奏折放置于乾隆朝的大时代内，将其所载之哈萨克阿布赉归附清朝前与过程中所交涉的各件事项视作变量，进行长时段的动态观察，可以更好地还原历史原貌，澄清以往研究中许多模糊不清之处。从这类尚未被学术界完整利用的珍贵的第一手史料中探询新的历史课题，正是本书研究的兴趣所在，也是笔者完整翻译、呈现此份满文奏折于此的原因。

定边右副将军将军兆惠于六月十三日至军营后，立即安排使者入觐之事宜。兆惠一边办理阿布赉归附相关事宜，一边向乾隆帝奏报。在六月十八日这一天，兆惠连发 10 余件奏折、奏片，并先行呈递阿布赉托忒文表文的副本，① 然后派出额尔克沙喇等前往阿布

---

① 据〔日〕野田仁、小沼孝博 "A Collection of Documents from the Kazakh Sultans to the Qing Dynasty" 第二章 "Political Relations Between the Qing Dynasty and Kazakh Nomads in the Mid – 18th Century: Promotion of the 'ejen – albatu' Relationship in central Asia"。他们认为，清朝前线将领先将哈萨克归附之托忒字表文录副一份驿递京城，而原件由哈萨克使者随身携带于面圣时呈递。

赍处答贺。兆惠令所遣之使办理哈萨克部归附、约定贸易、入境游牧三件事，① 并叮嘱他们对归附不必相强，相互贸易则约定备办，游牧则不可逾界。

兆惠根据先前的两次与哈萨克之接触，进一步做出判断："伏思哈萨克远慕德威，归顺属实。"② 他在发出报告以上内容的奏折后，于六月二十四日接到此前派往俄罗斯边境古尔班察尔查探阿睦尔撒纳踪迹之顺德讷的军报。顺德讷于六月十三日至鄂逊绰确特山，遇阿布勒比斯，此人"称系奉富参赞之令，擒拿阿睦尔撒纳"③。因听闻阿布赍也在彼处，顺德讷便前往相见。阿布赍言："我已投顺中国大皇帝，愿为臣仆。因去年抗拒大兵，昨又误行对敌，是以畏惧藏匿。总为阿睦尔撒纳所累，今欲擒献阿逆党羽，以赎前罪。"④ 顺德讷答复说："大皇帝三路发兵⑤，务擒逆贼。因哈萨克投顺，暂将额尔齐斯一路，停止进兵。若阿逆不在俄罗斯乌梁海，即入尔境。昨又据拿获之厄鲁特等供，逆党额布济、乌勒木济、齐巴罕等于我副都统鄂博什兵到前一日，俱各分散。我等即属一家，当同往擒拿。"⑥

对顺德讷的同往擒拿阿睦尔撒纳之要求，阿布赍回答说："伊等若入我界，即当擒献。"⑦ 接着，他告知顺德讷，由其办理哈萨克三部投顺清朝之事："我等哈萨克，有三部落。我系鄂尔图玉斯头目，奇齐玉斯、乌拉玉斯⑧，皆我族兄为长。已遣人至塔什罕，令其一体投顺，亦必遣人入贡等语。"⑨ 随后，阿布赍主动与顺德

---

① 《平定准噶尔方略》正编卷41，乾隆二十二年七月丙午条。
② 《平定准噶尔方略》正编卷41，乾隆二十二年七月丙午条。
③ 《平定准噶尔方略》正编卷42，乾隆二十二年七月丙辰条。
④ 《平定准噶尔方略》正编卷42，乾隆二十二年七月丙辰条。
⑤ 当指伊犁、塔尔巴哈台和额尔齐斯三路。
⑥ 《平定准噶尔方略》正编卷42，乾隆二十二年七月丙辰条。
⑦ 《平定准噶尔方略》正编卷42，乾隆二十二年七月丙辰条。
⑧ "鄂尔图，奇齐、乌拉"为哈萨克语"中、小、大"之意。
⑨ 《平定准噶尔方略》正编卷42，乾隆二十二年七月丙辰条。

讷所带官兵进行贸易，"以马二百余匹，易换官兵衣物银两"①。这是清朝较早与阿布赉直接贸易的记载。这一行为说明，阿布赉对与清朝进行贸易一事抱有强烈的愿望。

由于顺德讷此行的主要目的在于前往俄罗斯边境探查阿睦尔撒纳之踪迹，所以在阿布赉处停留3天后，于十六日出发，十七日寻踪至俄罗斯边境锵格尔图喇。十八日，在额尔齐斯河滨，与俄罗斯喀丕坦相见。喀丕坦承认阿睦尔撒纳曾经遣使俄罗斯，但否认此次阿睦尔撒纳及其属人前来。顺德讷因此重申，如阿睦尔撒纳进入俄罗斯，应遵守两国不纳对方逃人之约定，擒拿送还。经交涉再三，"喀丕坦等因给与俄罗斯印文，并行文边界。"② 随后，顺德讷于二十日返程。

顺德讷离开阿布赉营地3日后，阿睦尔撒纳即前往投奔阿布赉。顺德讷与阿睦尔撒纳擦肩而过。此际，阿睦尔撒纳的命运掌握在阿布赉手中，由此引出下一问题。

第三节　阿布赉欲擒献阿睦尔撒纳未果之史实考

乾隆二十二年六月十九日，阿睦尔撒纳投奔阿布赉，阿布赉欲擒献，被其逃脱，仅得其余党。此后，阿睦尔撒纳逃入俄罗斯，直至病死。③ 阿布赉之归附清朝，为清哈关系奠定了基础。由于这一事件发生在清哈关系建立的时间节点，阿布赉和阿睦尔撒纳关系也由此而发生重大转折，故有重要的学术研究价值。

---

① 《平定准噶尔方略》正编卷42，乾隆二十二年七月丙辰条。
② 《平定准噶尔方略》正编卷42，乾隆二十二年七月丙辰条。
③ 〔俄〕Ш. Б. 奇米特道尔吉耶夫著《蒙古诸部与俄罗斯：17—18世纪》，范丽君译，内蒙古人民出版社2009年版。该书引用《平定准噶尔方略》记载了阿睦尔撒纳逃入俄罗斯时之内容，但只有他进入俄罗斯境内以后活动的详细记载，这说明俄文文献对阿布赉擒献阿睦尔撒纳一事也缺乏记载。

史料中关于此事的记载，见于《平定准噶尔方略》中乾隆二十二年七月丙辰条。乾隆二十二年六月二十七日，阿布赉所派遣的使者解送阿睦尔撒纳之属人达仕策凌、齐巴罕到达兆惠军营。哈萨克使人说：

> 阿布赉等于十九日至阿尔察图，适阿睦尔撒纳率二十人来投。告以明早相见，因先散其马匹牲畜，阿逆警觉，抛弃衣物，同数人逃去。仅将达仕策凌、齐巴罕拿获送来。又遣人到霍集伯尔根处，今将乌勒木济拿获。如阿贼亦在彼处，自必一并擒送。①（材料一）

据哈萨克使人言，阿布赉取走阿睦尔撒纳马匹，就是为擒拿他作准备，但被阿睦尔撒纳发觉，遂连夜逃跑。兆惠因而晓示阿布赉使人："阿布赉擒献贼党，我皇上自必嘉悦。但阿逆一日不获，则三路大兵不能撤回，恐惊动尔等游牧。若擒献阿逆，我皇上恩赏阿布赉等，以及效力之人，必更优渥。"② 来使听闻兆惠答复："俱欢欣感激。"③ 兆惠接着讯问阿布赉擒献的达仕策凌、齐巴罕，得供：

> 阿逆于本年三月带鄂毕特等人众，抢掠扎那噶尔布游牧。忽闻大兵来信，遂四散奔逃。后大兵尾随甚急，阿逆……自率兵三百，驻守额卜克特山。复为大兵击败，只带二十余人，逃入哈萨克。阿布赉虽好言安慰，而阿逆仍生疑惧。及黎明前，众哈萨克前来抢夺，阿逆已不知去向。④（材料二）

以上哈萨克使者及俘虏达仕策凌、齐巴罕之两段陈述，是本研究的基本材料。⑤ 其中，哈萨克使人是使者兼押解人，而达仕策凌与

---

① 《平定准噶尔方略》正编卷42，乾隆二十二年七月丙辰条。
② 《平定准噶尔方略》正编卷42，乾隆二十二年七月丙辰条。
③ 《平定准噶尔方略》正编卷42，乾隆二十二年七月丙辰条。
④ 《平定准噶尔方略》正编卷42，乾隆二十二年七月丙辰条。
⑤ 为方便研究，特上述两条材料简称为"材料（一）"和"材料（二）"。

齐巴罕则是交予清方随时可能被处死的战俘，双方地位极为不平等，并无串通可能。现将这两方交代相互对照，并无冲突之处。他们讲述的这一事件过程基本可信。但为慎重起见，仍需进一步考证这一信息的真伪。在《平定准噶尔方略》乾隆二十二年八月辛酉条中，有记载对解送达什策凌等前来的哈萨克使人之讲述内容做了补充：

> 兆惠等奏称：哈萨克解送达什策凌等之来使，言及逆贼阿睦尔撒纳夜遁时，将器械鞍马，全行抛弃，谅难免脱，必被阿布勒比斯之人拿送等语。①（材料三）

对于阿睦尔撒纳未获之事，清军使者额尔克沙喇、努三于七月二十二日获得了阿布赉的亲口答复：

> 七月初一日，入哈萨克游牧……于二十二日相见，阿布赉跪请圣安……阿布赉具言逆贼阿睦尔撒纳被围脱出之事……十余日未相见，因向伊属人访问。有云，阿布赉等与阿睦尔撒纳约誓，不便擒献。八月初九，往见阿布赉，备述利害，阿布赉指子弟为誓。②（材料四）

材料三的讲述人是哈萨克使人，他们补充了阿睦尔撒纳因为夜间逃跑，没能带走器械、鞍马，因而判断难以远遁。从"必被阿布勒比斯之人拿送"来看，阿睦尔撒纳逃跑以后，阿布勒比斯部属人曾奉命前往追赶。

在材料四中，阿布赉对清使者所行礼节为"跪请圣安"，说明他已经认可自己为清朝臣属的身份，并亲口向清朝使者额尔克沙喇、努三讲述围困阿睦尔撒纳及其逃脱之事，这说明围困之事，阿布赉是知情的。随后，阿布赉属人所透漏的"阿布赉等与阿睦尔

---

① 《平定准噶尔方略》正编卷42，乾隆二十二年八月辛酉条。
② 《平定准噶尔方略》正编卷44，乾隆二十二年九月丙寅条。为方便研究，将以上两条材料简称为"材料（三）"和"材料（四）"。

撒纳约誓,不便擒献"的消息,引起了清使者的警觉,他们意识到阿布赍态度的重要性,因而专为此事再次面见阿布赍,并"备述利害",阿布赍为了证明自己的清白,"指子弟为誓"。事已至此,阿布赍态度恭顺且阿睦尔撒纳已遁逃,清方未再继续苛责、追究。

材料三和材料四中所记录事件的发生时间,分别晚于材料一和材料二约一个月和两个月。这时清廷擒拿阿睦尔撒纳不获,便留心细微线索,调查疑点,因而不但获悉阿睦尔撒纳缺乏器械鞍马、难以逃遁之细节,而且还得知阿睦尔撒纳从阿布赍处逃跑后,由阿布勒比斯负责追捕。其中,尤其是额尔克沙喇和努三对阿布赍的两次询问,是唯一记录于汉文史料中的关于此事的阿布赍本人之态度与言说,因而尤为珍贵。①

《西域闻见录》中出现了"骑马逃跑说",与《皇朝藩部要略》"徒步逃跑说"大相径庭。从《平定准噶尔方略》记载来看,哈萨克"先散其马匹牲畜",阿睦尔撒纳"将器械鞍马,全行抛

---

① 对这一事件,因事关重大,清代方志多有记载,但大多失之过简,缺乏细节描述。如:(1)"阿布赍先使人收其马。阿逆惊,携八人,徒步夜走俄罗斯。"(祁韵士:《皇朝藩部要略》卷12《厄鲁特要略四》)虽有具体细节,但过于简略。(2)"(哈萨克)献良马。且遣兵向导前驱,誓擒阿逆以献,适阿逆先觉,遁俄罗斯。"(魏源:《圣武记》卷4,韩锡铎、孙文良点校,中华书局1984年版,第88页)记载失于过简。(3)"是月,阿布赍将以计擒阿睦尔撒纳于阿尔察图。不获,奔俄罗斯。执其从贼额布济、齐巴罕来献。"(《西域图志》卷44,"藩属一·左部哈萨克"条;见钟兴麟等校注《西域图志校注》,新疆人民出版社2002年版)记载为阿布赍欲用计擒阿睦尔撒纳不获之内容,过于简单。(4)"阿睦尔撒纳力穷,与其亲丁七人,共八骑,奔入俄罗斯地方。"(椿园七十一:《西域闻见录》卷6《西陲纪事本末下·阿睦尔萨纳叛亡纪略》,乾隆四十二年刊本)记阿睦尔撒纳骑马逃跑,与事实不符。(5)"阿睦尔撒纳接近俄国边境时,遭到了阿布赍苏丹的哈萨克部队的突然袭击,阿布赍苏丹这次行动是和清军联系过的,阿睦尔撒纳因此失去了全部牲畜和财产。他的属人或者被打死,或者被哈萨克人俘去,阿睦尔撒纳跟八个侥幸保全的人逃到了额尔齐斯河。"([苏]伊·亚·兹拉特金:《准噶尔汗国史》,马曼丽译,第432页)将阿布赍属人收取阿睦尔撒纳马匹导致其逃跑,记为受哈萨克部队突袭,且将逃跑人数连阿睦尔撒纳在内记为9个人,多了一人,两处均与事实不符。这很可能为阿睦尔撒纳逃往俄罗斯以后,俄方人员根据他们的讲述所做的记录。

弃",显然"徒步逃跑说"更有道理。那么,"骑马逃跑说"从何而来呢?这一说法应出自乾隆二十二年六月初三日阿布勒比斯遣往清朝军营使者所述:"只因阿睦尔撒纳去岁逃来……阿布赉欲将阿逆擒献,以求安静。先为所觉,盗马逸去。"①《西域闻见录》很可能是混淆了年份,因而将使者所讲述的阿睦尔撒纳于乾隆二十一年盗马逸去之事附会到第二年。另外,根据兹特拉金转引俄罗斯档案中的俄文资料,上一年阿睦尔撒纳也很可能不是逃跑,而是和阿布赉的哈萨克兵一起前往准噶尔地区。②

以下,笔者将以《平定准噶尔方略》中的阿布赉、阿布赉使者、阿睦尔撒纳属人这三方当事人的陈述为主,以清方前线将领的军报为辅,从史料中梳理阿睦尔撒纳往投阿布赉之大致经过。

阿睦尔撒纳于乾隆二十二年六月十九日,带 20 余人往阿尔察图投奔阿布赉,阿布赉虽好言安慰,但是阿睦尔撒纳仍然心生怀疑,并有所畏惧。二十日天亮前,阿布赉营地的哈萨克人众将其包围,取走马匹牲畜时,被阿睦尔撒纳发觉,他便立即抛弃衣物、器械、鞍马,仅同数人逃走。因为马匹被收,他们应是徒步从阿布赉营地逃出,中途有可能另寻马匹骑乘,并最终逃入俄罗斯界内。时隔约一月,即七月二十二日,清朝使者额尔克沙喇、努三面见阿布赉时,阿布赉主动讲述阿睦尔撒纳被他们围困及其逃跑之事。八月初九日,两位清朝使者因怀疑阿布赉不愿擒献阿睦尔撒纳,晓以利害,阿布赉则以子弟发誓,证其诚意。

清廷自阿睦尔撒纳于乾隆二十年叛乱起,就从未停止向哈萨克阿布赉遣使晓谕,要求其协助擒拿,但都如石沉大海。随着关于哈萨克的新情报陆续传来,清廷便不断获悉阿布赉曾嫁女给阿睦尔撒纳、前后多次助阿睦尔撒纳收拢部众、助其休养生息、出兵帮其抢

---

① 《平定准噶尔方略》正编卷41,乾隆二十二年七月丙午条。
② 〔苏〕伊·亚·兹拉特金:《准噶尔汗国史》,马曼丽译,第423页。其史料来源为:《准噶尔卷宗》,1755—1757年,第4卷,俄罗斯对外政策档案馆藏,第170张。

掠厄鲁特游牧地的消息；尤其是乾隆二十一年，阿布赉还与阿睦尔撒纳同时带领哈萨克兵与清朝对战。凡此种种，都表明阿布赉不会轻易破坏与阿睦尔撒纳的联盟关系。

尤其值得注意的是，在材料四中，阿布赉在两次陈述中都未有替阿睦尔撒纳求情之举。这与其上一年被清军击败后，替阿睦尔撒纳向清廷及部落内求情，且继续支持阿睦尔撒纳的表现，阿布赉之态度有了很大变化。阿布赉的求情内容为："据阿布赉云……阿睦尔撒纳，如穷鸟投林，擒献无难。恳求大皇帝开一面之网，全伊一命。"① 阿布赉说服部落内的长老们时，则以哈萨克习惯用语为辩护，据《平定准噶尔方略》之记载，"我部落内，老成晓事之人佥谓……若不即行擒献，恐俱不能安生。而阿布赉以阿睦尔撒纳如穷鸟投林，希图免死，不便遽行执献"②。

阿布赉态度为何有如此转变？笔者认为，这一态度转变，不但反映出他放弃与阿睦尔撒纳的联盟关系，开始履行清朝臣属的义务，而且也说明了整个左部哈萨克联盟最终做出决定擒献阿睦尔撒纳。由于哈萨克诸部内部结构松散，部落领袖如阿布赉并没有独断专行的权力，如遇大多数联盟成员反对之事，部落领袖的决定不但难以执行，而且即使拥有汗头衔也可能会被联盟成员所架空。当时的右部哈萨克汗阿比里斯的权力就实际由其下众头目所掌握。③ 阿布赉是在长期的战斗生活中，凭借战功和领导有方，获得部属的广泛支持而一步步晋升为头领的，他更明白失去部众支持的危险。阿布赉所领导的左部联盟内部，早就有反对收留阿睦尔撒纳的呼声，如上一年阿睦尔撒纳在从准噶尔地区逃往哈萨克途中，便遭到想要擒拿他献于清朝的阿布勒比斯属人纳喇巴图的主动进攻，将其所带三四十

---

① 《平定准噶尔方略》正编卷 31，乾隆二十一年九月乙亥条。
② 《平定准噶尔方略》正编卷 31，乾隆二十一年九月己巳条。
③ 《定北将军班第奏报西哈萨克等处派使臣来告塔什干城管理情形并请照例设置阿奇木等职折》，乾隆二十年八月十二日，《军机处满文录副奏折》，中国第一历史档案馆藏，档案号：03-0172-0448-001。

人剿灭，仅余两三人随其逃至阿布赉处。① 到清哈战争中被打败后，哈萨克左部内的长老更是反对收留阿睦尔撒纳以免部族受牵连，②且此种反对之声日益高涨。这些都为明证。

凭借个人威望和哈萨克的惯例，阿布赉固然可以在上一年顶住部落联盟里的压力，收留阿睦尔撒纳，但也不得不将其禁闭，对内示以公允。此时的阿布赉面临两种处境：一方面，他自身受伤，哈萨克游牧地连年遭清军进攻，阿睦尔撒纳又毫无起色，清军再次大兵压境，哈萨克草原饥荒流行，等等，这些事情都对他及整个部落施加了巨大压力；③ 另一方面，清廷屡次以不改哈萨克制度、允准贸易，并使其沐恩泽相允诺，且一直以来只以阿睦尔撒纳为敌，以善意对待哈萨克部。在清廷恩威和部落遭遇之双重影响之下，为解决日益严重的哈萨克联盟内部的矛盾，作为领袖的阿布赉不得不对阿睦尔撒纳的态度有所转变。应该说阿布赉在个人感情上或许尚有同情阿睦尔撒纳的成分，但是与整个部族的前途相较，他只能选择后者，带领左部哈萨克擒拿阿睦尔撒纳，以向清廷证明其诚意。

综上所述，阿布赉的这一改变，即是其身处哈萨克政治体制内，为体现众哈萨克部落众头目意志而做出的必然决定，也是清朝、俄罗斯、准噶尔、布鲁特等外部因素以及哈萨克内部因素综合作用的结果，还是清哈关系动态发展上的历史性必然结果。

第四节 清哈"大国—藩属关系"的正式建立

乾隆二十二年即1757年，清朝前线将领与阿布赉接触后，阿

---

① 《平定准噶尔方略》正编卷28，乾隆二十一年五月乙酉条。
② 《平定准噶尔方略》正编卷31，乾隆二十一年九月己巳条。
③ 清朝对此现象也有一些记录，如"前闻伊等部落，心颇不齐"（《平定准噶尔方略》正编卷42，乾隆二十二年八月辛酉条）。

布赍一面进呈归附表文、遣使朝觐，另一面遣人在哈萨克内部告知各部落归附清朝之事。在清哈双方的积极推进下，清哈关系得到迅速发展。作为阿布赍归附的重要凭证之一的表文汉文版，历来为国内外学界所重视和引用，其归附性质也得到中国学界的广泛认可。但因汉文版表文是据原托忒文版翻译而来的，近年来国外学者如小沼孝博、野田仁①等人提出，汉译版本已据儒家观念对原始内容进行了修正，部分改变了原意，从而对"归附"和"归附文书"之表述加上引号，②认为"归附"一词不能准确代表阿布赍的本意，且强调应对原文进行语文学分析，这成为他们论证清哈关系为"额真—阿勒巴图关系"或"国际关系"的重要依据。巴哈提·依加汉则对"表文"二字加引号，认为"迄今仍被广泛引用的汉文本乃是为适应清廷所需而制成的'历史文献'，阿布赍原信中朴素的示好话语在此已被改头换面"③，直接对"表文"性质提出质疑。笔者认为，首先应肯定的是，托忒文版本具有较为重要的学术价值，但不应在史料运用不充分的情况下贸然否定汉文文献中"归附""表文"的性质和意义。由此产生以下 3 个问题：汉译版本和托忒文版本差距有多大？考虑到此期间还产生了满文译本，那么满、汉文版本与原托忒文版本不一致之处是否影响归附之性质？清代著述中的解读和到目前为止的学界研究，为何未能准确反映阿布赍遣使奉表文之原意？以下拟从多语文本的形成和流转入手，结合文本形成中的历史活动，来探讨清哈"大国—藩属关系"的正式建立。

从上节所论兆惠于乾隆二十二年六月十八日的系列奏折、奏片内容可知，除奏报阿布赍归附过程的长奏折外，兆惠还曾就进呈阿布赍

---

① 〔日〕野田仁、小沼孝博，"A Collection of Documents from the Kazakh Sultans to the Qing Dynasty", *Central Eurasian Research*, Special Issue 1, University of Tokyo, 2010, pp. 86 – 125。
② Ablai's 'Submission' and His 'Memorial to the Throne Offering Allegiance'.
③ 该文称表文为"这一被清朝称为'表文'的信件"；参见〔哈〕巴哈提·依加汉《从地图和纪行史料看清朝对哈萨克的早期认识》，《民族研究》2018 年第 2 期。

归附时所上的托忒文文书事具之专折。该专折称:"彼等携来阿布赉为带领全部哈萨克附入上奏圣主文书,理应由亨吉噶尔等捧举,待至京城后上奏圣主,方为妥当。伊等所奏托忒文文书,奴才等依例抄写,上奏阅看。再将阿布赉所遣使者姓名,另片一同奏闻,为此恭谨奏闻。"① 小沼孝博认为,阿布赉归附表文原件,由哈萨克使者随身携至京城进献,但该份原件现已不存,现存托忒文录副②是将军兆惠等在哈萨克使者从军营出发前提前抄写送往京城而得以保存的,该份文书内容成了后来乾隆帝昭告天下上谕中汉文版归附表文的直接来源。小沼孝博还根据满文版《平定准噶尔方略》中的公文形成时间,确认了汉文版表文之形成在哈萨克使者到达京城前,即其底本只能来自兆惠奏览时的抄写件。经核对满文版《平定准噶尔方略》以及相关满文档案与汉文文献中的记载,笔者认为,汉文版表文译自现存托忒文抄件的判断是可信的。

以下为汉文版《清高宗实录》中的阿布赉之归附表文:

> 哈萨克小汗臣阿布赉,谨奏中国大皇帝御前。自臣祖额什木汗、扬吉尔汗以来,从未得通中国声教。今祗奉大皇帝谕旨,加恩边末部落,臣暨臣属,靡不欢忭,感慕皇仁。臣阿布赉愿率哈萨克全部归于鸿化,永为中国臣仆,伏惟中国大皇帝睿鉴。
>
> 谨遣头目七人及随役共十一人。赍捧表文,恭请万安,并

---

① 该托忒文版本可在中国第一历史档案馆查询系统浏览、征用;见《定边右副将军兆惠奏将阿布赉率属投诚之托忒字奏书及其使臣之名恭录呈览折》,乾隆二十二年六月十八日,《军机处满文录副奏折》,中国第一历史档案馆藏,档案号:03-0176-1643-008。《清代新疆满文档案汇编》收录了该份阿布赉归附之托忒文文书的满文翻译版本,但未同时收录托忒文抄件版本。此处"亨吉噶尔",即"亨集噶尔";下同。

② 录副即抄件之意。〔日〕野田仁、小沼孝博 "A Collection of Documents from the Kazakh Sultans to the Qing Dynasty" 第二章 "Political Relations Between the Qing Dynasty and Kazakh Nomads in the Mid-18th Century: Promotion of the 'ejen-albatu' Relationship in central Asia"。

敬备马匹进献。谨奏。①

笔者查阅兆惠当天奏报的满文恭贺专折，此折称"哈萨克阿布赉带领全部哈萨克，已成圣主阿勒巴图归附而入，为跪奏恭贺之故，哈萨克阿布赉奏书内开"，且其中附有形成于前线的该托忒文表文的最早满文译本，现翻译如下：

阿布赉，自我祖额什木汗、扬吉尔汗以来，从未有大汗谕旨到来，现闻圣旨，为将我等鉴悉而欣喜。阿布赉，我子，哈萨克全部，已成你们的阿勒巴图，现如何怜爱我等之处，盼圣上洞鉴。②

---

① 《清高宗实录》卷543，乾隆二十二年七月丁未条。
② 《定边右副将军兆惠等恭贺哈萨克阿布赉率属投诚折》，乾隆二十二年六月十八日，《军机处满文录副奏折》，中国第一历史档案馆藏，档案号：03-0176-1643-007；亦收于中国边疆史地研究中心、中国第一历史档案馆合编《清代新疆满文档案汇编》第23册，第364—365页。其表原文为：aha jao hui fude coohai kūwaran i ambasa hafan cooha be gaifi, gingguleme wesimburengge, hasak i abulai gubci hasak be gaifi, endurignge ejen i albatu ome dahame dosika, urgun i doroi hengkileme wesimbure jalin, hasak i abulai wesimbure bithede, abulai mini mafa esima han yangkir han ci ebsi, amba han i hese mende isinjihakū bihe, te hese be donjifi, membe bulekušeme sahabi seme urgunjeme, abulai, mini juse, hasak i gubci suweni albatu oho, te membe adarame gosire be dergici bulekušereo, sehebi. aha be hujufi gūnici, hasak serengge, encu tacihiyan goro aiman i niyalma, musei gurun neiheci ebsi, umai elcin takuraha, alban jafaha mudan akū, te enduringge ejen i gosin wen duin ici badarafi, coohai horon goro jecen de elgire jakade, dubei jecen de tehe hasak i abulai elcin takurafi, ba ci tucike morin be jafame, gubci aiman i urse be gaifi, gingguan ijishvn i enduringge ejen de albatu ome, hing seme dahame dosikangge, gemu enduringge bodogon baitai onggolo toktobume, abkai horon goro elgin ci banjihangge, te gun gar i babe toktobufi, geli hasak i gubci aiman be bargiyame dahabuha be dahame, ereci hanci goro geren aiman i ahasi tumen aniya de isitala, enteheme elhe jirgacun i huturi be alimbi, ahasi alimbaharakū fekuceme urgunjeme, kūwaran de bisire hafan cooha be gaifi, enduringge ejen i amba urgun i doroi dorolome hengkilehe, erei jalin gingguleme wesinbuhe. abkai wehiyehe i orin juweci aniya nadan biyai juwan ninggun de fulgiyan fi i pilehe, hese, hese wasimbuha, sehe. ninggun biyai juwan jakūn.

第三章　哈萨克首领阿布赉归附清朝史实考　179

对于阿布赉归附表文之托忒文版本，已有小沼孝博、野田仁以汉文、托忒文版本相对照进行过讨论，将对这一问题的研究引入深处。但在该托忒文文本的解读和满文档案的穷尽与利用方面，还存在有待完善之处。以下为小沼孝博对托忒文版本的转写：

/1/ Dēre yeke Qāntandu bariba. Mini öbügü ečege.
/2/ Ešim qan Yanggir qānāsa nārān tani zarliɣ mandu.
/3/ kürēd ödöi belei. Odo zarliɣ sonosūd maniyiki.
/4/ ayiladni ülbeinü tuzi bayarlād. Abulai bi köbüüteni.
/5/ qasaɣ bukudēr albatutani bolba. Odo maniyiki yamāra.
/6/ qairalaquyigi dērēse ayiladqu ülbeinü. Dolōn.
/7/ tolgoi elči arban nigüüle.

Hasak i abulai i temgetu，Abulai i deo abilbis temgetu.①

笔者现将小沼孝博给出的英文翻译汉译如下：

我呈上［这封信］给至上大汗。自我祖父及父亲额什木汗和扬吉尔汗，您的谕旨从未到达，现在，听闻您的谕旨，我高兴地得知［您］考虑到了我们。我阿布赉，［我的］儿子，和所有的哈萨克，已成为你们的阿勒巴图。现在，我希望上［皇帝］指示如何对待我们。

［我派出了］七位使者［和四位随从］［一共］十一人。

---

① 转引自〔日〕野田仁、小沼孝博，"A Collection of Documents from the Kazakh Sultans to the Qing Dynasty"，Central Eurasian Research，Special Issue 1，University of Tokyo，2010，p. 12。前7行为托忒文正文的转写，最后一行为清朝前线人员对所盖印章进行说明时添加的满文转写。

  阿布赉之印。阿布赉弟阿布勒比斯之印。①

  比较以上所列归附表文之汉文版、满文版汉译、托忒文版英译后的汉译可知，满文和托忒文版本内容基本一致，但汉文版内容确实有与二者不同之处。由此可讨论本节提出的第一个问题，即汉文版与托忒文版的差距有多大？正如小沼孝博指出的，汉文版中确实对原始内容进行了一定的修饰，如增加了"小汗""得通声教""归于鸿化"这样的词，但如果仔细比较汉文版和托忒文版本，就会发现不同之处多体现在翻译词的选择上，如将"至上大汗"译成"大皇帝"的同时，将阿布赉身份对应为"小汗"②，将"您的谕旨从未到达"译成"从未得通中国声教"，将"已成为你们的阿勒巴图"译成"归于鸿化，永为中国臣仆"等，且译成的"臣仆"相较于"阿勒巴图"的"奴仆"之意，在谦卑语气上还有所削弱。因而从总体上来看，托忒文版本里的核心内容在汉文版本里都得到了体现，在译法上，汉文版有多处补充了原托忒文版本中省略的主语，如将"小汗"称号用于本不是汗的阿布赉头上以明确其在哈

---

① 小沼孝博对托忒文文本以英文作了翻译："I present [this letter] to the Supreme Great Khan. Since the time of my grandfather and father, Eshim Khan and Janggir Khan, your edict has not reached to me. Now, hearing your edict, I am glad always to know [that you] have regard for us. I, that is Abulay, [my] sons, and all the Kazakhs have become your albatu. Now, I hope that the Above (emperor) would instruct how to have regard for us. [I dispatched] seven envoys [and four attendants], [a total of] eleven persons. [seal of the Kazakh Ablai] [seal of Ablai's younger brother Abulfey]."

② "小汗"在满文中本应对应于"ajige han"，但在乾隆帝满文上谕中，对阿布赉等哈萨克首领拥有的汗头衔使用的满文词是"buyasi han"，意为"地位低下的汗""微末的汗"，这更符合作为统领天下总汗的乾隆帝与他们的关系。相对而言，汉文版表文中，使用的"小汗"所指几乎等同于清朝藩部中地位较高的土谢图汗、札萨克图汗，比满文原意中的地位更高，即汉文"小汗"一词的使用，实际上是对满文语境中阿布赉"汗"地位的提升。见《大学士傅恒等为扎付哈萨克汗之书毋庸避讳写作哈萨克王事寄信伊犁将军阿桂》，乾隆三十二年五月初七日，《乾隆朝满文寄信档》，中国第一历史档案馆藏，档案号：03-18-009-000132-0001。

萨克部族中的首领地位，在翻译中甚至还有提升阿布赍地位和弱化阿布赍原文中之谦卑之处。汉文版中的用词显然更加符合汉文语境，且便于此种语境下受众的理解，但并没有使表文中阿布赍率属归附清朝皇帝的性质发生改变，也就是说没有对表文、归附、归附文书的性质做实质性的修饰。

为进一步从历史语言学角度分析该托忒文版本，笔者就该托忒文表文之录副影印版和小沼孝博进行的转写与翻译，咨询了托忒文专家策·巴图教授，[①] 获得的分析如下。首先，小沼孝博翻译中"自我祖父及父亲额什木汗和扬吉尔汗"一句，结合托忒文语法分析可知，满文版中翻译的"自我祖额什木汗、扬吉尔汗以来（mini mafa esima han, yangkir han ci ebsi）"似乎更符合史实和逻辑关系。其次，最重要的疑问出现在对托忒文词组"Abulai bi köbüüteni"的翻译上，小沼孝博译为"我阿布赍，［我的］儿子"，兆惠奏折中的满文版译为"阿布赍，我子（abulai, mini juse）"，这里小沼孝博对托忒文版的翻译和笔者对满文版的翻译呈现一致性，都表达阿布赍带领众子归附清朝之意。但策·巴图教授指出，此处小沼孝博对影印版进行的托忒文转写是正确的，问题在于影印版托忒文抄件上的"köbüüteni"一词的托忒文写法并不规范，不能严格地符合当时的托忒文语法规则，这一现象有可能是清军笔帖式抄写失误所造成的，也有可能是阿布赍方面在书写原始文书时的不规范造成的。这一抄写问题，使得按照托忒文语法翻译时会产生两种理解，即"带领儿子"和"成为儿子"，但按照"-teni"这一表达愿望的后缀写法，并结合18世纪的托忒文语言习惯，这句话的意思应为"阿布赍我愿成为儿子"。结合上下文来看，这句的完整翻译应为"阿布赍我自愿成为［大皇帝您的］儿子，带领哈萨克全部，

---

① 此处特别感谢新疆大学历史学院（西北少数民族研究中心）策·巴图教授所提供的帮助，他带笔者对托忒文影印版进行了逐字辨识、翻译和分析，并就小沼孝博转写和翻译中的疑点提供了意见。

已成为你们的阿勒巴图"。从这一表达的实际内容来看，目前国内外学界，甚至作为当事人的清朝官方，对这份托忒文表文所进行的汉、满、英文各种翻译都是错误的，该句中阿布赉称子所表达的归附意愿，实际上远强于现有各版本的译文，这极大地增强了使用"表文""归附文书"等词来对这份文书进行定性的说服力。对本节提出的第二个问题，笔者认为，汉文版虽然对托忒文版有所改写，但并不改变其归附之性质，而托忒文原文中实际上含有的阿布赉自称大皇帝之子之意，则表达了更为强烈归附意愿，因而版本间的不同之处，不足以影响该份文书被称为"归附文书"之性质。

经笔者进一步爬梳相关满文档案发现，直接从托忒文录副影印版文本中分析得出的"成为儿子"说法并非孤证。梳理这一时期满文档案可知，阿布赉及其哈萨克使者在多种场合下都有此类表述，此时期的满文奏折就对此多有记载，特举例如下。

其一，兆惠在此事两个月后奏称，侍卫努三在阿布赉归附后前往哈萨克草原，于七月二十日遇到哈萨克部众携酒前来向他们恭请乾隆帝万安，并问候将军、大臣、兵士，他们称"我们阿布赉已成大皇帝之子（meni abulai amba ejen i jui ome），我等众哈萨克皆已成额真之阿勒巴图，现已成一家，请住宿我等之家。纷纷和睦相劝"。① 努三于七月二十二日见到阿布赉，阿布赉自称"现我已成大皇帝之子（te bi amba ejen i jui ome），带领哈萨克全部成阿勒巴图归附。听闻使者前来消息，二日一夜行走七日程途前来，现我们已

---

① 《定边右副将军兆惠奏闻努三等所呈会见阿布赉询问阿逆消息及哈萨克风土人情折》，乾隆二十二年九月十四日，《军机处满文录副奏折》，中国第一历史档案馆藏，档案号：03-0176-1655-040。满文转写：orin de isibume jugūn i unduri nukte i urse arki cige gajime jifi, enduringge ejen i elhe be baime jiyanggiyvn ambasa coohai urse saimbe fonjifi, meni abulai amba ejen i jui ome, meni geren hasak gemu ejen i albatu oho, te emu boo oho be dahame, meni boode tatarao seme teisu teisu hūwaliyasun habcihiyan i arbuxambi。

成一家"①。努三其后再次与阿布赉相见，商议哈萨克部遣使朝觐事宜，阿布赉称：

> 我们使者亨吉噶尔尚未返回，望于返回时再派使者。我已成大皇帝之子（bi amba ejen i jui ome），带领子弟与全部哈萨克成阿勒巴图归附，我等哈萨克向来随意分散游牧，繁衍马畜生活。我们三部中玉兹、大玉兹、小玉兹②皆如一体，大玉兹居于塔什干地方，小玉兹居于希尔河尽头地方。我等皆为一体，对敌一起，归附亦一起，不出阿布赉我所言。我意，将大玉兹、小玉兹诸汗、苏尔统等之名字与我们中玉兹一同撰写呈交。③

其二，阿布赉归附时除向北路将军兆惠处派出使者霍多桂达木等，以及遣使亨集噶尔等前往京城朝觐外，还特意向西路清军派出沃托尔齐等4人面见定边左副将军成衮扎布。乾隆二十二年七月十一日，沃托尔齐等人由兆惠派兵护送至伊犁，他们见到成衮扎布后告知阿布赉归附之缘由，称：

> 我们阿布赉情愿成为大皇帝之子（meni abulai cihanggai amba ejen de jui oki），全部哈萨克人众皆愿成为阿勒巴图，

---

① 满文转写：te bi amba ejen i jui ome, hasak gubci be gaifi, albatu ome dahaha, elcin jihe mejige be donjime, nadan dedun i babe juwe inenggi emu dobori yabufi isinjiha, te muse emu boo oho。

② 原文为"额尔图玉斯、乌鲁玉斯、克希玉斯"，与前文拼写不一致之处，应为用满文记录所致。

③ 满文转写：meni elcin henjigar isinjire unde, jihe erinde, jai elcin unggiki, bi amba ejen i jui ome juse deote hasak gubci be gaifi albatu ome dahaha, meni hasak cihetei adali, son son i nukteme morin ulha be fusembume yabuhai jihe, meni ilan aiman ortuyus, uluyus, kešiyus, be gemu emu adali, uluyus tasigan i bade tehebi, kexiyus sir bira dube jai bira bade tehebi, be gemu emu beye, dain oci, inu sasa, dahaci inu sasa, abulai mini gisun ci jurcerakū. mini gūnin de, uluyus kišiyus i han, solton sei gebu be gemu ortoyus meni gemu sasa arafi, bure。

为此派亨吉噶尔等十一人为使者。又为使成将军闻得此事，将我等九人派出，抵达兆将军处后，将我们中五人与你们额尔克沙喇台吉一同派往阿布赉处，将我们四人向此送来。①

以上努三见到阿布赉前后之听闻哈萨克部众之言、阿布赉的两次自述，哈萨克使者沃托尔齐见到成衮扎布时所言，即兆惠和成衮扎布所呈之两份奏折，共计 4 处，都出现了阿布赉成为大皇帝之子此类表述，说明托忒文归附表文中相应文本的准确翻译即应如此。另外，以上档案中往往最先提及阿布赉自称乾隆帝之子，且围绕这一表述哈萨克部众及阿布赉本人还有进一步阐释的言行，这些都在印证着这一表述真实有效。由此分析可知，此一表述在哈萨克部人众观念中是归附的最重要标志。

考察托忒文表文的满、汉文译本与同时期形成的对阿布赉归附清朝之历史著述，会发现清朝官方知识体系中的历史著述，都采用了阿布赉我带领我子及哈萨克全部归附的说法，缺少了"阿布赉我自愿成为［大皇帝您的］儿子"这一对阿布赉来说极其重要的表述。由清朝翻译该托忒文文书的过程可知，将军兆惠能够看到托忒文表文，身边又有精通托忒文的通事，具备准确翻译的条件；经

---

① 额尔克沙喇为成衮扎布之子，十数年前在准噶尔部时，曾与被扣押在伊犁的阿布赉相识，以后有所交往，哈萨克使者此言应为特意提及。《定边将军成衮扎布奏闻会见阿布赉之使沃托尔齐等并晓谕擒拿阿逆等贼情形折》，乾隆二十二年七月十四日，《军机处满文录副奏折》，中国第一历史档案馆藏，档案号：03-0176-1669-0003。满文转写：meni abulai cihanggai amba ejen de jui oki, gubci hasak use gemu albatu oki seme, kenjigar i jergi juwan emu niyalma be elcin obume takūraha, geli ere babe ceng jiyanggiyvn de donjibukini seme meni jergi uyun niyalma be unggihe. jao jiyanggiyvn de isinaha manggi, meni sunja niyalma be suweni erkešara taiji be suwaliyame sasa abulai de unggihe, meni duin niyalma be ebsi benjibuhe.

核对形成于京城的御制诗文以及军机处奏折①可知，乾隆帝和军机处官员也能够看到前线所呈的托忒文表文原件和全部奏折。但他们均未提及此翻译问题。乾隆君臣在接纳边疆部族首领率部归附中出现这一现象，反映出历史事实与历史书写间的矛盾，对此加以探讨，对深化清哈文化交流研究具有重要价值。由此可讨论本节第三个问题，即为何清朝时期的著述，以及目前学界的研究都未能准确反映阿布赉遣使奉表文之原意？为此，笔者进一步追问：阿布赉的说法是否有其历史文化渊源？清朝如何看待类似的表述？其后有没有同类事件发生？

笔者认为，错译和修改托忒文表文原意之原因如下。首先，兆惠等人的错译应是受到托忒文原件的不规范写法影响；其次，"阿布赉我自愿成为［大皇帝您的］儿子"此一表述，对前线满、蒙古、汉人官员来说，感觉较为突兀而难以采纳；最后，兆惠奏报阿布赉归附之事不能拖延，因而未来得及与哈萨克使者逐句核对表文。从上引后二份奏折的具奏时间上看，兆惠确实来不及与哈萨克方面求证"阿布赉我自愿成为［大皇帝您的］儿子"之表述，因而兆惠等人采用了更符合清朝话语之习惯的"阿布赉，我子，及哈萨克全部，已成你们的阿勒巴图"的译法。以上不同文本表述的差异和互通之处说明，清廷存在多样化的信息采集渠道。未采用"我自愿成为［大皇帝您的］儿子"译法，还可以在更广泛的社会历史背景下来讨论。

第一，哈萨克部的归附观念。阿布赉自称的"阿布赉我自愿成为［大皇帝您的］儿子"，应来自其观念中最符合历史文化认知的归附意愿之表达。一是，从游牧社会内部秩序来说，在哈萨克内部其汗位须由成吉思汗之后代来继承，而阿布赉在与额尔克沙喇等人

---

① 笔者对中国第一历史档案馆藏题名中含"哈萨克""阿布赉""阿布赖"约500件乾隆朝《满文上谕档》进行了全文录入，并逐字核对与《乾隆朝满文寄信档》相关之200余件全文，均未见乾隆帝对阿布赉自称为其子的回应。

的长期交往中应获悉，清朝皇帝作为诸蒙古部落的统治者，具有治理各蒙古及相关部落的合法性。二是从哈萨克内部来说，其父、兄、弟、子、侄等父系血缘概念的非血缘化使用也应是广泛存在的，应是亲近关系的习惯表达方式。如阿布赉幼年时曾为他人之养子，① 清朝使者多次听见阿布赉称阿布勒班毕特为"兄"，称其子为"弟"；② 此类情况也出现在与阿布赉关系较为密切的哈萨克贵族霍集博尔根、多罗特拜与阿睦尔撒纳之间，无血缘关系的霍集博尔根就称自己为阿睦尔撒纳的"如父亲般之人"③。三是从阿布赉对世界局势的认识来说，在其心目中满洲汗为世界上最重要的两大汗之一④，

---

① 有记载称阿布赉少年时曾为中玉兹巴依铁木耳之养子，见苏北海《哈萨克族文化史》，第 320 页。

② 如无近亲血缘关系的中玉兹汗阿布勒班毕特称阿布赉为"弟"，而阿布赉又称阿布勒班毕特之子阿布勒比斯为"弟"，见《参领那旺等出使哈萨克会见阿布赉等头目情形事呈文》，乾隆二十三年十月十二日，《军机处满文录副奏折》，中国第一历史档案馆藏，档案号：03 - 0177 - 1724 - 025。

③ "阿睦尔撒纳若来此地，必来找霍济伯尔根、多罗特拜我等二人，我等二人乃如其父亲般之人"（amursana ubade jici, urunakū hojibergen dolotbai meni juwe be baime jimbihe, meni juwe ini ama i adali niyalma），见《定边右副将军兆惠奏闻努三等所呈会见阿布赉询问阿逆消息及哈萨克风土人情折》，乾隆二十二年九月十四日，《军机处满文录副奏折》，中国第一历史档案馆藏，档案号：03 - 0176 - 1655 - 040。

④ 阿布赉使者曾言："我们阿布赉等心中，天下唯满洲汗为大，控噶尔汗为大。现卫拉特等叛乱，大皇帝必派兵。为此，我们阿布赉持去年将军等所给书信，带兵来此相迎，若有逃窜卫拉特等即掠之，若遇大兵，即以将军等所给书信为凭，愿归附而入（meni abulai sei gvnin de abkai fejergi de damu manju han amba, kungker han amba te oilet se ubašaci tetendere amba ejen urunakū cooha unggimbi ede meni abulai duleke aniya jiyanggiyūn sei buhe bithe be jafame, cooha gaifi ebsi okdonjime, fifaka oilet se bici tabcilame gaiki, amba cooha be ucaraci, jiyanggiyvn sei buhe bithe be temgetu obufi dahame dosiki）。"见《定边右副将军兆惠奏阿布赉等遣使投诚并派努三等前往扶绥令其拿献阿睦尔撒纳折》，乾隆二十二年六月十八日，《军机处满文录副奏折》，中国第一历史档案馆藏，档案号：03 - 0176 - 1643 - 012。

因而明言清朝皇帝为东方至尊①,这也可以解释为什么阿布赉虽具有进兵准噶尔腹地伊犁河谷的实力,却一直远避清军之锋芒。四是从中亚政治局势来看,追溯这一称呼源头,是清朝取代了原准噶尔部18世纪中期前在中亚地区所建立的统治权,②也就是小沼孝博就"额真—阿勒巴图关系"提出的历史来源。③因为之前中亚其他部落大多是准噶尔部的"阿勒巴图",阿布赉在表文中使用这一称呼,一定程度上也应是承袭自噶尔丹策零时期,中亚诸部大多为准噶尔属部时所形成的各部首领对准噶尔汗的自称之习惯。笔者认为,在清朝统一多民族国家之多元一体政治文化的影响下,地方首领对掌控中央政权之皇帝使用符合自我认知的称呼是存在的,这里的"阿布赉我自愿成为〔大皇帝您的〕儿子"在表达归附的意愿上,比"阿勒巴图"更进一步。五是从阿布赉精通卫拉特语和托忒文来看,他向清朝、俄罗斯行文时大多使用托忒文,表文中的内容应能较为准确地反映他的意愿和观念。以上所列五点都为阿布赉的认识来源,其中的复杂性和联系性不应忽视。

第二,口头交流系统的存在。乾隆帝可能知道阿布赉向他自称"儿子"之事,虽未在上谕中直接回应,但因清朝具有圣旨之

---

① 阿布赉本人曾对清朝使者那旺说:"我们听闻,日出处满洲汗为大,日落处控噶尔汗为大,现我已为大皇帝之子,带领哈萨克成阿勒巴图归附"(meni donjihangge, šun dekdere erinde manju han amba, šun tuhere ergide kungkar han amba, te bi amba ejen i jui ome, hasak gubci be gaifi, albatu ome dahaha)。"见《定边右副将军兆惠奏闻努三等所呈会见阿布赉询问阿逆消息及哈萨克风土人情折》,乾隆二十二年九月十四日,《军机处满文录副奏折》,中国第一历史档案馆藏,档案号:03-0176-1655-040。
② 关于清朝在中亚管理中对"准噶尔遗产继承"的讨论,参见 David Brophy, "The Junghar Mongol Legacy and the Language of Loyalty in Qing Xinjiang", *Harvard Journal of Asiatic Studies*, Volume 73, Number 2, December2013, pp. 231-258。
③ 〔日〕野田仁、小沼孝博, "A Collection of Documents from the Kazakh Sultans to the Qing Dynasty", *Central Eurasian Research*, Special Issue 1, University of Tokyo, 2010。

外附加口谕之习惯，中亚诸部首领呈文之外也有通过使者口头带话的传统，乾隆帝有可能在召见哈萨克使者时口头有所提及。如弗莱彻注意到，同样来自中亚地区的浩罕使者在觐见乾隆帝返回后，在当地文书中就留下了乾隆帝称浩罕统治者为"朕之子"的记载，① 这应与阿布赉在托忒文归附表文中的表达有相近的历史文化渊源。与浩罕情况不同，笔者没有找到哈萨克使者返回后称乾隆帝提及阿布赉为其子的记载，也没有在浩罕历代统治者呈送给乾隆帝的文书中见到自称儿子的表达。哈萨克和浩罕的例子中，前者有自称"儿子"文书，后者有"朕之子"的记载，但都缺少另一方的与之相应的称呼来印证。这一缺失信息的情况，应源于反映当事人观念的文字记录史料之留存不完整。乾隆帝有可能曾和哈萨克使者谈及阿布赉为"朕之子"，但因哈萨克游牧部落的文字记载不如绿洲地区如浩罕那样丰富而缺失记录，这种可能性是存在的。这种可能性的存在，提醒我们在研究清代边疆史时要重视口头交流系统。

第三，中国历史传统对乾隆帝的影响。这一称呼未出现在现存之清代汉、满文档案和著述等书面系统中，应有中国历史传统对统治者有所影响的原因。无论乾隆帝是否在口头交流中称阿布赉为"朕之子"，很可能都不会以书面形式记载此事。究其原因，应为乾隆帝从中国历史传统和清朝大皇帝身份出发，将阿布赉认定为周

---

① 约瑟夫·F. 弗莱彻：《1368—1884 年的中国与中亚》，载〔美〕费正清编《中国的世界秩序——传统中国的对外关系》，杜继东译，中国社会科学出版社 2010 年版，第 228 页。即使这一记载可信，"朕之子"的表述也应发生在浩罕归附清朝初期，当清朝对浩罕事务的管理权还未对应于喀什噶尔参赞大臣之时，这样的对话表述应是特定历史时期的个别行为，不具有普遍意义。

边"较小部落"(buya aiman)之首领,① 认为哈萨克首领称伊犁将军级别的清朝官员"为父",则更符合他们在清代边疆管理体系中的地位,这点可从乾隆五十年的御制诗《伊犁将军伊勒图病故诗以惜之》② 中的"子仪召饮感无欺"一句的注解上得到印证。

> 唐郭子仪镇河中,时仆固怀恩叛,诱回纥、吐蕃等三十万众犯边。子仪随数十骑免胄见之,责以大义,回纥等咸舍兵下马拜曰,果吾父也。即召与饮,遗之锦防,结誓如初。兹伊犁自准噶尔回部平定以后,伊勒图为将军,驭以诚信,额鲁特、回部等皆安居乐业,宁静守法,与内地编氓无异。如哈萨克之阿布赉、阿布尔比斯,及其子斡里苏统、罕和卓等,皆敬礼伊勒图,或呼为父。此固国家德威远播,亦由该将军威名素著也。

伊勒图病故后,乾隆帝回忆起乾隆二十二年归附、四十六年逝世的阿布赉对伊勒图"呼为父",应有确切依据。这段注解在褒扬伊勒图治边功绩的同时,还反映出乾隆帝对清朝边疆地区治理体系内的部落首领所处地位的总体看法,以及对"阿布赉我自愿成为[大皇帝您的]儿子"意义相近的"呼为父"之表达的态度。其中,乾隆帝将伊勒图比作汉代名将赵充国、唐代名将郭子仪,将哈萨克部比作归降的羌人

---

① 如乾隆二十三、二十四年及之后,乾隆帝在接见阿布赉等哈萨克首领所遣使团后,在有关哈萨克事务的上谕中有"彼等皆为极边微末部落之人(ese gemu dubei jecen i buya aiman i niyalma)"之表述;见《军机大臣为布鲁特西哈萨克使臣驿送至巴里坤后应换乘伊等自己之马畜返回事寄信驻巴里坤办事布政使等》,乾隆二十四年一月二十六日,《满文上谕档》,中国第一历史档案馆藏,档案号:03-18-009-00025-0001-0035。"哈萨克,乃微末部落之人(hasak serengge, buya aiman i urse)",见《军机大臣为令叶尔启木等处已降著与哈萨克交易马匹不必再加价事寄信办理与哈萨克贸易事护统领等》,乾隆二十四年七月十六日,《满文上谕档》,中国第一历史档案馆藏,档案号:03-18-009-00026-0001-0019。

② 《御制诗五集》卷18,《乾隆御制诗文全集》,中国人民大学出版社2013年版。又节录于《钦定八旗通志》卷首之五。

三万余户,① 将阿布赉比作身为边臣且曾入凌烟阁功臣绘像的仆固怀恩,将仆固怀恩称郭子仪"果吾父也"与阿布赉等哈萨克首领对伊勒图"呼为父"直接关联,而郭子仪劝降出身铁勒部的仆固怀恩也与乾隆二十二年将军兆惠劝降阿布赉情况高度相似。这些与中国历代中央王朝大一统观念密切相关的西域历史书写,体现出乾隆帝心目中的"国家德威远播"的理想边疆秩序之下的封疆大吏,应具备"威名素着"之美德和靖边安疆之"柱石"作用;通过他们,乾隆帝能实现国家对遥远边陲诸部落首领进行"感化"之治理期许。这与乾隆二十年代末,清廷对中亚诸部事务的管理权进行调整相符合。此时期,乾隆帝将对中亚诸部之管理权直接对应于伊犁将军和喀什噶尔参赞大臣。② 以上分析说明,在清朝继承中国历代王朝之正统的前提下,乾隆帝认为,边疆藩部首领如阿布赉的直接管理者应是清朝的边官,他们对清朝边将"呼为父",更符合中国历史传统,也符合阿布赉的地位,即哈萨克首领阿布赉和浩罕统治者的地位,应低于清朝镇守、管理边疆之将军和喀什噶尔参赞大臣,受后二者之管辖;而要赢得诸部首领的敬重,又需要戍边将领、官员自身勤勉有为、德威兼备。乾隆帝在这里从实体"长城万里"为代表的中国传统边疆观出发,将"外万里"的汉唐西域旧疆,与现实中

---

① "充国屯田诚制胜。昔汉赵充国为后将军,议罢骑兵万人留屯田条便宜十二事,宣帝从其计,羌人降者三万余";见上引御制诗。
② 马世嘉从印度及周边势力例子出发认为,清朝在 18 世纪中期,将全国各边疆地区接壤的势力或人群纳入各地区官员管理,至 19 世纪中期转型为统一管理,并称此为"从边疆政策到外交政策"。参见 Matthew W. Mosca, *From Frontier Policy to Foreign Policy: The Question of India and the Transformation of Geopolitics in Qing China*, Stanford: Stanford Univ. Press, 201。笔者认为,该观察具有一定的合理性,能够与清朝在 18 世纪 60 年代将新疆南北疆界外之诸部管理权对应于喀什噶尔参赞大臣和伊犁将军的实际情况符合。但作者忽视了这些势力或人群中,除清俄间为接近平等的"与国"关系外,其他各部大多是清朝的藩属;在阶段划分上,作者亦过于简单化,将 19 世纪时期这些势力或人群与清朝之关系总结为"外交政策",割裂了这些势力或人群中大部分曾从属于清中央的关系。

的伊犁将军辖境相联系，① 通过对西部更远地区哈萨克等部的治理，以达到其心目中大一统历史观下对藩部"不动色声静镇之""分我忧心西顾久"② 的良治状态。由满文档案中记载的哈萨克诸部情况中还可见出，在18世纪中期，清朝已将对各境外边疆部落之管理权由中央下放至地方，这是一种从清廷直接管理向清廷领导下的边臣管理之转型。辨明这一事实，可以避免将清朝与中亚诸部之关系，武断地对应于乾隆帝与诸部首领的"额真—阿勒巴图关系"或"私人关系"。③

第四，清朝官员的认知习惯。将军兆惠和军机处等官员，分别在前线和京城将托什文中的愿为子译为满、汉文之携子时，应是从符合他们理解中的满蒙汉语境里的身份地位出发的。④ 清朝体制内的官员并不能擅称乾隆帝为父，即使位极人臣者，对皇帝也只能以"aha"即"臣仆"或"奴才"自称，更何况阿布赉。阿布赉方归附即如此称呼，若被认可，将置皇子于何地；若被认可，皇帝作为天子且受命于天这一传统观念也将面临挑战。因此，无论将军和官员们是否知道托什文表文中愿为子之意，在翻译中都不会采用。这也可从努三等人在归附后的阿布赉游牧处对其

---

① "长城万里外万里，柱石念兹允在兹"，见上引御制诗。
② 见上引御制诗。
③ 在中国古代社会，皇帝虽然在祭天等场合代表国家出现，但大多时候并不能等同于国家，皇帝受到诸多制度的约束，只是国家的一部分，笔者认为乾隆帝在这里并没有例外。相关研究参见〔日〕小沼孝博 "Political Relations Between the Qing Dynasty and Kazakh Nomads in the Mid–18th Century：Promotion of the 'ejen–albatu' Relationship in central Asia" "A Collection of Documents from the Kazakh Sultans to the Qing Dynasty"；耿琦《再论清朝对中亚宗藩体制的维系与巩固——以乾隆帝与外藩领主的私人关系为中心》，《新疆大学学报》（哲学·人文社会科学版）2016年第2期。
④ 比如，笔者在爬梳相关满文档案时，在对回人首领霍集斯、杜尔伯特部首领三车凌、土尔扈特部首领渥巴锡的记载中，都未见"朕之子"之出现，这应与他们身处清朝官员体系中有关，阿布赉作为正式归附的藩部首领，在中亚诸部首领中最受清廷重视，也是清朝重点管理的对象，自然易被清朝官员以既有标准来对待。

所言中得到印证。在准备呈上修订后的哈萨克三玉兹首领名单时，努三等人向阿布赉说："我们之例，无论办理何事，皆持正而行，即与汝面奏大皇帝相同，惟有无误妥当，方为已成臣子之道。阿布赉甚为赞同。"① 此处"已成臣子之道"（amban jui oho doro），指的是阿布赉本人已成为乾隆帝的臣子，应遵守清朝法度，呈报事务时务求准确，将满文"大臣""儿子"合用成为组合词"臣子"，很可能是清朝官员对阿布赉自称儿子的回应，即将这一说法转化成清朝官员都能接受且满汉语中都无歧义的"臣子"一词。自此，边疆奏折中再未出现阿布赉已成为大皇帝之子此类之表达，清朝官员和哈萨克首领、部众在交谈中，越来越多地使用"已成一家人"和"阿勒巴图"此类表述。如上引奏折中，哈萨克部众还曾言"现已成一家人，请住宿我等之家"；努三等人向阿布赉说"现我们皆为同一皇帝之阿勒巴图，理应各自奋勉，擒拿阿睦尔撒纳"，之后阿布赉亦对努三等人说"现我们已成一家人"。② 这些反映出在日益密切的交往交流中，哈萨克首领、部众和清朝官员共同作为大皇帝的"阿勒巴图"或"臣仆"，"成一家人"。如御制诗所揭示的，对哈萨克汗阿布赉及其子瓦里，以及王阿布勒比斯及其子杭和卓这两代人来说，伊勒图"如同父亲"，即不具有血缘关系也能成为父辈，这也是"已成一家人"的一种具体体现，且这种共同

---

① 《定边右副将军兆惠奏闻努三等所呈会见阿布赉询问阿逆消息及哈萨克风土人情折》，乾隆二十二年九月十四日，《军机处满文录副奏折》，中国第一历史档案馆藏，档案号：03-0176-1655-040。满文转写：meni kooli de, yaya baita icihiyara de, tondo be jafafi icihiyambi, sini beye amba ejen be acafi wesimbure adali, fuhali jaka akv tondo oci, teni amban jui oho doro, seme gisurehede, abulai umesi urušefi。

② 《定边右副将军兆惠奏闻努三等所呈会见阿布赉询问阿逆消息及哈萨克风土人情折》，乾隆二十二年九月十四日，《军机处满文录副奏折》，中国第一历史档案馆藏，档案号：03-0176-1655-040。满文转写：te muse emu boo oho, gūnin cihai cihangga be tuwame omireo……muse gemu emu ejen i albatu, emu boo oho be dahame, giyan i teisu teisu faššame, amursana be jafara be kiceci acambi……muse emu boo oho。

认识延续的时间更长。清朝官员与哈萨克首领通过不断交流、沟通，找到更多体现共同身份的话语，在这一过程，早期留下的阿布赉愿为子之表达，是反映哈萨克首领真实观念的重要语言表述。

综上，乾隆君臣应知晓"阿布赉我自愿成为［大皇帝您的］儿子"的表达。除前线将领和军机处官员可从托忒文表文翻译中得知外，上引同时期形成的另外两份共四处写有阿布赉该表达内容的满文奏折都奉有乾隆帝朱批，且乾隆帝在京城有亲自或者通过军机处询问哈萨克使者得知的可能，前线将领在边疆也有询问哈萨克使者得知的可能；加之上引浩罕例中"朕之子"记载，以及乾隆帝御制诗中对阿布赉等哈萨克首领呼伊勒图为父的表态；处处说明在阿布赉归附表文中自称乾隆帝之子之言语真实存在的前提下，乾隆君臣对此极可能知悉并有所回应。对于不同文本的形成过程，笔者认为，首先因该托忒文文书写法不够规范，导致有"成为儿子"和"带领儿子"的两解；同时该文书中哈萨克首领自称为乾隆帝之子的说法对清军将领来说较为突兀，紧随其后形成的清朝汉满文译本皆错；这一译法又通过之后的昭告天下宣谕传播给全国文武官员，导致清代学者梳理这段表述时，难免会受到汉文译本的干扰。即使当代学者在参考兆惠满文译本时，也很难摆脱其"阿布赉，我子，哈萨克全部，已成你们的阿勒巴图"的错误译法之影响，如小沼孝博等诸多国外学者就采纳"我阿布赉，［我的］儿子，和所有的哈萨克，已成为你们的阿勒巴图"的错误译法。笔者进一步认为，阿布赉归附表文中出现的翻译问题，应与本书提出的清廷在边疆历史叙述中所表现出"满汉语义二重性"的观点相符，即各语境下的表达不同，但同时都具有意义，是一种清朝内部多种语言文化并存的交往、交流、交融之现象，因此，应该从多层面证实阿布赉率部奉表归附清朝的历史事实。

乾隆帝在获悉阿布赉遣使亨集噶尔等11人携表文前来入觐消息后，向阿布赉发出了接纳归附的谕旨：

奉天承运，皇帝谕哈萨克汗阿布赉：朕为天下共主，中外一体。尔哈萨克为准噶尔所隔，未通贡使。兹以大兵平定准部，率属归诚，朕深鉴悉。据将军等奏，尔即归降，应加封号，并查明游牧，朕谓不必过拘。尔等僻处遐方，非可与喀尔喀诸部比。尔称号为汗，朕即加封，无以过此，或尔等系自称，欲朕赐以封号，亦待来奏。朕惟期尔部安居乐业，俾游牧各仍旧俗，即贡献亦从尔便。如遣使入觐，朕自优加赏赉。至逆贼阿睦尔撒纳，负恩叛乱，诱尔部众，以致游牧不安。将军等奏尔所言，如阿逆等逃入境内，即当擒献，朕深信之。尔今即向化归诚，则当知准噶尔全部，悉我疆域，宜谨守本境，勿阑入侵扰。①

在这道谕旨中，乾隆帝首先表示对哈萨克归附的重视，"朕深鉴悉"；接着表明对臣属哈萨克的政策，即不改哈萨克制度，准其依旧俗而居，望其得享安宁，并对其进贡入觐不加约束；随后重申此前清朝使者多次之晓谕——擒献阿睦尔撒纳和各守边界。

同一天，乾隆帝将此事宣谕中外，昭告天下，这在清哈关系史上意义重大。这份宣谕收录在汉文版《清高宗实录》中，但比汉文版《平定准噶尔方略》中的字数多了约30%，包含更多的细节。经过与满文上谕的比较和分析，笔者认为，这一系列史料产生的顺序和相互关系是：乾隆二十二年七月十七日前，形成满文上谕，②

---

① 《平定准噶尔方略》正编卷41，乾隆二十二年七月丁未条。
② 满文上谕中载有降旨内阁的时间，在下引《清高宗实录》和《平定准噶尔方略》中，所记降旨时间为七月丁未。这说明在此之前，已将阿布赉表文翻译为汉文，并就此撰写完满文上谕，满文转写：abkai wehiyehe i orin juweci aniya nadan biyai juwan nadan de dorgi yamun de dergi hese wasimbuhangge。见《为哈萨克汗归顺属实并务期擒获阿逆平定准部并将阿布赉所进表文晓谕内外知之事》，乾隆二十二年七月，《满文上谕档》，中国第一历史档案馆藏，档案号：03-18-009-000019-0001。

然后被翻译成汉文上谕；① 乾隆三十五年前，由满、汉文上谕缩写成满、汉文版《平定准噶尔方略》中的记载；嘉庆初年的汉文版《清高宗实录》中收入汉文版上谕全文。相对汉文版《平定准噶尔方略》中的记载，汉文版《清高宗实录》中的记载更接近政务运行中的满文版上谕原貌，史料价值更高，但汉文版《平定准噶尔方略》对此之剪裁，则体现了10余年后方略馆臣的认识。对不同时期的版本加以比较，有助于理解阿布赉归附事之历史书写的形成。以下将汉文版《平定准噶尔方略》之记载抄录如下，对于被删去但保留在汉文版《清高宗实录》中的内容，则以括号注形式补入，对于被改写的内容及其相应的满文则以脚注形式说明：

命以哈萨克归降，宣谕中外

上谕大学士曰：定边右副将军兆惠、参赞大臣富德奏称，哈萨克汗悔过投诚，称臣入贡（遣使至营，情辞恳切，现在护送进京）② 等语。哈萨克一部，素为诸厄鲁特所畏。去岁逆贼③

---

① 满文版在先的理由：一是上谕中遣使入贡内容的满文撰写，更符合前线原始奏报的表达方式，而汉文版成工整的四字断句"悔过投诚，称臣入贡。遣使至营，情辞恳切（hasak i abulai ini waka be safi unenggi gūnin hartungga oki seme dahanjifi elcin takūrafi belek jafame coohai kūwaran de isinjiha, gisun gūnin umesi hing seme）"；二是汉文中"哈萨克一部，素为厄鲁特所畏"一句，对应的满文版若汉译，应为"哈萨克一部，从前甚为厄鲁特畏惧（hasak emu aiman daci oilet umesi gelerengge）"，满文版中的内容更符合历史实际，且与笔者所见之系列满文上谕的表达方式一致，若是汉文版中的"素为"，满文中则应使用如"ebsi"这样表示时间延长至今的词，因而汉文版改变了原意，应为翻译所致；三是"称臣"（hatungga oki），若是从汉文翻译成满文，应为"amban oki"，这里"hartungga oki"为满语词，最主要的意义为"属""被统领的众人"，显然与"臣"有一定区别，应来自阿布赉托式文归附表文中对哈萨克部成为"阿勒巴图"（albatu）的自我定位，将"成为所属"译成"称臣"，也应是从便于汉文语境下受众理解来考虑的。见《为哈萨克汗归顺属实并务期擒获阿逆平定准部并将阿布赉所进表文晓谕内外知之事》，乾隆二十二年七月，《满文上谕档》，中国第一历史档案馆藏，档案号：03-18-009-000019-0001。
② 《清高宗实录》卷543，乾隆二十二年七月丁未条。
③ 此词及《平定准噶尔方略》中的"叛贼"，都译自满文"fudalaha hūlha"。

阿睦尔撒纳逃窜往投，我师追入其境，阿布赉率部落远徙（数千里）。旋欲缚献阿逆以赎罪，为贼所觉，遂遁回准噶尔（乘噶勒藏多尔济、巴雅尔等滋事之际，复肆鸱张，及大军复入伊犁时，噶勒藏多尔济已为其侄扎那噶尔布所害，而扎那噶尔布又为阿睦尔撒纳所袭）。今兆惠等率师进剿，擒献叛贼巴雅尔（及其妻子、部众悉心擒获），则逆贼游魂，岂能久逃斧钺耶？况贼所籍以虚张声势者，惟（恃）一哈萨克（耳）。今已归降，愿擒贼自效，①则益无所恃（此一大关键也），朕心为之欣慰（哈萨克即大宛也，自古不通中国。昔汉武帝穷极兵力，仅得其马以归。史册所传，便为宣威绝域。兹乃率其全部，倾心内属）。此实上苍福佑，列祖鸿庥，以成我大清中外一统之盛。然外间无知者流，必又谓其不可深信，而以阿睦尔撒纳、巴雅尔等已降复叛（劳师费帑，至今未已）为辞，不知哈萨克越在万里之外，（荒远寥廓，今）未尝遣使招徕，乃称臣奉贡，（贡献马匹，）自属本愿。则归斯受之，不过略示羁縻，②如安南、琉球、暹罗诸国，俾通天朝声教而已，并非欲郡县其地，张官置吏，亦非如喀尔喀之分旗编设佐领也。即准噶尔初归时，亦只分四卫喇特，令自为理（朕前作太学碑文，已具见大意）。而伊等（自弃生成，）屡作不靖，（亦准噶尔诸部之贪残狡诈，恶贯满盈，获罪于天，合有此一番杀劫，不能承受太平之福。且既已受号称臣，岂容置之不问），是以奉行天罚③。哈萨克自非准噶尔近接西陲可比。若谓准噶尔之事，本不当办，则尤不知事理者。夫编氓子孙，尚期析薪负荷（肯堂肯构。为克承先志），

---

① 《清高宗实录》中为："兹阿布赉既已请降，约以阿睦尔撒纳如入其地，必擒缚以献。"

② 《清高宗实录》中为："所谓归斯受之，不过羁縻服属。"满文上谕中的对应内容为"此即前来归附，则应接纳之"（ere uthai dahame jici alime gaimbi sehengge inu）"。

③ 《清高宗实录》中为："朕亦惟奉天以行耳。"

况以两朝未竟之绪,而适值可乘之机,乃安坐而失之,使天下后世传为遗憾,则朕亦何以上对皇考在天之灵耶?况如阿睦尔撒纳初来时,若拒而不纳,伊(其肯甘心返辔耶,)必将蹂躏我喀尔喀,餍其劫掠而后已。从前所降谕旨甚明。乃今春南巡时,有江南监生张汝霖、浙江训导章知邺,妄请从军折内,有损兵折将之语。夫草野讹传,本不足论。然此等妄徒,何尝有忠君爱国之心,不过逞其幸灾乐祸之口。而天下之大,其无知而造言者,(可见)正复不少(我兵自前次平定伊犁以来,未尝不屡有剿杀,非所谓驱之锋镝之间,使膏涂草野而不恤也)。试思以从古不入版图之地,定之于三五年间(此亦神且速矣),安能保其必无一二受伤之人(耶)。况所用之兵,皆我八旗、索伦(子弟之众),初未尝征发闾左,调集耕畎,如杜甫所哀《垂老》《无家》《新婚》①诸咏。至现在军需,较之雍正年间,所费才十之三四,而各省偏灾之蠲赈(动逾数百万)、河工之动拨、(宿逋之蠲免,戎行之经费,与)一切经费赐赉,何尝因此而少减,且视昔有加焉。较之前代以来用兵而增税捐俸者,为何如耶?朕初非恶逸好劳,穷兵黩武,必以此事侈夸远略(也),特以国家大事无过于此,而因势乘便,正为长顾远虑,息事宁人之计。若以光武之不纳鄯善、车师,为人君盛节,不知彼时内乱未靖,安有余力他图?若可为之时,光武亦必为之。而可与本朝全盛之时相提并论耶?总之,阿睦尔撒纳一日不获,则边陲一日不宁;而阿布赉即降,则逆贼不患其不获;逆贼即获,则准噶尔全局可以从此奏功矣。著将哈萨克(汗)阿布赉降表翻译,宣示中外,并将此通行晓谕知之。②

---

① 满文上谕中对杜甫的"三别"《垂老别》《无家别》《新婚别》使用了音译简称,使得这里的汉译版本也为简称,且满文中存在"唐朝",而汉文中则不存在,这些都说明满文版形成在先。满文转写:tang gurun i du fu i nasamun irgebuhe cui lao, u giya, sin hun sere jirgebulci ai dalji。
② 《平定准噶尔方略》正编卷41,乾隆二十二年七月丁未条。

以下以这道宣谕为中心，总结本章所述阿布赉归附清朝过程。乾隆二十二（1757）年七月的这次宣谕中外，主题为哈萨克归降，和往年相比在月份上提前了很多。按"平准"惯例，清廷宣谕中外的时间，常在年底用兵结束时。这次即未逢战事结束，又未至年底，是清廷专为哈萨克归附而破的例。由于宣谕的对象是清朝统治体系中任官于内地和边疆的高级官员群体，并进而传达到中下层官员中，能够揭示清廷对哈萨克的官方认识，因而对梳理清哈关系确立时清朝态度如何转变具有重要意义。

乾隆帝"朕心为之欣慰"，对哈萨克归附给予了极高评价："况贼所籍以虚张声势者，惟一哈萨克"，并将功绩之高归为人力所不能为，清朝大一统之重要标志，"此实上苍福佑，列祖鸿庥，以成我大清中外一统之盛"。接着表明清朝对于归附之哈萨克的态度："哈萨克越在万里之外，未尝遣使招徕，乃称臣奉贡，自属本愿。则归斯受之，不过略示羁縻，如安南、琉球、暹罗诸国，俾通天朝声教而已，并非欲郡县其地，张官置吏，亦非如喀尔喀之分旗编设佐领也。"虽然这一段表述与清朝在实际管理哈萨克藩属时的活动有所偏差，其实满文档案中反映的清朝与哈萨克部的关系远较以上几国更为密切，但已在宣谕中将哈萨克置于同安南、琉球一样的地位，说明清朝已正式将哈萨克部纳入藩属体系中。之后的内容中比对汉、唐故事，进一步说明这一事件在中国历史上的重要意义。

谕旨最后再次点明此次哈萨克阿布赉归降的价值，并做总结："总之，阿睦尔撒纳一日不获，则边陲一日不宁；而阿布赉即降，则逆贼不患其不获；逆贼即获，则准噶尔全局可以从此奏功矣。"这一逻辑关系为：有了阿布赉带领哈萨克的归附，阿睦尔撒纳不患不获；阿睦尔撒纳获则边陲宁，边陲宁则全局才可以奏功。正因为乾隆帝在心目中将阿布赉归附定性为清廷苦心经营取得"平准"战争最终战果的核心，他才会如此重视。

小　结

　　乾隆二十二年即1757年，阿睦尔撒纳重回天山北麓之额林哈必尔噶地区举事，使得清军获得解决其叛乱问题的契机，兆惠、富德领乾隆帝特命组建急行精锐部队，成功击溃阿睦尔撒纳并追至阿雅古斯河附近，在先头部队误与阿布赉所部交战后，双方息战，互遣使者，阿布赉与清军使者沟通后，呈递表文、进献马匹、请求臣属，并派出亨集噶尔等11人入觐。这一消息及阿布赉所呈递的托忒文表文录副被立即送往清廷。乾隆帝获悉后，随即发出接纳阿布赉归附的谕旨，又在同一天发布了宣谕中外谕旨。在此宣谕中，乾隆帝将哈萨克置于同安南、琉球一样的藩属地位。这体现出哈萨克归附后，其藩属身份得到清廷的确认。从哈萨克首领阿布赉之托忒文表文来看，归附清朝之原因首先来自其认知中的政治秩序，哈萨克成为清朝藩属，是准噶尔部首领与中亚诸部之"汗—阿勒巴图关系"的延续，也是清朝皇帝作为世间最高大汗地位的体现。从清朝对表文的满、汉文翻译可见出，在汉文语境中，对之的记载更强调国家；而在满文语境里，则没有采用阿布赉本人"成为儿子"这样强调与乾隆帝之直接联系的译法。也就是说，在满、汉双重语境里，作为天朝大国的清朝与整个哈萨克部的关系，才是清哈关系的主流。本章论述了阿布赉归附清朝的全过程，同时也讨论了罗卜藏多尔济只身劝服哈萨克以及阿布赉欲擒献阿睦尔撒纳的问题，并从不同角度论述了阿布赉归附清朝的真实动机和历史真相。18世纪中叶的清朝与哈萨克之关系，在有清一代与哈萨克交往史上具有举足轻重的作用，通过多次互遣使臣的交流，清哈之间最终建立了"大国—藩属关系"，这为清哈长期友好交往奠定了坚实的基础。以左部哈萨克阿布赉归附清朝为标志，清哈关系自此进入全新的历史阶段，清哈百年和平之序幕也自此拉开。

第 四 章
清朝与哈萨克间的朝贡关系

　　清哈朝贡关系发生于双方建立的"大国—藩属关系"背景之下，其中的运作不仅包含对边界事务等各种争议的解决，而且还涉及哈萨克诸部入贡与清朝封赏的过程。对此进行探讨，能填补以往研究的空白。① 乾隆二十二年，左部哈萨克阿布赉归附、遣使入

---

① 与本章所论述的哈萨克朝贡相关的研究有：厉声《哈萨克斯坦及其与中国新疆的关系（15 世纪—20 世纪中期）》，黑龙江教育出版社 2004 年版；张双智《清代朝觐制度研究》，学苑出版社 2010 年版；姜崇仑主编《哈萨克族历史与文化》，新疆人民出版社 1998 年版；苏北海《哈萨克族文化史》，新疆大学出版社 1989 年版；〔哈〕克拉拉·哈菲佐娃《十四—十九世纪中国在中央亚细亚的外交》，杨恕、王尚达译，兰州大学出版社 2002 年版；〔美〕何伟亚《怀柔远人：马嘎尔尼使华的中英礼仪冲突》，邓常春译，社会科学文献出版社 2002 年版；Nicola Di Cosmo（狄宇宙），Don J. Wyatt（韦栋）eds.，*Political Frontiers, Ethnic Boundaries, and Human Geographies in Chinese History*（《中国历史中的政治边疆、族群边界以及人文地理》），London and NewYork，Routledge Curzon，2003；〔日〕野田仁、小沼孝博，"A Collection of Documents from the Kazakh Sultans to the Qing Dynasty"，*Central Eurasian Research*，Special Issue 1，University of Tokyo，2010；何新华《最后的天朝：清代朝贡制度研究》，人民出版社 2012 年版；葛兆光等编《殊方未远：古代中国的疆域、民族与认同》，中华书局 2016 年版；余太山等《朝贡与入附——明代西域人来华研究》，兰州大学出版社 2013 年版；郭成康《清朝皇帝的中国观》，《清史研究》2005 年第 4 期；厉声《清王朝对西北藩属哈萨克治理政策研究》，载周伟洲主编《西北民族论丛》第 2 辑，第 185—213 页；祁美琴《对清代朝贡体制地位的再认识》，《中国边疆史地研究》2006 年 3 月第 1 期，王希隆《乾嘉时期清政府对哈萨克族之关系与政策》，《新疆大学学报》（哲学社会科学版）1984 年第 1 期；

觐；乾隆二十三年，右部哈萨克阿比里斯汗、图里拜巴图尔归附、遣使入觐。自此，哈萨克左、右部开始了与清朝的朝贡往来。清朝在哈萨克归附前，已有成熟朝贡体系，各藩属向清廷遣使奉表、贡物效顺，清朝则厚往薄来、恩赏扶绥。哈萨克诸部在向清朝进贡时，以贡马为主要特色，乾隆帝出于对哈萨克马匹的喜爱和宣示天下的需要，则命画师郎世宁创作《哈萨克贡马图》；此后，哈萨克各部贡马成为定制。清朝与哈萨克朝贡关系形成后，每次哈萨克诸部遣使入觐期间的活动，都具有规律性，大体包括筵宴、观火戏、赏赉物件、接驾、站班等活动。本章分别对清哈朝贡关系之形成，《哈萨克贡马图》与清哈朝贡关系之特色，以及哈萨克朝贡自身特点进行了专题探讨。

第一节 左部哈萨克与清朝朝贡关系的开始

清哈朝贡关系，始于阿布赉于乾隆二十二年六月对清朝的归附。前线将军兆惠获悉阿布赉归附消息后，依例具折恭贺：

> 奴才兆惠、富德带领军营大臣官军谨奏，为恭贺哈萨克阿布赉率哈萨克全部归附成圣主阿勒巴图跪奏事。哈萨克阿布赉之奏书内开：阿布赉，自我祖额什木汗、扬吉尔汗以来，从未有大汗谕旨到来，现闻圣旨，为将我等鉴悉而欣喜。阿布赉，我子，哈萨克全部，已成你们的阿勒巴图，现如何怜爱我等之处，盼圣上洞鉴。奴才等详思，哈萨克乃异俗边远部落之人，从未有向我国遣使进贡之处。现圣主仁化传布四方，军威远播之下，居极边哈萨克阿布赉遣使贡地产马匹，率全部落人众，

〔哈〕克拉拉·哈菲佐娃《中亚及哈萨克斯坦的中国边疆研究》，阿拉腾奥其尔译，《中国边疆史地研究》1995年第3期；何新华《清代朝贡文书研究》，中山大学出版社2016年版。

恭顺成圣主阿勒巴图，诚心归附。此皆仰赖圣断于前，天威远播。现准噶尔之地已平，又收附哈萨克全部，从此远近诸部臣仆等，得享万年永安之福。奴才等不胜欢腾雀跃，领在营官军，向圣主行大礼跪贺，为此谨奏。乾隆二十二年七月十六日奉朱批，已有旨。六月十八日。①

阿布赉代表哈萨克部众，派出首批正式使团前往京城入觐，瞻仰乾隆帝圣颜，这一使团在清朝境内得到了妥善照料，一路有钦命侍卫护送，② 沿途有各地官员宴请照看，顺利抵达避暑山庄。哈萨

---

① 《定边右副将军兆惠等恭贺哈萨克阿布赉率属投诚折》，乾隆二十二年六月十八日，载中国边疆史地研究中心、中国第一历史档案馆合编《清代新疆满文档案汇编》第 23 册，第 364—366 页。满文转写：aha jao hui fude coohai kūwaran i ambasa hafan cooha be gaifi, gingguleme wesimburengge, hasak i abulai gubci hasak be gaifi, endurignge ejen i albatu ome dahame dosika, urgun i doroi hengkileme wesimbure jalin, hasak i abulai wesimbure bithede, abulai mini mafa esima han yangkir han ci ebsi, amba han i hese mende isinjihakū bihe, te hese be donjifi, membe bulekušeme sahabi seme urgunjeme, abulai, mini juse, hasak i gubci suweni albatu oho, te membe adarame gosire be dergici bulekušereo, sehebi. aha be hujufi gūnici, hasak serengge, encu tacihiyan goro aiman i niyalma, musei gurun neiheci ebsi, umai elcin takuraha, alban jafaha mudan akū, te enduringge ejen i gosin wen duin ici badarafi, coohai horon goro jecen de elgire jakade, dubei jecen de tehe hasak i abulai elcin takurafi, ba ci tucike morin be jafame, gubci aiman i urse be gaifi, ginggun ijishvn i enduringge ejen de albatu ome, hing seme dahame dosikangge, gemu enduringge bodogon baitai onggolo toktobume, abkai horon goro elgin ci banjihangge, te gun gar i babe toktobufi, geli hasak i gubci aiman be bargiyame dahabuha be dahame, ereci hanci goro geren aiman i ahasi tumen aniya de isitala, enteheme elhe jirgacun i huturi be alimbi, ahasi alimbaharakū fekuceme urgunjeme, kūwaran de bisire hafan cooha be gaifi, enduringge ejen i amba urgun i doroi dorolome hengkilehe, erei jalin gingguleme wesinbuhe. abkai wehiyehe i orin juweci aniya nadan biyai juwan ninggun de fulgiyan fi i pilehe, hese, hese wasimbuha, sehe. ninggun biyai juwan jakūn.

② 如返回时，"哈萨克使臣等，由北路而来，将至行在，若照常由西路遣回，正届我撤兵之期，沿途恐有疏失，著由乌里雅苏台，过索勒毕乌拉克沁岭，自额尔齐斯，塔尔巴哈台，送至古尔班察尔，散秩大臣和硕齐，侍卫富锡尔，穆伦保等，带索伦兵一百名，沿途伴送使臣"；见《平定准噶尔方略》正编卷43，乾隆二十二年九月壬辰条。

克使团献马朝觐，乾隆帝赐宴赏赉，颁发敕书，昭告天下。目前，学界对这一成行使团尚缺乏研究成果，本节从分析这一使团人员名单入手，展开对清哈"大国—藩属关系"的探讨。

  奴才兆惠、富德谨奏：为奏闻事。为送哈萨克阿布赉所遣使者亨吉噶尔等前往朝觐圣主，彼等携来阿布赉为带领全部哈萨克附入上奏圣主文书，理应由亨吉噶尔等捧举，待至京城后上奏圣主，方为妥当。伊等所奏托忒文文书，奴才等依例抄写，上奏阅看。再，将阿布赉所遣使者姓名，另片一同奏闻，为此恭谨奏闻。乾隆二十二年七月十六日奉朱批：知道了。钦此。六月十八日奏。

  （奏片）阿布赉所遣正使亨吉噶尔，喀拉柯色克阿尔干鄂托克宰桑哈撒伯克之侄。副使塔纳什，喀拉可热奈曼鄂托克宰桑哈班拜之族弟。阿塔海，卫逊鄂托克宰桑雅拉勒热博之弟。卫木尔泰，阿塔盖阿尔干鄂托克宰桑胡鲁给之弟。都楞，管图尔屯阿尔干鄂托克图克谨之属人。阿兰占，总管哈萨克之阿塔盖鄂托克阿布赉属人。贝克奈①，管喀拉可热奈曼鄂托克之阿布赉弟阿布勒比斯属人。跟役，胡尔曼巴给，乌曼布泰，哈拉拜，多索克。②（材料一）

---

① 满文转写为"beikenai"，在下文所引的《起居注》及乾隆四十四年所撰《钦定热河志》(《钦定热河志》，台北：台湾商务印书馆1986年影印本，《文渊阁四库全书》第495册卷22）中，都写为"白克奈"。
② 《定边右副将军兆惠等恭贺哈萨克阿布赉率属投诚折》，乾隆二十二年六月十八日，《军机处满文月折档》，中国第一历史档案馆藏，档案号：90-480-91-100；又载中国边疆史地研究中心、中国第一历史档案馆合编《清代新疆满文档案汇编》23册，第366—367页。满文转写：aha jeo hūi fude ginggguleme wesimburengge, donjibume wesimbure jalin, hasak i abulai i takūraha elcin henjigar sebe ejen de hargašabume unggire de, ceni gajiha abulai i gubci hasak be gaifi dahame dosika jalin, ejen de wesimbure bithe be, giyan i henjigar sede tukiyeme jafabufi, gemen hecen de isinaha manggi, ejen de wesimbubuci acame ofi, ini wesimbure

关于这批使者，《清代中哈关系档案汇编》中的《起居注》，也记载有他们的名字及其所属首领的名字：

> 初五日甲午，上御行殿，哈萨克罕①阿布赖②使臣肯集哈拉、乌穆鲁台、都楞、阿兰扎，阿布赉之弟阿克勒巴斯③使臣塔那锡、白克奈赍表入觐，哈萨克使臣肯集哈拉等行礼毕，赐扈从王公大臣等宴，驾起居注。④（材料二）

在20余年后撰成的《钦定热河志》中，有满、汉文志书对这批使者的入觐情形做了最为详细的记载：

> 先是六月定边右副将军兆惠奏言，哈萨克阿布赉遣使四人，进马四匹，告称愿率全部归顺，其弟阿比里斯附遣使二

---

tot hergen i bithe be aha be songkoi sarkiyafi tuwabume wesimbuheci tulgiyan, abulai i takūraha elcisa gebu be encu afaha arafi, suwaliyame tuwabume wesimbuhe, erei jalin gingguleme wesibuhe. abukai wehiyehe i orin juweci aniya naden biyai juwan ninggun de fulgiyan fi i pilehe, hese saha sehe. ninggun biyai juwan jakūn. abulai i takūraha dalaha elcin. henjigar, kara kesek argan otok i jaisang hasibek i jalhi jui. ilhi elcin tanaši, kara kere naiman otok i jaisang, habambai i mukūn i deo. atahai, uisun otok jaisang yaralreb i deo. oimurtai, atagai argan otok i jaisang, hūluki i deo. dureng, turtun argan otok be dalaha tukejin i harangga niyalma. aranjan hasak be uheri dalaha atagai otok i abulai i harangga niayalma, beikenai kara kere naiman otok be dalaha, abulai i deo abulbis i harangga niyalma. kutule, hurman baga, oimbutai, halabai, dusok。

① 即"汗"之异写，清朝用于特指别部之汗。阿布赉在此时虽并未由哈萨克社会内部认定承袭汗位，但清廷据其遣使及表文自述，已开始将其称作哈萨克汗。
② 阿布赉之名满文"abulai"，在早期曾写作"阿布赖"，后逐渐统一写为"阿布赉"。
③ 满文奏折中阿布赉之弟名为"abulbis"（阿布勒比斯）；此处音译"阿克勒巴斯"与之差别较大；而《钦定热河志》写为"阿比里斯"。
④ 由档案胶片涂改痕迹可见，该《起居注》有起居注官的润色。未润色版本为："初五日甲午，上御大毡殿宝座，哈萨克罕阿布赖使臣肯集哈拉、乌穆鲁台、都楞、阿兰扎四人，阿布赉之弟阿克勒巴斯使臣塔那锡、白克奈二人赍表入觐，使臣等行礼毕，赐茶赐宴，扈从诸王大臣咸与，驾起居注。"

人，赍托忒字表文投诚入觐。至是根扎噶喇①等抵木兰，九月甲午，上驻跸布祜图大营②，御行殿，左部哈萨克汗阿布赉使臣根扎噶喇、乌木鲁台、都楞、阿兰扎，阿布赉之弟阿比里斯使臣塔纳锡、白克奈，行礼如仪，复赐宴，即命扈从观围，戊戌驻跸张三营行宫，赐根扎噶喇等宴。辛丑驾回，驻避暑山庄。壬寅赐根扎噶喇等宴。癸卯复赐宴，上御万树园，赐观火戏、立马技。甲辰，复御万树园，赐宴，观火戏。乙巳，上御卷阿胜境，赐根扎噶喇等宴。③（材料三）

以笔者所见，有关这批使者入京朝觐的史料中，以上述三种的学术价值最高，其形成的先后顺序为：（1）兆惠等乾隆二十二年六月上呈满文奏折；（2）乾隆二十二年九月于木兰接见事被载入《起居注》；（3）乾隆四十四年整个入觐过程被载入《钦定热河志》。

其中，材料一与材料二是当时就记载下来的第一手史料，材料

---

① 此处主使之名"henjigar"，与后来《清高宗实录》《平定准噶尔方略》等文献中所采用的更接近满文原发音的"亨吉噶尔"或"亨集噶尔"明显不同，而是"根扎噶喇"这一音译，据笔者所见，最早见于此一年之后，乾隆于木兰接见布鲁特使团时所做的御制诗《谕旨布鲁特使臣至宴赐即席得句》，此诗中有"丁丑岁哈萨克归化使臣根扎噶喇等亦来朝于此"，此处"根扎噶喇"很可能是据此时回忆起使者名而采用的。其后，"根扎噶喇"又出现于松筠 19 世纪奏上的《钦定新疆识略》内；《钦定新疆识略》中的"哈萨克世次表"提及阿布赉使团时称："阿布赉，哈萨克汗瓦理长子，乾隆二十二年，参赞大臣富德追阿睦尔撒纳入哈萨克境，阿布赉称臣内属，遣使进贡，陪臣扎噶喇等至，赐宴万树园并观灯火"，此处将其名字漏落一字，明系疏忽大意所致，但其余三字译法一致。因而，从"根扎噶喇"这一姓名音译，可以看出应存在御制诗—《钦定热河志》—《钦定新疆识略》这一史籍撰写脉络，这也说明乾嘉两朝时期，乾隆御制诗有广泛的影响。
② 一年后的乾隆二十三年，布鲁特使者于同一地点觐见乾隆帝。彼时，乾隆帝以连年西域诸部降附，俱于此朝谒，赐名伊绵峪，见《钦定热河志》。在此之前，有乾隆二十年准噶尔大台吉绰罗斯部噶勒藏多尔济，此后又有乾隆三十六年东归土尔扈特部汗渥巴锡于此地觐见乾隆帝。
③ 《钦定热河志》，台北：台湾商务印书馆 1986 年影印本，《文渊阁四库全书》第 495 册卷 22。

三属于后期编撰的第二手史料。材料一的形成时间最早、使者记载也最详；材料二中，使者名与材料一中所列的满文名差异较大，很可能是觐见当日之起居注官据使者自称音译，在记录时并未参考材料一而独立形成的；材料三与材料二相似度极高，不但共有不见于其他满汉文史料中的内容，如阿布赉兄弟二人分别遣使4人、2人之表述，而且其中有3名使者汉译名完全一致，2名使者汉译名高度相似，因而材料三应为以材料二为底本所撰成。唯材料三中有对入觐事件的完整表述，另有材料二所未提及内容，但又不见以材料一中满文名单校正哈萨克使者汉译名之迹象，以此观之，材料三应为史官在主要依据材料二的情况下，综合满文原始档案以外的其他材料所撰成。

分析这份名单可知，兆惠等人的满文奏折（材料一）最早完整地表述了哈萨克使团这7名使者、4名跟役，共计11人使团的人员构成。他们到达热河行宫附近的布祜图大营，首次觐见乾隆帝，为起居注官记下6位使者名字，20余年后这6位使者的名字再次出现于乾隆四十四年修成的《钦定热河志》记载中，其主要内容沿袭了《起居注》中的表述，称他们是阿布赉使者4人、其弟使者2人，而这样的分类并不见于兆惠的满文奏折中。笔者推测，此应为护送侍卫之报告，或抵热河后经询问所得知。而《钦定热河志》将阿布勒比斯替换为阿比里斯，有可能是该书撰修官员有意将并非同一年到来的左部汗阿布赉与右部汗阿比里斯之使者并置于同一场景内，但阿布勒比斯与阿比里斯并非同一人，此处历史书写与史实出现背离。

值得注意的是，将这批使者信息与本书第一章所见之哈萨克中玉兹七大部落户口单相互参照，可见由阿布赉派出的这7名使者中，人口较多的奈曼鄂托克和阿尔干鄂托克分别有2名和4名使者，其余一名使者来自不属于七大部落的卫逊鄂托克。考察《钦定新疆识略》内的"哈萨克世次表"及相关史料，可知卫逊鄂托克是主要分布于塔什干附近的大玉兹之大部落，并非中玉兹之部落，且据兆惠满文奏折内提及的此卫逊鄂托克使者阿塔海，恰被排除于《起居注》所载之外，《起居注》只载阿布赉与阿布勒比斯所遣的6位使者；可见这一使团其实包括了中玉兹和大玉兹两个玉兹的代表。简言之，此使团人数虽少，却有着广泛的代表性，既体现出哈萨克游牧社会权力分散的特点，又体现出哈萨克游牧社会希冀与清朝交好的集体意志。

再分析7名使者之身份，鄂托克宰桑所遣者4人，都与宰桑有亲缘关系；管理鄂托克者所遣3人，皆为首领的直系属人，其中阿布赉所遣阿兰占[①]为"总管哈萨克之阿塔盖鄂托克阿布赉属人"，这显示阿布赉为与清朝接触时之哈萨克游牧集团的首领，但阿兰占并非正副使，可能是因为资历不足。正使亨集噶尔来自中玉兹传统大部落阿尔干部，宰桑哈撒伯克为其叔；副使塔纳什[②]来自中玉兹另一大部落奈曼部，宰桑哈班拜为其族兄。此两人能任正副使，应与其亲属在自己部落之影响力相关。3名非宰桑首领属人身份的使者在两类名单中皆排名靠后，显示出他们在哈萨克社会中地位低于拥有贵族地位者。而此处阿布赉和阿布勒比斯除总管和管理部落之外，并无宰桑头衔，恰与户口名单中两人未领有自身鄂托克相符，这说明在此时，阿布赉与阿布勒比斯在哈萨克社会传统习惯内，尚未获得压倒性的权势。与嘉庆初年阿布赉众子领有中玉兹半数鄂托克，阿布勒比斯领有奈曼部全部鄂托克相较，哈萨克社会内部在这一历史时期，在内外因素影响下，正经历着权力分配的巨大变化。阿布赉、阿布勒比斯家族，正凭借与清朝建立的"大国—藩属关系"，扩大其在哈萨克游牧社会的影响，提升其在哈萨克全部部众中的地位。

---

① 又译"阿兰扎"。蒙阿依达尔·米尔卡马力教授赐示，此处虽载阿布赉和阿布勒比斯所遣使者属于阿塔盖部和奈曼部，但不代表阿布赉和阿布勒比斯属于此二部，此二人因具有汗血统应属于托列部。

② 又译"塔纳锡""塔那锡"。

第二节 哈萨克右部与清朝贡关系的开端及《哈萨克贡马图》

《哈萨克贡马图》是清朝与哈萨克诸部关系史上最为重要的宫廷纪实画作（见图4-1），此图源于哈萨克右部于乾隆二十三年（1758）正式归附并遣使朝觐、贡马。本节结合满文档案与美术史资料，讨论郎世宁画作《哈萨克贡马图》之源流，以及乾隆帝如何看待哈萨克右部归附之事件，并对哈萨克右部归附、遣使、贡马过程做一综合考察，进而探讨这一画作所反映出的政治与文化意涵。

图4-1 《哈萨克贡马图》（局部图和全图，郎世宁作，法国巴黎吉美国立亚洲艺术博物馆藏）

贡马是中国古代宫廷绘画的重要题材，其意涵在于表现中央与边疆之关系。从早期记载，如"周穆王八骏"、汉"武帝求天马"①，到唐《昭陵六骏》石刻中侍者所牵引的"飒露紫"，再到宋《李公麟五马图》中所绘的"人牵一马"可知，宋及其之前的历代王朝虽都以雕塑、石刻、绘画等形式展现皇权与异域神骏之关

---

① "在昔穆王八骏追云霞，芼荒忘返天之涯。太乙况汉天马来，乐府曾闻产渥洼。"《昭陵石马歌》，载乾隆《御制诗初集》，《御制诗五集》卷18。

联,但至元朝,艺术作品如《拂郎国贡马图》(图 4-2)等,才首次在构图上呈现异域使者向中国皇帝贡献名马的完整场景,① 此后,宫廷绘画逐渐形成以得获"渥洼神骏""大宛天马"之当朝盛事为创作题材的艺术传统。清朝宫廷绘画在继承传统贡马题材的基础上加以创新,其艺术表现力经《准噶尔贡马图》② 承上启下后,至意大利人郎世宁③奉乾隆帝谕旨所画手卷《哈萨克贡马图》④ 而达到顶峰。该作描绘了乾隆二十四年(1759)之前,呈现中亚哈萨克部落首领所遣使者在京郊行宫向乾隆帝贡献名马的历史场景,卷末有皇帝御笔书写的《御制大宛马歌》⑤ 等 4 篇诗文。此手卷是

---

① 该作虽画佛郎国使者向元顺帝贡献欧洲马匹,但据揭傒斯题《天马赞》及群臣所赞可知,他们都将该马附会为汉武所求的大宛天马;见王大方《元代〈拂郎国贡马图〉识略》,《内蒙古文物考古》2007 年第 2 期;徐英《从佛郎国献天马事看蒙古人的尚马情结》,《中央民族大学学报》(哲学社会科学版)2006 年第 2 期。

② 关于此图的绘制及特点,参见林士铉《玉质纯素·隐有青文——记郎世宁画十骏图如意骢的绘事特色》,(台北)《故宫文物月刊》第 391 期,2015 年。

③ 该画作左下方写有"臣郎世宁恭绘",并有钤印二方"臣世宁""恭画"。郎世宁(Giuseppe Castigione, 1688-1766),在华 51 年,受康、雍、乾三帝的信任,留于内廷作画,尤擅画人物、马匹等。其生平及画作研究参见鞠德源、田建一、丁琼《清宫廷画家郎世宁年谱——兼在华耶稣会士史事稽年》,《故宫博物院院刊》1988 年第 2 期。

④ 现存法国巴黎吉美国立亚洲艺术博物馆(简称吉美博物馆,Musée Guimet),原画卷首有乾隆帝御题"西极云驰"。据《石渠宝笈续编·宁寿宫藏一八》中所见"郎世宁画《哈萨克贡马图》一卷"条可知,该画作纵一尺三寸五分,横七尺六寸,正式名称为《哈萨克贡马图》。吉美博物馆网址:http://www.guimet.fr/en/home/92-anglais/collections/china/400-kazaks-offering-horses-in-tribute-to-the-emperor-qianlong,最后访问时间:2017 年 4 月 10 日。

⑤ 《御制大宛马歌》:"今之哈萨昔大宛,峣山神种古所传;乌孙中阕阻声教,擐为己有曾闲贡;哈萨布鲁胥向化,无他为贽致敬虔。腰裦汗血实方物,左右部长及可汗。遣其首领远来献,却之失望厚资还。駪騉騆雅类实夥,葡萄牵跪陈墀前。为龙为駼各夭矫,雄恣逸态英且闲。流珠喷玉谁则见,奔霄追电有必然。往者贰师求善种,徒劳数万恶少年。致一二耳犹艳诩,奚称归德开远门。辟疆勤远非本意,人归天与宁可捐。作歌自警示后昆。"参见钟兴麟等校注《西域图志校注》,第 571 页。

清朝与哈萨克诸部关系史上最为重要的宫廷纪实画作,该画作展现出清朝上承汉唐旧疆、下启后昆新识的全新西域叙事与国家意象。

西洋传教士所画贡马图所体现出的绘画技法与中西文化交流已有相关研究成果,① 不再赘述,本节将讨论的是同为郎世宁所画且都题有《御制大宛马歌》的"三图一歌"整体所体现的清哈关系渊源。"三图",指《哈萨克贡马图》《哈萨克八骏图》《云锦呈才图》;② "一歌"即为《御制大宛马歌》。这些图文结合的美术史资料,几乎同时形成,且关联紧密、不可分割,反映出清哈关系之渊源,以及清廷对历代王朝与西域关系的独特认知。这一与传统文献迥异的研究领域,学界以往虽有所涉及,③ 但仍有进一步拓展的余地。探索这些图文美术史料中所蕴含的历史信息,不但可为中国美术史研究做有益补充,还可和满文档案、其他美术史材料及传统史学方法相结合,为清代边疆民族史研究解决一直悬而未决的疑难问题。

---

① 〔瑞士〕马克·马西罗《重估郎世宁的使命——将意大利绘画风格融入清朝作品》(毛立平译,《清史研究》2009 年第 3 期),研究郎世宁中西合璧绘画风格的形成;曹天成《瘦马及其位置——关于郎世宁画作中一种形象的研究》(《美术研究》2012 年第 1 期),认为郎世宁所画《百骏图》《哈萨克八骏图》中瘦马形象,应源自西方美术世界。
② 从题跋字数、盖印数量来看,《哈萨克贡马图》都远胜其余二图;并绘有御容,且有乾隆帝御笔所书的《御制大宛马歌》全文,这可体现该作的重要地位。
③ 对"三图一歌"的相关研究中,冯明珠较早注意到《云锦呈才图》所画马可能为哈萨克骏马;参见冯明珠《骏马天山来——谈郎世宁所画的骏马》,(台北)《故宫文物月刊》1984 年第 19 期。林士铉根据《钦定石渠宝笈》等文献记载,梳理西洋传教士所画的贡马图,并重点研究了郎世宁乾隆二十四年所绘《哈萨克八骏图》中之骏马的线索,厘清了此八骏皆为哈萨克各首领所贡马匹之信息;此外,他还结合满洲骑射传统,进一步推进了《哈萨克贡马图》之研究。参见林士铉《乾隆时代的贡马与满洲政治文化》,(台北)《故宫学术季刊》第 24 卷第 2 期,2006 年。周轩对《御制大宛马歌》内容进行详尽分析,对哈萨克贡马有一定研究,参见周轩《献马无过聊表悃 同舟真是大联情——谈乾隆皇帝关于哈萨克的诗篇》,《新疆大学学报》(哲学社会科学版)1980 年第 1 期。

一　哈萨克右部归附及贡马考

乾隆朝时期，西域名马为乾隆帝所喜爱，哈萨克地方被认为是"大宛故地"，哈萨克马匹亦被认为是产于汉武帝求"天马"之地，因而更受珍视。乾隆帝也在御制诗内屡屡提及哈萨克马匹，如"今之哈萨昔大宛，峤山神种古所传"①。考察纪实画作《哈萨克贡马图》之创作缘由，应从其历史背景着手，通过探究该作所表现出的哈萨克左、右部归附和献马之史实，呈现乾隆帝降旨绘制画作之意图。

乾隆二十二年，随着哈萨克左部首领阿布赉的正式归附，左部之阿布勒比斯、霍集博尔根②、喀拉巴拉特③以及西部（小玉兹）额尔类④等五首领先后归附献马；乾隆二十三年，哈萨克右部（大玉兹）三首领归附、献马。至此年，哈萨克左、右部全部归附清朝，为当朝之盛事，且哈萨克八首领所献骏马恰为八骏之数，因此，前线将领认为："自此远近各部臣仆，享万年永安，太平安宁之福。"⑤ "三图一歌"之创作时间恰好在右哈萨克归附清朝这一历史节点上，因此，笔者认为这一系列事件是促成这一宫廷书画作品最终产生的直接原因。

右哈萨克归附，发生于参赞大臣富德前往塔什干追捕准噶尔贵族哈萨克锡喇时期，当时适遇右哈萨克与塔什干回人发生战争，因而遣员令两部息战，右哈萨克汗阿比里斯与众军事首领（巴图尔）等随即遣使归附。富德在满文奏折中奏报甚明：

---

① 乾隆御制诗《御制大宛马歌》，载钟兴麟等校注《西域图志校注》，第571页。
② 霍集博尔根，为左部哈萨克（中玉兹）阿巴克塔可热鄂托克头目，巴图尔。
③ 见表4-1。
④ 额尔类，为哈萨克小玉兹汗阿布勒海尔之子；又译"额尔雷""额尔垒""额尔勒"。哈萨克小玉兹远离清朝西部边界，邻近里海，为清朝认识最晚，直至乾隆二十七年清廷才接受了小玉兹的首次朝觐请求。此后，清廷将其部与"左部哈萨克""右部哈萨克"并列，命名为"西部哈萨克"。但在此之前，清廷一直误将小玉兹汗之子额尔类归为右部哈萨克。
⑤ 《参赞大臣富德等奏为哈萨克回子等均已归诚事折》，乾隆二十三年八月初四日，载中国第一历史档案馆、哈萨克斯坦东方学研究所编《清代中哈关系档案汇编》第1册，第132—133页。

奴才富德携军营大臣等、官军谨奏。西哈萨克①阿比里斯，塔什干回子和卓莫尔多司马西、图尔占等，带领全部哈萨克、回子归附，已成圣主阿勒巴图，贡马遣使。为跪拜恭贺故，伏思西哈萨克、塔什干回子，皆极远部落之人，从未有纳贡遣使中国之处。现因圣主仁化达于四方，兵威远播之故，极边之哈萨克、回子等，带领全部部众，恭顺前来，成圣主阿勒巴图，诚心附入，贡马遣使，此皆早为圣主睿算，天威达于边末之故。现剿灭准噶尔，安辑哈萨克左部，收拢布鲁特，西哈萨克、回子等皆已归附。自此远近各部臣仆，享万年永安，太平安宁之福。奴才等不胜喜悦，带领官员兵士，跪拜恭贺圣主。为此谨奏。乾隆二十三年九月初七日奉朱批：知道了。钦此。八月初四日。②

---

① 满文中"wargi"一词兼有"西""右"之意，在随后形成的汉文文献中出现"西哈萨克""西部哈萨克""右哈萨克""右部哈萨克"之类名混用的现象，实为同意异译，此处实指右部哈萨克。
② 《参赞大臣富德等奏为哈萨克回子等均已归诚事折》，乾隆二十三年八月初四日，载中国第一历史档案馆、哈萨克斯坦东方学研究所编《清代中哈关系档案汇编》第 1 册，第 132—133 页。满文转写：aha fude coohai kūwaran i ambasa, hafan cooha be gaifi, gingguleme wesimburengge, wargi hasak abilis, tulibai, tasigan i huise, hojo moldorsmasi tuljan se, gubci hasak hūise sebe gaifi, enduringge ejen i albatu ome, dahame dosifi, morin jafame, elcin takūraha, urgun i doroi hengkileme wesimbure jalin, hujufi gūnici, wargi hasak, tasigan i hūise serengge, gemu umesi goro aiman i niyalma, daci dulimbai gurun de alban jafame, elcin takūraha ba akū, te enduringge ejen i gosin wen duin ici badarafi, coohai horon goro jecen de elgira jakade, umesi dubei jecen i hasak hūise se, gubci aiman i urse be gaifi, ginggun ijishūn i enduringge ejen i albatu ome, hing seme dahame dosifi, morin jafame, elcin takūrahangge, ere gemu enduringge bodogon, baitai onggolo akūnafi, abkai horon goro elgin ci banjinahangge, te jun gar be mukiyebufi, dergi hasak be tohorombume toktobuha, burut sebe bargiyafi, wargi hasak, hūise sebe yooni dahabuha be dahame, ereci goro hanci aiman i ahasai tumen aniya de isitala enteheme elhe jirgacun huturi be alimbi, geren ahasai alimbaharakū fekuceme urgunjeme, ambasa hafan cooha urse be gaifi, enduringge ejen i amba urgun i doroi dorolome, hengkilehe, erei jalin gingguleme wesibuhe. abkai wehiyehe i orin ilaci aniya uyun biyai ice naden de fulgiyan fi i pilehe, hese saha sehe jakūn biyai ice duin.

富德将右哈萨克等部贡马送往京城之详情，所报如下：

奴才富德谨奏，为奏闻事。奴才此次经布鲁特，往西哈萨克搜擒哈萨克锡喇时，布鲁特奇泰鄂托克卡拉波托比向圣主进马一匹，西哈萨克阿比里斯汗，图里拜巴图尔等向圣主进马三匹，使者卓兰进马一匹，又向奴才以相见伯勒克礼物为名各送马一匹。奴才皆自所备带来蟒缎、缎匹内，相机回送。以上马匹已收悉，与使者同往已不可行，欲另派人送往时，巴图济尔噶尔、胡勒奇、玛瑞等告称，我等皆陆续向前往哈萨克官军寄带银两什物，各购得马二、三匹不等，自所得内每人选马二匹，欲进贡圣主，望替我等转送。等语。是以，奴才自所得马匹内，虽不得甚多好马，惟因新附之部马匹之故，选取哈萨克马四匹、布鲁特马二匹。将领队大臣、乾清门侍卫等所进马匹，及布鲁特、哈萨克等所进马匹一同，派精干官军解送，随后出发。为此谨奏。①

---

① 《参赞大臣富德奏报将哈萨克布鲁特及领队大臣侍卫等进贡马匹择优送京事折》，乾隆二十三年八月初四日，《军机处满文录副奏折》，中国第一历史档案馆藏，档案号：03-0177-1712-037。满文转写：aha fude gingguleme wesimburengge, donjibume wesimbure jalin, aha ere mudan burut be darime, wargi hasak de hūlha hasaksira sebe baime jafame jidere de, burut kitai otok i karabodo bi, ejen de jafara morin emke, wargi hasak i abilis han tulibai batur sei ejen de jafara morin ilan, elcin jolan i jafara morin emke, geli aha de acanjiha belek seme alibure emte morin be, aha gemu belheme gajiha, gecuheri suje i dorgici, acara be tuwame, karu bufi bargiyaha, elcin i sasa unggici ojorakū ofi, encu niyalma tucibufi benebure de, batujirgal, hūrsi, macang, eldengge sei alarangge, be gemu teisu teisu hasak de genehe hafan cooha de menggun jaka jasifi, juwete, ilate adali akū morin udafi, baha niyalma tome juwete morin sonjofi, ejen de jafaki sembi, meni funde ulame wesimbureo seme alambi, uttu ofi, aha i baha morin i dorgide, udu sain ningge baharakū ocibe, damu ice dahaha aiman i morin seme, hasak i morin duin, burut i morin juwe sonjofi, meyen i ambasa, kiyan cing men i hiyasai jafara morin, jai burut, hasak sei jafara morin be suweliyame, sain hafan cooha tucibufi, siranduhai jurambuki, erei jalin gingguleme wesimbuhe. abukai weheyehe i orin ilaci aniya uyun biya ice naden de fulgiyan fi i pilehe, hese saha sehe。jakūn biya ice duin。

由此可知，右哈萨克汗阿比里斯和巴图尔图里拜等，共向乾隆帝进献贡马3匹，使者卓兰（图里拜之子）向乾隆帝进献贡马一匹，富德所部途中路经的布鲁特地方首领卡拉波托比也向乾隆帝进献贡马一匹，即右哈萨克、布鲁特两部首领4人向乾隆帝进献贡马5匹；其中，哈萨克马4匹、布鲁特马1匹。此外以上4位首领又各送给富德见面礼马1匹，因而富德得见面礼马4匹，其中哈萨克马3匹，布鲁特马1匹。哈萨克、布鲁特首领进献马匹时，皆得获清军之缎匹回赠。此外，随军行走领队大臣、乾清门侍卫巴图济尔噶尔、胡勒奇、玛瑞3人，择机各购得哈萨克骏马二三匹不等，取骏马6匹，希望趁富德派人送马之际委托他代为进献给乾隆帝。于是，富德遂在布鲁特、哈萨克马内选取哈萨克马4匹、布鲁特马2匹，以及随行官员之献马6匹，合计马12匹，派精干官军先行送往京城进献乾隆帝。而未先行进献3匹马都为哈萨克马，这不一定是哈萨克马弱于布鲁特马，很可能是布鲁特马匹数太少，只能将两匹全部进献。因而，此行所得进献马及见面礼马共计15匹，乾隆帝得贡马、献马合计12匹，其中，哈萨克马10匹，布鲁特马2匹；挑选剩余的马3匹留于军营。

满文档案所记"哈萨克西部"首领归附时的贡马，与《哈萨克八骏图》中的后三骏存在对应关系。哈萨克右部归附献马，为《哈萨克八骏图》创作齐备了题材；《哈萨克八骏图》的创作，又与"三图一歌"中的《哈萨克贡马图》有直接的关联，以下便循此线索展开讨论。

二 《哈萨克八骏图》与"三图一歌"整体

林士铉[①]根据《钦定石渠宝笈》等文献记载，梳理西洋传教士所画之贡马图，尤其是郎世宁于乾隆二十四年所画之《哈萨克八骏图》所含的骏马信息，厘清了此八骏皆为哈萨克各首领所贡之

---

① 林士铉：《乾隆时代的贡马与满洲政治文化》，（台北）《故宫学术季刊》第24卷第2期，2006年。

马匹，其中有三骏为哈萨克右部所贡，分别为：第六匹"明月题"，所注明进贡者为哈萨克辉格尔德[①]；第七匹"雪团花"，所注明进贡者为哈萨克阿毕里斯[②]；第八匹"星文骊"，所注明进贡者为哈萨克图里拜[③]。唯据林氏查访，郎世宁画作《哈萨克八骏图》已不存世，仅有宫廷画作档案记载所绘的内容。

凭借以上满汉文档案对各进贡首领之姓名与骏马的记载和讨论，笔者推断"明月题""雪团花""星文骊"三骏即为上引富德满文奏折中所称选取 4 匹哈萨克马匹中的 3 匹。其依据就是满文奏折的记载。从连贯的满文奏折可见，与前一年归附的哈萨克左部首领阿布赉、阿布勒比斯多次遣使不同，右部哈萨克汗阿比里斯与图里拜、辉格尔德 3 人共同遣使献马，在历史上仅有这一次，其后再无共同遣使之记载，哈萨克右部阿比里斯汗亦再未出现于遣使朝觐之首领名单内，[④] 由此可知这三骏确在富德此次送往京城的马匹内。

右哈萨克汗阿比里斯、巴图尔图里拜、巴图尔辉格尔德所献 3 匹骏马的信息，还可从满文辞书《御制增订清文鉴》和《五体清文鉴》中获悉更多。乾隆朝时期，《哈萨克八骏图》中的全部骏马，皆在《御制增订清文鉴》中以满、汉两种文字译名，此后全部哈萨克八骏名又被收入《五体清文鉴》中，自此，每骏都拥有

[①] 辉格尔德之名虽不在上引富德的奏折内，是因他在右哈萨克地位列在阿比里斯汗和图里拜巴图尔之后，只列二人之名时则被省略，他也是一名巴图尔。此三人每人献马一匹，恰合西哈萨克二人献马三匹之数。辉格尔德，有时也译作"辉格勒德"。

[②] 满文 abilis 的另一种汉文音译，一般译为"阿比里斯"。

[③] 据林士铉《乾隆时代的贡马与满洲政治文化》[（台北）《故宫学术季刊》第 24 卷第 2 期，2006 年]，对郎世宁绘《哈萨克八骏图》的内容介绍来自《宁寿宫藏一八·淳化轩藏八》，《故宫珍本丛刊·钦定石渠宝笈续编》第 9 册，海南出版社 2000 年版，第 390—391、727 页；《乾清宫藏一三》，《故宫珍本丛刊·钦定石渠宝笈三编》第 8 册，海南出版社 2001 年版，第 105 页。

[④] 阿比里斯汗此后未再遣使，应与此次右哈萨克主使卓兰至京后向军机处官员所言阿比里斯并无实权有关，参见承志、阿依达尔·米尔卡马力《满文档案中记载的哈萨克汗世袭源流》，《新疆社会科学（哈文）》2016 年第 2 期。

满、汉、蒙、回、藏5种文字之译名。这两部辞书所载八骏的满文名之释义，为进一步展开探讨提供了新的路径。

首先，"明月题"对应的满文名为"saratai keire"，对应蒙文名为"saraliγ keger"，意义为"月亮的枣骝"；满文释义"biya i gese tosi bisire fulahūn kuluk"之意为"有着月亮一样的白色额纹的红色神骏"。其次，"雪团花"，对应的蒙文名为"časun čaγan"意义为"雪白"，对应的满文名为"cabgan suru"；满文释义"der seme šayan kuluk"之意为"雪白的神骏"。最后，"星文骓"，对应的蒙文名为"odoliγ caliγun"，意义为"星星的海骝"；对应的满文名为"oduntu kailun"；满文释义"usiha i gese camhata kuluk"之意为"像星星一样的点子神骏"。① 哈萨克贡马中，除了以上所列的右哈萨克三骏外，还有《哈萨克八骏图》中另外五骏，皆为哈萨克各部首领所进献。

通过梳理哈萨克右部三骏被绘入《哈萨克八骏图》之信息，以及每骏以多语种命名并录入钦定辞书的情况，可明了哈萨克骏马形象已被融入清代官方话语体系之中。在乾隆帝主导的这一历史进程中，哈萨克贡马意义重大，它们不但承载了自汉以来的前代西域名马之传说，而且还借助御制诗文、文人歌赋、宫廷画作的记载方式为后世传达了古代神骏之形象。以下依据满文档案，列表4-1以补充《钦定石渠宝笈》等汉文文献所未载的八骏进贡时间、地点等信息。

表4-1 《哈萨克八骏图》中马匹进贡情况一览*

骏马名	进贡首领	毛色	高与长	进贡时间	献马地点
沃洼骏	阿布尔毕斯**	浅黑色	高五尺一寸，长七尺五寸	二十二年六月三日	额卜克特军营
歊玉骢	霍集博尔根	青白色	高四尺八寸，长七尺四寸	二十二年七月六日	额卜克特军营

---

① 相关西域贡马命名进入辞书的情况，见《御制增订清文鉴》《五体清文鉴》；转引自林士铉《乾隆时代的贡马与满洲政治文化》，（台北）《故宫学术季刊》第24卷第2期，2006年。

续表

骏马名	进贡首领	毛色	高与长	进贡时间	献马地点
锦云骢	喀拉巴拉特	红白花色	高四尺七寸，长七尺二寸	二十二年七月六日	额卜克特军营
苍龙骥	阿布赖	白色	高四尺七寸，长七尺	二十二年六月三日	额卜克特军营
绣铁骆	额尔垒	黑色	高五尺一寸，长七尺八寸	二十三年三月十六日	巴尔喀什湖东
明月题	辉格尔德	黑红色	高四尺九寸，长七尺五寸	二十三年八月四日	塔什干城
雪团花	阿毕里斯	纯白色	高四尺七寸，长七尺二寸	二十三年八月四日	塔什干城
星文骝	图里拜***	褐色	高四尺九寸，长七尺三寸	二十三年八月四日	塔什干城

* 骏马名、进贡首领、毛色、高长出自《钦定石渠宝笈续编》；进贡时间、献马地点则出自满文奏折档案。《钦定石渠宝笈》所载八位首领名之音译，与其他文献所记稍有不同，如"额尔类""额尔雷""额尔垒"均为满文"erlei"的同音异译，此表以原文名照录。

** 阿布尔毕斯，即哈萨克左部之阿布勒比斯。

*** 大玉兹巴图尔图里拜，掌握实权，乾隆二十三年哈萨克右部使团主使卓兰即为其子。

资料出处：笔者据史料整理，史料有《定边右副将军兆惠奏哈萨克阿布赉遣使归附折》，乾隆二十二年六月十八日，载中国边疆史地研究中心、中国第一历史档案馆合编《清代新疆满文档案汇编》第 23 册，第 405—424 页；《平定准噶尔方略》正编卷 42，乾隆二十二年八月丙寅条；《清高宗实录》卷 555，乾隆二十三年正月辛亥条；《定边将军兆惠奏报派遣侍卫纳兰图等随同哈萨克使臣探明哈萨克锡喇踪迹折》，乾隆二十三年三月二十八日，《军机处满文录副奏折》，档案号：03 - 0177 - 1686 - 025；《定边将军兆惠等奏侍卫纳兰图赴哈萨克巴图鲁额尔勒处商谈捉拿哈萨克锡喇折》，乾隆二十三年三月二十一日，载中国边疆史地研究中心、中国第一历史档案馆合编《清代新疆满文档案汇编》第 29 册，第 128—131 页；《定边将军兆惠奏报哈萨克额尔雷归还其属下抢夺之粮饷请奖赏折》，乾隆二十三年六月二十日，载中国边疆史地研究中心、中国第一历史档案馆合编《清代新疆满文档案汇编》第 30 册，第 389—395 页；《故宫珍本丛刊·钦定石渠宝笈续编》第 9 册，海南出版社 2000 年版；《故宫珍本丛刊·钦定石渠宝笈三编》第 8 册，海南出版社 2001 年版。

由上可知，哈萨克左、右部八首领之献马共分 4 批：首先，为兆惠、富德率部在爱呼斯河附近的额卜克特军营接受阿布赉、阿布勒比斯献马；其次，霍集博尔根与喀拉巴拉特闻信后同至献马；再次，额尔类①于巴尔喀什湖以东遇清军单独献马；最后，富德所部

---

① 小玉兹头目额尔类。

在塔什干城接受阿比里斯、图里拜、辉格尔德共同献马。

又据《钦定石渠宝笈续编》中的《哈萨克八骏图》条所载之信息可知，郎世宁奉旨所画之八骏，皆经清廷君臣特意挑选而出，即已归附的哈萨克大首领，为每人均画一匹，不考虑其地位高低和贡马多寡，使八骏各与进贡之八首领一一对应。实际上，《哈萨克八骏图》所要表现的是哈萨克全部即八位大首领归附清朝的历史事实。这一画作从创作伊始，就具有强烈的政治象征意义。

乾隆帝令郎世宁画《哈萨克八骏图》，不仅是他喜好文墨、笼络外藩的外在表现，还存在其他原因，即"乾隆皇帝的八骏意象与周穆王的八骏逸游形成强烈对比，而哈萨克所贡八骏，也表示这些'大宛马'是汉武帝所不能及的成就……具有侧重国家意象的一面"①。

在乾隆帝的督促下，经过几个月的努力，至乾隆二十三年底，终于完成了"三图一歌"的整体创作。"三图"间的关系，实有必要阐明，先列表4-2如下。

表4-2 《哈萨克贡马图》《哈萨克八骏图》《云锦呈才图》
材质、尺寸等信息一览

图名	内容	材质色彩	尺寸、形式	引首	其他文字或印玺	《御制大宛马歌》题写	《活计档》之相关记载
《哈萨克贡马图》	画哈萨克贡马图一卷	宣纸本，设色	纵一尺三寸五分，横七尺六寸；手卷	御笔"西极云驰"；钤宝玺一"乾隆御笔"	(1)"丙午嘉平御识。臣董浩奉敕敬书"；(2)"臣工恭跋"；(3)"哈萨克使臣至令随围猎诗按语。臣董诰奉敕敬书"	"乙卯新正御笔"	"郎世宁、金延标做（照）从前画过准噶尔贡马图另起手卷稿"（二十三年十月二十四日）

---

① 林士铉：《乾隆时代的贡马与满洲政治文化》，（台北）《故宫学术季刊》第24卷第2期，2006年。

续表

图名	内容	材质色彩	尺寸、形式	引首	其他文字或印玺	《御制大宛马歌》题写	《活计档》之相关记载
《哈萨克八骏图》	画哈萨克贡马八匹，俱清汉文**标名	绢本，设色	纵一尺二寸五分，横一丈一尺二寸；手卷	无	（1）"臣工恭跋"；（2）"哈萨克使臣至令随围猎诗按语。臣董诰奉敕敬书"	"臣于敏中奉敕敬书"	"用白绢画八骏马手卷一卷"（二十三年七月十四日）***
《云锦呈才图》	画八骏	绢本，设色	纵一尺八寸五分，横一尺一寸；挂轴	御笔"云锦呈才"；钤宝玺一"乾隆御笔"	轴内分钤宝玺"乾隆御览之宝""太上皇帝之宝""鉴藏宝玺"；五玺全	"臣于敏中奉敕敬书"	"云锦呈瑞挂轴一轴，配做紫檀画斗云□、檀木楣杆"（二十三年十月二十六日）

＊第三图印玺之记载出自嘉庆朝《钦定石渠宝笈三编》；与第三图印玺之记载不同，前两图印玺因出自乾隆朝《钦定石渠宝笈续编》，因此数目记载不全，此表遂未收录前二图之印玺。比照三图文字部分，前二图印玺皆应在第三图之上。

＊＊即满汉文双语对照。

＊＊＊可知乾隆二十三年七月，乾隆帝已着手安排画师准备《哈萨克八骏图》之题材，此"八骏马手卷"之奉旨时间在哈萨克右部归附前，因此仅包含最终定本《哈萨克八骏图》中的前五骏和其他三骏，而哈萨克右部归附方促成最终定本的问世。该白绢画手卷应为最终定本《哈萨克八骏图》稿本之一，但也反映出乾隆帝对哈萨克贡马一事的长期关注。

资料出处：笔者据《钦定石渠宝笈续编》、《钦定石渠宝笈三编》和《清宫内务府造办处档案总汇》（中国第一历史档案馆、香港中文大学编，人民出版社 2007 年版）、《郎世宁"活计"编年（1723—1765）》（曹天成《瘦马及其位置——关于郎世宁画作中一种形象的研究》附录一）整理而成。

结合表 4-2 分析可知：(1) 此三图形成时间极为接近，且都题有《御制大宛马歌》；(2) 据《钦定石渠宝笈续编》所载，《哈萨克八骏图》中的马匹毛色、形态，与台北故宫博物院藏《云锦呈才图》（见图 4-3）所画之八骏虽稍有不同但大半相似；(3) 由满文档案可知，八骏中有三骏之进贡者为首领巴图尔图里拜、巴图尔辉格尔德、阿比里斯，他们在历史上献马仅此一次，此三骏无可替代，各版本的"八骏图"应该采用的是相同的原型。由此可以认为，《云锦呈才图》所画挂轴之八骏，应是以《哈萨克八骏图》为母本绘成的，马匹毛色、形态虽有微小调整，但属同题异构。《云锦呈才图》中，骏马出现"变体"，应为宫廷画师对这一题材深入研究之结果，力求在手卷外，以挂轴方式满足清宫君臣多样化欣赏的需要。

笔者认为，宫廷画家郎世宁等奉命依照依次抵京的哈萨克八骏，逐一绘制《哈萨克八骏图》，此套图成为乾隆二十三年底绘成的《哈萨克贡马图》中三骏以及《云锦呈才图》中八骏之原型。标有满汉骏马名的《哈萨克八骏图》为其余二图的绘制提供了素材；其中，《哈萨克贡马图》中的三骏取此形象，《云锦呈才图》则为定本《哈萨克八骏图》之"变体"。

在乾隆朝，从未附属中国的哈萨克举部归附被视为创举，哈萨克马匹入贡自然就成为此创举之标志，因而哈萨克贡马具有了清朝盛世的象征意义。从此角度出发，我们就不难理解乾隆二十三年郎世宁奉旨画《哈萨克八骏图》后，又奉旨画《哈萨克贡马图》和《云锦呈才图》的原因。"三图"中，《哈萨克贡马图》则因有哈萨克使者牵马跪拜、乾隆帝端坐受贡之构图，更具清朝皇帝抚有四方、外藩向化来归的象征意义。

三 《哈萨克贡马图》源流及其价值

《哈萨克贡马图》[①] 是"三图一歌"中的"主图"，关于其画

---

① 郎世宁画《哈萨克贡马图》一卷，时间记为乾隆二十四年，画卷名收录于《钦定石渠宝笈续编·宁寿宫藏一八》。现收藏于巴黎吉美国立亚洲艺术博物馆，此馆曾对外展出此画。此外，在对郎世宁作品整理中，英国人郑德坤所收藏的《大宛贡马图》，被今人认为是伪作。笔者亦同意此说，原因有二：一是该图未收于《钦定石渠宝笈》名录；二是此图的命名与乾隆帝为其谕令画作命名的习惯、特点——"诗文怀古而图绘当世"——不一致。

面内容，目前尚未有研究进行深入探讨。从上文《活计档》的记载来看，《哈萨克贡马图》以《准噶尔贡马图》①（见图4-4）为母本，是中国历代宫廷绘画中贡马题材图的延续和发展。从乾隆皇帝着装及山石树木来看，该场景很可能是木兰围场伊绵峪或南苑围场。木兰围场伊绵峪，乾隆皇帝曾经在此接受准噶尔王公噶勒藏多尔济、哈萨克左部首领阿布赉使者亨集噶尔入觐；南苑围场，则是哈萨克右部使者卓兰等入觐乾隆帝的地方。

该图画面右侧，在亭前台阶的靠椅上，端坐着便装的乾隆帝，其左右共有五名大臣侍卫扈从，台阶下有两名官员带领三名哈萨克使者，此三使者手牵三匹进贡马匹。为首的哈萨克使者手牵一匹白色马匹，正向乾隆帝跪拜，在该使者及其马匹后方，另有两位准备贡马的哈萨克使者，他们持站姿，分别牵着一匹纯黑马和一匹红白花马。《钦定石渠宝笈续编》中对此画有所记载："宣纸，纵一尺三寸五分，横七尺六寸，设色界面，敞榭三楹，中安黼座，敬绘御容，侍立者四人，阶下引者二人，回人匍伏效马者一、后二回人立鞯以俟。"有学者判断，该画为乾隆帝命郎世宁绘阿布赉等左右二部所贡骏马，②笔者认为此判断是错误的，《哈萨克贡马图》中所绘之人物、马匹，实以哈萨克右部汗阿比里斯之使者及所献马匹为主。

因与本节主题密切相关，笔者着重考察画面上行跪拜礼之哈萨克使者身份以及白色骏马的进献首领。

《哈萨克贡马图》左侧文字中，只有紧邻画面的文字是书于画作手卷上的，其余文字则书在后裱纸张上，因为其纸之颜色、质地均不同于手卷，显然为后裱上的。手卷上的文字，为乾隆二十四年所作御制诗之《御制大宛马歌》，其中之"匍匐牵跪陈墀前"一句

---

① 关于《准噶尔贡马图》研究，参见林士铉《玉质纯素·隐有青文——记郎世宁画十骏图如意骢的绘事特色》。
② 汤斌：《乾隆时期的西洋画师笔下的藩部朝贡鸟兽图》，《紫禁城》2011年第1期。

即是对画面贡马场景的描写。与《百骏图》① 等虚拟构图不同，《哈萨克贡马图》的画面中，人物、场景、马匹应各有出处。笔者拟从遣使者、遣使时间、贡马毛色等方面做进一步的分析。

郎世宁所画《哈萨克贡马图》中的三匹骏马，应各有明确出处。哈萨克左部于乾隆二十二年下半年归附清朝并遣使贡马，而哈萨克右部则于乾隆二十三年第一次遣使贡马，在如此短暂时间内，郎世宁并没有条件因同一首领多次贡马而积累大量的素材。结合前述"三图"关系之讨论可知，《哈萨克贡马图》中呈现的马匹形象应选自《哈萨克八骏图》。

首先，因马匹毛色独一无二，依据表4-1所列八骏之信息，并比照《哈萨克贡马图》中后两匹马之毛色（分别为纯黑色和红白花色）可知，此二骏应为小玉兹头目额尔类进贡之"绣铁骝"和中玉兹头目喀拉巴拉特进贡之"锦云駥"。贡马中毛色为白色有两匹，分别为中玉兹阿布赉和大玉兹汗阿比里斯所贡。

其次，《御制增订清文鉴》中，所记载之阿布赉进献"苍龙骥"的蒙文名为"kökeloo boro"（青龙青马），满文名为"kulutu fulan"满文释义为"bolo kuluk"（青色神骏）；阿比里斯进献"雪团花"的蒙文名为"časun čaɣan"（雪白），满文名"cabgan suru"的释义为"der seme šayan kuluk"（雪白的神骏）。以此证之，可见阿布赉所进"苍龙骥"实为青色马，唯一的白色马则是大玉兹汗阿比里斯所进献的"雪团花"，即《哈萨克贡马图》中的三匹马极可能是"雪团花"（雪白）、"绣铁骝"（黑色）、"锦云駥"（红白花色）。

最后，根据承志和阿依达尔·米尔卡马力两位教授对军机处满文哈萨克源流档案的研究成果，右部哈萨克（大玉兹）使团到京

---

① 曹天成：《郎世宁在华遭遇及其所画瘦马研究》，博士学位论文，中央美术学院，2011年。该文（第143—173页）考察郎世宁所绘《百骏图》与《哈萨克八骏图》、《哈萨克贡马图》；并认为前一图为构造的场景，由郎世宁创作；后两图一般为记录历史事件，宣示外藩，为写实画作。

后，接受了军机处官员的问询，卓兰声称阿布赉并非哈萨克汗，而仅为苏丹。① 这一问询所得极可能被乾隆帝采信，即知晓阿布赉非左部汗。这说明在郎世宁绘制《哈萨克八骏图》时，在清廷的认知中，八骏进献者中只有哈萨克右部（大玉兹）阿比里斯具有正统汗的身份。阿布赉所献马匹虽在《钦定石渠宝笈续编》中记为白色，但考之以《御制增订清文鉴》，得出应为青色之结论。因此，进献白马且身份为汗者仅有右部哈萨克汗阿比里斯。

考察马匹毛色，以及阿比里斯为进献八骏哈萨克首领中的唯一汗外，还需比对《御制大宛马歌》内容是否与之相符。

《御制大宛马歌》内有"哈萨布鲁胥向化"一句，这说明画卷与哈萨克、布鲁特一同遣使有关；"左右部长及可汗，遣其首领远来献"一句，说明哈萨克左、右二部首领及至少一位哈萨克汗与此画有关。由此可知，《哈萨克贡马图》画卷上的哈萨克使者及马匹，应与以下三个要素有关：（1）哈萨克二部首领献马；（2）其中至少有一位哈萨克汗；（3）哈萨克、布鲁特共同遣使。又考诸《西域图志》，此书将《御制大宛马歌》收于"藩属一·右部哈萨克"条下。② 由此条可知，画卷应以哈萨克右部使者及其贡马为主；且从《御制大宛马歌》中提及"左右部"来看，这很可能是以右部使者和马匹为主，以左部的为辅。

在进献者中，符合上述要求的有阿比里斯、喀拉巴拉特、额尔类三位首领。具体如下：（1）喀拉巴拉特、阿比里斯、额尔类确

---

① 承志、阿依达尔·米尔卡马力：《满文档案中记载的哈萨克汗世袭源流》，《新疆社会科学（哈文）》2016年第2期。该文通过详细考订乾隆二十三年哈萨克右部卓兰使团进京后所述哈萨克汗系之源流，论证了此时在哈萨克社会内部，阿布赉尚未被承认为汗的史实；据卓兰所述，当时的中玉兹汗是阿布勒班毕特，大玉兹汗是阿比里斯和汗巴巴二人，汗巴巴因适逢外出而未能遣使。因而笔者推断，恰在乾隆二十四年绘制《哈萨克贡马图》前，乾隆帝应已知晓中玉兹阿布赉非该部汗之情形。

② 《西域图志》卷44，"藩属一·右部哈萨克"条，载钟兴麟等校注《西域图志校注》，新疆人民出版社2002年版。

为哈萨克左、右部首领，且都遣使者献马；（2）阿比里斯确有哈萨克右部汗之身份，与《西域图志》中将《御制大宛马歌》置于"右部哈萨克"条内相符；（3）见前述，右部此次遣使确与布鲁特奇泰鄂托克首领卡拉波托比遣使贡马同至。因而笔者认为：郎世宁《哈萨克贡马图》上匍匐进献雪白色马"雪团花"者，为西部哈萨克（大玉兹）阿比里斯汗所遣之使者；后方牵红白花马"锦云骦"者，为左部哈萨克（中玉兹）头目喀拉巴拉特之使者；牵黑马"绣铁骊"者，为西部哈萨克（小玉兹）头目额尔类之使者。

从这一结论出发，进一步考察可知如下信息。

第一，郎世宁所画场景应在乾隆帝首次接见哈萨克右部阿比里斯汗等所遣使团时的盘山行宫，① 或再次接见时的南苑围场，② 而不是通常认为的承德避暑山庄或木兰围场行宫。

第二，画卷上之马匹虽为写实，却是将不同时间到达的使者和贡马置于同一场景内。理由如下：其一，左、右两部哈萨克使者此时并未同时入觐，当哈萨克右部使者在京城停留期间，并没有哈萨克左部使者在京；③ 其二，这三匹骏马分别于三个不同时间点到达京城，喀拉巴拉特贡马时间在乾隆二十二年七月，阿比里斯贡马时间在乾隆二十三年十一至十二月，而额尔类贡马时间则在乾隆二十三年三月。郎世宁奉旨将不同时间进献乾隆帝的三匹骏马绘于同一画卷上，既有显示各部来归之盛世场景，又能呈现三匹马毛色搭配

---

① "二十三年，图里拜遣其子卓兰及辉格尔德之弟博索尔满朝京师，赐宴盘山静寄山庄，并随至南苑，与观大阅及灯火，恩赉甚渥"；见《西域图志》，"藩属一·右部哈萨克"条，载钟兴麒等校注《西域图志校注》，新疆人民出版社2002年版。

② 《皇帝于二十五日驻跸南苑赐宴右部哈萨克使臣筵宴等事》，乾隆二十三年十月初五日，《起居注》，载中国第一历史档案馆、哈萨克斯坦东方学研究所编《清代中哈关系档案汇编》第1册，第163页。

③ 考察《起居注》可见哈萨克右部使者在京期间的活动，但未记载有左部哈萨克使者在京活动之情况；见中国第一历史档案馆、哈萨克斯坦东方学研究所编《清代中哈关系档案汇编》第1册，第163—183页。

之视觉效果，增加了画面的美感。

第三，哈萨克使者与贡马很难同步抵京，画卷上的场景应是绘画者将不同时间点上所发生的朝觐与贡马这两件事置于同一时空内。按照清代外藩朝觐、贡马时的习惯，使者先行进京，马匹则另行遣人徐解，① 当哈萨克使者抵京觐见完毕后，其首领所进献的马匹很可能尚未到达京城。如此次前来的哈萨克右部使者卓兰等人，于乾隆二十三年八月从塔什干出发，"日行三百里"②，约耗时两月就于十月抵京，因而使者朝觐与献马同时发生的可能性微乎其微。

第四，乾隆二十三年，在哈萨克右部入觐前后，乾隆帝在已创作的六首御制诗③的基础上，下令画《哈萨克贡马图》，并配以《御制大宛马歌》。由此可以见出，这次入觐恰逢其时，受到乾隆帝的高度重视，从而引发他重构历史叙事的决定。

综上所述，《哈萨克贡马图》以实际到过京城的代表哈萨克左、右部之使者，以及他们向乾隆帝进献的马匹为创作对象，但在

---

① 如此次使者即先于马匹出发："以上马匹已收悉，与使者同往已不可行，欲另派人送往……将领队大臣、乾清门侍卫等所进马匹，及布鲁特、哈萨克等所进马匹一同，派精干官军解送，随后出发。"见《参赞大臣富德奏报哈萨克布鲁特及领队大臣侍卫等进贡马匹择优送京事折》，乾隆二十三年八月初四日，《军机处满文录副奏折》，中国第一历史档案馆藏，档案号：03-0177-1712-037。

② 御制诗《御制右部哈萨克及塔什罕城回人布鲁特部首领胥来觐谒至山庄曲宴示恩点笔成什》内有"向心心殷身忘倦"，其注释为"侍卫携之乘传而来，日行三百里，历二月之久方到，皆不言劳且欢忻踊跃，称真从日人处得到日出处也"；参见钟兴麟等校注《西域图志校注》，第570页。清中叶加急军报日行六百里，从伊犁到京城尚需十七八天，塔什干又远在伊犁以西数千里外，尚能两月赶至京城，这说明这次哈萨克右部使者前来，是沿驿站不断换马而前行的，速度极快，不同于贡马解送需严格遵守不令其疲病、瘦弱的原则而缓行。

③ 分别为《御制右部哈萨克归化遣使朝贡诗以记事》《御制将之盘山驻跸汤泉行宫作》《御制右部哈萨克及塔什罕城回人布鲁特部首领胥来觐谒至山庄曲宴示恩点笔成什》《御制南苑行围杂咏》《御制赐哈萨克布鲁特等宴即席得句》《御制南苑赐哈萨克布鲁特塔什罕回人等观烟火灯词》。

创作时并未拘泥于某一次真实的场景，而是以右部哈萨克阿比里斯汗使者进献的白马"雪团花"为中心进行构图，同时添绘不同批次的使者及其所贡之骏马，并与《御制大宛马歌》所述之内容组合，最终构造出了一幅整个哈萨克部族向清朝皇帝归附、贡马的壮丽图景。笔者由此推断出如下时间序列：首先，哈萨克右部遣使朝觐；其次，《哈萨克八骏图》定稿；再次，创作御制诗《御制大宛马歌》；又次，郎世宁绘制《哈萨克贡马图》；最后《云锦呈才图》的问世。

《哈萨克贡马图》《哈萨克八骏图》《云锦呈才图》《御制大宛马歌》①之创作皆完成于乾隆二十四年前，②且相互间具有极高的关联性。与通常的即时创作的御制诗不同，《御制大宛马歌》是在清军平定准噶尔，又陆续收服左右哈萨克、东西布鲁特诸外藩之后创作的，具有总结性质，如"辟疆勤远非本意，人归天与宁可捐，作歌自警示后昆"，既强调清朝西域武功顺天应人、自然天成，又总结了当时西域治理经验。乾隆帝在《御制大宛马歌》中，通过与前朝的对比，突出本朝的盛世图景：未曾加诸武力，但极边外藩却纷纷向化来归。这种自认为超越汉唐盛世的心态，加上文治武功之顺利，乾隆帝正需要"一图胜千言"的《哈萨克贡马图》来给予朝臣和入觐使者以直观印象，以实现其构建国家意象的政治意图。正因为乾隆帝要以哈萨克归附为契机打造全新的国家意识，因

---

① 钟兴麟等校注《西域图志校注》（第 571 页）所载的《御制大宛马歌》创作时间为乙卯年，即乾隆二十四年。但据乾隆帝《御制大宛马歌》题于二十四年新正日来看，此画应完成于二十三年底。乾隆帝之文治和正统观念，参见杨念群《何处是"江南"？：清朝正统观的确立与士林精神的变异》，生活·读书·新知三联书店 2017 年版。

② 《钦定石渠宝笈续编·宁寿宫藏卷一八》记载《哈萨克八骏图》《哈萨克贡马图》的创作时间于乾隆二十四年；转引自林士铉《乾隆时代的贡马与满洲政治文化》，（台北）《故宫学术季刊》第 24 卷第 2 期，2006 年。但据《活计档》及《御制大宛马歌》题于乾隆二十四年新正来看，此二图完成时间当在乾隆二十三年底。

而才会有为《御制大宛马歌》而创作《哈萨克贡马图》及相应的《哈萨克八骏图》之举。

随着清朝与哈萨克关系的深入发展，自乾隆至嘉庆朝，从哈萨克诸部获得贡马成为清朝定制，如"塔尔巴哈台岁进上用马匹……乾隆五十一年，大学士公阿桂等奏明，嗣后不必专员恭进，着交年满差便顺带进京，嘉庆元年参赞大臣乌尔乌逊奏准，贡马启由口外草地行走"①。

作为归附之象征，哈萨克贡马被接纳入清朝外藩文化体系中，体现乾隆帝"中外一家"之思想，此种文化体系成为清朝与哈萨克维持"大国—藩属关系"的基础。哈萨克与清朝间延续百年的缎马贸易活动，在清代边疆历史中占有重要地位，哈萨克骏马亦在此过程中成为不可忽视的文化沟通与交流的媒介，哈萨克部族对马匹的重视，与清朝以"国语骑射"为立国之本具有共同之处，因而哈萨克贡马拥有其他外藩部落所贡之物得不到的恩宠和珍视。乾隆中期清哈关系的建立与发展，为清朝与中亚关系史研究留下丰富遗产。《哈萨克贡马图》不但具有反映朝觐礼仪的作用，还具有政治与文化意义。满文档案和美术史资料的结合，为相关议题的深入探讨提供了新的可能。

图 4-2　明代白描本《拂郎国贡马图》（故宫博物院藏）

---

① 《塔尔巴哈台事宜》卷 3 之"贡马"条，国家图书馆藏民国抄本。

图 4-3 《云锦呈才图》（郎世宁作，台北故宫博物院藏）

图 4-4 《准噶尔贡马图》（郎世宁作，台北故宫博物院藏）

第三节 哈萨克使团朝觐活动研究：
以阿弥宰入觐为中心

乾隆五十六年（1791）适逢乾隆帝 80 大寿庆典，清朝各藩属、朝贡国纷纷遣使来贺，成一时盛事。学界对乾隆五十五年（1790）来自东南儒家文化圈的安南国王阮光平之使团，以及乾隆五十八年（1793）来自西洋英国的马戛尔尼使团则关注较多，① 而对来自西北弧形地带的藩属国家和部族入觐之贺寿使团则关注较少，尤其缺少对哈萨克使团的关注。对哈萨克使团入觐活动，已有学者制作表格并分析入觐周期和相关政策，② 但仍缺乏对具体内容的考察。本节以笔者所见的乾隆朝内务府档案之记载为中心，对乾隆五十六年哈萨克汗瓦里苏勒坦遣其子阿弥宰率使团前往热河朝觐、贺寿之事进行考察，并尝试梳理哈萨克使团在京朝觐期间之活动的特点，以完善以往学界之疏漏。

哈萨克朝觐，既与清朝其他藩部、藩属、属国朝觐有较多相似

---

① 王开玺：《清代外交礼仪的交涉与论争》，人民出版社 2009 年版。
② 张荣主要根据《清高宗实录》《平定准噶尔方略》《乾隆朝上谕档》等汉文史料制作哈萨克使团朝觐年表；参见张荣《清乾隆时期哈萨克政策研究》，博士学位论文，兰州大学，2011 年，第 164—170 页。日本学者小沼孝博在常见史料基础上，利用军机处满文档案和《哈萨克档》等未公布档册制作的哈萨克朝觐年表，在内容上有较大的创建，他在补充汉文史料缺载的多批次哈萨克使团之记录外，还特别列出使团派出者、主使以及使团成员的详细名单，并标注了他们的汗、王、公、台吉、侍卫等官方身份，父、子、兄、弟、外甥、女婿、族弟等相互间的亲属关系，以及所赏戴的蓝翎、孔雀翎、双眼花翎等对应的品级。参见〔日〕野田仁、小沼孝博，"A Collection of Documents from the Kazakh Sultans to the Qing Dynasty", *Central Eurasian Research*, Special Issue 1, University of Tokyo, 2010, pp. 154 - 159；参照满汉文档案可知，日本学者小沼孝博所制年表虽仍有部分使团遗漏，但到目前为止为同类研究中最为详细者。就本节所论阿弥宰使团活动而言，以往研究尚未给予足够关注。

之处，也有自身的承袭特点。哈萨克使者朝觐期间的活动，按照例行标准，除有面圣瞻仰天颜，按清廷要求接驾、站班外，还有重要事宜三项：筵宴、赏赍物件和观火戏（施放烟火）。这些活动皆由军机大臣届时拟单具奏，由各承应衙门办理。① 以下将依次梳理筵宴、赏赍物件、观火戏三项。

一 筵宴

乾隆年间，哈萨克左、右部遣使入觐初期，因哈萨克汗、王、公之子弟多未出痘，且乾隆帝又常于秋季前往木兰围场行围，并接见蒙古王公和各部首领，因此，清廷多安排哈萨克使团前往天气较为凉爽和人口较少的热河朝觐。平定准噶尔期间及其后，准噶尔绰罗斯部大台吉噶勒藏多尔济，左部哈萨克首次入觐之亨集噶尔使团，布鲁特首批使团，乾隆三十六年（1771）东归之土尔扈特渥巴锡等人，皆前往热河朝觐。位于该地之避暑山庄和伊绵峪成为哈萨克等西域地区部落首领或所遣使者入觐的重要地点。

从乾隆二十二年到三十七年（1772）15 年间，哈萨克使团入觐地基本在热河；其中，最具代表性的为阿布赉首次所遣的入觐使团，该使团首领为亨集噶尔。在此期间也有特例，如乾隆二十三年右部哈萨克汗阿比里斯所遣之使团，因塔什干距离京城路途遥远，该使团抵达北京附近时，乾隆帝已从热河返京，因而该使团只能前往盘山行宫、南苑入觐。

哈萨克使团入觐活动中，有皇帝参加的筵宴活动为重中之重。从筵宴举办地来看，入觐地多为筵宴举办地，如从乾隆二十二年到三十七年，筵宴举办地点也基本在热河。但从乾隆三十八年（1773）开始，哈萨克使团的主要朝觐地与筵宴举办地点发生明显的变化，多在圆明园举行，且一直延续至乾隆六十年（1795）。现特将乾隆年

---

① 《丰绅济伦奏为查得乾隆五十六年六十年哈萨克等热河朝觐筵宴赏赍各事宜事》，嘉庆八年二月十六日，中国第一历史档案馆藏，档案号：05-0501-070。

间哈萨克使团进京朝觐与筵宴举办地大致情况列表4-3。

表4-3 乾隆年间哈萨克使团进京朝觐时筵宴次数一览（部分）

批次	哈萨克使者进京入觐年份	筵宴地点	筵宴次数（次）
第1次	乾隆二十三年十一月初四日	南苑	1
第2次	乾隆二十三年十一月十五日	（圆明园）山高水长	1
第3次	乾隆三十八年正月	（圆明园）山高水长	1
第4次	乾隆三十九年正月	（圆明园）山高水长	1
第5次	乾隆四十七年五月	（圆明园）山高水长	1
第6次	乾隆四十八年四月	（圆明园）山高水长	1
第7次	乾隆五十一年十二月	（紫禁城）保和殿	1
第8次	乾隆五十二年正月	（圆明园）正大光明殿	1
第9次	乾隆五十二年正月	（圆明园）山高水长	1
第10次	乾隆五十二年八月	（热河避暑山庄）万树园	1
第11次	乾隆五十五年七月	（热河避暑山庄）澹泊敬诚	1
第12次	乾隆五十五年十二月	（紫禁城）保和殿	1
第13次	乾隆五十六年正月	（热河避暑山庄）万树园	1
第14次	乾隆五十六年八月	（热河避暑山庄）万树园	1
第15次	乾隆六十年八月	（热河避暑山庄）万树园	1

资料出处：笔者据《呈为哈萨克来京次数筵宴清单》（《内务府掌仪司档案》，中国第一历史档案馆藏，档案号：05-0433-031）整理；括号内部分为笔者所加，其余内容皆为档案原本所载。

哈萨克使团前往入觐时，筵宴事宜由内务府掌仪司掌管。在中国第一历史档案馆藏《内务府掌仪司档案》内有一份档案，其第2页从《呈为哈萨克来京次数筵宴清单》开始，依次记录上表之内容。该档案的第1页，有"乾隆五十六年正月十三号。掌仪司奏为正大光明殿蒙古王公筵宴设乐事。内一件"之字样。中国第一历史档案馆给予该档案题名为《呈为哈萨克来京次数筵宴清单》；机构为"总管内务府（掌仪司）"，时间为"乾隆五十六年正月"。参照该清单内容可见出，该档案内"十三号"的用法与清代常用之表述不同，且所书该日期之毛笔字亦与其他字有所区别，其原因尚待探讨。但因清单内有乾隆六十年哈萨克使者筵宴举办之内容，因此该纪年"乾隆五十六年"明显有误，该清单应记于乾隆六十年或之后，中国第一历史档案馆所著录档案之形成时间亦有误。

该份档案记录了筵宴举办情形，其中把入承德避暑山庄也视为"来京"。将这份档案与清代留下的其他档案进行对比，可知该表统计虽不完整，但已能代表乾隆朝时期哈萨克使团在京活动时蒙恩赐宴的大致情况，其中所记乾隆五十六年八月于万树园赐筵宴一次，即为入觐贺寿之阿弥宰使团所办。

二 赏赍物件

笔者所用资料为阿弥宰于乾隆帝八十寿辰入觐之相关档案，此相关档案除小部分形成于乾隆朝外，大多形成于嘉庆八年（1803）。彼时，清廷为嘉庆帝筹办五十寿辰，特查考乾隆朝哈萨克筵宴、赏赍之旧例，由内务府撰成了一份难得的记录在阿弥宰朝觐期间清廷为之详细安排活动的奏折。现将此使团于乾隆五十六年和六十年在热河时所接受的赏赍及相关安排列表4-4与表4-5。

由上述两表可知，表4-4中以阿弥宰为正使的乾隆五十六年哈萨克使团成员较为单一，而表4-5中的乾隆六十年哈萨克使团则成员多样，包括左部哈萨克汗瓦里苏勒坦之子阿弥宰，原左部哈萨克汗阿布赉之子沙穆汉墨特，左部哈萨克王杭霍卓之子博库克3人，以及左部哈萨克公卓勒齐之子霭霍卓、哈萨克台吉萨满之子陶克占、哈萨克台吉嘉纳伯克之弟巴喇克、哈萨克台吉阿迪勒之子萨提4人，并随带副使22人，跟役11人。乾隆六十年，哈萨克使团在热河期间，清廷为之周密安排的入觐事宜、赏赍活动与乾隆五十六年相似，但从赏赐物上体现出清廷对哈萨克的重视程度有了进一步提高。

表 4-4 乾隆五十六年阿弥宰使团入觐时所获赏赉情况一览

序号	日期	活动安排	赏赐阿弥宰	赏赐副使 4 人	赏赐跟役 2 人	回赏哈萨克汗瓦里苏勒坦
1	七月二十五日	哈萨克罕瓦里苏勒坦之子阿弥宰载随带副使四人、跟役二人,于七月二十五日到热河,令伊等在德汇门外搭盖蒙古包居住				
2	七月二十六日	带领伊等瞻仰天颜;看戏	宝石顶双眼花翎绣帽一顶,二团行龙袷绸褂一件,缂袷蟒袍一件,袷绸绸袄一件,缎带荷包手巾一分,云产石朝珠一盘,缎靴袜各一双	六品顶纬帽各一顶,织袍袍朴褂各一套,袷绸袄各一件,缎带荷包朝珠各一分,云产石朝珠各一盘、缎靴袜各一双	官用缎袷袍褂各一套,布靴袜各一双	
3	八月十日	万树园筵宴;令阿弥载在蒙古包内地坐	朴缎一匹、大缎一匹、闪缎一匹,茶叶大荷包一对,磁器四件,小刀一把,鼻烟壶一个、火镰一把,银二百两	洋缎各一匹、八丝缎各一匹,五丝缎各一匹,茶叶各二瓶,磁器各一件,大荷包各一对,小荷包各一对,小刀各一把,鼻烟壶各一个,火镰各一把,银各四十两	五丝缎各二匹,银各三十两	缕蟒袍料一件、妆缎一匹,大卷八丝缎二匹,蟒缎一匹,大卷五丝缎二匹、漳绒二匹,红氆大褂料一件、貂皮三十张,茶叶四品,磁器四件,氆氇四品,金黄鞯大荷包一对,小荷包四对

续表

序号	日期	活动安排	赏赐阿弥宰	赏赐副使4人	赏赐跟役2人	回赏哈萨克汗瓦里苏勒坦
4	八月十四日	晚膳后，令伊等在万树园赏看烟火				
5	八月十六日	起程返回				

资料出处：笔者据《查报查得乾隆五十六年六十年哈萨克等热河朝觐筵宴赏赍各事宜清单》（中国第一历史档案馆藏，档案号：05-0501-071）内所记之人觐事宜整理；原文照录。此清单将"阿弥宰"记录为"阿弥载"。

第四章 清朝与哈萨克间的朝贡关系

表4-5 乾隆六十年阿弥宰使团入觐时所获赏赉情况一览

序号	日期	活动安排	赏赐阿弥宰、沙穆汉墨特、博库克	赏赐霭霍卓	赏赐陶克、巴喇克、萨提	赏赐副使22人	赏跟役11人	回赏及加赏
1	七月二十二日	罕瓦里素勒坦之子阿弥宰载，原哈萨克罕阿布赉之子沙穆汉墨特，哈萨克王杭霍卓阿之子博库克等三人；哈萨克公阿勒齐之子霭霍卓，哈萨克吉台萨满之子吉台克占，哈萨克嘉纳伯克之弟巴喇克，哈萨克陶克提等四人；随带副使二十二人，跟役十一人；于十二日到热河，在德汇门外搭盖蒙古包居住；带领伊等瞻仰天颜	宝石顶双眼翎缎帽各一顶，二团行龙袷绸褂一件，缘袷蟒袍各一件，袷绸袄一件，袷绸包手巾带荷包一分，云产石朝珠一盘，缎靴袜各一双	二品顶花翎纬帽一顶，二品武袷绸褂一件，缘袷蟒袍一件	四品顶花翎纬帽各一顶，缘袷蟒袍各一件，四品袷绸补袄各一件，缎带荷包手巾各一分，云产石朝珠各一盘，缎靴袜各一双	六品顶纬帽各一顶，织蟒袍补褂各一套，绸袷袄各一件，绸袷包手巾各一件，缎靴袜各一双	官用凉帽各一顶，官用缎袷袍褂各一套，绸袷一件，布靴袜各一双	回赏瓦里素勒坦，杭霍卓：缘蟒袍料各一件，大卷八丝缎各一匹，小卷五丝呢大褂料各一匹，红大褂料各一件，漳绒各二匹，貂皮各三十张，茶叶各四品，金黄鲜花各四个，小荷包各四个，大荷包各一对，小荷包各四个；回赏卓勒齐：妆缎一匹，蟒缎一匹，大卷二匹，丝缎二匹，小卷五丝缎二匹，漳绒二匹，貂皮四件，磁器二件，二瓶，磁器二件，玻璃器二件，大荷包一对，小荷包各四个；回赏萨满，阿迪勒：蟒缎各一匹，小卷五丝缎各二匹，磁器各二件，玻璃器各二件，茶叶各四瓶

续表

序号	日期	活动安排	赏赐阿弥咱、沙穆汉墨特、博库克	赏赐葛霍卓	赏赐陶хой占、巴喇克、萨提	赏赐副使22人	赏跟役11人	回赏及加赏
2	八月三日	万树园筵宴；令阿弥载等三人在蒙古包内地坐	蟒缎各一匹、大卷八丝缎各一匹、大卷五丝缎各一匹、闪缎一匹、妆缎一匹、漳绒一匹、小卷五丝缎各一匹、茶叶各四瓶、磁器各四件、大荷包一对、小荷包各三个、小刀一把、鼻烟壶一个、镰刀一把、火镰一把、银各一百五十两	闪缎一匹、大卷八丝缎各一匹、漳绒一匹、大卷五丝缎各一匹、小卷五丝缎各一匹、茶叶各三瓶、磁器各三件、大荷包一对、小荷包各三个、小刀一把、鼻烟壶一个、镰刀一把、火镰一把、银各一百两	漳绒各一匹、小卷八丝缎各一匹、大卷五丝缎各一匹、小卷五丝缎各一匹、茶叶各四瓶、磁器各二件、小刀一把、大荷包一对、小荷包各三个、镰刀一把、鼻烟壶一个、银各一百两	漳绒各一匹、小卷八丝缎各一匹、小卷五丝缎各一匹、茶叶各一瓶、磁器各二件、鼻烟壶各一个、火镰各一把、银各四十两	小卷五丝缎各二匹、银各三十两	加赏：加赏瓦里素勒坦等五人：珐琅鼻烟壶各一个；加赏瓦里素勒坦、杭霍卓、卓勒齐三人：珊瑚朝珠各一盘；朴赏托克、嘉纳伯克二人：蟒缎各一匹、小卷八丝缎各二匹、玻璃器各二件、茶叶各四瓶

续表

序号	日期	活动安排	赏赐阿弥幸、沙穆汉墨特、博库克	赏赐霭谒霍卓	赏赐陶克占、巴喇克、萨提	赏赐副使22人	赏赐跟役11人	回赏及加赏
3	八月十四日	晚膳后，令伊等在万树园赏看灯火						
4	八月十六日	启程返回						

资料出处：笔者据《查报查得乾隆五十六年六十年哈萨克等热河朝觐筵宴赏赉各事宜清单》（中国第一历史档案馆藏，档案号：05-0501-071）内所记人觐事宜整理；原文照录。此清单将"瓦里素勒坦""阿弥幸"分别记录为"瓦里素勒坦""阿弥载"。

从以上两表可见，清廷对哈萨克使团成员每次入觐都有两次赏赉。首次觐见之时，一般赏赐清朝朝服等物，以便使者们于筵宴上穿戴；第二次在筵宴上觐见时，每位使团成员依照品级获得较为丰厚的赏赐物件和银两。在赏赐使团成员时，乾隆帝也将赏赐给此次遣使之哈萨克汗、王、公、台吉的物件一同颁给。嘉庆八年时任内务府大臣的丰绅济伦，为预备赏赉哈萨克汗使团所拟之贴条内，有"奉旨。所有此次赴热河朝觐之哈萨克正使应得赏赉，著照贝子之例预备"字样，可见哈萨克汗所遣正使的赏赉，与贝子品级相称，这说明哈萨克使团的赏赉标准是参照蒙古王公赏赉品级来定的。

三　观火戏

乾隆五十六年阿弥宰使团觐见事宜内，有"晚膳后，令伊等在万树园赏看烟火"之安排。笔者找到了时任总管内务府大臣福长安、金简奏报为阿弥宰使团举办筵宴并预备烟火的奏折。福长安等人于四月奉旨，"预备筵宴阿弥宰烟火一分，即照上年前来朝觐安南国王阮光平之例"，命花炮处准备原料"成造盒子二架、翠帘一对、小烟火一分，并随盒子、花炮等项所需纸张、硝磺、毛竹物料行取各该处外。其办买药线、铁砂、绳斤等项，约计银三百九十两一钱二分二厘。向官房租库领取办买，谨将应行预备花炮细数。分析清单一并恭呈御览"①。在释放烟火的接待等级上，清廷将阿弥宰与安南国王阮光平置于同样的地位，仅释放烟火的制作费用中新采购部分，近400两，由此可见哈萨克在清朝藩部体系中具有重要地位。福长安等人为阿弥宰使团入觐预备烟火之情形，在其折内有详细记载，关于哈萨克使团入觐期间的烟火施放等级和多机构综合管理之情况，特制表4－6、表4－7如下。

---

① 《福长安等奏为筵宴哈萨克阿弥载预备烟火数目事》，乾隆五十六年五月初七日，中国第一历史档案馆藏，档案号：05－0434－067。

第四章　清朝与哈萨克间的朝贡关系　239

表4-6　乾隆五十六年阿弥宰使团入觐时烟火预备一览

序号	事项	品种及其数量	
1	为筵宴预备之烟火	七尺千叶莲盒子一架 翠帘一对 节花八枝 菊子十个 璎珞十个 大泥花八位 双响炮仗一百个 共计：四百一件	六尺盒子一架 瓶花二十五位 手把花二十个 本香花十个 金台银碟十对 单响炮仗二百个
2	万国乐春台小烟火	板筒花二百四十个 登子五千四百个 小起火七千枝 大飞火二十位 头号炮仗四百八十个 大璎珞六十个 催挺四十个 共计：二万七千四百八十四件	手把花八百个 吊炮一万二千个 二号起火二百六十枝 小飞火二百位 三号炮仗五百个 木香花六十个 明灯子四百二十四个

资料出处：笔者据《福长安等奏为筵宴哈萨克阿弥载预备烟火数目事》（乾隆五十六年五月初七日，中国第一历史档案，馆藏档案号：05-0434-067）整理；品种及其数量栏原文照录。

表4-7　阿弥宰使团入觐期间各项事务之负责机构

序号	事项	负责与会同机构	内容
1	入觐前准备	理藩院、内务府	由理藩院将花名知照内务府，照例办理
2	万树园筵宴	内务府掌仪司、理藩院、礼部、健锐营各等处预备	由内务府掌仪司，会同理藩院，照例奏闻所需各项技艺，交礼部、健锐营各等处预备
3	每日每人分羊只	内务府	由内务府备办
4	带领使团等出入	内务府司员、理藩院	带领伊等出入，俱系内务府司员会同理藩院照看；每逢皇上出入，伊等在宫门外站班

资料出处：笔者据《查报查得乾隆五十六年六十年哈萨克等热河朝觐筵宴赏赉各事宜清单》（中国第一历史档案馆藏，档案号：05-0501-071）内所记阿弥宰使团于乾隆五十六年入觐事宜整理；内容栏原文照录。

小　结

　　左、右部哈萨克分别在乾隆二十二年、二十三年归附清朝，此后，两部都立即派出朝觐使团，并献马、奉表文。哈萨克朝贡可以分为朝觐和贡马两部分，对朝觐部分，笔者从左部哈萨克阿布赉归附时朝觐使团人员清单之奏折入手进行分析。对贡马部分，从右部哈萨克归附时之进献马匹着手分析，再以乾隆五十六年阿布赉之孙阿弥宰入觐为中心，总结乾隆朝哈萨克使团朝觐活动之规律，以期点面结合进行叙述。国内外学界关于哈萨克朝贡的专题研究虽然不多，但对清朝藩属国及其朝贡制度的研究成果较多。本章创新点在于借助对满汉文史料的梳理、研究，对左部哈萨克使团人员构成进行分析，在长时间段内梳理哈萨克社会内部权力结构转变的规律。对右部哈萨克使团贡马的研究，考证出这批进献马匹即为郎世宁所画《哈萨克贡马图》之原型，并提出哈萨克朝觐之贡马被乾隆帝提升至构建全新国家意识层面的新观点。对阿弥宰使团的考察，使用相关内务府档案，发现清廷将哈萨克瓦里苏勒坦汗之子阿弥宰置于与安南国王阮光平同样的地位，这说明在清廷藩属体系内，乾隆帝对哈萨克部的重视程度超过安南国。随后，对哈萨克朝觐之各项事宜进行分类梳理和研究，从而概述了整个乾隆朝哈萨克使团在京朝觐期间的基本活动和获赏赉情况。

第 五 章
清朝与哈萨克的贸易关系

清朝与哈萨克部缎马贸易活动,[①] 始于乾隆二十二年阿布赉率部归附之后,在经历商定地点、拟定章程、初期试探等前期活动后,双方因现实需求形成定制,延续近百年,年贸易额亦一度达到上万匹马的规模。[②] 与清哈贸易相关的清代档案文献非常丰富,综合研究成果也较多。[③] 其中,专题研究集中在清哈贸易在清代贸易体系中的

[①] 以往研究,如林永匡、王熹的《清代西北民族贸易史》等论著,多沿用日本学者松田寿男所创造的"绢马交易"一词,称清哈贸易为"绢马贸易",但这一词更适用于从汉代到明代的边疆贸易活动。笔者详考千余件清代满汉文档案史料发现,清哈贸易品中绢几近于无,实以缎为主,故认为应改称"缎马贸易"。关于历代"绢马贸易"的情况,参见〔日〕江上波夫:《丝绸之路与东亚文明》,董耘译,罗丰主编《丝绸之路考古》第 3 辑,科学出版社 2019 年版。

[②] 乾隆三十二年、三十七年,伊犁贸易额都超过一万匹马。见周伟洲主编《西北少数民族地区经济开发史》,中国社会科学出版社 2008 年版,第 118—121 页。

[③] 如厉声《哈萨克斯坦及其与中国新疆的关系(15 世纪—20 世纪中期)》,黑龙江教育出版社 2004 年版;齐清顺《清代新疆经济史稿》,新疆人民出版社 2014 年版;林永匡、王熹《清代西北民族贸易史》,中央民族大学出版社 1991 年版;〔日〕佐口透《18—19 世纪新疆社会史研究》,凌颂纯译,新疆人民出版社 1983 年版;王希隆《乾嘉时期清政府对哈萨克族之关系与政策》,《新疆大学学报》(哲学社会科学版)1984 年第 1 期;等等。

地位,① 换获牲畜的使用情况,② 哈萨克贸易商队换获的清朝商品如何分配、使用及再转手的情况,③ 清哈贸易对边疆稳定、社会发展的影响④等方面。如将以上议题的研究进一步推进,就需要在充分占有史料和准确把握清哈关系实质的基础上,发掘新史料。近年来,满汉文档案的刊布,为相关议题的深入拓展提供了条件。本章旨在依据中国第一历史档案馆藏军机处满汉文录副奏折、《满文上谕档》、准噶尔使者档等新见史料,并结合相关文献及前人研究成果,针对以往研究关注较多但存有诸多模糊不清之处的问题展开探讨,考察双方考量与得失之处,厘清史实,提出新见,以期推动相关研究的深入发展。

第一节　清哈双方的贸易动机

哈萨克草原自古就为产马之地,对清朝具有重大价值。早在哈

---

① 如〔日〕滨下武志《近代中国的国际契机：朝贡贸易体系与近代亚洲经济圈》,朱荫贵译,中国社会科学出版社 1999 年版；〔苏〕齐米特·多尔端也夫《十七世纪末俄罗斯和卫拉特贸易关系的历史资料》,〔苏〕《历史档案》1962 年第 5 期,新疆维吾尔自治区民族研究所译,1979 年油印本。
② 如林永匡、王熹《乾隆时期内地与新疆哈萨克的贸易》,《历史档案》1985 年第 4 期；林永匡、王熹《乾隆时期内地与新疆哈萨克的商业贸易》,《西北民族研究》1986 年第 2 期；王熹《论乾隆时期伊犁哈萨克贸易的几个问题》,《新疆大学学报》(哲学社会科学版) 1992 年第 1 期。因记载清哈贸易的档案大多以满文书写,这一系列论文开辟出了以满文档案为基础的清哈贸易史研究的新路径。
③ 〔日〕野田仁,*The Kazakh Khanates Between the Russian and Qing Empires – Central Eurasian International Relations during the Eighteenth and Nineteenth Centuries*, Leiden, Boston: Brill, 2016.
④ 马大正主编《中国边疆经略史》,中州古籍出版社 2000 年版；周伟洲主编《西北少数民族地区经济开发史》；李晶《乾隆朝中亚政策研究》,博士学位论文,中国社会科学院研究生院,2012 年；王洁《清朝治理新疆的民族经济政策研究》,博士学位论文,中央民族大学,2012 年。上述著作所反映的清哈贸易中的政治意义,尤受学界关注。

萨克部归附前，准噶尔汗噶尔丹策零就曾在遣使赴西藏熬茶途中，专门携哈萨克马以为厚礼："噶尔丹策零以问郡王颇罗鼐安之礼，携来礼物……哈萨克地方马五匹。"① 清朝在"平准"战争后期，日益重视与哈萨克交易以获取马匹等牲畜。清哈缎马贸易，不但可缓解内地调拨边疆物资不易的局面，而且还可减轻后勤补给以及战后屯田的压力。

（一）哈萨克部提出贸易要求

早在乾隆二十年清军进兵准部期间，所派遣的使者丹津央金首次出使哈萨克时，阿布赉就曾提出用一万哈萨克马匹交换清朝商品的要求，后因准部贵族阿睦尔撒纳等人叛乱，此次贸易活动未能实现。② 直至乾隆二十二年六月阿布赉正式率部归附清朝后，阿布赉再次提出贸易要求，清哈双方才正式商定许可。经过筹备，双方于次年在乌鲁木齐展开贸易，其后贸易点扩展至伊犁、塔尔巴哈台等地。

最早的两次贸易活动，发生在刚归附的哈萨克部众与正平叛途中的清军间，哈萨克部众主动向清军将领提出贸易要求，以马匹易换官兵随身携带的衣服、银两等什物。

首次贸易时间为乾隆二十二年七月六日至十一日，霍集伯尔根、喀拉巴拉特两位首领率部众前来清军军营归附，定边右副将军兆惠"令官兵将所余什物，及俘获人口，与哈萨克交易马匹，共得马二百余匹"③。两年后，郎世宁绘《哈萨克八骏图》④ 中有此

---

① 《驻藏办事都统索拜奏报准噶尔使臣等进献达赖喇嘛等礼物数目折》，乾隆九年正月十八日，军机处满文《夷使档》，档案号：1761-4；引自中国第一历史档案馆、中国边疆民族地区历史与地理研究中心合编《军机处满文准噶尔使者档译编》中册，第1829页。

② 《参赞大臣阿兰泰奏报讯问派往哈萨克使者丹津有关阿睦尔撒纳情况折》，乾隆二十年八月二十八日，《军机处满文录副奏折》，中国第一历史档案馆藏，档案号：03-0174-1423-008。

③ 《平定准噶尔方略》正编卷42，乾隆二十二年八月丙寅条。

④ 张照等辑《宁寿宫藏一八·淳化轩藏八》，《故宫珍本丛刊·钦定石渠宝笈续编》第9册，海南出版社2000年版，第390—391、727页。

二人所献之马匹：（1）霍集伯尔根进献"歕玉骢"，毛色青白色；（2）喀拉巴拉特进献"锦云騢"红白花色。贸易与献马，应都在这次会面期间完成。第二次为乾隆二十二年七月十一日至十六日，侍卫顺德讷带兵擒拿阿睦尔撒纳，路经已归附的阿布赉游牧地时，阿布赉及其部众"以马二百余匹，易换官兵衣物银两"①。这两次小规模的前线贸易，体现出哈萨克众首领及部众对清朝商品的迫切需求。

正式贸易由定边右副将军兆惠、参赞大臣富德派出使者额尔克沙喇、努三前往阿布赉游牧地具体商定。满文档案中，在兆惠交代所遣使者的详情中，含有其他史料记载不详的信息，如最初双方拟定的贸易地点为巴里坤或额林哈毕尔噶，具体如下：

> 臣兆惠、富德谨奏，为奏闻事。拟遣往哈萨克之喀尔喀台吉额尔克沙喇，蓝翎侍卫努三等向臣等询问：抵达哈萨克后，与阿布赉相见诸事之处依将军、大臣交代言说之外，阿布赉本人及众鄂托克族众若问起派人与我等一起带马畜前来贸易之事，将如何回答？阿布赉如言及我等哈萨克从前曾在爱唐苏、爱呼斯等处游牧行走，仍至彼地游牧可否？以此相求，将如何言说之处向臣等询问。臣等乃向额尔克沙喇、努三等言，阿布赉、众鄂托克之人如言及即刻携马畜与你等一同前来贸易，你们向他们言：我三路将军、大臣行军前来之时，只将马驼、军械、食用口粮多备而来，商人并未跟来。现尔等如欲携马畜前来交换什物，我等军人即有自己所用微末物品，亦为数无多，尔等如携数万牲畜贸易而来，军营之人并无如此多交换之物。必定将尔等所携牲畜数目向我们将军、大臣报告之后，向肃州行文，由商人携绸缎或带往巴里坤，或带往额林哈毕尔噶，与尔等交换。如此则尔等前去之人必定久候我等商人抵达。若尔

---

① 《平定准噶尔方略》正编卷42，乾隆二十二年七月丙辰条。

等无惧久候，即驱赶牲畜，准备口粮与我们同去，由尔等使者将今后在何处贸易之情告闻将军、大臣等，再向大皇帝奏闻定议。如此相告。阿布赉若言及爱堂（唐）苏、爱呼斯等游牧地，尔等向阿布赉言：关涉边界，非如大臣我等做使者行走之人所能擅断。现尔等即已恭顺归附大皇帝，噶尔丹策零时尔等在何处游牧，仍在彼处游牧，不可逾越现界一步。若在尔等先前未曾游牧行走之地，我们将军、大臣等亦不敢向大皇帝上奏，即便上奏亦不可行也。现归附我等之准噶尔旧部众为多，尔等游牧界址在何处彼等皆知晓，越原界址游牧断不可行。如此交代，为此恭谨奏闻。乾隆二十二年七月十七日。奉朱批：是，钦此。六月十八日。①

从将军兆惠所拟的方案来看，最早的大规模贸易倡议为哈萨克

---

① 《定边右副将军兆惠奏派额尔克沙喇等前往哈萨克将贸易游牧界址事宜晓谕伊等折》，乾隆二十二年六月十八日，《军机处满文录副奏折》，中国第一历史档案馆藏，档案号：03-0176-020。满文转写：aha jao hūi fude gingguleme wesimburengge donjibume wesimbure jalin. hasak de takūrara kalkai taiji erkešara lamun funggala nusan se aha munde dacilame fonjihangge, meni beyese hasak de isinafi, ablai be acafi, eiten bade jiyanggiyun ambasai afabuha songkoi gisurereci tulgiyen, ablai i beye jai geren otok i urse, aika meni sasa niyalma takūrafi, morin ulhagaime jifi hūdašafi seci. adarame karu gisurembi, ablai aika meni hasak i nukte daci ai tangsu aihūs jergi bade nukteme yabuha bihe, an i tere bade isitala nuktebureo seme baime gisureci, adarame gisurere be dacilambi. ede aha be erkšara nusan de, ablai, geren otok i urse, te uthai suweni sasa morin ulha gajifi hūdašaki seme gisureci, suwe chende, meni ilan jugūn i jiyanggiyun ambasa coohalame jidere de, damu morin temen, coohai agūra, jetere kunesun be labdu belhefi gaijiha. hūdai niyalma umai dahame jihe ba akū. suwe te aika morin ulha gamafi jaka hūlašaki seci, meni cooha ursei beyei baitalara majige jaka bici badare labdu akū. suwe aika tumen tumen i ulha gamafi hūdašaki seci, coohai kūwaran i urse de tutala jaka akū. urunakū suweni gamara ulhai ton be meni jiyanggiyun ambasa de boolafi, su jeo de bithe yabubufi, hūdai urse be bar kul de ocibe, erin habirga de ocibe gajifi, suweni baru hūlašambi, ede suweni genehe niyalma urunakū gūidame aliyara de isinambi. suwe aika inenggi gūidara de sengguwerakū oci, suwe uthai ulha dalifi kunesun belhefi, meni sasa

首领阿布赉主动提出，初始并无贸易意图的兆惠，为回应阿布赉请求而专门制定此方案。原因为：其一，兆惠带领的前锋部队并未事先担负商谈贸易之任务；其二，兆惠言及的"尔等如携数万牲畜"一事，在当时条件下，应有所依据，很可能是阿布赉派来使者传达的口信；其三，兆惠提议的两处贸易地点巴里坤和额林哈毕尔噶相距千里，额林哈毕尔噶此时虽有台站，但尚未屯田驻防，而巴里坤则距哈萨克游牧地过远，皆非理想贸易地点；其四，兆惠提及的现可供交易之物品无多之情形，更说明此次进兵并未准备可作贸易之物品，这一情况也可从两次前线贸易中印证，官兵已将多余物品尽行易换马匹。因此，兆惠已经开始考虑来年由肃州府库备办、解运足数缎匹，方能开始正式贸易。

哈萨克首领部众除对衣物感兴趣外，还愿换取银两等什物。这说明受阿布赉影响的哈萨克左部，具有极强烈的交易清朝各种商品的愿望。这一请求所反映的是身处内陆腹地的哈萨克游牧社会对清朝商品有切实需要，希望以物资交换来满足现实需求。

（二）清朝对马匹的现实需求

从清朝角度看，与哈萨克交易马匹正当其时。乾隆君臣关注的两大现实问题，即军畜供应紧张和运费高昂问题，关系到进兵的成败及朝野对西师花费巨帑的评价。其中，马匹供应居于核心位置，

---

gene. ereci julesi aniyadari ya bade hūdašara babe, suweni elcin genefi, meni jiyanggiyun ambasa de donjibufi, amba ejen de wesimbufi toktobufi seme gisure. ablai aika ai tangsu, aihūs jergi nuktere bade gisureci, suwe ablai de, jecen hešen i ba holbobuhangge, amban meni gese elcin ofi yabure niyalma salime mutere waka, suwe te ginngun ijishūn i amba ejen de dahaha be dahame. jun gar i galdan cering i fonde, suwe ya bade nuktehe oci, an i tere bade nukteme, te hešen be emu okson seme dabaci ojorakū. suweni daci nukteme yabuhakū i bade bici, meni jiyanggiyun, ambasa inu gelhon akū amba ejen de wesimburakū, wesimbucibe inu yabūburakū. ne mende dahaha jun gar i fe urse labdu, suweni nukte hešen ya bade bisire be ce gemu samba, da hešen be dabame nukteci ainaha seme ojorkū seme hendukini seme afabuha, erei jalin gingguleme donjibume wesimbuhe abkai wehiyehe i orin juweci aniya naden biyai juwan naden de, fulgiyan fi i pilehe, hese inu sehe. ninggun biyai juwan jakūn.

清军在对准部作战中，经常大规模地长途奔袭，马匹消耗量巨大，尤需肥壮好马，"军行非寻常可比，全资马力肥壮，经理大臣，尤宜为兵丁等预行筹画"①。

"平准"以来，自内地调拨马匹成本渐高，且马匹资源已近枯竭，清廷内部已频频议及马匹牲畜补充问题。乾隆二十一年四月，清军巴里坤大营数万马匹已调拨殆尽，"巴里坤可用马匹，亦有二千等语……著和起等，即将马匹解赴应用，迅速奏功"②。至五月军机处议奏，陕甘总督黄廷桂奏请西北两路准照旧通商事宜，希望通过恢复内贸补充官畜，"应如黄廷桂等所奏，行文军营大臣，即速晓谕两路官兵商贩，凡有载运牛羊货物往来交易者，许向该管大臣请给印票，照验放行，至守卡官兵，就近向巴里坤、哈密置买食物者，亦仍听其自便"③。清廷虽已议及恢复内贸，但因阿睦尔撒纳等叛乱而未能实施。十一月，清廷在甘省马匹无多之下，下令从直隶买马五千匹，乾隆帝称马匹费用虽巨，亦不足惜，"至用兵之费，雍正年间，西北两路，费至五六千万，今自用兵以来，统计军需，才及一千七百万余两，即更有多费，而剪此凶顽，永敉荒服，朕亦何惜。今所虑者，不过马不足用。甘肃一省，屡经调拨，缺额自多，现令直隶购买马五千匹，已降旨全数解往，将来即再有需用之处，自当预为筹画"④。

通过军机处统计数字，⑤更可直观了解清朝对军马的强烈需求。自乾隆十八至二十二年，作为清军军畜供应大后方的喀尔喀札萨克游牧，通过收牧马匹牲只、四部采买、各处进献、厄鲁特游牧收取、西北两路官兵交收等正项收牧的牲畜总数，为马15万匹有奇，驼

---

① 《训谕大学士管陕甘总督黄廷桂等运送马匹事宜》，载《平定准噶尔方略》正编卷36，乾隆二十一年十一月庚申条。
② 《平定准噶尔方略》正编卷27，乾隆二十一年四月壬子条。
③ 《平定准噶尔方略》正编卷28，乾隆二十一年五月丙申条。
④ 《平定准噶尔方略》正编卷34，乾隆二十一年十一月戊申条。
⑤ 《议喀尔喀交易马驼牲只事宜》，载《平定准噶尔方略》正编卷46，乾隆二十二年十一月庚戌条。

2.11 万峰有奇，牛 2.23 万头有奇，羊 46.9 万只有奇。而在扣除乾隆十九年以来的军事调用，如追擒叛乱头目巴郎，收服扎哈沁、包沁、乌梁海等部，平定伊犁，追擒阿睦尔撒纳，进剿和托辉特、哈萨克等部，以及患病倒毙、车臣汗等部落赶走各数后，存栏牲畜仅余牧放马 3300 匹有奇，驼 1000 峰有奇，牛 400 头有奇，羊 2.44 万只有奇，此种情况导致乾隆帝特恩喀尔喀札萨克部展期 5 年交纳牧放各项数目。由此可知，清朝兴兵准噶尔期间，军马匹消耗巨大，若加上陕甘、直隶、山西等地采买的马匹数，统计数字则更为庞大。清朝连年向全国征调马匹，导致存栏量大幅下降，也使得采办费用越来越高。

乾隆二十二年，清廷仍需由内地供应军马 8000 匹，据《平定准噶尔方略》记载："明春派兵往沙喇擘勒，剿贼巴图尔乌巴什等，酌用兵二千五百名，人给马三匹，计需马七千五百匹，并办给侍卫大臣官员等马五百匹，共用马八千匹，可传谕黄廷桂即照数挑选，派贤能员弁，自肃州送至巴里坤。"① 寻常马匹尚且不足，好马更为难寻，清廷正面临着越来越大的军马供应压力。

第二节　首次贸易地点的选定和贸易章程之定议

西师连年征战，使清朝对哈萨克马匹具有潜在需求，② 但是否和哈萨克开展长期的贸易活动，则取决于国力强盛并掌握贸易主导权的清朝。作为乾隆帝亲信重臣、在北路率领骑兵部队征战的前线将军兆惠，在清朝与哈萨克左部阿布赉游牧集团商定归附和贸易事宜时，积极筹划，在清廷与哈萨克贸易关系建立过程中起着关键的

---

① 《平定准噶尔方略》正编卷 45，乾隆二十二年十月辛未条。
② 陈锋：《清代军费研究》，武汉大学出版社 2013 年版。该著研究乾隆朝平定准噶尔与回部军费时，未考虑到换取哈萨克马匹对减省军费的影响。

协调作用。正因为乾隆帝、军机处官员及前线官员,均明了和哈萨克进行马匹贸易对清朝的重要价值,所以清朝商定、推进与哈萨克贸易才会稳步展开。贸易初期,约定地点为第一要务。定边右副将军兆惠派侍卫额尔克沙喇和努三,率员前往阿布赉处商定贸易事宜时,原计划的贸易地点是额林哈毕尔噶或巴里坤,① 并未提及乌鲁木齐,为何乌鲁木齐反而成为首个清哈贸易地点?对此,以往研究提出军用、屯田说,② 但笔者认为尚有探讨余地。

林永匡、王熹提出"清朝在南疆地区大规模的军事行动和对战马的大量需求,亦是迅速决定在乌鲁木齐开展与哈萨克贸易的重要原因之一"③,并引用"将所易哈萨克马匹,随其所得若干,即送往军营"④,"此项马匹,原备来年进兵之用"⑤ 来论证"为了实现这一方针目的,清朝在进军南疆前,就在人力物力财力和战略战术布署上,进行了周密的充分准备"⑥。清朝迅速决定在乌鲁木齐进行贸易,虽非为进兵巴达克山,但准备来年进兵南疆平定叛乱确为原因之一。⑦

佐口透、蔡家艺等认为,清廷将开展乌鲁木齐屯田,亦是确定贸易地点的原因。陈海龙在此基础上将清廷决策分为初次和再次两

---

① 《定边右副将军兆惠奏派额尔克沙喇等前往哈萨克将贸易游牧界址事宜晓谕伊等折》,乾隆二十二年六月十八日,《军机处满文录副奏折》,中国第一历史档案馆藏,档案号:03-0176-020。
② 〔日〕佐口透:《18—19世纪新疆社会史研究》(上),凌颂纯译,第327页;蔡家艺:《清代新疆社会经济史纲》,人民出版社2006年版,第215页。
③ 林永匡、王熹:《简论清代乌鲁木齐哈萨克贸易设立的原因与经过》,《民族研究》1990年第5期。
④ 《清高宗实录》卷594,乾隆二十四年八月丁未条。
⑤ 《清高宗实录》卷597,乾隆二十四年九月庚午条。
⑥ 这两条引文分别出自乾隆二十四年八月和九月之上谕,时间错位,彼时贸易地点之决定已做出近两年,南疆战事亦将结束。引文所述,实为调动从乌鲁木齐贸易中所获得的1000马匹,用于进兵帕米尔高原西部的中亚巴达克山部,而并非乾隆二十二年选择乌鲁木齐作贸易地点的原因。
⑦ 《平定准噶尔方略》正编卷44,乾隆二十二年十月丙寅条。

个阶段,并认为陕甘总督黄廷桂在两次奏折中改变主意,对贸易地点定在乌鲁木齐起决定作用。① 笔者赞同屯田说,但认为应重视满汉文档案的完整性表述,以此重估黄廷桂与兆惠所起的作用。

努三前往阿布赉游牧地,实为奉兆惠之令处理阿布赉归附前后所产生的诸项事务,其中就包括督促擒拿阿睦尔撒纳、商定贸易、恩赐、封赏等在内。见面后,阿布赉首先提出在乌拢古贸易,努三则以该地遥远、商贩难至而婉拒,其后共同议定于次年七月在额林哈毕尔噶、乌鲁木齐一带进行交易。② 对此商议结果,兆惠在奏折中进一步明确认为,"乌鲁木齐现在酌议屯田,与哈萨克贸易甚为有益"③。由此可见,清哈贸易地点的商定经历了巴里坤或额林哈毕尔噶(兆惠交代努三)—乌拢古(阿布赉)—额林哈毕尔噶、乌鲁木齐一带(阿布赉与努三)—乌鲁木齐(兆惠)这一过程。

兆惠除立即向乾隆帝奏报哈萨克归附与贸易要求情形外,还行文巴里坤勒尔锦调拨当年贸易物资,咨文陕甘总督黄廷桂调拨来年贸易缎匹。军机处奉乾隆帝令议奏兆惠所奏的贸易事宜后,也行文陕甘总督黄廷桂议覆。身处西安的黄廷桂接到兆惠咨文,按兆惠所托将调拨缎匹办理完毕,并将此事具折奏报,④ 两天后接到军机处咨文,令议覆哈萨克贸易地点等事,军机处称,"兆惠等奏称,乌鲁木齐地方可以耕种,又与吐鲁番接近,若哈萨克往来交易亦属甚

---

① 陈海龙:《乌鲁木齐何以成为清朝与哈萨克之间最早的贸易地点》,《史学月刊》2013年第9期。该文认为,《皇朝文献通考》完整记载了关于贸易地点选择的廷议,但此文献形成较晚,且有综合数份材料来撰写的特点,遗漏了多处关键细节。对比《平定准噶尔方略》可见,《皇朝文献通考》并未能完整保留史料原貌。
② 《平定准噶尔方略》正编卷44,乾隆二十二年十月丙寅条。
③ 《平定准噶尔方略》正编卷44,乾隆二十二年十月丙寅条。
④ 中国第一历史档案馆、哈萨克斯坦东方学研究所编《清代中哈关系档案汇编》第1册内,同时收有黄廷桂第一次奏折正本和军机处录副本,编号为32、33。正本内记有十月八日接兆惠咨文,折尾有十月十三日具奏日期,相比正本,录副奏折内还载奉朱批日期为十月二十日的信息。《清代中哈关系档案汇编》第1册未将两份档案注明正本和录副本,似不妥。

便，今陕甘马匹仍须多备，请于明年哈萨克马匹到日前往交易"；并告知黄廷桂军机大臣初步议奏方案，即"查臣等前因兆惠等奏，阿布赉请将马匹赴乌鲁木齐交易，臣等议以途程颇远，商贩难于聚集，请官为经理，选派熟谙交易之人，照商人一例，不必显露官办形迹"。

黄廷桂与身边道员相商后奏称，"查得乌鲁木齐距内地路程窎远，装运一切物件车辆，断不能全资驼载，脚费浩繁，重于货本，恐至糜耗钱粮。且彼地并无官兵驻扎，亦难资照料"；黄廷桂不看好乌鲁木齐，他遂引用军机处提及的吐鲁番，说"洵如廷议，乌鲁木齐与吐鲁番近接"，① 建议将贸易地点改设在吐鲁番。

然而乌鲁木齐与吐鲁番近接，是军机处转述兆惠原话。② 彼时黄廷桂信息不全，他误认为军机处将吐鲁番并列为备选地，③ 但兆惠提及吐鲁番，是为说明乌鲁木齐能够得到已有经营基础的吐鲁番支持。且军机处原议与定议，亦从未建议以吐鲁番为贸易地，"查臣等原议，哈萨克交易，在乌鲁木齐……至吐鲁番……恐哈萨克人等，与回民熟习，专致滋扰，应仍照臣等原议"④。黄廷桂之所以

---

① 以上引用见《陕甘总督黄廷桂奏为筹办与哈萨克贸易事折》，乾隆二十二年十月二十七日，载中国第一历史档案馆、哈萨克斯坦东方学研究所编《清代中哈关系档案汇编》第 1 册，第 73—75 页。
② 《平定准噶尔方略》正编卷 44，乾隆二十二年十月丙寅条。
③ 黄廷桂第一次奏报的起因，是兆惠向其移送咨文。作为同级官员间之行文，一般是前者催拨，后者拨解，此种情况正符合兆惠调拨与哈萨克交易之绸缎，黄廷桂在陕甘辖区内办理拨解绸缎之事。所以黄廷桂第一次奏折只是例行向乾隆帝汇报此次兆惠行文给他要求办解绸缎之事。依规，黄廷桂不应在第一件奏折内提出自己意见。第二件奏折的起因为军机大臣傅恒行文黄廷桂，要求其对清朝与哈萨克贸易提出自己的看法，因而黄廷桂提出将乌鲁木齐作为贸易地点的不利之处，如称"洵如廷议，乌鲁木齐与吐鲁番相近"之语，是对吐鲁番比之乌鲁木齐更适合作为与哈萨克贸易的地点之阐述。陈海龙之文将决策过程分为初次决议和再次决议两个阶段，错误认为陕甘总督黄廷桂在两次奏折中改变主意，实因混淆清代官员转咨奏报与奉命议覆制度之区别，未分清军机处、兆惠、黄廷桂各起的作用，从而夸大了黄廷桂之作用。
④ 《平定准噶尔方略》正编卷 45，乾隆二十二年十一月癸巳条。

会认为军机处廷议时有意提及吐鲁番,是因为军机处行文表述简略,黄廷桂又无法见到兆惠原奏折全文。

兆惠首先提出乌鲁木齐之议,但黄廷桂认为吐鲁番更佳,最终清廷选定乌鲁木齐,实际上是军机处统揽全局,兼顾清哈利弊的综合考虑后的结果。太靠近哈萨克游牧地如北路乌拢古地方,清朝既少驻军又无屯田,牲只难以牧放,赶送巴里坤又过远;太靠近内地如巴里坤,则会因距哈萨克遥远,赶送途中会发生牲只疲瘦和路遇劫掠等问题,更会导致畏难情绪的增加。

在贸易品调拨方面,兆惠行文巴里坤管理粮务署临洮道勒尔锦,[①] 提取"各色缎一千匹,布二千对,凉棚一座"。勒尔锦接文后,随即从巴里坤军营拨解缎一千匹发出,因无布及凉棚库存,又饬哈密粮员买布二千对,制造凉棚一座,一并解送。此外,勒尔锦还行文甘肃巡抚吴达善调拨物资补充巴里坤库储,吴达善随即调拨辖下肃州、哈密库储缎运往巴里坤军营备用。

除行文巴里坤外,兆惠还将自己的奏稿咨送陕甘总督黄廷桂,[②] 望从巴里坤调拨缎匹后,再由黄廷桂处预备缎一二千匹直接解送巴里坤以补充库存,同时请其从陕甘派出贸易人员于巴里坤等候,俟来年哈萨克马匹到来时前往乌鲁木齐一带地方交易。黄廷桂接兆惠咨文,查看肃州库储后认为过少,他又行文陕西巡抚明德,称若有从前与准噶尔贸易时剩余的缎匹,就移送各色缎二三千匹前来,若无就从西安办理后解送肃州,候得谕旨后再从肃州解往巴里坤。黄廷桂长期任职陕甘,曾参与清准贸易,因而仿照旧例,调拨储于陕省的原预备与准噶尔贸易的缎匹解往巴

[①] 《甘肃巡抚吴达善奏为拨解与哈萨克贸易用缎匹事折》,乾隆二十二年八月初六日,载中国第一历史档案馆、哈萨克斯坦东方学研究所编《清代中哈关系档案汇编》第1册,第57页。

[②] 《陕甘总督黄廷桂奏为准咨办解陕省缎匹缘由事折》,乾隆二十二年十月十三日,载中国第一历史档案馆、哈萨克斯坦东方学研究所编《清代中哈关系档案汇编》第1册,第72页。

里坤。

从兆惠调拨内容、数目和时间上看,他第一批调拨的缎、布和凉棚,并非为来年的大规模贸易做准备,而是发往前线为当年易换马匹做准备,第二批缎才是为来年交易做预备。巴里坤大营调拨兆惠所需后,仅剩缎一百匹,布、凉棚都需前往哈密采办,而吴达善所在的甘肃库存、黄廷桂所在的陕西库储也都无多。可见,仅此两次调拨就动用了巴里坤、哈密、西安等地以及陕甘总督、甘肃巡抚、陕西巡抚等处的库储。由此可以见出,清军当年的西北前线物资完全不敷贸易所需,若想要在来年与哈萨克展开贸易,必须在西北乃至全国范围内统一调拨物资。这次缎、布调拨,基本确立了清朝在早期缎马交易中的商品类别,也为清哈贸易所需的缎、布调拨进行了演练。此外,此举还显示出清朝与哈萨克的缎马贸易,不但是清朝与准噶尔部百年贸易的延续,[①] 而且还是动用全国资源将哈萨克纳入藩属的体现。

从贸易筹办过程可见,对于乌鲁木齐,兆惠不但将该处选作清哈贸易之地,而且还在该地推动屯田。这与兆惠的职责有关。当时,兆惠总管北疆诸事务,具体办理包括巴里坤以西、天山以北之广大地区的军需用兵、收服外藩、筹备屯田等事务。兆惠深受乾隆帝的信任,历练有年,熟悉边情,他将清哈贸易与来年即将开展的屯田,以及缓解前线马匹供应压力之办法联系起来通盘考虑,在清哈贸易开启中起到关键的协调作用,实为难得之将才。

为了理清清哈正式贸易地点议定及物资调拨、储备之过程,综合上述内容,笔者特绘图 5-1 如下。

[①] 清准贸易研究,参见中国第一历史档案馆、中国边疆民族地区历史与地理研究中心合编《军机处满文准噶尔使者档译编》(三册),中央民族大学出版社 2009 年版;吕文利《嵌入式互动:清代蒙古入藏熬茶研究》,内蒙古大学出版社 2017 年版。

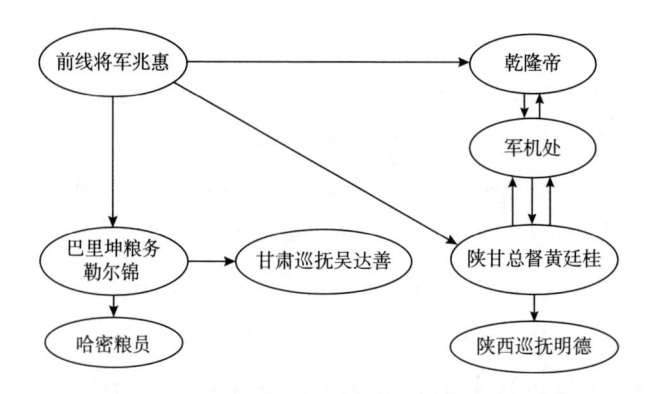

图 5-1　清哈正式贸易地点议定与物资调拨、储备过程示意

对哈贸易章程的拟定，具有重要的历史意义。清哈贸易从初始即为官办，贸易事务皆由清廷提前拟定，照章办理，因此贸易章程具有主导作用；但以往研究对此重视不足，实有必要厘清章程定议过程，深化对清代西北边疆治理体系发展的认识。军机处奉旨令黄廷桂议覆哈萨克贸易事，当与其曾于乾隆二十年之前办理清准贸易事务有关。除贸易地点外，黄廷桂在议覆中就交易事宜提出细则。

其一，关于贸易牲畜的品级和交易品类。"副将军兆惠等原奏明岁交易系止换马匹，但哈萨克人等远来交易，所带马匹之外如有骆驼牛羊，亦系军营需用之物，应请于易换马匹之外，如有壮健堪用驼牛并肥大羊只，准令一体收买，若系乏弱瘦小不堪牲畜，应同其余羚羊角等类杂货，一概不入交易，免致将来引以为例"。

其二，关于缎匹调拨来源。"至应需缎匹，廷议或将户部内务府所存缎匹拨解，或交外省制造攒办等因。查内府织造制办缎匹丝色精良，自为哈萨克所感悦，但暂行官办一二年后仍须招商。从前准噶尔贸易内中，即有缠头回子如上次之货，下次成色略减，殊烦口舌，今先以高等之物与之交易，将来客商之货自不及内府织造所办。哈萨克若以此为辞，转多争论不便。查此番交易，缎匹已经臣奏请于陕省采办各色缎二三千匹，解送来肃，转解巴里坤，照副将军兆惠所定之数，已属宽裕，足敷明岁贸易之用，似可毋庸于内府织造制办，致费周折"。

其三，关于交易之茶封。"哈密现存茶七万八千余封，为数颇多，此项交易，约计需茶不过一万封，临时拨运，自可不至有误"。

其四，关于所需布匹。"查巴里坤现有存储，前经副将军兆惠饬解，自哈密购买杂色梭布三百对，京庄布一千七百匹，即可运往应用"。

其五，关于清朝商品运输。"临期酌量，如彼时巴里坤军营尚有用剩余驼，即以此驼挑选驮运，若无余驼，即雇觅商驼，缺少再照例雇车，运牲所派文武各官，遵照廷议，选委干练道员一员，同知一员"。

其六，关于监管官兵及官办贸易。"其应派武弁，此次与哈萨克始初交易，观瞻所系，须派副将大员酌带备弁，于甘肃二提镇营，挑派明晰交易兵丁一百名，押运货物前往。临时以一半充作商贾，与之公平贸易，不使稍露官办形迹，一半经牧所换牲畜。应需盐菜口粮，请照吐鲁番屯田官兵之例，各按品级分别支领，以资办公食用。俟试行一二年后，能否招商，另行酌议，明岁如有小本经纪客民愿随往购买零星物件者，各听其便"。[①]

黄廷桂议覆之折递至京城后，又经军机大臣统筹调整议奏，再经乾隆帝颁谕，最终订立章程，定议与哈萨克交易各项事宜。

其一，贸易地点为乌鲁木齐，因兆惠与阿布赉定约在先，清廷复加确认，不便失信，虽其地较吐鲁番为远，但尚可调整交易价值以补偿运费，黄廷桂所提的吐鲁番方案因恐有哈萨克与当地回人相互滋扰产生弊端而被否决。

其二，关于哈萨克带来的交易品类。兆惠原议只接受马匹，黄廷桂将范围扩大到壮健堪用的牲畜，而军机大臣又将之扩大至其他疲瘦牲只和一切杂货，但需"减价收留，以示节制"。

---

① 以上所引见《陕甘总督黄廷桂奏为筹办与哈萨克贸易事折》，乾隆二十二年十月二十七日，载中国第一历史档案馆、哈萨克斯坦东方学研究所编《清代中哈关系档案汇编》第1册，第73—75页。

其三，关于调拨缎匹。清廷采用黄廷桂在陕省采买方案。

其四，关于交易之茶封、布匹。军机大臣依黄廷桂所奏，认为这两项为哈萨克所必需，议定动用哈密积存之茶封以及巴里坤所购备的布匹。

其五，关于运输。除运送时不得动用军用驼只外，其余依黄廷桂所奏雇觅商驼，派官解送。

其六，关于监管官兵和官办贸易。于原议100名兵丁之外是否另行添派兵丁，由黄廷桂定夺；官办商人由陕甘挑选官员往充，允许商民前往购买零碎物件。①

为了明晰上述所议之项目及其后续事项，特列表5-1如下。

表5-1 清哈贸易方案拟定及施行一览

事项	兆惠方案	黄廷桂方案	军机处定议贸易章程	其后三年情况
贸易地点	乌鲁木齐	吐鲁番	乌鲁木齐	乌鲁木齐
交易品类	马匹	壮健马、驼、牛、羊，疲瘦牲畜及杂货不入交易	壮健马、驼、牛、羊外，疲瘦牲只和一切杂货亦减价收留	马、羊、牛分等易换，不换杂物
缎匹供应	西北库储	甘、陕采买，毋庸内府织造办理	甘、陕采买	内府织造办理
布匹供应	巴里坤库储	巴里坤库储	巴里坤库储	主要由南疆调拨
茶叶供应	未提及	哈密库储	哈密库储	未成为交易品*
运输方式	未提及	巴里坤军驼或商驼	商驼，并派兵护送	派兵护送
贸易形式	官办**	押送官兵一半充作商贾，公平贸易	陕甘挑选官员前往充商贾，允许商民往购零碎物件	努三等主管贸易，以官员往充商贾，无民间贸易

① 《平定准噶尔方略》正编卷45，乾隆二十二年十一月癸巳条。

续表

事项	兆惠方案	黄廷桂方案	军机处定议贸易章程	其后三年情况
监管官兵	未提及	甘肃二提镇营，挑派交易兵丁100名	除挑派兵丁100名外，是否另行添派由黄廷桂定夺	沿途官兵护送

* 陈东杰：《乾隆时期清朝与中亚哈萨克部的贸易关系再探讨》，《世界历史》2015年第3期。该文考察茶叶未出现在清哈贸易中的原因，见解独到，唯在满汉文档案使用上有些缺憾。

** 关于官办贸易，清廷以具备贸易经验的官员假扮商人与哈萨克进行贸易，因此，乾隆帝即令"道员中如范清洪，同知清旷等，伊家曾承办军需及一切贸易，应尚有旧时商伙，习练其事，或可与此二人中，酌派一人赴甘承办"；《平定准噶尔方略》正编卷45，乾隆二十二年十一月癸巳条。

资料来源：黄廷桂方案见《陕甘总督黄廷桂奏为筹办与哈萨克贸易事折》，乾隆二十二年十月二十七日，载中国第一历史档案馆、哈萨克斯坦东方学研究所编《清代中哈关系档案汇编》第1册，第73—75页。其余方案为笔者综合档案内容简述。

乾隆帝允准军机大臣议奏后，颁谕阐明清朝对哈萨克贸易之总原则：

> 贸易之事，不过因其输诚内向，俾得懋迁有无，稍资生计，而彼处为产马之区，亦可以补内地调拨缺额，并非借此以示羁縻，亦非利其所有，而欲贱值以取之也。将来交易之际，不可过于繁苛，更不必过于迁就，但以两得其平为是。①

综上可知，清廷定议对哈贸易的章程，包括四大步骤，即由兆惠提出方案原型、黄廷桂议覆、军机大臣完善、乾隆帝钦定颁谕。最终确立如下内容：一是交易地点为乌鲁木齐；二是清朝交易所用缎、布、茶封由陕甘总筹办解；三是拟用缎、布、茶封易换哈萨克各类牲畜，实行官办贸易的章程。清朝与哈萨克在乌鲁木齐进行贸易的议定，拉开了双方正式大规模贸易的序幕。

---

① 《平定准噶尔方略》正编卷45，乾隆二十二年十一月癸巳条。

乾嘉时期的清哈缎马贸易中，马、羊、牛作为哈萨克商队带来的三大类交易品，主要易换清朝的缎匹、棉布等物。虽在交易品和管理方式上，与清朝其他边疆贸易有一定区别，如茶叶就并未与清俄和清准贸易一样出现，哈萨克部也极少携带牲畜以外商品前来，但在管理方式上，则基本遵循了定议章程。乾隆帝上谕所言"两得其平"，成为清哈双方贸易关系的准则，这在中国传统朝贡贸易"厚往薄来"模式之外，增加了新的模式。

第三节 清哈贸易的长期发展

清朝与哈萨克部开展的贸易活动，是双方现实需求推动的结果，其后又克服诸多不利因素，贸易规模获得长足的发展，其规模甚至远超定议时双方的预想。但正式贸易的实施经历了一定波折。已有学者对哈萨克首次派商队前来乌鲁木齐贸易的过程进行梳理，认为贸易在落实时遭遇曲折的原因有三：其一，阿布赉等人因乌拢古方案被否决后，积极性受到影响；其二，阿布赉还在对清朝进行试探和了解，以部众分散难集为托词；其三，对清朝稳定局面的观望。[①] 笔者认为，前往遥远的乌鲁木齐交易，途中可能会有财物损失，交易能否获利，哈萨克首领对此抱有疑虑，也是其中的重要原因。

（一）清哈正式贸易的开展

乾隆二十三年初，兆惠奏请委任专人负责贸易，"今秋哈萨克前来贸易，顺德讷熟习哈萨克等情形，请令在乌鲁木齐驻扎，办理贸易事务等语。顺德讷已派令进剿回部，其哈萨克贸易事务，著派努三办理。努三可仍遵前旨来京，朕面询彼处情形，再行遣往。谅秋季贸易之事，自不致迟误。可传谕兆惠、雅尔哈

---

① 林永匡、王熹：《清代西北民族贸易史》，第131—144页。

善、努三等知之"①。

顺德讷曾连续三年出使阿布赉处，对哈萨克情形熟悉，因另有任用，因此清廷任命努三为负责贸易之官员。此二人皆曾出使哈萨克，是经过实地历练的宫廷侍卫，他们如负责贸易，就能在与哈萨克首领交往时，了解到他们的真实需求，并上达圣听，及时解决问题。这一用人策略，是清哈贸易得以开展的重要保证。

努三接任后进言，"皇上准允哈萨克等欲行贸易之请，即特为招徕荒远寥廓，加恩边末部落起见。然哈萨克等即系初次前来贸易……若彼等不得利，是次贸易毕，来年既难料其前来贸易……若哈萨克解来马匹多，仍念将来贸易，不以其马匹而多为易换之，理应长远计议。若马匹少，则随其意令稍得利，俾喜悦返回，彼等性贪图利，是次得利，来年亦难料多解马匹前来。俟多带之时，再行酌量办理交易"②。其意在于务必令哈萨克商队多获利，以激发他们的贸易热情。对此，清廷积极促成，除增派侍卫永德前往协办外，③又特命侍卫那旺直接往见阿布赉等首领，促成商队前来，并言"至所差纳旺，俟与阿布赉相见后，有大伙贸易人等信息，即行奏闻"④。

乾隆二十三年七月，始有哈萨克两队共计 70 多人前来，在清朝边远台站附近贸易后即返回，⑤ 其意图是试探道路，收集信息等。九月十七日，哈萨克哈班拜之子额德格等 57 人，在喀尔喀侍

---

① 《军机处为哈萨克贸易事务酌派努三仍遵前旨来京朕面询彼处情形再行遣往等情事寄信定边将军》，乾隆二十三年一月二十六日，《满文上谕档》，中国第一历史档案馆藏，档案号：03-18-009-000021-0001-0057；亦见于《清高宗实录》卷555，乾隆二十三年一月戊寅条。
② 《努三奏》，乾隆二十三年四月，《军机处满文录副奏折》；转引自林永匡、王熹《清代西北民族贸易史》，第136页。
③ 《为努三仅一人办理哈萨克贸易事宜著派永德协办贸易事务并加恩赏银整装事》，乾隆二十三年六月四日，《满文上谕档》，中国第一历史档案馆藏，档案号：03-18-009-000021-0003-0055。
④ 《清高宗实录》卷492，乾隆二十三年九月丙午条。纳旺，即那旺。
⑤ 《平定准噶尔方略》正编卷59，乾隆二十三年七月己未条。

卫巴图鲁带领下，携乘马匹共计380余匹前来，此商队成为到达乌鲁木齐的第一支哈萨克商队。① 努三、永德询问迟来缘由，额德格等告称，"原前来贸易之处，我哈萨克阿布赉、阿布勒比斯、哈班拜皆仰赖圣恩。虽定约于今秋于乌鲁木齐贸易，但因不知地方远近，货物多少，于解送布库察罕子之便，特遣我等观看"②。努三等好言相劝，多使获利，商队满意而去。哈班拜为阿布赉属下著名的军事首领，他遣子解送俘虏并贸易，显示清哈贸易影响在逐步扩大。

这支商队同时奉清军之命解送俘虏，"哈萨克哈巴木拜，前遣伊子额特赫，押送布库察罕之子前来。若便中携带货物，即酌量交易"③。对于马匹，清廷立即投入使用，"此次所得骟马，可传谕努三等，与永德商酌，或解送军营，或令新派官兵乘骑前往。其儿骒马，留于屯田处所，加意牧放，将来孳生蕃息，便成好牧群，嗣后贸易马匹，即照此办理"④，此言反映出前线迫切需要军马。

乾隆二十三年十二月，第二支商队抵达乌鲁木齐。这支商队，由侍卫那旺从哈萨克游牧带来，其领头者是阿布赉之侄俄罗斯苏勒坦⑤等，他们持阿布赉书信，并赶来马匹162匹。清朝官员在获悉阿布赉本年丢马4000匹以致影响贸易之事后，亦多使此支商队获利，设宴款待，并护送贸易人员返回。俄罗斯苏勒坦在贸易完毕后前往京城入觐，受到封赏。

可见，初期贸易与献俘、入觐等活动相伴。随着这两批商

---

① 《努三等奏》，乾隆二十三年九月二十四日，《军机处满文录副奏折》；转引自林永匡、王熹《清代西北民族贸易史》，第137页。
② 《清高宗实录》卷492，乾隆二十三年十月壬戌条。
③ 《清高宗实录》卷492，乾隆二十三年九月丙午条。
④ 《清高宗实录》卷492，乾隆二十三年十月壬戌条。
⑤ 其后，俄罗斯苏勒坦多次入觐，乾隆二十四年有御制诗《御制哈萨克汗阿布赉之侄俄罗斯苏尔统及其陪臣来朝诗以记事》，载钟兴麟等校注《西域图志校注》，第565页。

队成功获利，哈萨克疑虑被逐渐打消，为随后的正式贸易开展提供了条件。因商队数目远低于期待，清廷开始调整策略，在乌鲁木齐办理具体贸易事务的侍卫努三，以及直接前往哈萨克游牧地促成商队前来的侍卫那旺等人，对打消哈萨克首领的顾虑起到极大作用。乾隆帝亦认识到清哈贸易需耐心地逐步经营，①称："从前朕谕伊等，若哈萨克既逾贸易之期，即将豫备商货，量行发回。今思哈萨克人等，即今岁不至，明年亦必前来。若将货物带回巴里坤，来春复携往乌鲁木齐，转觉劳费。可传谕努三等，将货物不必发回，即存贮乌鲁木齐，交屯田大臣等派兵看守，豫备来年交易。"②

乾隆二十四年，乌鲁木齐贸易进入发展期；兆惠、富德领兵平定回部，北路哈萨克贸易中，钦定办理贸易事务的侍卫努三，以及增派的满泰、永德在其中发挥了重要作用。从永德奏折中可见，当年贸易额飞速增长，"奴才永德于七月二十八日赶至乌鲁木齐，查得此前副都统满泰贸易情形，有四队哈萨克赶马两千五百余匹前来，此等马匹内换获一千一百五十匹等情已奏报。其后，奴才永德尚未奏报处，奴才抵达前，二十四日有章克图等四十余哈萨克，带乘、驮及贸易马匹共计三百余匹前来，因而奴才等皆持一心，谨遵圣主训谕，惟愿多换马匹，相机贸易后，再将哈萨克等送回。换得

---

① 《军机大臣为本年哈萨克若不来贸易则不必将货物运回交与屯田大臣守护事寄信办理与哈萨克贸易事务护军统领》，乾隆二十三年九月二十三日，《满文上谕档》，中国第一历史档案馆藏，档案号：03－18－009－000022－0002－0106；《军机大臣为哈萨克布鲁特俱系外藩人其若呈请入觐则送来京否则不必强求贸易事亦如是办理事寄信定边将军》，乾隆二十三年九月二十八日，《满文上谕档》，中国第一历史档案馆藏，档案号：03－18－009－000022－0002－0112。

② 《军机大臣为今已值九月哈萨克贸易使臣若仍未到则将我商人俱行撤回事寄信办理与哈萨克贸易事护军统领》，《满文上谕档》，乾隆二十三年九月十日，中国第一历史档案馆藏，档案号：03－18－009－000022－0002－0083；亦见《清高宗实录》卷492，乾隆二十三年九月丙午条。

马匹数目，所用物件数目之处，计算后另片奏闻。为此恭谨奏闻"①。奏折中提到的奏片内容如下："换获骟马一百二十五匹，每匹定议贸易银八两，公、母马三十三匹，每匹定议贸易银六两，共易得马匹一百五十八只。计入本金及脚价银，所用缎、布等折银共七百八十二两四钱有余。算得，易马每匹实用银四两九钱有余。"②

---

① 《副都统满泰等奏报与哈萨克贸易马匹折》，乾隆二十四年八月初三日，载中国边疆史地研究中心、中国第一历史档案馆合编《清代新疆满文档案汇编》第40册，384—385页。满文转写：aha mantai yonggui gingguleme wesimburengge donjibume wesimbure jalin aha yunggui nadan biyai orin jakūn de amcame urumci de isinjifi baicaci erei onggolo meiren i janggin mantai hūdašame jihe duin meyen i hasak sei dalime gaijiha juwe minggan sunja tanggu funcere morin i dorgici，emu minggan emu tanggu susai morin hūlašaha babe emgeri icihiyaifi wesimbuha be dahame aha yunggui encu wesimburakūci tulgiyen，aha i isinjire onggolo orin duin de isinjiha janggetu i jergi dehi hamire hasak se i yalure acire hūdašara morin be dabume ilan tanggu funceme gajihabi uttu be dahame ahasai uheri emu gūnin i ejen i tacibuha hese be gingguleme dahafi damu morin fulu bahara be bodome acara be tuwame hūdašafi hasak sebe uthai amasi unggiki hūlašame gaiha morin i ton baitalaha jaka udu baibuha babe bodofi encu donjibume wesimbuki erei jalin gingguleme donjibume wesimbuhe abkai wehiyehe i orin duinci aniya jakūn biyai juwan uyun de fulgiyan fi i pilehe hese saha sehe jakūn biyai ice ilan。

② 《贸易哈萨克马匹所用银两单》，乾隆二十三年八月，载中国边疆史地研究中心、中国第一历史档案馆合编《清代新疆满文档案汇编》第32册，360—361页。按：该条著录时间有误，应为乾隆二十四年八月。原因如下。其一，考察前后满文档案史实相合程度，此条实为上条乾隆二十四年满泰等奏折的附片；其二，该片提及的各类马匹换银比例在乾隆二十三年尚未形成，且当年确实无此次交易。当为中国第一历史档案馆整理此奏折脱落的奏片时，将该件档案题名时间误著录为一年前。满文转写：hūlašaha aktan morin emu tanggu orin sunja，morin tome gisureme toktobuha hūdai mengun jakūn yan，ajirgan geo morin gosin ilan，morin tome gisureme toktobuha hūdai menggun ninggun yan，uheri hūlašaha emu tanggu susai jakūn morin de，baitalaha suje，boso i jergi i beyei menggun，juweri hūdai menggun be dabume，uheri nadan tanggu jakūnju juwe yan duin jiha fencembi，yargiyan i baitalaha menggun i ton be morin de goibume bodoci，morin tome duin yan uyun jiha funceme goibumbi，geli baicaci，fe asaraha boso，yooni baitalame wajiha，jaka dorgi baci udu boso be juweme isinjiha bicibe，kemuni beyei hūdai menggun，juweri hūdai menggun i ton be benjire unde，ne je baitalame ofi，tuttu ahasai acara be tuwame，emu juru boso be beyei hūda，juwere hūda be dabume，emu yan obume toktobuha。

正式贸易展开初期的乾隆二十三年，哈萨克部众，一方面对清朝在"平准"中的强大军力有所畏惧，另一方面对清朝保证商路安全及治理中亚地区的能力亦有所观望，因此，前来的贸易商队支数及人数不但少，且还肩负其他任务，但经清哈双方的共同努力，逐步建立了互信关系。当乾隆二十四年回部平定，且布鲁特、哈萨克右部、巴达克山等中亚各部相继归附后，哈萨克部众对清朝边疆治理就更具信心，商队人数和支数亦大大增加，贸易管理人员、制度保障也更加具体和规范，清哈于乌鲁木齐大规模贸易的局面终于形成，并发展稳定。

为了厘清清哈早期贸易发展过程，特列表5-2如下。

表5-2　清哈贸易初期情况一览

序号	时间	地点	清朝交易者	哈萨克交易者	其他目的	清朝保障措施	清朝交易品	哈萨克交易品
1	22年7月6日至11日	清军塔尔巴哈台军营	将军兆惠所辖官兵	霍集伯尔根、喀拉巴拉特二首领及部众	举部前来归附	令尽换官兵所余	什物	马200余匹
2	22年7月11日至16日	阿布赉游牧地	侍卫顺德讷等官兵	阿布赉及部众	归附及商办擒逆	令尽换官兵所余	衣物、银两	马200余匹
3	23年7月	清朝边远台站	台站官兵	两队70余人	探路	奉旨交易	官兵携带物品	马匹
4	23年9月17日	乌鲁木齐	努三、永德等	哈班拜之子额德格等57人	献俘、探路、了解利润	侍卫巴图鲁带来，多使获利	缎匹	马380余匹
5	23年12月	乌鲁木齐	清朝官员	阿布赉之侄俄罗斯苏勒坦等	入觐、报信	侍卫那旺自阿布赉处带来，多使获利	缎匹	马162匹

资料来源：笔者据本章内容制作，表中时间为农历。

(二) 伊犁、塔尔巴哈台贸易的开展

乾隆二十五年（1760），清朝开始经营伊犁，阿桂率兵在伊犁筑城，奏称："哈萨克现闻屯田，必将驱牲只前往。"① 乾隆二十七年（1762）清廷任命明瑞为首任伊犁将军后，② 北疆军府体制逐渐形成，伊犁人口迅速增加，成为新疆地区政治、经济、军事中心。至此，清哈贸易进入新的阶段：其一，所获牲畜用途发生较大改变，从主要用于军需、牧放繁殖，转为主要在军府体制内进行分配；其二，伊犁贸易额连年创新高，乌鲁木齐贸易额则逐年下降。

乾隆二十八年（1763），清廷在塔尔巴哈台驻军并屯田后，因距离阿布赉、阿布勒比斯等游牧地更近，因此前来塔尔巴哈台贸易商队渐增，但清廷着意经营伊犁，不希望塔尔巴哈台分流商队，于是采取"其价值应行酌减"③ 的方针，即"哈萨克等有小商贩前来，准其贸易。至大商，则令前赴伊犁。特恐伊等因雅尔贸易近便，遂不复前往伊犁。但哈萨克等，若以同一商贩，而区分大小，未免妄生揣度。且雅尔既驻官兵，则马匹牲只，在所必需。惟减其价值，以运送多费为辞，听其情愿与否，即将来马匹牲只较多，亦可陆续解送伊犁"④，以达到伊犁、塔尔巴哈台两地需用的平衡。

随着贸易进行，清哈商人间因贸易缎匹、牲只质量及交易价格时或发生纠纷。对此，清廷一般通过地方官员上奏定夺，保障贸易平稳进行。乾隆三十八年（1773），阿布勒比斯为其商人呈文审诉，不满清朝商人所带来的缎匹色样缺乏，且强卖强于哈萨克商人。军机处随即着手处理，"然哈萨克前来贸易有年，其性嗜利，专务居奇，若管理贸易之员，所办过当，均所不免。如哈萨克贸易马匹，多有要红布者，此必该处此项颜色布匹缺少。而管理贸易之

---

① 《清高宗实录》卷622，乾隆二十五年十月癸未条。
② 郭美兰：《清代首任伊犁将军明瑞满文奏折综析》，《明清档案与史地探微》，辽宁民族出版社2012年版，第44—56页。
③ 《清高宗实录》卷723，乾隆二十九年七月庚午条。
④ 《清高宗实录》卷733，乾隆三十年三月辛丑条。

员，往往与以别色布匹，是即强以所不欲，办理未为妥协"。① 从其所寄谕可见，清廷虽已知哈萨克商人曾捏造事由以图多获利润，但仍令舒赫德宽大办理，不要"强以所不欲"，尽量满足哈萨克商人的要求，保证贸易平稳进行。

让利实为通过贸易谋求双方共同的长远利益。贸易伊始，清廷就尤为关注贸易价格，并与内地采办的马匹做比较，权衡利弊。乾隆三十五年（1770），乾隆帝总结道："哈萨克每岁驱马数千至伊犁，以内地绸缎易之，价廉而多得良马。"② 从当时的统计看，清朝并非好大喜功、贪图虚名，"伊犁市马，由官吏操纵，偶令将所易成数均计，马价帛价每马一匹不过三四金，较内地市马值，尚不及三分之一"③。《塔尔巴哈台事宜》载有贸易定例："查购换定例，如换马十匹给回布三四十匹至五十匹不等，换牛十只给回布二三十匹至四十匹不等，换羊百只给回布七十五匹至八十匹不等，回布每匹合价银四钱，或有哈萨克情愿要绸缎者，按照绸缎价值多寡若干，合计布匹数目，迭算购换。每岁九月底报部，将换获牲畜内肥壮者作为正项，其动用过绸缎布匹照原本脚价银通盘合算，每马一匹合银一两七八钱不等，牛一只合银一两六七钱不等，羊每只合银三钱五六分不等，每岁约收购买哈萨克马八九十匹及一百余匹不等，牛二三百只不等，羊二万七八千只及三万余只不等，拨入备用厂收放备用"④。

较之乌鲁木齐和伊犁，塔尔巴哈台贸易牲畜的价格最低，所获牲畜主要拨补官牧场、分卖官兵等。"查嘉庆九年九月内，参赞大臣策拨克、伊犁将军松筠、前任参赞大臣贡楚克扎布曾折奏，准以每年九十冬三个月各卡所添壮丁，虽已筹给口粮，其器械衣履等项，亦应粘补有资。将嗣后购换哈萨克羊只不堪入官者，准其照分

---

① 《清高宗实录》卷939，乾隆三十八年七月乙酉条。
② 《读史记大宛传》，《乾隆御制诗文全集》，中国人民大学出版社1993年版。
③ 《反白居易阴山道乐府有序》，《乾隆御制诗文全集》。
④ 《塔尔巴哈台事宜》卷4，"贸易"条，国家图书馆藏本。

给官兵领买变价之例，一体分领，除交官价银外，约有剩余，即可稍为津贴。"① 塔尔巴哈台涉及卡外界内的游牧哈萨克，所以驻扎偏远卡伦的清朝官兵，兼有管理哈萨克游牧并与之贸易的职责，部分贸易所获牲畜亦用于补贴官兵生活，此点显示出清哈贸易的广泛影响。

小　结

　　本章研究清哈贸易关系。哈萨克部归附清朝后，为清哈缎马贸易带来了历史契机，这一机遇为双方所把握，因而影响到清朝在西北边疆的政治、经济、军事之格局。乾隆二十三年正式贸易开展前，阿布赉早在乾隆二十年就表达过与清贸易的愿望，二十二年双方有小规模贸易，此种历史事件为双方信任建立过程中不可或缺之环节。在此过程中，定边右副将军兆惠起到关键的协调作用。充分利用档案史料，对于厘清以往研究中认识较为模糊的首次正式贸易地点、贸易章程的改定、初期贸易的情况等问题，具有关键作用。

　　清哈贸易的深入发展对新疆各地亦有广泛的影响。清朝与哈萨克部进行的大规模缎马贸易，从历史发展来看，是西汉以来近乎两千年"丝绸之路"贸易的延续；从18世纪亚欧大陆来看，清哈之间的大规模缎马贸易，也是清朝与准噶尔部百年贸易关系的延续。清朝对哈萨克"产马之区"的重视，为清哈缎马贸易以及清哈关系顺利发展的关键因素，清哈缎马贸易也表现出历代中原王朝与游牧部族以货易贸的特点，加强了内地与西北边疆的经济联系，促进了清代西域地区的经济发展、政治互动和边疆稳定，此举对发展和巩固清代多民族的统一格局具有重大的历史贡献。

---

① 《塔尔巴哈台事宜》卷4，"贸易"条，国家图书馆藏本。

第 六 章
清哈"大国—藩属关系"对清代新疆的影响

哈萨克三部,尤其是左部(中玉兹)、右部(大玉兹)这两大与清朝相邻的部落集团,在乾隆时期开始的与清朝的直接接触、交往中,获得了新的发展机遇;清朝亦在这一过程中探索出一条治理中亚地区新附外藩的全新路径。① 在清朝与哈萨克的直接接触、交往中,逐渐形成一种超越传统认识的"大国—藩属关系"。在这一关系下,清朝以"两得其平"原则与哈萨克进行缎马贸易,哈萨克则为清朝维护西部安全起着十分重要的作用。清哈缎马贸易和安

---

① 与本章论述有关的研究成果主要有:王锺翰《清代民族宗教政策》(《清史续考》,台北:华世出版社1993年版,第80—102页)、厉声《哈萨克斯坦及其与中国新疆的关系(15世纪—20世纪中期)》、马大正主编《中国边疆经略史》、王治来《中亚通史·近代卷》、曾问吾《中国经营西域史》、〔日〕佐口透《新疆民族史研究》(章莹译,新疆人民出版社1993年版)、〔苏〕伊·亚·兹特拉金《准噶尔汗国史》(马曼丽译)、吕文利《〈皇朝藩部要略〉研究》(黑龙江教育出版社2013年版)、洪涛《评乾隆皇帝的哈萨克政策》(《西域研究》2000年第3期)、贾建飞《19世纪西方之新疆研究的兴起及其与清代西北史地学的关联》(《西域研究》2007年第2期)、厉声《清王朝对西北藩属哈萨克治理政策研究》(载周伟洲主编《西北民族论丛》第2辑)、齐清顺《乾隆皇帝统治新疆的几项重要措施》(《西域史论丛》第3辑,新疆人民出版社1990年版)、王洁《清朝治理新疆的民族经济政策研究》(博士学位论文,中央民族大学,2012年)、张荣《清乾隆时期哈萨克政策研究》(博士学位论文,兰州大学,2011年)。

全的西部边疆，为清乾隆朝成功治理新疆提供坚定的支撑。与哈萨克关系模式的形成，又为清朝治理中亚部族提供了成熟的模板和经验。清朝在与布鲁特、浩罕、巴达克山、爱乌罕等外藩部族接触时，迅速拿出切实可行的治理方案，在平定回部后迅速稳定了西部边疆大局，且在随后几十年间，外部几无战事、威胁减弱，新疆地区的社会、经济获得长足发展。这一稳定局面的维护，亦跟哈萨克因素不无关系。因而笔者截取乾隆中期到末期这一历史时段，选取土尔扈特东归这一事件来考察哈萨克三部，尤其是阿布赉所领导的左部哈萨克，积极履行藩属义务，参与清朝重大治疆理边活动的情况，从而进一步探讨哈萨克藩属在清朝治理新疆和中亚地区过程中所发挥的重要作用。此外，本章也继续采用史学史研究方法，选取曾任伊犁将军和编撰《钦定新疆识略》的松筠之著作，将其对哈萨克相关事件的记载作为参照系，以真实历史事件与之对比，动态回顾乾隆时期清哈关系的发展变化，并对乾隆朝末期清朝对哈萨克的政策走向做出全面评价。

第一节　哈萨克三部在土尔扈特东归事件中所起的作用

乾隆三十六年（1771）的土尔扈特东归，是18世纪亚欧大陆历史上的重大事件。此事件，对俄罗斯来说，意味着其对属部掌控的无力和威望的受挫，"今来渥巴锡，明背俄罗斯"；而对清朝来说，则意味着未经招徕，全部蒙古部落都已纳入清朝的直接统治下，正所谓"从今蒙古类，无一不王臣"。[①] 清朝声望，一时达至顶峰。

对土尔扈特东归这一伟大爱国壮举的相关研究较多，且已有

[①] 钟兴麟等校注《西域图志校注》，第497页。

《满文土尔扈特档案译编》①《清代东归和布克赛尔土尔扈特满文档案全译》② 等相关档案译编出版，学界对该事件的来龙去脉较为明晰。但对哈萨克三部，尤其是阿布赉所率领左部哈萨克游牧集团在其中所起的作用，尚缺乏足够的关注。③ 为此，在本节笔者依据清代满文档案，并参考其他文献史料，深入考察哈萨克三部，尤其是左部哈萨克在土尔扈特东归过程中的具体表现。

哈萨克草原为土尔扈特前往清朝的必经之地。土尔扈特背俄罗斯而出，自应尽量远离俄罗斯驻有强兵的西伯利亚地区，而取道哈萨克草原。渥巴锡及其父祖所领之土尔扈特与哈萨克小玉兹比邻而

---

① 中国社会科学院民族研究所民族史研究室、中国第一历史档案馆满文部：《满文土尔扈特档案译编》，民族出版社1988年版。
② 吴元丰等主编《清代东归和布克赛尔土尔扈特满文档案全译》，新疆人民出版社2013年版。
③ 如马大正《渥巴锡论——兼论清朝政府的民族统治政策》，载《新疆通史》编撰委员会编《新疆历史研究论文选编·清代卷》（上），新疆人民出版社2008年版。其内综合运用汉、满、俄文史料研究渥巴锡领导的土尔扈特回归，是相关研究中的经典之作。关于阿布赉率领左部哈萨克所起作用等问题，以笔者所见，Levey, Benjamin Samue, "Jungar Refugees and the Making of Empire on Qing China's Kazakh Frontier, 1759–1773"（博士学位论文，哈佛大学，2014年）之第五章有所论及，但作者认为哈萨克阿布赉在土尔扈特回归期间主动误导清朝攻击土尔扈特，对此观点笔者不能认同。与本文论述有关的国内外研究成果有：王锺翰《清代民族宗教政策》（《清史续考》，台北：华世出版社1993年版），马大正、成崇德主编《卫拉特蒙古史纲》（新疆人民出版社2012年版），厉声《哈萨克斯坦及其与中国新疆的关系（15世纪—20世纪中期）》，曾问吾《中国经营西域史》，〔苏〕C.D.巴克曼《土尔扈特自俄返华记》（新疆维吾尔自治区民族研究所译，1979年油印本），〔苏〕伊·亚·兹特拉金《准噶尔汗国史》（马曼丽译），〔日〕佐口透《新疆民族史研究》（章莹译），洪涛《评乾隆皇帝的哈萨克政策》（《西域研究》2000年第3期）。以上研究成果均涉及土尔扈特东归中哈萨克三部所起的作用，具有参考价值，但在哈萨克首领阿布赉的具体考量及其行动、清廷因应与决策等问题上，尚有进一步再探讨的必要。

居，百年来战和不断，① 自然知晓哈萨克三玉兹自 1718 年头克汗逝世后已互不统属，且小玉兹与清朝还为已深受俄罗斯影响的哈萨克中、大玉兹所隔，自然不会奢望哈萨克全部能让土尔扈特平安通过，"土尔扈特等由俄罗斯脱出前来时，塔琦俄罗斯率兵二千余名，会同哈萨克来追"②。虽土、哈二部长期处于战争状态，但土尔扈特仍做"两害相权取其轻"的决策，选择军力稍弱的哈萨克草原为东归之途。

此外，土尔扈特东归取道哈萨克草原，还有一个更重要的原因，即哈萨克三部已为清朝所属部。乾隆十九年，土尔扈特使臣吹扎布、喇嘛济木巴格隆出使清朝，前往西藏地区熬茶；乾隆二十二年哈萨克左部归附后，此批使臣方才自清朝返回土尔扈特部，他们带回的信息中有一条非常重要，即乾隆帝谕旨称哈萨克阿布赉部已归附清朝，此后土尔扈特部可行经哈萨克草原而来。该谕旨见于《平定准噶尔方略》：

> 军机大臣奏言，土尔扈特使臣吹扎布自藏回京，臣等遵旨讯问吹扎布土尔扈特旧游牧在何地，何故入于俄罗斯，现在游牧与哈萨克何处毗连，曾否交战。吹扎布禀称，从前我等游牧，与四卫拉特同居伊犁。策妄阿拉布坦时，我阿玉齐汗与彼交恶，率属经由哈萨克，往取明噶特，因在鄂哲特河游牧，与俄罗斯相近，俄罗斯即谓我等为其所属，其实并未归降。我等

---

① 雍正时，清朝使者满泰前往土尔扈特时，就偶遇前往土尔扈特求和的哈萨克使者扎古斯塔。扎古斯塔向满泰言及，此行为停战而来，并请求土尔扈特首领给还上次双方交战而被掠的哈萨克人口；见《出使土尔扈特副都统满泰奏闻到土尔扈特地方致书哈萨克汗等情形折》，雍正十年三月初五日，载中国边疆史地研究中心、中国第一历史档案馆合编《清代新疆满文档案汇编》第 1 册，第 248 页。
② 《钦差大臣额驸色布腾巴勒珠尔奏土尔扈特谱系及来归原因和户口数目折》，乾隆三十六年八月初三日，《军机处满文录副奏折》，中国第一历史档案馆藏，档案号：2435－026；吴元丰等主编《清代东归和布克赛尔土尔扈特满文档案全译》，第 38—40 页。

非奉大皇帝圣旨及达赖喇嘛之言，自不肯为人臣仆。从前大皇帝遣使为俄罗斯所阻，我纳木喀格隆被擒者，因我游牧有争夺之事耳。我等现居之地，与哈萨克阿布赉之子努勒苏勒坦毗连，亦有时交兵等语。因告以阿布赉今已归降，遣使奉表，朝夕将至。吹扎布喜云，哈萨克即为大皇帝臣仆，若蒙谕旨，令我等由彼前来，更不迂回道路，我等甚属有益。臣等又向吹扎布云，尔等此来欲请喇嘛同往，适遇达赖喇嘛圆寂，未遂所请，若敕召喇嘛，与尔等同行，则往返需时，必难久候，此亦无可如何。今大皇帝悯尔远来，着我等传谕抚慰。吹扎布跪奏云，此大皇帝仁爱之特恩，实不胜感激等语。臣等谨将讯问吹扎布地名，绘图恭呈御览。①

这一谕旨让渥巴锡在哈萨克草原陷难时，拥有斡旋之依据。乾隆三十六年，土尔扈特汗渥巴锡归附清朝后在前往京城朝觐途中，他也向陪同的钦差大臣额驸色布腾巴勒珠尔言及此信息。据色布腾巴勒珠尔奏："奴才色布腾巴勒珠尔此间率渥巴锡等而行，经留意细问……渥巴锡之父，敦罗布喇什在世时所派使臣吹扎布、喇嘛济木巴格隆返回土尔扈特后，所奉大皇帝谕旨：今哈萨克、准噶尔人等均为我属，尔等土尔扈特汗，遣使请朕安，或遣使赴藏修好事，不必行经俄罗斯，行经哈萨克、准噶尔路即可。钦此。钦遵铭记，转告渥巴锡之父敦罗布喇什。"② 土尔扈特虽历十数年未与清朝联络，但新汗渥巴锡仍牢记此一谕旨。途经阿布赉游牧为其追袭时，渥巴锡念及有此依凭，便不顾个人安危亲自面见

---

① 此处所记吹扎布所言的阿布赉，实为小玉兹汗阿布勒海尔。《平定准噶尔方略》正编卷42，乾隆二十二年八月癸酉条。
② 《钦差大臣额驸色布腾巴勒珠尔奏土尔扈特谱系及来归原因和户口数目折》，乾隆三十六年八月初三日，《军机处满文录副奏折》，中国第一历史档案馆藏，档案号：2435-026；吴元丰等主编《清代东归和布克赛尔土尔扈特满文档案全译》，第38—40页。

阿布赉。① 土尔扈特部此来实为归附清朝乾隆帝，阿布赉等既然为大皇帝所属，则双方皆为大皇帝之属众，因此，阿布赉等不应再有拦阻行为，终退兵。满文档案记载渥巴锡等人之自述：

> （土尔扈特人）后又行近哈萨克游牧后，哈萨克努喇里、爱其布克、阿布赉等率兵二万余驱逐，渥巴锡……率兵万余名对抗。其时，策伯克多尔济……率兵五千余名，往追游牧护卫，先至伊犁。渥巴锡、舍楞等处有兵五千余名，阿布赉等意欲行劫，渥巴锡、舍楞率数人亲自去见阿布赉等，告称，我等均系往投大圣皇帝之人，尔等亦已为大圣皇帝属众，将尔等皆封为汗、王、公、大员，我等均系大圣皇帝属众，尔等意欲如何，现即将我等缚住，我等在尔等游牧内哉，去向何处耶。不然，准我等通过。言毕，阿布赉等虽即率兵返回，然哈萨克等②仍不断带兵劫掠我等游牧。哈萨克或劫去我等属人近三千户，布鲁特亦劫去近三千户。③

渥巴锡此去说理，使阿布赉退兵，唯因哈萨克各部不相统属，加之阿布赉此时尚未成为哈萨克之大汗，不能号令哈萨克别部，因而渥巴锡部仍在绕行巴尔喀什湖南岸前往吹、塔拉斯等地的途中，遭到大玉兹艾拉里、布鲁特部等众的袭击，被劫去属人近6000户。

---

① 对渥巴锡与阿布赉的这次会面，以往土尔扈特史研究中尚未给予足够关注，如马大正在《渥巴锡论——兼论清朝政府的民族统治政策》中，依据俄罗斯档案和《卡尔梅克苏维埃社会主义自治共和国史纲》，引用"渥巴锡冷静分析了形势，迅速派出使者与哈萨克人谈判"。但俄文档案记载并不确切，据满文档案所载的渥巴锡与阿布赉两人之亲述，前往哈萨克部与其首领阿布赉等谈判的应为渥巴锡本人。

② 据〔俄〕列夫申《吉尔吉斯—哈萨克各帐及各草原的述叙（摘译）》（新疆维吾尔自治区民族研究所译，第45—47页）记载，此后进攻土尔扈特人的哈萨克人，主要为大帐（大玉兹）的艾拉里苏丹部，并非阿布赉之中玉兹属众。

③ 《钦差大臣额驸色布腾巴勒珠尔奏土尔扈特谱系及来归原因和户口数目折》，乾隆三十六年八月初三日，《军机处满文录副奏折》，中国第一历史档案馆藏，档案号：2435-026；吴元丰等主编《清代东归和布克赛尔土尔扈特满文档案全译》，第38—40页。

从此言应可以看到，兵力较弱的努拉里部尚且能给土尔扈特部造成如此巨大的损失，若阿布赉率其部参与后续的进攻，则渥巴锡所率领的仅有5000人的土尔扈特部后队就将蒙受更大的损失，甚至有在抵达清朝边界前就全军覆没的可能。但阿布赉在与渥巴锡会面后拒绝大玉兹苏丹努拉里的一同进攻土尔扈特的邀约，使得土尔扈特人受到的攻击力大为减弱，改变了渥巴锡部的命运，"大帐苏丹艾拉里，他得知土尔扈特人受到中帐的几次挫折之后，正在接近他的领土，就全力以赴地投入了新的战斗。他敦请阿布赉苏丹从后翼攻打他们……而他自己却一马当先带着他的精锐部队，从正面迎击敌人……这些初步安排考虑的十分完善，然而，并没有全部获得预期的成功。因为，阿布赉拒绝参与执行它们，只剩下了艾拉里自己，而他却比土尔扈特人软弱得多，无法用武力公开的攻打他们"①。

渥巴锡之所以冒险往会阿布赉，是因为他牢记乾隆帝于乾隆二十二年的晓谕，他对作为清朝忠诚藩属的阿布赉部，将履行藩属之义务，放行自己所率领的东归队伍前往投奔大皇帝有信心。其结果真如渥巴锡所料，阿布赉在与渥巴锡会面后便改变态度并退兵，他没有乘危扣留渥巴锡以乱其部众获俄罗斯沙皇的悬赏，且拒绝同族大玉兹努拉里苏丹攻击之邀约。这些举动都体现出阿布赉有不愿违背清朝意志，忠实履行大皇帝之阿勒巴图②义务的长远考虑。在阿

---

① 〔俄〕列夫申：《吉尔吉斯—哈萨克各帐及各草原的述叙（摘译）》，新疆维吾尔自治区民族研究所译，第45—47页。艾拉里，即努拉里。

② 阿勒巴图，满文albatu之音译；在乾隆二十二年阿布赉归附后，乾隆帝以汉文昭告天下时使用汉文词"臣仆"进行对译，笔者认为此译虽较为适合，但仍为方便汉语受众理解而用，并不能完整表达该词在满文中的原意。因阿布赉在与清朝交往时使用此词，所以保留"阿勒巴图"这一音译词。日本学者野田仁和小沼孝博较早提出清朝与哈萨克存在"额真—阿勒巴图关系"概念，笔者认为，此概念虽列出音译，但尚未在实例中辨明清帝与阿勒巴图之关系究竟为何。笔者认为，阿勒巴图为满、蒙、哈共通词，用在阿布赉与清朝关系上，虽有"臣仆"这一君臣关系含义在内，但也不应忽视该词另外蕴含的意义，即类似清帝之近臣才能使用的满语词"aha"（奴才，大汗的亲信奴仆）自称，以暗示人身依附关系。

布赍尚未得到清朝关于此事的直接谕旨之前，① 其名义宗主俄罗斯就已遣使、寄信，希望其截击土尔扈特，② 同族哈萨克努拉里部落也向其发出联合进攻土尔扈特部之邀约，但阿布赍对此都未听从，他主动选择与清朝站在一起，维护清朝利益，这体现出阿布赍忠实地履行了清朝藩属之义务。

在对待土尔扈特东归这一突发事件上，阿布赍考虑的是所属哈萨克中玉兹游牧集团及大国清朝之安全和利益。在俄罗斯遣使告知身处塔什干的阿布赍土尔扈特东归这一消息后，他立即赶回游牧地，组织防御土尔扈特之事。在大致理清前来土尔扈特身份、兵力及其去向后，阿布赍判断土尔扈特部应该是向伊犁方向移动，加之他还侦知土尔扈特队伍内有叛清而出的原准噶尔贵族舍楞，他便立

---

① 因相隔遥远，在阿布赍向乌鲁木齐、伊犁派遣的亨集噶尔使团尚未返回哈萨克游牧地，乾隆帝由伊犁派出的那旺使团亦刚抵达阿布赍处时，渥巴锡所部已穿越阻碍进入清朝界内，伊犁将军派出迎接官员，将其带往伊犁安顿。

② 俄罗斯获得土尔扈特举族迁出消息后，一面通过奥伦堡总督通知小玉兹努拉里汗，另一面又通过西伯利亚边区政府通知阿布赍等中玉兹首领，并于1771年1月27日给努拉里和全体哈萨克人发出了一封皇家证明信，要求他们堵截土尔扈特部众；见〔俄〕列夫申《吉尔吉斯—哈萨克各帐及各草原的述叙（摘译）》，新疆维吾尔自治区民族研究所译，第143—144页。亦有乌鲁木齐都统安泰（其时安泰虽已被任命为乌鲁木齐都统，但尚未离任塔尔巴哈台参赞大臣，人尚在塔尔巴哈台）1771年奏折内提及阿布赍遣往安泰处使者亨集噶尔等告称："阿布赍去年冬季时与布鲁特交战，后相互和好，其后阿布赍在塔什干时，由俄罗斯处行文阿布赍，称自彼处土尔扈特游牧人众逃出，望阿布赍阻截征讨。"见《军机处满文录副奏折》，中国第一历史档案馆藏，档案号：2411-044、091-3235。阿布勒比斯也在1771年初接到了俄罗斯沙皇文书，次年阿布勒比斯之人布鲁特向塔尔巴哈台清朝官员说，阿布勒比斯曾言："若确有其事，俄罗斯查干汗（沙皇之意）必向我行文，先前因土尔扈特脱出之事，俄罗斯查干汗即向我行文，望我阻截邀击土尔扈特人等，将所获大头目送往其处。"见《军机处满文录副奏折》，中国第一历史档案馆藏，档案号：097-0843。这说明俄罗斯在第一时间，向在塔什干的阿布赍和在中玉兹游牧地的阿布勒比斯提出阻击东来之土尔扈特的要求。

即与阿布勒比斯主动派出使者亨集噶尔①、布鲁特等人前往塔尔巴哈台参赞大臣安泰处报告所获的详细情报，并以二和卓木逃遁难擒为例，提醒清朝早做准备。虽然阿布赉并不知晓此前俄罗斯已加急告知清朝土尔扈特脱出之事，而清朝已着手在乌里雅苏台与伊犁两路设卡访查、探取相关消息，但阿布赉此次遣使，仍带来了清朝因俄罗斯有意隐瞒、误导②而尚未打探到的消息，比如土尔扈特人的首领为渥巴锡，大约人数，以及此时已转向巴尔喀什湖西北沙尔伯勒而去等最新情报；这些消息及时报至乾隆帝处后，进一步坚定了清廷接纳东来的土尔扈特部众之决心，乾隆帝于六月十六日在该奏折上朱批："朕意，伊等来投为九分，怀疑为一分耶。"③ 这之后，哈萨克中玉兹多罗特拜又遣其子马尔堪前来塔尔巴哈台报告舍楞的行动。④

阿布赉在土尔扈特东归这件事上，积极探知消息，两次遣使清朝提前告知土尔扈特前来的相关之事，提醒清朝提防土尔扈特部内准噶尔叛乱者如策楞等危及清朝边疆安全。在乾隆帝所钦命使者那旺到达阿布赉所部后，他还将其与渥巴锡会面的情形，以及询问所俘的土尔扈特头人所得的渥巴锡去向及意图，向使者那旺一一作了

---

① 亨集噶尔为阿布赉率部于乾隆二十二年归附清朝后，首次遣进京朝觐使团之正使。
② 俄罗斯来使所告的关于离伏尔加河东来人众之兵力、首领、人员构成等信息，皆不准确，他不但未提及为首之人为土尔扈特汗渥巴锡，而且还有意声称该支队伍以准噶尔叛清之人鄂木布、果勒昭海等为首，实际上这些人并不在队伍中，以期误导清朝阻挡该人众之东来。
③ 《署定边左副将军车布登扎布等奏俄罗斯派使索还欲返回旧游牧土尔扈特部众等情折》，乾隆三十六年三月十一日，《军机处满文录副奏折》，中国第一历史档案馆藏，档案号：2406-005；吴元丰等主编《清代东归和布克赛尔土尔扈特满文档案全译》，第1—3页。
④ 《伊犁将军伊勒图等奏钦奉上谕晓谕舍楞等赦免其罪等情折》，乾隆三十六年六月十三日，《军机处满文录副奏折》，中国第一历史档案馆藏，档案号：2412-028；吴元丰等主编《清代东归和布克赛尔土尔扈特满文档案全译》，第13页。

汇报。

中玉兹哈萨克的这两次遣使活动，为清朝及时提供信息，① 显示出阿布赉领导的以哈萨克中玉兹为主的游牧集团，作为清朝藩属，积极履行维护清朝边疆安全的义务。而这样一种关系则是良性互动的，作为大国大皇帝的乾隆帝，也在哈萨克使者到来前，根据已获情报，派出钦差使者那旺②直接前往阿布赉和阿布勒比斯处，晓谕他们小心防范并探访消息。那旺于五月十七日自伊犁将军伊勒图处出发，于六月初五日抵达巴雅克、哈尔噶纳等地，见察帕喇西鄂托克之哈喇齐、章米尔察等，听取报告；③ 此后继续前往阿布赉、阿布勒比斯游牧。在与阿布赉会面时，那旺带给阿布赉和阿布勒比斯乾隆帝之口谕："尔等先前为准噶尔所害，甚受苦累，尔等归附大皇帝至今，不惟全无苦累尔等之处，尚接连领受大皇帝厚恩，各自安逸居住，享乐之处，尔等皆深知也。现今，尔等但需办理提防备御自俄罗斯脱出之厄鲁特等，方为妥当。彼等或前来尔等游牧，或至尔等游牧近前，尔等但勿坠其术中，若糊涂而行，则大受其害矣。再，尔等处现有厄鲁特等，亦应提防生

---

① 清使者那旺至哈萨克草原后，亦从哈萨克哈喇齐等处得知阿布赉报告清朝之事："阿布赉听闻此讯，派人命其子嗣带兵前来，派哈萨克肯泽哈喇报信于将军、大臣等。"那旺所获信息，分数次呈报：未返回前即从哈萨克地方派遣兵丁送回呈文，由舒赫德奏报；那旺返回后，于七月十一日另行呈文三件，分别为《［伊犁领队大臣那旺］为询据哈萨克汗阿布赉称俄罗斯追击土尔扈特之兵丁已返回事呈文》《［伊犁领队大臣那旺］为询据哈萨克汗阿布赉称土尔扈特枪炮甚多事呈文》《［伊犁领队大臣那旺］为土尔扈特回归不知有无诚意并请多加防范事呈文》，载中国边疆史地研究中心、中国第一历史档案馆合编《清代新疆满文档案汇编》第101册，第199—201页。阿布赉密报内容，即在此三件呈文内。

② 侍卫出身的那旺自乾隆二十二年起，即频繁出使阿布赉处，久经历练，与中玉兹哈萨克众首领相熟。

③ 《伊犁将军伊勒图等奏纳旺等员前往哈萨克游牧探获土尔扈特消息等情折》，乾隆三十六年六月十三日，《军机处满文录副奏折》，中国第一历史档案馆藏，档案号：2412-026；吴元丰等主编《清代东归和布克赛尔土尔扈特满文档案全译》，第12页。

事，方为妥当。"① 乾隆帝与阿布赉在弄清土尔扈特准确意图之前，都及时遣使提醒对方注意防范，免遭损失，这是自觉维护双方利益的体现。

阿布赉在见到那旺后，即将其所知、所闻、所获、所思全盘相告。关于土尔扈特的军力，那旺呈文称："阿布赉所告，我先前与土尔扈特交战，彼等军力平常矣，现观之已然不同，或因征战行走习练，武艺增进良多。又听闻，渥巴锡等有许多大炮，彼等男子，人皆身携鸟枪四五杆系于梢绳，弓、刀、矛亦携带而行，每人皆可将此等兵器六、七件轮番使用。等因，畏惧相告。又告称，闻得我子瓦里，截击土尔扈特时，获大炮数门。"② 土尔扈特受俄罗斯所迫，参加对欧亚霸主奥斯曼帝国（即控噶尔国）的征讨，他们常被作为前锋，屡战屡胜，其军力实为清朝与哈萨克急需查明的，阿布赉所言或有所夸大，③ 但如此详情，对清朝而言已属难得。

告知那旺土尔扈特的军力后，阿布赉又择机屏退他人，密报其与渥巴锡会谈之事及他经反复调查所获悉的土尔扈特东来的意图：

> 我已与渥巴锡及台吉等相见议事，渥巴锡等言称：我等因素来同奉一教④，欲归附博格达汗⑤，前来旧游牧地。等语，众皆一辞。观之，情形可疑。阿布赉我先前掠获彼等人众……其内有大头目七、八名，我未使彼等察觉之下，逐一数度询

---

① 《伊犁将军伊勒图奏遵旨派遣那旺等赴哈萨克汗阿布赉处晓谕有关事宜并探听消息折》，乾隆三十六年五月十二日，《军机处满文录副奏折》，中国第一历史档案馆藏，档案号：03-0184-2411-035。本节除注明引用档案译编外，其余《军机处满文录副奏折》之引文均为笔者所译。
② 《[伊犁领队大臣那旺]为询据哈萨克汗阿布赉称土尔扈特枪炮甚多事呈文》，乾隆三十六年七月十一日，《军机处满文呈文》，中国第一历史档案馆藏，档案号：03-0184-2438-040.1。
③ 哈萨克首领对所报之事稍有夸大，对此乾隆帝已有经验，从"平准"期间乾隆帝的满文朱批即可见出。
④ 指土尔扈特人信奉的格鲁派藏传佛教，清代亦称为"黄教"。
⑤ 指乾隆帝。

问,仍与渥巴锡所言相近。遂于带领彼等行走时,用计询问,尔等若将原定欲往之确实地方相告,我饶尔等性命并加抚养,若不告知确实地方,断不饶命。如此严询之下,告称,我等汗、台吉、宰桑原先议定,我等径直穿越哈萨克游牧而走,视途间所遇,即行劫掠,抵特穆尔诺尔①地方阿拉克山后,若遇大皇帝之兵,即言欲附入之语;若令我等头人前往内地,即言暂不能前往之处;若欲令我等游牧分而居之,即言不可分之处。布鲁特,从前与我等同类,现兵力不敌我等,必跟随之,于此增长势力,巩固地方后,再征伐哈萨克、回子等,生息可也……此等言语事虽不可尽信,亦不可视为必无,我已遣亨吉噶尔,将大略情形书于报将军大臣文内,此非微末人等之言,亦非一、二人之语,乃逐一询问七、八大头目告言后相贯所得。你我面见之时,方得密为相告也。②

阿布赉密报那旺之事,已属机密,需要避开自己身边的各类人等。阿布赉早在噶尔丹策零时期就已在哈萨克与准噶尔的交往中积累了丰富经验,具有说、读卫拉特语言文字的能力,③ 他在与准噶尔、清朝交往中,拥有其他中亚部族首领所不具备的独特优势,且其身边常年有大量厄鲁特属人及官员为之效力,因而阿布赉能对所俘获的土尔扈特头目以卫拉特语进行询问,并许以生计。经阿布赉的反复询问所得,渥巴锡等人确实诚心归附清朝,但顾忌首领进京与被分散安置等事,且下属部分头目可能有进占布鲁特游牧发展势力之心。这一系列信息中,包含因存在利害关系而清朝官员无法从

---

① 即今吉尔吉斯斯坦境内之伊塞克湖,当时清朝藩属布鲁特部在此湖附近游牧、居住。
② 《[伊犁领队大臣那旺]为土尔扈特回归不知有无诚意并请多加防范事呈文》,乾隆三十六年七月十一日,《军机处满文呈文》,中国第一历史档案馆藏,档案号:03-0184-2438-041。
③ [哈]克拉拉·哈菲佐娃:《十四—十九世纪中国在中央亚细亚的外交》,杨恕、王尚达译,第245页。

渥巴锡、策伯克多尔济、舍楞等首领处直接了解到的关键内容。

乾隆帝在收到阿布赍密报后，在给定边左副将军车布登扎布字寄上谕中称阿布赍密报内容可信并影响到其的决策：

> 前又有纳旺等从哈萨克返回具折奏称：阿布赍曾捉获渥巴锡属下头目人等，诱询得知：渥巴锡原先之议专为侵占伊犁而来等因。起初朕未全信，今观其贪心不足之情，足证雅兰丕勒、舍楞等所述言语，和恳求脱离渥巴锡远涉而居，全是赤诚之心。可知阿布赍之密告无误。渥巴锡此人同噶尔丹策零一样，企图独占伊犁，将各部归为己之阿勒巴图①，其狡计叵测。故传谕舒赫德，不可让伊等安置一起。在伊等还未返回之前，将其游牧分散安置之。②

将阿布赍密报内容，与清廷随后对土尔扈特部、和硕特部的安排一一对照，从中可看到乾隆帝确实受密报内容的影响，他对原计划做出了相应调整。

其一，关于首领入觐，阿布赍密报对清朝的决策影响不大。那旺带回的阿布赍密报呈文日期为七月十一日，递送京城已是七月底，乾隆帝在接到阿布赍密报前，已根据以往处理外藩朝觐的丰富经验，以一系列的特意安排，逐步打消了渥巴锡等人的顾虑。渥巴锡之所以对首领入内地有所担心，离不开俄罗斯过去对土尔扈特首领所造成的心理阴影，俄罗斯对他们曾强制实施人质制度，但清朝的朝觐制度与俄罗斯的人质制度差别极大，清廷通过厚遇渥巴锡等

---

① 中国社会科学院民族研究所民族史研究室、中国第一历史档案馆满文部《满文土尔扈特档案译编》译作"村俗"，笔者改译为"阿勒巴图"，以突出蒙古文化影响下的主奴关系。
② 《谕车布登扎布将舍楞拟安置在科布多阿尔泰附近》，乾隆三十六年十月初四日，中国社会科学院民族研究所民族史研究室、中国第一历史档案馆满文部《满文土尔扈特档案译编》，第172—174。该折原件出自中国第一历史档案馆藏的《土尔扈特档》内。

人消除其入觐顾虑,具体表现为:一是前往沙喇伯勒迎接的官员及在伊犁的将军伊勒图等,都对其加意劝慰;署伊犁将军舒赫德亦及时传达乾隆帝即行收容、施恩、养赡、赦免舍楞之敕谕,① 他还特命固伦额驸色布腾巴勒珠尔前往迎接渥巴锡等人,并命沿途各地加意款待。二是乾隆帝于七月十九日、二十二日、二十三日,接连三次颁谕前往迎接途中的色布腾巴勒珠尔所应该注意事项,如在七月十九日的上谕中,令他晓示渥巴锡等已分赏其部众牲畜十万头,同时格外施恩赏赐御用奶豆腐,以稳朝觐之心,并留心观其态、查其恭顺,汇报他们的态度变化。"惟来归土尔扈特大台吉、头目等,业令起程东行,其属众穷困难以活命之处,彼等必定忧虑,且朕如此屡屡施恩之处,亦应明白晓示彼等……获悉其属众得有生计产业,彼等必定感激朕恩,欣喜东行,前来朝觐也……观其感激朕恩及如何欣喜情形,而后奏闻"②;"恐尔等担忧,大皇帝特降谕旨给我,晓谕尔等,惟但放心,虔心感激大皇帝之恩,前去朝觐大皇帝。尔等前去朝觐大皇帝后,仍封尔等以职衔名号,赏赐物件,施以隆恩"③。渥巴锡等人抱有的顾虑,在九月下旬抵达热河后,在乾隆帝亲加厚遇恩宠之下,终于被打消。自此后土尔扈特汗、王、公贵族前往朝觐,络绎不绝。

---

① 《署伊犁将军舒赫德奏抚慰来归土尔扈特部众敕谕晓示各游牧台吉等情形折》,乾隆三十六年七月二十二日,《军机处满文录副奏折》,中国第一历史档案馆藏,档案号:2435-025;吴元丰等主编《清代东归和布克赛尔土尔扈特满文档案全译》,第 34 页。

② 《钦差大臣额驸色布腾巴勒珠尔奏遵旨晓谕入觐土尔扈特台吉等接济其部众并赏赐等情折》,乾隆三十六年八月初三日,《军机处满文录副奏折》,中国第一历史档案馆藏,档案号:2432-021;吴元丰等主编《清代东归和布克赛尔土尔扈特满文档案全译》,第 37—38 页。此奏折为色布腾巴勒珠尔接奉七月十九日上谕后之回奏。

③ 《钦差大臣额驸色布腾巴勒珠尔奏遵旨晓谕渥巴锡等赏赐来归土尔扈特食粮衣服等情形折》,乾隆三十六年八月初三日,《军机处满文录副奏折》,中国第一历史档案馆藏,档案号:2435-030;吴元丰等主编《清代东归和布克赛尔土尔扈特满文档案全译》,第 41—42 页。

其二，关于分散安置，阿布赉的密报使乾隆帝改变了对这一问题的认识，并做出重大的政策调整。当阿布赉报告到达乾隆帝处之前，乾隆帝已令署伊犁将军舒赫德具奏安置方案，并对舒赫德方案做出相应的指示："顷由舒赫德将新附土尔扈特、和硕特等人分别安置于额林哈必尔噶、固尔班、济尔噶郎、斋尔、霍伯克赛里等地情形陆续具奏后，朕曾降旨舒赫德曰，本年彼等来归，长途跋涉，历尽艰辛，命暂酌情安置，明年指地移往安置时，唯远离我驿路及商道方好。"① 可见，乾隆帝和朝臣起初考虑安置事宜时，并未特意防范渥巴锡等来归者于其内部互相联络、合谋等事，所考虑的不过是避免土尔扈特部众骚扰、劫掠驿路商道，并未将之与图谋起事危及边疆安全相联系。

在收到阿布赉密报后，乾隆帝随即令福康安密寄舒赫德其九月初九日之上谕，对原先议定之判断和安置方案做出重大调整：

兹详加思虑，此虽为杜其妄加抢掠，以靖我驿站商道之意，唯此等人众，究不可深信，今穷竭来归，彼等未敢如何。俟过数年，其生计复苏，力量壮大后，竟无图其故地之心，亦未可定。今我等仅唯虑及我驿路商道之靖，安置其众，若远离我将军大臣等，其内部不断传递信息，相互联络，则于事甚无益处。尚且现来归土尔扈特等人众众多，又有数名大台吉，其台吉等彼此不联络，尚可不至滋事，倘彼等相互通信，我等更不得消息，则大有关碍。此等情由，我等不预先筹划，亦有不可。着将此密寄舒赫德，安置彼等时，须间隔安置，期间由我将军大臣等驻之，断不令彼等互通信息方好。其中渥巴锡、策

---

① 《署伊犁将军舒赫德奏遵旨办理分地安置土尔扈特各部并教习耕作等情折》，乾隆三十六年十月初七日，《军机处满文录副奏折》，中国第一历史档案馆藏，档案号：2426-006；吴元丰等主编《清代东归和布克赛尔土尔扈特满文档案全译》，第54—55页。此奏折为署伊犁将军舒赫德接奉九月初九日上谕后之回奏。

伯克多尔济、舍楞，此三人更不可安置于一处，即将彼等分作三昂吉，各自远离而住……其台吉等又住各自之游牧，互不通信，则自难滋事，新疆地方应将永久太平无事。此等事至关重要，舒赫德须不动声色留意外，将彼等如何分别安置有利，我大臣等如何分隔彼等而驻，唯计其于事有利，核定具奏。①

乾隆帝原先与大臣们议定的安置方案中，仅以安置地能否容纳下如许人户，以及远离驿站商道为考虑要素，并未有意分开安置众首领。而新安置方案，不但防范土尔扈特人等聚集合力，而且还在安置后尽量杜绝众首领间的互相串联，令驻地大臣对此加以防范。在随后下达的上谕中，乾隆帝进一步指示舒赫德，将来归的七大头目间隔安置："将渥巴锡、策伯克多尔济、舍楞等间隔安置，勿令彼此互通信息。即便巴木巴尔、旺丹、博罗、默们图等人游牧，亦不可靠近。无论如何，我等现指地安置彼等，毋令彼等互通消息，至关重要。将彼等间隔安置，我等大臣等相隔驻之，方可禁止其互通消息。"②

乾隆帝对土尔扈特众首领的安置方案，在接到阿布赉密报后做出了重大调整。乾隆帝的这一系列分析及防范措施，在于防患于未然、维护边疆稳定。其采取的新方案，极大程度上杜绝了土尔扈特、和硕特部之部分首领、部众私行合力滋事的可能性，此与阿布赉密报中的土尔扈特部分首领曾议及欲聚处一地以图大举的内容密切相关。

---

① 《署伊犁将军舒赫德奏遵旨办理分地安置土尔扈特各部并教习耕作等情折》，乾隆三十六年十月初七日，《军机处满文录副奏折》，中国第一历史档案馆藏，档案号：2426-006；吴元丰等主编《清代东归和布克赛尔土尔扈特满文档案全译》，第54—55页。
② 《署伊犁将军舒赫德等奏明春教习土尔扈特人众种地秋收后再迁移游牧折》，乾隆三十六年十月十二日，《军机处满文录副奏折》，中国第一历史档案馆藏，档案号：2439-014；吴元丰等主编《清代东归和布克赛尔土尔扈特满文档案全译》，第58页。

其三，关于土尔扈特与布鲁特、哈萨克的关系，清廷依据阿布赉的密报也采取了相应对策。从清廷接到密报后对原定安置方案做出改变，并提出新措施来看，阿布赉密报虽未在前线官员奏报与乾隆帝上谕中被提及，但重重史料中已显露出密报与清廷决策之间隐匿着逻辑相关性。这一相关性更加清晰地体现于乾隆帝处理土尔扈特与布鲁特、哈萨克关系的上谕中。

在阿布赉密报中，土尔扈特部分头目曾有降服布鲁特，占有其位于特穆尔诺尔附近的游牧地，并征伐、劫掠哈萨克等部，以壮大势力的计划。若其属实，则土尔扈特待部众力量稍有恢复后则难免会再有此图谋。比照乾隆帝接到阿布赉密报前后的上谕可见出，乾隆帝虽在此前关涉土尔扈特部的上谕中，未曾提及布鲁特部、哈萨克部与土尔扈特部之关系，但在接报后立即令舒赫德晓谕土尔扈特部众有关布鲁特、哈萨克之事宜，此间大有联系。见舒赫德奏折：

> 窃于八月二十二日接奉复降上谕：厄鲁特等生性嗜好希图侥幸，兹土尔扈特等众因未安顿，尚不肇事，日久以后，不甘寂寞，图谋侥幸，抢夺劫掠，亦难杜绝。将此须先明白开示晓谕，方于事有益。舒赫德如此，即晓谕土尔扈特、和硕特人众曰，尔等难于俄罗斯居留，率带妻孥由俄罗斯脱出，为寻求大皇帝之恩，长途跋涉，前来归附，经奏闻大皇帝，仰蒙大皇帝怜恤尔等困顿至极，施恩收容尔等，接济尔等以口粮，且给尔等以生路，指地安置，又赏业畜孳生，以为永久获益。此乃大皇帝抚爱尔等之隆恩。尔等唯感激大皇帝之恩，各谋生计，安居乐业。倘希图侥幸，谋取微利，枉自抢掠，则断然不可。现比如，哈萨克、布鲁特等人，皆为大皇帝所属，承恩多年，安居乐业。今尔等亦仰承大皇帝之恩成为属众，同为赤子，相应亦须和睦相处，稍有抢掠之事，断然不可。倘违嘱令，即负大皇帝之恩，我等定加奏闻，将尔等从重治罪。若尔等安分守

己,则奏闻大皇帝后,亦必施恩任恤尔等。①

乾隆帝命舒赫德晓谕,即令土尔扈特、和硕特人众明白,布鲁特、哈萨克与他们具有相同身份,都为大皇帝所属之人,因而须和睦相处,不可抢掠此二部人众,否则将从重治罪。此举是将土尔扈特等部众纳入清朝已建立的包括藩属哈萨克在内的边疆体系之中。此时来归者皆已被清朝官员接入伊犁,并不与布鲁特、哈萨克连界居住,几无抢掠布鲁特、哈萨克之条件,但乾隆帝尚如此晓谕,可见并不寻常,实为警告和打消土尔扈特、和硕特部分部众心中可能存在的以劫掠壮大势力之企图。对于阿布赉密报中提及的防备土尔扈特等部众图谋布鲁特游牧之事,乌里雅苏台将军车布登扎布亦在奏折内提及,受到乾隆帝的褒奖:

> 渥巴锡、策伯克多尔济……唯此等人众,因不知足,嗣后逐渐安定之后,倏然间抛家弃子,图谋侥幸,以其所知伊犁,及伊犁以西沙勒巴勒、吹、塔拉斯等地极为宽阔,妄图占据,亦难净绝……诚不出圣主之明鉴。奴才愚见,倘将彼等人众各自远隔,安置于宜耕之地种地,宜牧之地游牧,以分其势,地方似乎亦可永谧。(朱批:今即如此办理之处,已饬交舒赫德,恰合汝意。诚任将军后,益有长进也。)②

---

① 《署伊犁将军舒赫德等奏遵旨令土尔扈特等部众种地囤粮改善生计并拨给籽种农具折》,乾隆三十六年八月二十六日,《军机处满文录副奏折》,中国第一历史档案馆藏,档案号:2437-040;吴元丰等主编《清代东归和布克赛尔土尔扈特满文档案全译》,第47—48页。

② 《定边左副将军车布登扎布奏土尔扈特等部众指地安置并酌情务农等情折》,乾隆三十六年十月十九日,《军机处满文录副奏折》,中国第一历史档案馆藏,档案号:2427-015;吴元丰等主编《清代东归和布克赛尔土尔扈特满文档案全译》,第60—61页。

安置后的土尔扈特、和硕特部众与布鲁特、哈萨克相距遥远，其间之关系自此在清廷内部再未作为重要议题出现。但在乾隆帝接阿布赉密报后的几个月内，此间关系确实成了清廷的重要关注点。从此前清廷对土尔扈特、布鲁特、哈萨克之关系无从重视，到晓谕土尔扈特部众断不可对布鲁特、哈萨克两部采取妄为行动，且各级官员对此具有统一认识，此转变具有突然性，因而有较充分理由推断这次转变是阿布赉密报所引发的。

阿布赉在围绕土尔扈特回归所发生的一系列事件中，以实际行动证明了其对清朝和乾隆帝的忠诚。他在土尔扈特回归事件中的表现，是从维护与清朝长远利益出发的。至乾隆三十六年，阿布赉归附清朝已经有十四年，清朝边疆日益巩固，阿布赉及其所率领的哈萨克部众也从朝觐、贸易、封赏以及清朝的支持中获得切实利益和较大的发展，其对清朝的向心力不断加强，与俄罗斯则不断疏远。在当时的亚欧大陆中部，能与清朝抗衡者只有俄罗斯，在俄罗斯统治下已一个半世纪的土尔扈特部尚且举族迁出投奔清朝，说明清朝此时的国力和声望已超越俄罗斯，阿布赉以实际行动向清朝示好，可以进一步增强清朝对他的好感和支持，进一步增强其自身的势力以及在亚欧大陆中部的影响力。阿布赉没有听从俄罗斯的差遣乘危擒拿渥巴锡，也没有贪利穷追不舍地劫掠土尔扈特人众，甚至没有接受同族大玉兹首领的邀约消灭宿敌，而是在土尔扈特途经时持防御姿态，与渥巴锡会面后放其东去归附，并探取关系清朝重大利益的情报及时上达圣听。综合这些表现来看，阿布赉显然清醒认识到维持好自身藩属于清朝的关系，最符合阿布赉所属中玉兹游牧集团的长远利益。这样一种关系，不但使阿布赉自身势力在清朝长期"恩养"政策下获得长足发展，也让清朝获得了长期忠诚于自己、办事有力的哈萨克外藩，清哈达成了双赢的局面。

第二节　乾嘉之际清朝对哈萨克诸部
认知中的"知识断裂"

　　清朝官方是否与时俱进准确掌握哈萨克诸部知识,并运用于治理实践中,是值得深入思考的问题。对于同时期的俄罗斯,有中国学者认为,清朝对俄罗斯的认识有了解俄罗斯知识的热潮,乾隆朝以后对俄知识的固化,对俄知识最终落伍于时代三个阶段。① 国外学者也以魏希德对宋代文人知识体系与信息秩序的研究②作为参照,就清朝对控噶尔国(即奥斯曼帝国)的认识出发,提出清朝对边疆知识的总结可分三个阶段:1750 年代前为开始阶段,1750 年代至 1800 年代为发展阶段,1800 年代至清末为转型阶段。③ 以上研究虽注意到乾隆时期清朝边疆知识建构的"空前绝后"态势,但仍留有较多研究空间。相对来说,从更加系统、完整的满文档案出发,探讨各时期清朝官员和文人阶层对哈萨克知识的准确掌握程度,能够更好地揭示清朝边疆观念的变迁及其产生的长远影响。

　　对哈萨克诸部中的三大部落集团,学界一般认为,清朝称其为

---

① 孔源:《从尼布楚条约到〈朔方备乘〉——康熙至咸丰年间清朝关于俄国知识的形成和固化》,《俄罗斯研究》2021 年第 2 期。该文注意到以《朔方备乘》为代表的清朝著述在对俄罗斯的认知中存在"知识断裂"。

② Hilde De Weerdt, "Byways in the Imperial Chinese Information Order: The Dissemination and Commercial Publication of State Documents", *HJAS* 66: 1 (2006): 145 – 149.

③ Matthew W. Mosca, "Empire and the Circulation of Frontier Intelligence: Qing Conception of Ottomans", *Havard Journal of Asiatic Studies*, Volume 70, Number 1, June 2010, pp. 147 – 207; Matthew W. Mosca, "The Literati Rewriting of China in the Qianlong – Jiaqing Transition", *Late Imperial China*, Volume 32, Number 2, December 2011, pp. 89 – 132;另,笔者认为,该研究中使用"帝国"来定义清朝是不准确的,对清朝统一多民族国家属性的认识不足也是其硬伤之一,但这两篇文章通过对多种文献的比较,提出了颇有价值的问题。

"左、右、西"三部,并将之对应于哈萨克语自称的"三玉兹"和卫拉特蒙古语中的"三准"。考察汉文记载中不同称呼与分类所出现的先后顺序,可知乾隆朝《西域图志》①和该时期的上谕、奏折大多使用"左、右"二部的概念,嘉庆朝《钦定新疆识略》②等官私著述正式将"左、右、西"三部并列,道光朝魏源《海国图志》③等书中出现"左、右、西、北"四部说,光绪朝《新疆图志》④沿用三部说且兼顾二部说,民国初年的《清史稿》⑤将各版本记载拼合、堆砌成新三部说。可见二部和三部说影响最为深远。以上所列乾、嘉、道、光及民国5个时段的代表性著述,其记载既体现出前后承继的关系,也体现出后一时段编著者在认识上有力图超越前一时段作者的努力。

但对照乾嘉两朝满汉文档案所记载的史实,就会发现清后期官私著述中对哈萨克诸部之表述,逐渐变得混乱,距离历史真实也越来越远。从清朝对哈萨克诸部认知的形成上说,汉文表述多译自满文公文,而且清代各朝满、汉、哈、蒙文语境中的哈萨克诸部,所指范围皆有不同,反映出不同语境间的对应关系并不严格,且具有深层机理。笔者认为,清朝君臣对哈萨克的认知改变与知识获取间存在互动关系,其变化的主要推动力来自乾嘉时期清朝边疆治理观念的转变,在边疆政策富有活力的时段,对哈萨克知识的获取更为及时,对其认知也更为准确;在边疆政策陷入僵化后,对哈萨克知

---

① 钟兴麟等校注《西域图志校注》,新疆人民出版社2002年版。
② (清)松筠撰《钦定新疆识略》,载《中国边疆史地丛书(初编)》第1辑,台北:台联国风出版社1969年影印版。
③ (清)魏源:《海国图志》,国家图书馆藏本。
④ "哈萨克有左、右、西三部,左部为汉坚昆地,右中部、右西部则汉康居地也。"这里将"三部说"里的右、西二部置于右部下,并称"右中部、右西部",是解决嘉庆朝"三部说"与乾隆朝左、右"二部说"冲突的一种尝试。王树枏等纂,朱玉麒等整理《新疆图志》,上海古籍出版社2015年版,第387—388页。
⑤ 赵尔巽等:《清史稿》,中华书局1977年版。

识的获取也随之滞后，对其认识也更为模糊。以下考察乾嘉之际清朝对哈萨克认知中的"左、右、西"三部之概念的产生、流传和变迁，以期揭示其间的演进路径。

哈萨克"左、右、西"三部作为最重要概念，在清朝对哈萨克的认知体系中居于核心地位，广为学界所关注。如果我们先假定汉文文献中的"三部"，基本对应于哈萨克语"三玉兹"，则可以看到在清哈交往早期，清朝与左部（中玉兹）接触最多，与右部（大玉兹）亦有使者往来，与西部（小玉兹）接触最晚。"平准"初期，清朝虽将右部称作"西哈萨克"，但真正的西部哈萨克由于不同准噶尔部接壤，对其了解较少。从乾隆朝满文档案来看，清朝对哈萨克三玉兹之情形虽已有较为系统的掌握，却只有较少认知体现在官方对"三部"的汉文叙事中。这一满、汉文文献系统中承载知识的不一致性，导致大量准确的哈萨克知识在官方层面没能得到提炼和继承。更重要的问题是，到了乾嘉之际，虽然全国官私著述中哈萨克内容进一步增加，但包括满文系统在内的清朝所获哈萨克知识，其实已经退化并出现大量的错误，这影响到西北史地学对哈萨克的表述。以下从现当代研究者较多引用的《清史稿》《钦定新疆识略》所载的两大哈萨克知识系统出发，①将两书相关内容与档案进行对比，考辨史料来源、分析编撰方法并追溯思想源流，梳理和探索这一知识层面的现象所反映的政治认识的问题，以期深化此一领域之研究。

首先是《清史稿》。吴筑星讨论了清朝、俄罗斯、哈萨克对哈萨克三部称呼不一致的问题，②他引《清史稿·属国四》中对阿布赉的记载——"我哈萨克之有三玉兹，如准噶尔之有四卫拉特也。东部者，左部也，曰鄂图玉兹，谓之伊克准。中部者，右部也，曰乌拉克

---

① 《西域图志》《西域闻见录》《啸亭杂录》《伊犁总统事略》等书，也记载有哈萨克三部之内容，但在相关内容详尽程度和被学界利用上，不如以上二书。
② 吴筑星：《沙俄征服中亚史考叙》，贵州教育出版社1996年版，第40—41页。

玉兹，谓之多木达都准。西部最远，曰奇齐克玉兹，谓之巴罕准。左部之汗曰阿布赉，右部之汗曰脱卜柯依①，西部之头人曰都尔逊②"，认为左、右、西的叫法是哈萨克的自称；他从清朝的角度观察，称呼左右部刚好相反，进而得出结论："可以将'在清朝文献中'的限定省去"，既不必区分"左部、右部、西部"，也不必区分"中玉兹、大玉兹、小玉兹"。对于吴氏提出从清朝视角观察左右部刚好相反这一点，笔者认为，这种看似相反的称呼当为清朝延续"平准"期间的方位感，如北路与左部哈萨克接壤地区事务由定边左副将军负责，往南靠近右部地区事务则由定边右副将军负责。将

---

① 佐口透认为，脱卜柯依即头克汗；见〔日〕佐口透《18—19世纪新疆社会史研究》（上），凌颂纯译，402页。雍正七年（1729）哈萨克使者见到满泰后提及当时哈萨克有三汗："一曰色莫柯依汗，一曰阿布勒海尔汗，一曰巴鲁克苏丹。"赵卫宾所撰论文结合满泰奏折、俄文文献以及佐口透的讨论进行考证，认为雍正时期哈萨克中玉兹有汗名色莫柯依者在位；见赵卫宾《清与哈萨克汗国的首次交往——兼议使臣满泰生平》，《西域研究》2016年第1期。野田仁专著认为，色莫柯依（Semeke）为头克汗（Tauke）之子，Ishim之父（*The Kazakh Khanates Between the Russian and Qing Empires – Central Eurasian International Relations during the Eighteenth and NineteenthCenturies*, pp. 3, 17）。笔者核对《钦定新疆识略》之"哈萨克右部世次表"所载的"脱卜柯依世为哈萨克汗"，且"色莫柯依"为"哈萨克汗脱卜柯依长子"，推测《清史稿》编撰过程中收入此人的信息，应主要取材于《钦定新疆识略》，而《钦定新疆识略》中的信息很可能来自雍正朝满泰使团带来的哈萨克信息，或嘉庆朝时伊犁将军松筠等询问查访所得的信息。

② "都尔逊"即"杜尔逊"。佐口透认为，此人属于小玉兹除阿布勒海尔汗外的另一个家族；见〔日〕佐口透《18—19世纪新疆社会史研究》（上），凌颂纯译，第401页。野田仁认为"Tursun"其实是中玉兹人，为"Bokei"之子，"Baraq""Kushuk"二人之父，《伊犁总统事略》中较早出现此人姓名（*The Kazakh Khanates Between the Russian and Qing Empires – Central Eurasian International Relations during the Eighteenth and Nineteenth Centuries*, pp. 17, 163）。笔者查《钦定新疆识略》中"哈萨克世次表"，此表分别将"阿布赉""脱卜柯依""都尔逊"列为左、右、西部世次之始，因而推测《清史稿》中的"脱卜柯依""都尔逊"二人信息，很可能都取材于知名度较高的《钦定新疆识略》，但此二人都生活在阿布赉祖父额什木汗之时代，撰写时将不同时代的三人并列，虽更为完整，但这种整合也在一定程度上偏离了史实。

哈萨克中玉兹称为左部、大玉兹称为右部，应与这种游牧习惯影响下的方位感相关。考察《清史稿》这段文字的史源，将其与阿布赉历次和清朝使者对话的满文档案记载进行对比，未见与《清史稿》这段表述完全对应者，尤其是档案中阿布赉本人每次仅使用哈萨克语三玉兹名称，明显与这里将每玉兹四种称呼并列不相符。《清史稿》这段话应为编著者以阿布赉归附后同顺德讷所说原话为底本，将不同版本的哈萨克部落分布、称呼和首领名扩充后综合在一起，并借阿布赉之口说出。① 这种史学著述中层垒堆砌的编撰方式，给研究者解读这段文字造成极大困难，不利于辨析史实。而吴氏提出两种称呼可不加区分的观点有待下文讨论。

其次是《钦定新疆识略》。② 佐口透于20世纪60年代在其日文专著中有专题探讨，③ 他引用《钦定新疆识略》的记载为："哈萨克，其部有三，曰左部，亦曰东部，曰右部，亦曰中部，曰西部……哈萨克西尔莫特等言，哈萨克内有伊克准、都木达准、巴罕准三部，伊克准即卫逊鄂托克，向无专管之人，若有事，以所居远近，在阿布赉、博罗特、阿布勒比斯等处询行。都木达准即奈曼、阿尔胡勒两鄂托克，巴罕准即阿勒沁鄂托克等语。考其地理，伊克

---

① 乾隆二十年七月，阿布赉首次见到顺德讷时称，"现我将我额尔图玉兹之兵皆令停止，惟乌拉玉兹，齐奇玉兹前去之情不明（te bi mini orto jus i cooha be gemu ilibuha, damu ula jus, kici jus cooha genehe be sarkū）"；参见《军机处满文月折》，中国第一历史档案馆藏，档胶片号：53，第24－26页。阿布赉归附后再次见到顺德讷时言，"我掌管额尔图玉斯，与乌拉玉斯、克齐玉斯共三爱曼，对比而言，与准噶尔四卫拉特相似（bi orto yus be dahalabi, ula yus, kici yus sere uheri ilan aiman, duibuleci, jun gar i duin oirat sere adali）"；参见《定边右副将军兆惠等奏闻顺德讷会见阿布赉俄罗斯咯丕坦索要阿睦尔撒纳折》，乾隆二十二年六月二十九日，载中国边疆史地研究中心、中国第一历史档案馆合编《清代新疆满文档案汇编》第24册，第89—104页。
② 包括汉文著述《伊犁总统事略》《西陲要略》《钦定新疆识略》《西域水道记》。笔者认为，该系统还应包括更早形成的满文本《百二老人语录》。
③ 〔日〕佐口透：《18—19世纪新疆社会史研究》（上），凌颂纯译，第333—335页。

准即左部,都木达准即右部,巴罕准即西部也。"① 经过考证,发现《西域水道记》也记载有同一内容,②且《西域水道记》注明出处为"乾隆三十七年伊犁将军舒公赫德疏言"。在此基础上,佐口透肯定伯希和此前考证的"伊克、都木达、巴罕"为蒙古语"大、中、小"的意思,"准"为蒙古语"人民""民族"之意。③因此,佐口透不仅认为哈萨克人西尔莫特用蒙古语向伊犁的清朝官员说明了哈萨克三玉兹的名称,而且还认为《钦定新疆识略》将伊克准看作中玉兹(左部)和把都木达准看作大玉兹(右部)是弄错了。

弗莱彻在1978年出版的《剑桥晚清史》④ 中参考佐口透的研究认为,"在1750年代,或许受到当时准噶尔或哈萨克惯用语的影响,清政权将哈萨克分为两类,最东边处于阿布赉治下的中帐和大帐单位,被称作左部;剩下的,更西边处于阿布尔穆哈木德⑤治下

---

① (清)松筠撰《钦定新疆识略》卷12"哈萨克"条,载《中国边疆史地丛书(初编)》第1辑,第3页。
② 徐松著,朱玉麟整理《西域水道记》卷4,中华书局2005年版,第44—45页。徐松著成《西域水道记》前,曾长期参与《钦定新疆识略》的编撰。
③ 中国人民大学特尔巴衣尔博士认为,卫拉特语"准"为哈萨克语"玉兹"的音变,两者实际所指一致。笔者同意此观点,因为从历史语言学角度来看,"准"这一部落单位,既不被用于准噶尔社会内部,也不被用于布鲁特、乌梁海等准噶尔部附属族群内部,它应来自哈萨克社会。至于伯希和认为的其为蒙古语一说,可将其理解为卫拉特蒙古语中的外来语;伯希和对"准"具有"人民""民族"的词义分析,笔者表示认同,且认为"准"和"玉兹"意义一致,都应指移动的游牧人集团,而非固定地域。
④ Fletcher, J., "Ch'ing Inner Asiac. 1800", in The Cambridge History of China (J. K. Fairbanked.), Vol. 10. part1., Cambridge, 1978, pp. 62-64.
⑤ 约瑟夫·F. 弗莱彻和佐口透所用"Abu'lMuhammad",拼写与满文转写"abul-bambit"有差别,应来自俄文文献对中玉兹汗阿布勒班毕特名字的不同转写,由此可见出二人未有利用满文档案。

的中帐哈萨克，被他们称作右部"；① 并认为，"清政府混淆了哈萨克的内部结构，因为在十八世纪时阿布赉，一位中帐的苏丹，同时统治了大帐并成为了中帐汗"。弗莱彻进一步分析认为："探索更远西面的小帐导致第三个概念的创造：西部。这些概念反映出十八世纪后期哈萨克草原上实际上（de facto）存在的政治现实，② 但是清政府对存在哈萨克三帐的知识导致了错误的界定。当首部官方新疆地名辞典③于 1782 年出现时，它准确地将左部与阿布赉和中帐联系在一起，但编辑者犯了错误，将右部识别成小帐和大帐，并将中帐苏丹阿布尔法亚德④（阿布尔穆哈木德之子、阿布赉的竞争者）描述成大帐汗。在官方出版的《钦定新疆识略》（1821），这些错误被部分纠正了，⑤ 但直至 1842 年，历史学家和著作家魏源仍将右部界定为小帐和中帐。⑥ 显而易见，在 19 世纪初清政府对

---

① 这里约瑟夫·F.弗莱彻和佐口透都被载有错误信息的汉文文献所误导，认为清朝从"平准"开始即在 1750 年代就将阿布勒班毕特家族当作"右部"。这里涉及清朝方面何人何时最早将阿布勒班毕特家族认定为"右部"的问题，按本书研究，应该是嘉庆朝松筠主持编撰的《钦定新疆识略》系统、正式地将阿布勒班毕特家族误认为"右部"，时间应为 1800—1819 年。
② 约瑟夫·F.弗莱彻认为，清朝探悉到小帐（小玉兹）的存在和汉文"西部"概念的提出是同步发生的，这也是错误的；实际上，二者大约有 50 年的时间差。因为至迟在乾隆二十二年阿布赉归附时就已经提及小玉兹，乾隆二十三年清军就已与小玉兹努拉里直接接触的奏报，汉文"西部"概念最早出现在《钦定新疆识略》等中。
③ 指《西域图志》。
④ 约瑟夫·F.弗莱彻所用为"Abu'l‑Fayd"，来源应为俄文文献，与满文转写"abulbis"有差别，应为中玉兹阿布勒比斯名字的不同转写。
⑤ 此处应指松筠主导编撰的《钦定新疆识略》等书中，除有《西域图志》的"左部哈萨克""右部哈萨克"外，还出现了"西部哈萨克"，可见松筠等尝试将"巴罕准"即小玉兹单独列出，但"哈萨克世次表"里记载的"西部哈萨克"内容与小玉兹统治集团的实际情况有较大的出入。笔者同意这一分析。
⑥ 应指魏源《圣武记》中的"其右二部，齐齐玉斯、乌拉玉斯"之表述。

哈萨克的羁縻政策之松弛已经达到了极致①。"

野田仁较大地推进了学界关于哈萨克三部的讨论,他注意到佐口透的分析,同意弗莱彻对《钦定新疆识略》中"大玉兹对应于左部、中玉兹对应于右部、小玉兹对应于西部"错误对应关系的判断;他明确指出清代文献中将阿比里斯和阿布勒比斯混为一人的错误,认为有必要强调"这段汉文记载的误导"。他指出这一错误延续到光绪朝《新疆图志》,并认为"这段汉文记载的误导"是清朝文献表述混乱的主要来源。野田仁同意弗莱彻对清朝官方产生错误原因的分析,即缺乏对右部两个独立世系的认识——阿布勒班毕特长子波拉特继承了汗封号,次子阿布勒比斯被独立授予了王的封号。②

分析《清史稿》相关内容,并结合上文对《钦定新疆识略》的讨论,可知其史源之一应为舒赫德的疏言,讲述人应为哈萨克人西尔莫特等人,所用语言应为卫拉特蒙古语。可见,吴氏所引史料内的左、右、西叫法,不但非阿布赉自称,而且也非哈萨克自称,对哈萨克三部之表述所用的蒙古语,也应为清朝官员所通晓的蒙古语。因而吴氏认为"左、右、西"部为哈萨克自称之说并不准确,清朝对哈萨克之称呼与哈萨克自称并不一致。同时也说明,从准确度来说,《清史稿》学术价值较低。《钦定新疆识略》的记载则因

---

① 笔者认为,约瑟夫·F. 弗莱彻的观察颇具洞见,他得出清朝对哈萨克的"羁縻"政策在乾嘉之际越发松弛的结论,这恰恰说明乾嘉时期的清朝对哈萨克认知并没有深化。但是,弗莱彻的分析建立在汉文文献基础上,未能像今天的学者一样有条件地大量使用满文档案,因此没能看到清朝从一开始就已经能够完全分清哈萨克内部之结构。这些认识并没有体现在汉文官私著述里的原因,实际上是满文公文中的准确知识和治理经验,没有得到有效提炼和继承。弗莱彻的这一观察,也能够支持本书认为的清朝对哈萨克的认知在乾隆末期存在"知识断裂"的观点。
② 见其著作第四章第一节"十八和十九世纪清朝史料中的哈萨克社会结构"和其后章节的讨论;见 *The Kazakh Khanates Between the Russian and Qing Empires – Central Eurasian International Relations during the Eighteenth and Nineteenth Centuries*, pp. 145 – 152, 164 – 167。

学术价值较高，吸引了佐口透、弗莱彻、野田仁等学者的关注，并提出富于启发性的质疑，但质疑各有不同。佐口透强调都木达准应对于左部，伊克准应对用于右部；弗莱彻认为小帐（小玉兹）也应得到准确的体现；野田仁归则认为三部对应关系都有一定问题。

由学术史梳理可见，在以《清史稿》《钦定新疆识略》为代表的清朝文献中，哈萨克三部与三玉兹是否对应问题，能够体现清朝官方对哈萨克知识的积累，以及相应的政治认知，相关段落也被中外学者译成日文、英文，并加以多角度研究。但笔者认为，上述问题尚有进一步讨论的空间，如下方面应纳入考察：一是收入舒赫德奏疏的满文档案；二是清朝政治文化对疆域观的影响；三是不同著述中史料来源多样化及编撰中对史料的剪裁；四是在当时部落迁移、整合背景下，满汉文的三部、卫拉特语的三准、哈萨克语的三玉兹，三套语言体系所指都在不断变化；五是从哈萨克社会内部权力结构变动角度分析表述中存在的合理性；六是清朝不主动区分小玉兹的原因；七是满文汉译的特点。以下就以往学者研究中关注的重点问题逐一展开讨论。

第一，关于弗莱彻认为《西域图志》编者弄混中玉兹汗之子与大玉兹汗问题，笔者认为混淆者是佐口透和弗莱彻二位现代学者。游牧地在塔尔巴哈台以西的左部（中玉兹）阿布勒班毕特汗之子阿布勒比斯（abulbis），与驻塔什干城的右部汗阿比里斯（abilis）因名字相近易使现代研究者将两者混淆。《西域图志》编撰者大多亲身经历"平准"及哈萨克左右部的归附，该书形成时间距哈萨克归附也仅20余年，编撰者能够准确分辨上述二人，且满文书写中二人名字差别非常明显，即使是汉文，"阿比里斯""阿布勒比斯"也是有差别的。造成佐口透和弗莱彻得出弄混结论的原因，除了两人名字拼写相近外，还应有《西域图志》记载的因素。《西域图志》中"藩属一·右部哈萨克"条目下有"乃使其弟阿布勒比斯往"一句，原文为：

初阿布赉告于顺德讷曰，我哈萨克之有三玉兹，如准噶尔之有四卫拉特也，额尔图玉兹则我为政矣，他如奇齐克玉兹、乌拉克玉兹，族兄为之，当与偕来，作中土臣，乃使其弟阿布勒比斯往。而参赞大臣富德方以兵索逆贼哈萨克锡拉至右部。

但《西域图志》中此句想表达的意思应是阿布赉归附后向清朝使者称，已派阿布勒比斯告知奇齐克玉兹和乌拉克玉兹首领前来一同归附清朝。《西域图志》中的这段话的实际上应该翻译自兆惠的满文奏折，并被收入《清高宗实录》《平定准噶尔方略》（《平定准噶尔方略》正编卷42，乾隆二十二年七月丙辰）中，对比兆惠的满文奏折中的阿布赉所言"我等哈萨克，有三部落。我系鄂尔图玉斯头目，奇齐玉斯、乌拉玉斯，皆我族兄为长。已遣人至塔什罕，令其一体投顺，亦必遣人入贡等语"，可见《西域图志》编撰者在这里用"乃使其弟阿布勒比斯往"代替了兆惠的满文奏折中的"亦必遣人入贡等语"。按照兆惠的满文奏折，阿布赉派往塔什干的是其他属人而非其弟阿布勒比斯。据满文档案记载，此时派出阿布勒比斯，实际上是去擒拿阿睦尔撒纳，《西域图志》中的这一表述应是一种拼接表述，但给没有系统核对满文档案的松筠等人和现代研究者设下了理解上的陷阱。

第二，对于弗莱彻、野田仁强调的出现最晚的汉文"西部"概念和小玉兹不够对应问题，笔者认为《钦定新疆识略》引用的舒赫德奏疏中"巴罕准即阿勒沁鄂托克"对应于小玉兹的表述是符合史实的，不但能与同出处但未被引的下一句"额勒里、努拉里掌管"[①] 对应，而且还能够与乾隆四十八年（1783）小玉兹汗努拉里派其子阿布赉苏勒坦[②]前来朝觐时，伊犁将军伊勒图在满文奏

---

① 《舒赫德奏》，乾隆三十七年十月十八日，《满文朱批奏折》，中国第一历史档案馆藏，档案号：04-02-001-000291-0039。满文转写：bahan jun uthai alcin otok inu, ereli nurali dalafi。

② 并非乾隆二十二年率部归附清朝的中玉兹汗阿布赉。

折中所呈报的部落"阿勒沁鄂托克"（alcin otok）相印证。① 但《钦定新疆识略》虽然能够在"哈萨克总论"部分将西部与小玉兹努拉里汗家族对应，但在真正体现分类的"西部""哈萨克世次表"部分里，并没有出现任何一位努拉里汗家族成员，且将可能属于中玉兹的都尔逊家族归属于西部。② 这种对错信息并存的矛盾表述以及这一"西部"概念的建构，反映出嘉庆朝时松筠等官员对于小玉兹汗系知识实际上已经失去了辨析能力。

乾隆朝官修《西域图志》将大、小玉兹都列入"右部哈萨克"，至嘉庆朝官修《钦定新疆识略》时才将小玉兹单独列入"西部"加以区分。笔者认为原因有二。其一，清朝对与己方边界接壤的中、大玉兹更为在意，因而未对距之更为遥远③的西部（小玉兹）的汗世系等具体信息给予足够关注。《西域图志》将右部哈萨克基本对应于大玉兹，似乎如弗莱彻所言犯了错误，但对大玉兹和小玉兹的不加区分实际是对小玉兹地位的不够重视，这应该从相距更为遥远且往来极少的小玉兹，对清朝政治经济价值低来理解，即《西域图志》该部分的编撰意图，并非单纯地体现哈萨克三玉兹地

---

① "我等阿勒沁鄂托克哈萨克汗努拉里（meni alcin otok i hasak han nurali）"，见乾隆朝《伊勒图奏》，《满文朱批奏折》，中国第一历史档案馆藏，档案号：04-02-001-000653-0036；笔者认为，这份满文奏折可能是《西域图志》史源之一。小玉兹努拉里汗曾于乾隆二十七年首次遣使，但经笔者浏览当时形成的满文奏折等公文，并未见"alcin otok"部落名。关于清朝对小玉兹两次遣使的调查，见《伊犁将军伊勒图奏报近年来并未与西哈萨克往来文书折》，乾隆四十八年五月十七日，《军机处满文录副奏折》，中国第一历史档案馆藏，档案号：03-0190-2966-034。

② 野田仁认为《钦定新疆识略》中有关哈萨克"西部"的记载，全部是中玉兹杜尔逊家族成员之信息；见 The Kazakh Khanates Between the Russian and Qing Empires – Central Eurasian International Relations during the Eighteenth and Nineteenth Centuries, P.166）。

③ 给努拉里满文上谕中的用词是"尔等奇齐玉斯部，位在极远之边（suweni kiciyusu aiman umesi goro jecen de bifi）"，见《满文上谕》，中国第一历史档案馆藏，档案号：03-18-009-000031-0003-0040；乾隆二十八年正月至二十八年三月，敕谕西哈萨克奇齐玉斯努拉里谨守法度约束属民和睦临封事。

理全貌，而是承接《汉书·西域传》传统，阐述西域疆域范围内的边疆治理经验，所以未在书中给予三玉兹同等地位的重视。这一点也可从乾隆二十八年奇齐玉斯（小玉兹）汗努拉里等首领遣使入觐情形之记载，被收入包含西洋各国、各部人等入贡内容的《皇清职贡图》中，而不被收入同时期所编撰的《西域图志》中所证明。换言之，因小玉兹所处位置超出传统西域范围，因而《西域图志》对之的关注则与其他两部不同等；这种编撰思想受到清朝文化疆域观的直接影响。此种编撰思想一直延续到嘉庆朝《钦定新疆识略》中，该书对于新出现的"西部"概念，虽在总论部分提到小玉兹努拉里汗，但在"哈萨克世次表"部分误植了朝觐不绝并被赏戴二、四品顶翎的中玉兹都尔逊家族之信息。其二，满文单词"wargi"具有汉文"右"和"西"之意，乾隆朝时在使用满文"wargi hasak"时，可以根据语境翻译成"西哈萨克""右部哈萨克""西部哈萨克"等。乾隆君臣其实已经能够分清属于小玉兹的努拉里汗、巴图尔汗、乌尔根奇城哈雅布汗，[①] 清廷应是出于分类和表述之方便，将左部之外的其他哈萨克部落特别是包含小玉兹在内的来往频次极少的各分支部落，都归于"wargi hasak"条下；翻译成汉文时，就都变成了和大玉兹一样的用词"西哈萨克"。[②] 乾隆中期清廷将小玉兹（奇齐玉斯）列入"右部哈萨克""西哈萨克"等中，从汉字表述看似乎含义不同，实际上都是对满

[①] 《乌鲁木齐办事大臣旌额理奏哈萨克贡使路经乌鲁木齐赴京折》，乾隆二十七年十月二十七日，《军机处满文录副奏折》，中国第一历史档案馆藏，档案号：03-0180-1981-027。该满文奏折中所含小玉兹三汗遣使朝觐的相关信息，比《清高宗实录》中之记载详细得多。另，野田仁研究给出此人名英文拼写为"Qaip"。

[②] 乾隆二十八年正月入京朝觐的小玉兹努拉里汗、巴图尔汗、乌尔根奇城哈雅布汗获颁上谕中，分别被称为"西哈萨克奇齐玉斯努拉里等（wargi hasak kiciyusu i nurli se）""西哈萨克奇齐玉斯巴图尔等（wargi hasak kiciyusu i batur se）""西哈萨克乌尔根奇哈雅布（wargi hasak urgenci i hayab）"。小玉兹被正式列于"西哈萨克"概念下。见《满文上谕档》，中国第一历史档案馆藏，档案号：03-18-009-000031-0003-0040，03-18-009-000031-0003-0041，03-18-009-000031-0003-0042。

文"wargi hasak"的汉译，其所指是一样的，都是"左部"（dergi hasak）的对应词。① 要之，"右部"包括大玉兹、小玉兹，在乾隆朝一直沿用；而用"西部"则特指小玉兹，应是嘉庆朝松筠等人为区分而新定义的。

第三，佐口透等学者提出的将伊克准看作中玉兹（左部），把都木达准看作大玉兹（右部）是弄错了的问题，也可理解为：为何嘉庆朝伊犁将军松筠及汪廷锴、祁韵士、徐松等人编撰的《钦定新疆识略》会在舒赫德奏疏基础上"考其地理"，得出伊克准等于左部，都木达准等于右部的判断？如此则意味着将《西域图志》中"左部哈萨克"条下的阿布赉所在的中玉兹认成了大玉兹，将"右部哈萨克"条下没有记载的且属于中玉兹的奈曼、阿尔胡勒两鄂托克认成了右部。松筠等人的判断依据何在？

考察舒赫德的原奏折可提供重要思路。乾隆三十七年（1772）形成的该份奏折，实际起因是此前有声称为"波拉特"之人和哈萨克王阿布勒比斯联名向伊犁将军呈送察合台文信件，内"擅称"波拉特为"汗"。乾隆帝猜测哈萨克左部（中玉兹）汗阿布勒班毕特逝世后，波拉特应凭其为阿布勒比斯之兄的缘故，在部落内部获得汗地位的认可，因而降旨指示伊犁将军舒赫德进行调查。② 后舒赫

---

① 《西域图志》中《左右哈萨克部图说》记载为："哈萨克有三玉兹，曰鄂图尔玉兹，属左部。曰乌拉克玉兹，奇齐克玉兹，属右部。有别部偏西，与奇齐玉兹偕来者，曰乌尔根齐部。"钟兴麟等校注《西域图志校注》，新疆人民出版社2002年版。

② 《舒赫德奏》，乾隆三十七年十月十八日，《满文朱批奏折》，中国第一历史档案馆藏，档案号：04-02-001-000291-0039；亦载于中国边疆史地研究中心、中国第一历史档案馆合编《清代新疆满文档案汇编》第109册，第212—214页。满文转写：aha šuhede, batujirgal gingguleme wesimburengge, dergi hese be gingguleme dahara jalin, ere aniya juwan biyai ice duin de alime gaiha, hiya kadalara dorgi amban, aliha amban, tondo baturu gung dulunggan i jasiha, abkai wehiyehe i gūsin nadaci aniya uyun biyai juwan nadan de hese wasimbuhangge, ja-kan šuhede sei baci, bolot abulbis niyalma takūrafi, hoise hergen alibuha bade, wesimbuhe bukdari dorgi, bolot han seme arahabi, abulbis uthai abulbambit

德对此做了回奏,该奏折内容为:

> 奴才等询问自哈萨克脱出在通事任上行走厄鲁特佐领沙尔哈尔岱、乾清门行走赏戴顶戴花翎哈萨克希尔莫特①等,沙尔哈尔岱等言称,哈萨克全部有伊克准、杜木达准、巴罕准三部。伊克准即卫逊鄂托克,并无真正头人,彼等有事后,各自视居住远近,询行阿布赉、波罗特、阿布勒比斯处。巴罕准即阿尔沁鄂托克,额勒里、努拉里掌管,居于西里附近。杜木达准即奈曼、阿尔胡尔两鄂托克,阿布赉掌管阿尔胡尔鄂托克,居于库科奇图;阿布勒比斯掌管奈曼鄂托克,游牧于青吉斯。阿布勒班毕特居于彼等哈萨克中间名图尔克斯坦之回城,哈萨克等以阿布勒班毕特居中管理彼等事务,哈萨克称其为汗。阿布勒班毕特唯有二子,长子波罗特,次子阿布勒比斯。从前波罗特曾居于图尔克斯坦那边与阿布赉相近之名为阿尔太阿尔混地方,阿布勒班毕特身故后,众哈萨克即举波罗特为汗。波罗特现亦前往图尔克斯坦居住,或仍在旧居住处,皆不知晓。牛年哈萨克等附入圣主后,听闻肯泽哈喇、塔纳锡二人前往京城觐见圣主,圣主封阿布赉为汗,阿布勒比斯为王,赏给顶戴花翎,捧来圣主谕旨,然未见圣旨。等语。查得,伊等所告将阿布赉封汗、阿布勒比斯封王之处,乃乾隆二十二年之事,彼时伊犁尚未驻兵,尚无档书。现奴才等将遵旨询问之处奏闻,伏祈圣鉴。

---

i jui, ainu bolot be han obuha ni? erebe tuwame ohode, bolot inu abulbambit i jui, abulbisi i ahūn ofi, tuttu bolt be han obuha dere, erebe ildun de šuhede sede jasifi, ere bolot abulbambit i jui, abulbis i ahūn inu waka? babe getukeleme baicafi, baitai ildun de donjibume wesimbukini sehebe gingguleme dahafi isinjihabi.

① 希尔莫特,也称"西尔莫特"。

朱批：知道了。乾隆三十七年十月十八日。①

分析该奏折可知，即使是掌握各类信息的完整程度远不如乾隆帝和军机大臣的边疆官员，也能够通过询问在任人员获得较为准确的哈萨克内部情况，但经过《钦定新疆识略》《西域水道记》② 的缩写，对原始信息提供者希尔莫特等人身份，有利判断对应关系的"三准"鄂托克掌管情况和游牧地，阿布勒班毕特家族汗位承袭情

---

① 《舒赫德奏》，乾隆三十七年十月十八日，《满文朱批奏折》，中国第一历史档案馆藏，档案号：04－02－001－000291－0039；亦载于中国边疆史地研究中心、中国第一历史档案馆合编《清代新疆满文档案汇编》第 109 册，第 212—214 页。"阿尔胡尔"，即"阿尔胡勒"。回奏的满文转写：ahasi hasak ci tucike gisun hafumbukū de yabure oilet aiman i nirui janggin šarhaldai, kiyan cing men de yabure jingse funggala hadabuha hasak i sirmet sede donjici, šarhaldai sei gisun, hasak i gubci ike jun, dumda jun, bahan jun sere ilan aiman bi, ike jun uthai weisun otok inu, umai jingkini dalaha ambakan niyalma akū, ce baita bihe manggi, meni meni tehe ba i hanci be bodome abulai, bolot, abulbis sede dacilafi yabumbi, bahan jun uthai alcin otok inu, ereli nurali dalafi, siri i šurdeme tehebi, dumda jun uthai naiman, arhūl juwe otok inu, abulai, arhūl otok de dalafi, kukcitu de nuktehebi, naiman otok de abulbis dalafi, cinggis de nuktehebi, abulbambit ceni hasak i duilimba turkistan sere emu hoise hoton de tehebi, hasak sa, abulbambit dulimba de bifi, ceni baita be dame ofi, hasak imbe han sembi, abulbambit de damu juwe jui bi, ahūngga jui bolot, jacin jui abulbis, onggolo bolot turkistan i ebergi abulai i hanci altai arhūn sere bade tehe bihe, abulbambit akū oho amala, geren hasak sa uthai bolot be han seme tukiyehe, bolot ne eici inu turkistan de genefi tehe, eici kemuni fe tehe bade bisire be sarkū, ihan aniya hasak sa, ejen de dahame dosika amala, kendze hara, tanasi juwe niyalma gemun hecen de ejen i genggiyen be hargaxame genefi, ejen abulai be han, abulbis be wang fungnefi jingse funggala šangnaha, ejen i hese be tuliyefi gajiha seme donjiha, hesei bithe be sabuhakū sembi, baicaci, esei alaha abulai be han, abulbis be wang fungnehengge, abkai wehiyehe i orin juweci aniyai baita, tere fonde ili de kemuni cooha tebure unde ofi, umai dangse cagan akū, te ahasi hese be dahame fonjiha babe gingguleme donjibume wesimbuhe, ejen genggiyen i bulekušereo, saha. abkai wehiyehe i gūsin nadaci aniya juwan biyai juwan jakūn.

② 徐松著的《西域水道记》将讲述人信息完全略去，仅保留"舒公赫德疏言"字样。

况，以及清朝册封哈萨克首领汗、王等内容的呈现，都过于简略，这也是导致研究者对该书记载产生疑问的主要原因。

重考《钦定新疆识略》中的表述，① 实际提供信息者有两人。一为"自哈萨克脱出在通事任上行走厄鲁特佐领沙尔哈尔岱"，他应是具有哈萨克生活经历因而熟悉哈萨克情况的卫拉特出身的佐领。很可能是他用蒙古语将"三准"来对应哈萨克"三玉兹"的。一为"乾清门行走赏戴顶戴花翎哈萨克希尔莫特"，其人应是哈萨克出身归附清朝的清朝御前侍卫。二人都具有长期在哈萨克生活的经历，又都被选入清朝官员体系内任职，这说明他们见识与阅历有过人之处，因而二人所提供的信息具有较高的可信度。而且从其他连续的满文档案记载来看，该奏折中的信息基本可信。但为何松筠等人会根据对他们的问话，将中玉兹出身的阿布赉所统领地方称作含有大玉兹意味的伊克准呢？为何将奈曼、阿尔胡勒两鄂托克地方称作中玉兹意味的都木达准？

笔者认为，《钦定新疆识略》所引舒赫德满文奏疏是重要的新材料，但松筠等编撰者很可能是主要依靠汉文著述来复原乾隆时期哈萨克诸部名称并展开分析的，没有能够辨析清楚历史事实。从《钦定新疆识略》早期版本《西陲总统事略》内容来看，该书编撰者已缺乏对伊犁将军府档房所存历年满文档案的充分使用，如将乾隆时期满文中专指"右部"的"wargi"，理解成乾隆朝时就有"右部"和"西部"的正式分类；"平准"时期满文档案中专指"右部"或大玉兹的"西哈萨克"一词，则在《西陲总统事略》中，在书写乾隆朝史事时，被换成了"右部"和"西哈萨克"两部，并进一步成为乾隆二十八年遣使朝觐的努拉里汗所属小玉兹的代替词，指代的对象完全改变。

具体来说，《钦定新疆识略》之"哈萨克世次表"里的家族都是真实存在的，但经过特意挑选，与哈萨克三部的实际情况存在较

---

① 如佐口透认为，"哈萨克人希尔莫特用蒙古语向伊犁的清朝官吏说明了哈萨克的三个玉兹的名称"；见〔日〕佐口透《18—19世纪新疆社会史研究》（上），凌颂纯译，第335页。

大偏差，其表现为小玉兹和大玉兹的诸统治家族，都被中玉兹特定的家族所取代。"哈萨克世次表"中小玉兹缺少了主要家族——努拉里汗、巴图尔汗和哈雅布汗之家族，这等于将乾隆朝记载的奇齐玉斯即小玉兹诸家族都缺失掉了，编撰者用杭和卓的亲生父亲中玉兹巴拉克汗家族进行了代替；大玉兹缺少了《西域图志》中的阿比里斯汗和三位巴图尔以及使者卓兰提到过的汗巴巴汗家族，这等于缺少了整个大玉兹诸统治者之家族，编撰者用中玉兹阿布勒比斯及其父亲阿布勒班毕特家族进行了代替。这样处理"哈萨克世次表"导致的问题直接体现在地理位置上，即靠近伊犁的阿布勒比斯家族及其所管辖的奈曼等部落，被称作《西域图志·左右哈萨克图》地图上在塔什干附近的右部哈萨克；靠近清朝边界的中玉兹都尔逊家族及其所辖部落，则被称作居于遥远的俄罗斯边境的西部哈萨克，也即小玉兹。《钦定新疆识略》中，被称为右部的阿布勒比斯游牧地总体上变动并不大，一直在清朝塔尔巴哈台边界以外游牧；被称为左部的阿布赉游牧地大致在阿布勒比斯游牧地之外的哈萨克中玉兹、大玉兹中心位置，后期因和浩罕的战争也曾在塔什干居住；被称为西部的都尔逊家族之游牧区域则离伊犁也不遥远。

所以从编撰侧重点上说，《西域图志》在对哈萨克左、右部的书写中，更强调其地理位置和首领；而《钦定新疆识略》则不再重点考虑三玉兹的准确地理位置，写法上分概述和"哈萨克世次表"两部分。《钦定新疆识略》的概述部分沿用传统写法，虽然弄错了中玉兹王阿布勒比斯和大玉兹汗阿比里斯，但仍以乾隆朝档案所记载的三玉兹之家族及其地理分布为主，并保留了奇齐玉斯努拉里汗这一小玉兹汗系；"哈萨克世次表"中则如野田仁所说，左、右、西三部首领实为原中玉兹的三个家族。

其实，从乾隆中期到嘉庆中期，除了小玉兹的范围未发生明显的变化外，其他两玉兹的地理位置都发生了变化。其中，中玉兹阿布赉子孙的直接统辖地域和所属部落都有所扩张；大玉兹则因汗权衰落和被浩罕等周边势力的侵袭，原有的游牧地和部众头人的权势有所缩减与衰落但并未消失，这一情况可以从乾隆三十七年土尔扈特东归时受大玉兹兵力攻击所证明。哈萨克左、右部原有的政治格局因清朝的影响发生变动，哈萨克中玉兹和大玉兹的游牧地也随之发生了变化，中玉兹的影响力大大增强了，阿布赉被推举为哈萨克总汗。以上史实可以支持本书提出的受清朝支持的阿布赉汗、阿布勒比斯王之家族崛起的观点。

对于佐口透和弗莱彻、野田仁的质疑，笔者认为存在一定的合理处。《钦定新疆识略》里的左部，以阿布赉为中心展开，右部以阿布勒比斯为中心展开，并向上追溯至此二人的父祖，向下详列其子孙系谱，与乾隆朝的左、右部有较大区别，具体表现为这两人家族原来都属于左部，而原右部众首领的信息都消失了。该书最大的错误是将阿布勒比斯和阿比里斯混为一人；最大的变动是用原中玉兹的三个家族代替了哈萨克三部。可由此进一步分析如下问题：《钦定新疆识略》编撰者为何没有意识到哈萨克概述和"哈萨克世次表"及其注解里的首领信息存在矛盾之处？虽然"哈萨克世次表"前，作者已说明是根据前来贸易的哈萨克商人之陈述整理而成的，但为什么不去解决两处之间存在的矛盾，并找到合理解释？相关哈萨克叙事所依凭的历史资源又是如何形成的？编撰者是否还有更多的错误认识？对于这些前人较为忽视的方面，笔者认为可从如下方面加以深入讨论。

第一，"西部"所指问题。《钦定新疆识略》中，哈萨克概述里的"西部"和"哈萨克世次表"里的"西部"所指不同，在同一本书中相同词在所指上出现了明显的矛盾。其原因应是概述里小玉兹努拉里汗家族的成员，几乎从来不到伊犁贸易，而在来伊犁贸易的人里，除了阿布赉和阿布勒比斯家族以外，成员最多的是中玉兹中较为显赫的都尔逊家族，所以形成了这样的记载。

第二，三部与三玉兹对应问题。从《西域水道记》"左部置汗一"的表述来看，将哈萨克三部和三玉兹对应，不是清朝官员最主要的考虑，在满足清朝分类需要的基础上，清廷允许哈萨克三玉兹有一定的偏离。当时的情形是：中玉兹亲近清朝的家族在清朝支持下获得发展；大玉兹则受周边势力的挤压逐渐衰落，中玉兹趁机介入发展自己的势力；小玉兹则逐渐被沙俄的殖民统治控制得更为深入。清廷以中玉兹哈萨克部落三大汗家族分别代替三玉兹首领家族，并将他们当成哈萨克藩属的代表，这从形式上填补了大玉兹和小玉兹汗家族自乾隆末年以后就与清朝断绝联系所留下的空白。这样分类，既有利于清廷对哈萨克中玉兹三大家族进行更好的治理，也表示清廷对哈萨克藩属的全部实际情况失去了进一步了解的兴趣和意愿。此外，从《钦定新疆识略》之"哈萨克世次表"内的哈萨克"三部"概念所指来看，清朝的游牧社会"部"概念更强调相对固定的地域，而哈萨克的"玉兹"和卫拉特语的"准"更强调相对固定的人群。

第三，都尔逊家族的源流问题。《钦定新疆识略》之"哈萨克世次表"里的西部始祖都尔逊家族信息较少。野田仁认为他们是中玉兹汗系里的一支，目前可从"哈萨克世系表"知道阿布勒比斯养子杭和卓来自此家族，还可知该家族中有较少成员受封清朝汗、王封号，其中有台吉地位者，应该在归附之后受到清廷的重视。笔者认为，都尔逊家族应是在松筠主持编写哈萨克"世次表"时被总结出来的，既为了能和前来贸易的该家族人员相对应，也为了能和获得清朝封号的该家族之贵族相对应。此外，还存在一种可能，那就是该家族世系内放置了参与朝觐或受封的哈萨克贵族，他们在边界管理中因追缉盗贼、约束越界游牧等事立功而赏戴花翎，但不能明确他们是否属于中玉兹阿布赉、阿布勒比斯、都尔逊三大家族。

第四，阿布勒比斯和阿比里斯的混淆问题。笔者认为《钦定新疆识略》把头克汗、阿布勒班毕特和阿布勒比斯祖孙所在家族当作右部，具有一定的合理性，但和乾隆朝时清朝对右部认识不符，也和"平准"期间清朝对以塔什干为中心的右部——大致等于大玉兹——的认识不符。此种认识是嘉庆朝松筠等编撰者在不完整掌握信息下所做的判断，只能反映部分事实，是经过重组后的简单化认识。其中最严重的错误是将阿布勒比斯和右部汗阿比里斯当作同一个人，这一错误认识影响到了佐口透、厉声等学者。弗莱彻虽较早察觉到此一错误，但找错了原因。后来，野田仁从语言学等角度给予了纠正；承志、阿依达尔在野田仁的基础上，从大玉兹汗位继承角度进一步做了清楚的辨析。虽然如此，但还有相关问题值得分析。

其一，考证哈萨克语，可知"鄂图"为"中"之意，"乌拉克"为"大"之意；考证蒙古语，可知伯希和所译亦无误。其二，在清朝所绘新疆地区舆图如《皇舆全图》①上，阿布赉所属的左部相对于其他二部，确实更为靠近东面，因而将左部称作"东部者"，将介于左部和西部之间的右部，称作"中部者"也可以理解。因而《清史稿》所记东部者等于左部，等于"鄂图玉兹"（中玉兹），等于"伊克准"；中部者等于右部，等于"乌拉克玉兹"（大玉兹），等于"多木达都准"，较符合当时情形。这四个名称中，依次为地理位置、清朝称呼、哈萨克语自称、蒙古语翻译。同理可知，《钦定新疆识略》记左部等于东部，右部等于中部，亦有合理之处。因伯希和考证出蒙古语"准"有"人民""民族"之意，因此从"准"字可以提炼出"某玉兹地方人"之含义，比对译成"玉兹"这一带有一定地域特点的词更为准确，因此笔者认为可以将"伊克准"译作"大玉兹地方人"，将"都木达准"译作"中玉兹地方人"。

《钦定新疆识略》记载伊克准由阿布赉等治理，且主要由属于阿布赉管理的卫逊鄂托克组成，由此可知，伊克准即应为清朝所称的左部、哈萨克所称的中玉兹。但为何要用带有"大玉兹地方人"含义的蒙古语"伊克准"来指代阿布赉统治的中玉兹地方呢？笔者认为，可将这段文字与《钦定新疆识略》《西域水道记》的相关内容，以及佐口透之引文②进行对照讨论。此事应与阿布赉有关。阿布赉占有了原中玉兹汗阿布勒班毕特之地，后者迁往塔什干地区成为大玉兹即右部汗。其一，原中玉兹汗阿布勒班毕特，在乾隆三

---

① 钟兴麟等校注《西域图志校注》，第58页。
② 这一事件见〔日〕佐口透《18—19世纪新疆社会史研究》（上），凌颂纯译，第336—347页。

十七年左右确实生活在大玉兹地区，即此地被原中玉兹汗统治，因而将大玉兹称为"都木达准"，具有被来自"中玉兹地方人"统治的含义。其二，瓦里汗诺夫称"阿布赉在中玉兹的统治越来越巩固，而大玉兹亦同样承认他的统治权"①；亦有研究称，1870 年代阿布赉的"权力超出中玉兹范围，达到了大、小玉兹草原"②，可知阿布赉在此时因威望上升，事实上已是大、中玉兹的统治者，因而将中玉兹称作"伊克准"，即具有此地是"大玉兹地方人"统治者阿布赉的统治范围的含义。

正因为如此，哈萨克出身之人如西尔莫特，根据他了解到的当时游牧势力变动的情况，将事实上依然是大玉兹的但被原中玉兹汗阿布勒班毕特统治之地，称为"都木达准"（中玉兹地方人）；相应的，他们也将事实上是中玉兹的、地位得以提升的阿布赉统治地区，称作"伊克准"（大玉兹地方人）。因而笔者认为，佐口透判断《钦定新疆识略》的记载有误之处，恰好反映了哈萨克游牧社会内部统治权力发生变化，即随着哈萨克部落间势力的消长，阿布勒班毕特汗在阿布赉的影响下搬离中玉兹地区，导致称呼变更，哈萨克游牧社会内部在乾隆时期统治权力发生了转移。另外，西尔莫特等人的说法也不一定完全反映实际情况，虽然阿布赉管理大玉兹，这可以从他常驻于大玉兹中心位置的塔什干城，以及多次因塔什干城与浩罕争战获得印证，但大玉兹应该还存在别的权力系统，这可为后来土尔扈特东归时大玉兹的部落首领不受阿布赉统治所证明。

由《钦定新疆识略》所载乾隆三十七年奏折内容，联系到祁韵士《西陲要略》中的错误，可知：一是弄错阿布勒比斯和阿比里斯，并将前者所属之部落当成了右部；二是乾隆四十八年小玉兹汗努拉

---

① 〔俄〕瓦里汗诺夫：《阿布赉（摘译）》，新疆维吾尔自治区民族研究所译，第155 页。
② 《哈萨克斯坦共和国史》第 3 卷，阿拉木图俄文 1979 年版，第 81 页；转引自纳比坚·穆哈姆德罕《阿布赉研究》，《中亚研究资料》1984 年第 3 期。

里派来的儿子不是卒于途而是因病留在了阿布勒比斯游牧。① 对于大玉兹的其他首领来说，阿布赉、阿布勒比斯家族的发展具有较大优势，这种局面固定下来并延续几十年以后，就已很难改变。因而从表面来看，乾隆朝形成的左右部观念被彻底抛弃了。嘉庆朝在引用此前观念的时候，看似已把"准"和"部"概念分清了，并在之间建立了联系，放弃"玉兹"的用法，有可能是没有发现"准"和"玉兹"之间的关系，或是有意地不使用"玉兹"一词。从不用"伊克准"指代"大玉兹"来看，蒙古语含义似乎也被忽略了，只是将"伊克准"当作一个名词来处理，因为如果祁韵士进一步考证蒙古语词义，就会发现其所持的分类观念和《西域图志》里的阿布赉属于左部即中玉兹相矛盾，也会和松筠等人考证的结果相冲突。

以下从历史背景来分析《钦定新疆识略》记载混乱的缘由。该书内称"伊克准即左部"，依据是伊克准为卫逊鄂托克，且该部遇事又在阿布赉等人处请示，其结论为伊克准即卫拉特语中的中玉兹即左部，这是当时的事实。问题在于卫逊鄂托克主要分布在大玉兹，该部部众因阿布赉当时声望日盛，遇事请示他，如此表述则意味着清朝原来认为是右部的、原大玉兹的主要构成部众卫逊鄂托克，都是阿布赉所属左部之人。但《钦定新疆识略》的分析虽不严谨，原奏疏强调的应该是阿布赉既管理左部又管理卫逊鄂托克，并没有把阿布赉归属于大玉兹之意。另外，虽然卫逊鄂托克主要分布在大玉兹，但在中玉兹也有分布，这样的判断能够从前来伊犁贸易的哈萨克商人处获悉，所以编撰者应该不是通过卫逊鄂托克属于何部来判断其是否属于阿布赉的。该鄂托克遇事请示于阿布赉等人，应该才是编撰者判断的最主要依据。

都木达准即右部，表面上看是将中玉兹的卫拉特语名称等于大

---

① 《为努喇里遣使入觐照例赏赐并令严加管束属下不得骚扰邻部敕谕西哈萨克努喇里事》，乾隆四十八年四月十九日，《满文上谕档》，档案号：03-18-009-000046-0003-0116。

玉兹的满、汉文名称，但其实都木达准（即中玉兹）当时靠近伊犁的游牧地，分布着阿布勒比斯等人管理的奈曼、阿尔胡勒部落，而奈曼部长期以来集中在阿布勒比斯家族手里。所以这一错误的依据并非编撰者认为的奈曼部为右部，也不是都木达准为右部，因为从《钦定新疆识略》分析中都得不到这样的结论，得出如此结论只能来自编撰者先入为主的判断：阿布勒比斯代表右部。这才是最核心的判断依据。这一判断很可能来自启动修书并通校全书的伊犁将军松筠。从这个角度观察，就能解释如下问题：（1）西尔莫特两人所说的卫拉特蒙古语"都木达准"对应于"中玉兹"；（2）阿布勒比斯本身也是中玉兹人；（3）奈曼部主要属于中玉兹。在以上三种情况下，阿布勒比斯还会被认为是右部之首领，就是因为松筠等编撰者认定了阿布勒比斯是右部汗，且将卫拉特蒙古语词的含义抛弃了。这里引出的问题是，松筠的阿布勒比斯为右部汗的看法是从何而来的？如果推测松筠的认识来自他自嘉庆七年至伊犁任职以后所获得的哈萨克知识的话，那么《钦定新疆识略》中的"考其地理"和《西域水道记》中的"考疏言"，就应该主要是从各首领所管部落的分布来判断的。因为将阿布勒比斯当成阿比里斯汗，是将阿布勒班毕特家族归入右部的最重要依据。哪些知识能够让编撰者得出如此明确的结论？如果考察与《钦定新疆识略》相关的一系列著述就会发现，从嘉庆七年的《西陲总统事略》（《伊犁总统事略》）到嘉庆十二年的《西陲要略》，再到道光元年的《钦定新疆识略》，这一错误认识一直延续着。

将清朝册封的中玉兹王阿布勒比斯和大玉兹汗阿比里斯混淆，其源头可能并非松筠、汪廷楷、祁韵士、徐松、晋昌等人编撰的《钦定新疆识略》等系列著述，而是嘉庆初年的纂修的《清高宗实录》，甚至可追溯至更早的文献。[①] 在嘉庆朝修成的汉文版《清高宗

[①] 如第四章所见乾隆四十四年修成的《钦定热河志》，已将阿比里斯和阿布勒比斯混为一人。

实录》中，乾隆四十八年九月甲辰条收有乾隆帝上谕："敕谕袭封哈萨克汗杭和卓曰：昨据驻扎塔尔巴哈台大臣等具奏，尔父阿布勒比斯病故，朕闻深为悯恻……尔杭和卓，系阿布勒比斯长子，加恩将尔父王爵，令尔承袭。"① 而在汉文版《清高宗实录》的母本满文版《清高宗实录》中，在与其相对应的部分，也有"哈萨克汗"②这一表达；然而满、汉文版《清高宗实录》的依据满文上谕中则没有"汗"字，具体为："奉天承运，皇帝诏曰，降旨哈萨克杭和卓：昨据驻扎塔尔巴哈台大臣等具奏，尔父阿布勒比斯病故……"③ 满、汉文版《清高宗实录》编撰者在上谕中增加一"汗"字，这与原上谕中承袭"王"爵说法完全不符。由此可知，自嘉庆初年满、汉实录馆臣开始错误地认为阿布勒比斯具有汗头衔。这反映出乾嘉之际对于哈萨克的认知已在内廷的文臣群体中出现"知识断裂"。

由本节分析可知，《钦定新疆识略》等书中关于哈萨克的内容，不光体现出知识层面的变化，而且还体现出政策层面的变化。尽管乾隆朝以后的官私著述对哈萨克内部结构有更多层面的了解，但它们始终未能辨清哈萨克三部与三玉兹的对应关系。如观察档案原文，就会发现《钦定新疆识略》中的表述反映的是特定历史节点中的情况，即引用乾隆三十七年舒赫德任伊犁将军时的清朝边疆官员对哈萨克的认知。但这一认知却没有被吸收入之后修成的《西域图志》和《清史稿》中，也没有收录进《清高宗实录》中，

---

① 《清高宗实录》卷1189，乾隆四十八年九月甲辰条。
② 佐口透对这里出现的"汗"认为，"阿布勒比斯家族的实际称号是苏丹，汗位只不过是清朝名义上的册封而已"，他没有发现这里出现的"汗"是嘉庆初年撰写者添加的，而非乾隆朝的册封。
③ 满文转写：abkai hesei forgon be aliha hūwangdi i hese, hasak hanghojo de wasimbuha, jakan tarbahatai de tehe ambasai baci, sini ama abulbis nimeme akū oho seme wesimbuhe be, bi safi, umesi šar seme jilame gūnimbi, sini ama abulbis dahanjiha ci ebsi. 见《为哈萨克王阿布勒比斯病故令伊犁将军派员前往祭奠著杭和卓袭封并赐敕书缎匹一并发往事敕谕哈萨克杭和卓》，乾隆四十八年九月十七日，《满文上谕档》，中国第一历史档案馆藏，档案号：03-18-009-000047-0001-0058。

仅有不完整的信息被节选入《钦定新疆识略》中。此举反映出清朝在总结和继承哈萨克认知上存在不足，造成了对哈萨克的"知识断裂"。

松筠等人在编撰《钦定新疆识略》并重新解释清哈关系的过程里，体现了实用主义色彩，此书为注重现实治理问题，并期望成为后世治理者有用的资政文献，所以在其记载和历史表述不一致的时候，优先以现实存在为判断依据，如以靠近卡伦的获得封号的哈萨克部落之分布来代替以前对哈萨克分类和认识，使得哈萨克过去的历史被掩盖了。这一撰写方式虽然有所依据，也有很强的合理性，但实际上忽略哈萨克社会的三玉兹结构。从松筠《百二老人语录》所记载的左、中、右三部说来看，《钦定新疆识略》等系列著述里的左、右、西即东、中、西三部之说，应该与松筠的认识有较大联系。这里产生的三部说，被后来兴起的西北史地学基本上继承下来。

第三节　从松筠著述透视清哈关系实质及清朝藩属政策演变

本节选取清中叶重臣松筠所撰的满文《百二老人语录》[①] 内

[①] 对该书版本及内容的概述，见〔日〕中健立夫《关于〈百二老人语录〉的各种抄本》，载朱诚如主编《清史论集——庆贺王锺翰教授九十华诞》，第337—347页。其他研究还有：稻葉岩吉「近獲蒙古人の撰述二種（上）―嗎拉忒氏松筠の百二老人語錄及び喀爾喀女史那遜蘭保蓮友の芸香閣遺詩」、『青丘學叢』22（京城府，1935）；稻葉岩吉「鈔本百二老人語錄及び其著者」、服部先生古稀祝賀記念論文集刊行會編『服部先生古稀祝賀紀念論文集』（東京：富山房，1936），頁121—137；R. C. Rudolph, "Emu Tanggô Orin Sakda - i Gisun Sarkiyan, An Unedited Manchu Manuscript," *Journal of the American Oriental Society* 60, No. 4 (December, 1940); Nobuo Kanda, "Remarks on Emu tanggû orin sakda i gisun sarkiyan," *Emu tanggû orin sakda - i gisun sarkiyan*, San Fransisco & Taipei: Chinese Materials Center, 1982.

"外藩"部分中涉及的哈萨克内容进行比较研究，以期在以往研究的基础上有所突破。蒙古旗人松筠，曾在理藩院为官并多有历练，在乾隆末年任职库伦期间，以其所知所闻所思为据，于乾隆五十五年（1790）撰成满文《百二老人语录》。此书在当时旗人的眼里是一部呈现本朝历史的珍贵样本。该书于乾隆五十六年（1791）由其友人付伦泰（furentai）编辑完成；富俊（fugiyūn）于嘉庆十四年（1809）译成汉文版，因其难以接触档案文献，汉译文不够精准。若只采信该汉文译本，就会在一定程度上影响研究的准确度。① 该书在清代从未刊刻印行，仅以手抄本形式流传，所以其史料价值颇为以往研究者所忽视。

该书第4卷"外藩"部分的第6篇②，详细记载新疆建设及其周边部族之情形，包含大量与清哈关系有关的内容，尤其对清哈缎布牲畜贸易、哈萨克贵族受清朝封爵、阿布赉借兵攻塔什干事、哈萨克愿出兵助清追袭东来之土尔扈特4件大事记载得周详，角度独特。因在该篇中，此4件事是在乾隆朝中后期对内之新疆和对外之中亚进行治理的大背景下展开叙述的，与本章考察哈萨克在乾隆时期的西域政治格局中的地位和作用紧密相关，因而本书重译该篇内相关的全部内容，③ 并对之加以考证、辨析、比较研究。

该篇记载的时间下限本应为该书撰成前的乾隆五十四年（1789），然而在所记的具体事件中，与土尔扈特相关者最晚。如

---

① 关于其在清史研究中的史料价值，见蔡名哲《满文书〈百二老人语录〉的版本与史料性质》，（台北）《东吴历史学报》总第35期（2016年第6期）。蔡文最后总结说汉文本不能代替满文本，并提出重译满文本的必要性。

② 本节所采用并翻译的版本为"Emu Tanggu orin Sakda Gisun Sarkiyan（《百二老人语录》）"手抄本，中央民族大学图书馆藏。所译为该书第4卷"震之卷第四"之"外藩事八条"中的有关哈萨克之第六篇。笔者在满汉翻译过程中，未参考富俊译本。

③ 第一段内所省略的部分，是与西域地区的新疆和哈萨克不直接相关的唐古特官学之内容。清代满文"唐古特"（tanggut）一词多指西藏地方。

乾隆三十六年土尔扈特东归；乾隆三十八年至三十九年（1774）渥巴锡游牧由早期的安置地点迁往喀喇沙尔；土尔扈特年班从乾隆三十六年开始，至三十九年才形成较为固定的制度，与朝觐定制相符。其中，所记事件时限约为乾隆三十九年。此说明对该篇内容的资料采集和整理很可能在松筠被任命为库伦办事大臣前就已完成。

以下为译文：

> 一老人言，往日曾遇二人，不但年少，言语亦甚有趣味。其一为唐古特官学生员，其一为托忒官学生员……托忒官学生员所言事，实有诸多我所未闻之处，其言托忒文乃先前准噶尔尚在时，伊等若用托忒文，圣主欲降旨厄鲁特等时，即先译为蒙文，再与满文、托忒文合写颁给。乾隆十五年至今，准噶尔部厄鲁特等肆行暴虐，戮害彼之汗头目，互相攻杀，又侵害回子等。是以，圣主为安辑众生，派遣大兵，靖灭悖逆，安抚恭顺。二十三年，回子等复背圣恩，行叛逆事，遂剿灭为首回子霍集占等，平定余众后，于彼各回城驻扎官员。①

此段为该篇之起始内容，由"一老人"与两位官学生员的对话引入叙事，唐古特官学生员所言事与本节关联度不高，托忒官学

---

① 满文转写：emu sakta hendume, tere inenggi ucaraha juwe niyalma, se ajigan bime, gisun hese debei amtangga, emke oci tanggut hergen tacire alban tacikūi juse, emke oci tot hergen tacire alban tacikūi juse sembi……tot tacikūi juse i henduhe baita yala mini sarkū donjihakūngge umesi labdu, ini gisun de, tot hergen oci, onggolo jun gar bisire fonde, ce tot hergen baitalame oci, enduringge ejen aika oilet sede hese wasimbuci, uthai monggulome ubiliyambufi, manju hergen tot hergen i kamcime arafi unggimbi, abukai wehiyehe i tofohuci aniya ci ebsi, jun gar aiman i oilet se cihai doksirame yabume, ceni han data be beleme, išun de wandume yabume, geli hūise sebe joboboure turgude, enduringge ejen amba cooha tucibufi, geren be elhe obure jalin, fudasihūn ningge be mukiyebufi, ijišūn ningge be elhe obuha. orin ilaci aniya hūise se geli kesi be cašūlafi, fudarame yabuha turgunde, dalaha hūlha hojijan sebe mukiyebufi, funcehe geren be toktobume icihiyafi, ceni hūise geren hoton de ambasa tebume。

生员①所言事则为本节要旨所在，所言及的地理范围大致与清代西域相近，反映出准噶尔因素在清朝治理边疆中的重要性。文中讲述西域史事的托忒官学生员虽可能为假托之人，然而松筠所写之信息，应该为其任职库伦之前在历任各职过程中留心访谈所得。其任伊犁将军后所撰成的《西陲总统事略》内之《绥服纪略图诗》，记载伊犁将军如何应对土尔扈特东来一事。他在赴任伊犁之前就已得闻此事并留心记录，以资借鉴。② 由此来看，松筠不论任职何处，都习惯留心边疆治理事务。

从所记载的历史事件来看，该段文字中有关清朝平定准噶尔内乱和天山南北两路之事，为清朝戡定西域之始，亦为哈萨克成为清朝藩属之宏大背景。

> 自叶尔羌、喀什噶尔以西，至北面准噶尔等所居伊犁西南，皆为游牧布鲁特回子等接连居住，彼等有三十余部，控弦游牧而居，其北面与哈萨克回子等连界。平定准噶尔、回子后，布鲁特、哈萨克皆向化归诚。众回城，地处博格达大雪山阳坡。准噶尔等所居伊犁、塔尔巴哈台、乌鲁木齐、巴里坤等处，地处大雪山阴坡。自吐鲁番至乌鲁木齐安设台站以通，阿

---

① 清代中叶，在京城于理藩院下设立唐古忒官学和托忒官学，从八旗子弟中培养精通西藏和准噶尔地方语言文字的生员。托忒文因其广泛的适用性，长期运用于平定准噶尔后的清朝与中亚部族的书信往来中，尤其多见于哈萨克与清朝上表与颁谕中。关于唐古忒学，见马子木《唐古忒学考》，《清史研究》2016年第3期。关于托忒官学，见乌兰《托忒学——清朝有关边疆民族的专门教育机构》，《中国边疆史地研究》2005年第2期。系统研究唐古特官学和托忒官学，并将之置于清朝与中亚部族沟通的语言视角中的研究者有日本学者小沼孝博，他在"The Qing Dynasty and Its Central Asian Neighbors"（*Saksaha: A Journal of Manchu Studies*, Volume 12, 2014）之"Qing Communication with Central Asia: The Language Used in Negotiations"一节中强调，此两种官学为内务府和边疆机构提供专门人才。
② "舒将军未到之先，伊犁将军讳伊勒图……伊将军其神乎所言者理也，实可为边臣宝鉴故书以自勖"；（清）松筠：《绥服纪略图诗》，（清）松筠等修撰《西陲总统事略》，国家图书馆藏本。

克苏至伊犁亦安设台站,此间惟有穆素尔达坂尚可行走,他处虽有通路数条,路甚险且雪大。布鲁特以西,尚有浩罕、玛尔噶朗、安集延等回子部落,亦皆朝向圣主,前来归附,每每前来,有入觐者,亦有来各回城贸易者。①

此段述及天山南路各城、北路各地之格局及交通,并着重梳理西域西部情形。述及布鲁特、浩罕等中亚遥远部族时,对布鲁特着笔最多,可见对清朝而言,在西域西部地区内布鲁特拥有仅次于哈萨克之重要地位。此段最值得注意的,是对"回部"的表述。以往研究多以天山南路及吐鲁番、哈密地区为广义回部之范围,以塔里木盆地及其周边绿洲为狭义回部之范围。② 但从此段满文原文来看,其将布鲁特称作"burut hūise（布鲁特回子）",将哈萨克称作"hasak hūise（哈萨克回子）",将浩罕等更西部部落也称作"hūise aiman（回部）",可以说是记载这一概念之满文原意和清廷认识的极为珍贵的满文史料。可见,在清中叶尤其是乾隆时期的满文表述中,"回部"的范围要比现在人们认知的更为广大,它不仅仅指代今天新疆的南疆和东疆地区,而且还包括了原汉唐西域范围内的地区。可以说,在乾隆君臣心目中,存在一个"大回部"概念。其

---

① 满文转写：yerkiyang kašigar i wargi ergi ci, amrgi baru jun gar sei tehe ili ba i wargi julergi de isitala gemu nukteme burut hūise se siradume tehebi, ese gūsin funchere aiman bi, beri nukteme tembi, esei amrgi ergi hasak hūise sede ujan acahabi, jun gar hūise babe toktobuha nergin de burut hasak gemu wen de forome dahaha。geren hūise hoton oci, bukda eren habirahan sere amba nimangga alin i antu ergi de bi, jun gar sei tehe ili, tarbagatai, urumci, bar kul i jergi ba amba nimangga alin i boso ergi de bi, turfan ci urumci de isibuha giyamun sindafi hafumbuhabi, aksu ci ili de isibume inu giyamun sindahabi, damu ere sidende musur sere juhe dabagan bi, kemuni yabuci ombi, gūwa hafunara jugūn utala ba bicibe, jugūn jaci haksan bime nimangi amba, burut sei wargi ergi de, kemuni hoohan, margalang, anjiyan i jergi hūise aiman bi, inu gemu ejen de forome dahanjifi, mudan mudan de jifi, genggiyen be hargašarangge bi, hūise i jergi hoton de, kemuni hūdašajimbi。

② 王东平：《清代回疆法律制度研究（1759—1884）》,黑龙江教育出版社 2014 年版,第 2—8 页。

中，哈萨克和布鲁特虽与原准噶尔地方连界，但并不是最远的回部，此二部以西的浩罕、玛尔噶朗、安集延等部落，在乾隆朝君臣眼中也皆为回部。

将此段满文记载，结合笔者查阅的这一时期的满文档案，笔者认为可将乾隆朝时期认识中的这一"大回部"分作三类。其一为我国学者传统认知中的回部，即上文所引的广义回部，也就是今天我国天山以南以东地区。其二为当时哈萨克三玉兹和东西布鲁特这两个游牧部落组成的游牧回部。其三为比上述两处地区更远的大多拥有城池或自成部落的回部。乾隆帝汉文版《御制土尔扈特全部归顺记》①，虽未将后两部分以"回部"相称，但具有明显的分区意识，如"若哈萨克，若布鲁特，俾为外围而羁縻之。若安集延，若巴达克山，益称远缴，而概置之"。哈萨克和布鲁特作为第二类回部，居处第一类和第三类回部之间，他们不但具有较强的军力，而且所居区域幅员较为广阔，在欧亚大陆中部具有联络交通枢纽的作用，因而成为清朝着重建立深层次"大国—藩属关系"的对象。

> 自平定伊犁等处，此大雪山阴坡全然空旷，甚为广阔。是以圣主交代将军大臣等，详加议叙。于乾隆二十五年起，令满洲、索伦、锡伯、察哈尔、厄鲁特等兵驻扎，防卫地方，又令绿营兵丁、回子民人陆续前来居住种地，此等兵员皆为携眷驻扎。自伊犁至巴里坤设有三十余台，于伊犁设将军、参赞大臣，再领队大臣五员，又相度地势，砌城五座，令满洲、绿营、回子民人居城内。索伦、锡伯，建设村屯。蒙古，游牧而居。自伊犁向北绵延千余里，于塔尔巴哈台地方砌城，令满洲、蒙古兵驻扎，设参赞大臣一员、领队大臣二员。自伊犁向

---

① 《御制土尔扈特全部归顺记》，载钟兴麟等校注《西域图志校注》，第497页。

东北、自塔尔巴哈台向西南间,设二十余台站。①

此段述及伊犁、塔尔巴哈台驻防缘由及具体安排。清中叶底定准部后,伊犁以其地理位置之优势,成为清廷与外藩声息相通、交往联络之枢纽:清廷通过伊犁,能管辖天山南北两路,向西通达西域极边,向北经塔尔巴哈台与乌里雅苏台连接,向东经乌鲁木齐、嘉峪关勾连内地。伊犁因直接与哈萨克、布鲁特连接,因而有大兵驻扎,以保证周边地区的军事平衡。

自库尔喀拉乌苏以东,乌鲁木齐、古城、奇台、巴里坤、吐鲁番地方皆已砌城,于乌鲁木齐设都统、领队大臣,库尔喀拉乌苏、古城、吐鲁番、巴里坤皆各设副都统一员,此等地方兵丁、民人,皆携眷居住。于巴里坤设府,乌鲁木齐设州道里官员,昌吉、奇台等地设县,管理民人事务。领队大臣,皆授副都统品级。管理绿营兵,则于乌鲁木齐设提督一员,伊犁、巴里坤设总管各

---

① 满文转写:ili i jergi babe toktobuha ci ebsi, ere amba nimanggi alin i boso ergi de fuhali untuhun oho, umesi onco leli ofi, endulingge ejen jiyanggiyun ambasa de afabufi, kimcime gisurebufi, abukai wehiyehe i orin sunjaci aniya ci manju, solon, sibe, cahar, oilet i jergi cooha be tebufi, ba na be seremšeme, geli niwanggiyan turun i cooha, irgen hūise be siran siran i tebufi, usin taribume icihiyaha, ere cooha gemu boigūn suwaliyame tebuhengge, ili ci bar kul de isibume gūsin fencere giyamun bi, ili de jiyanggiyun hebei amban, jai meyen i amban sunja sindafi, ba na be dahame sunja hoton sahafi, hoton de manju niwanggiyan turun irgen hūise sebe tebuhe, solon, sibe oci, tokso ilibuha, monggoso oci, nukteme tehe, ili ci amargi baru minggan funcere ba sandalabuha, tarbagatai bade hoton sahafi, manju, monggo cooha tebufi, emu hebei amban, juwe meyen i amban sindaha, ili i dergi amargi tarbagatai i dergi julergi baru juwan funcere giyamun sindalabuha.

一员。①

此段所述，为清朝在伊犁、塔尔巴哈台等地驻兵之后新疆腹地所发生的变化，主要内容为乌鲁木齐周边以及东疆地区的驻防和置官情况。

> 平定办理前后不过十数年，现新疆之地，不但全与内地无异，且口粮充裕。因诸物价廉，兵民皆得安生居住。所用马、牛、羊等牲畜，皆陆续自哈萨克以缎布易换，兼以拨给各游牧滋生所得。塔尔巴哈台东北所设卡伦可通科布多。伊犁、塔尔巴哈台西北所设卡伦之外，使哈萨克人等游牧。哈萨克，有称为左、右、中三部，皆归诚向化，圣主降恩，封彼等内有台吉②血统头人为汗、王、公等爵位。彼等纷纷感戴，遣其子弟前来入觐不绝。③降旨彼等汗、王、公等时，以满文、托忒文

---

① 满文转写：kur kara usu sere baci dergi baru, urumci gu ceng, citai, bar kul, turfan i bade gemu hoton sahafi, urumci de gūsa be kadalara amban, meyen i amban, kur kara usu, gu ceng, turfan, bar kul i bade gemu emte meyen i amban sindaha, ere jergi ba i cooha irgense, inu boigūn suwaliyame tebuhengge ofi, bar kul de fu i saraci, urumci de dooli hafan jeo i saraci, canggi, kitai i jergi bade hiyan i saraci sindafi, irgen i baita be kadalabuha, meyen i amban oci, gemu meiren i janggin i jergi obuhabi, niwanggiyan turun i cooha be kadalara de, urumci i bade emu fidame kadalara amban, ili, bar kul de uheri kadalara da emte sindaha。

② （清）松筠：《绥服纪略图诗》，（清）松筠等修撰《西陲总统事略》，国家图书馆藏本。台吉条："台吉有头、二、三、四等，皆汗、王、公之宗派。凡王、公、头等台吉上加札萨克字样者，皆有颁赏敕印，使统辖一旗之众，其无敕印者，概隶本旗札萨克管辖。"哈萨克所授封号爵位，与札萨克封号有所不同。

③ （清）松筠：《绥服纪略图诗》，（清）松筠等修撰《西陲总统事略》。对应部分与满文译文所述的事件相同，但所用词句都有较大差异："哈萨克部有三，曰左、曰右、曰西，自乾隆丁丑年陆续投诚，蒙恩锡封汗王，倾心感激，常遣子弟入觐。"最关键处为遭删去的与清帝颁授哈萨克爵位有关的"台吉血统者""等爵"之表述。仅隔20余年，嘉庆年间驻扎在伊犁的官员对哈萨克爵位的认识，与乾隆中后期已出现极大不同。

写就赏给。①

将"平定办理前后不过十数年"一句，结合上文所述的乾隆二十五年（1760）设置驻防体系，便可推测本篇内容涉及的时间下限，至迟为乾隆四十四年（1779）。此时的新疆已呈现物阜民丰之势。此段论及哈萨克的两处，皆至关重要。

其一，称疆内兵、民所用牲畜来源有二。一为用疆内缎布与哈萨克贸易所得；二为将与哈萨克贸易获取之部分牲畜投入官牧场繁衍后所得。究此二端，其来源皆为哈萨克商贩，他们驱赶牲畜远道前来贸易。此处记载较为准确，不但可与满文档案及《钦定新疆识略》等志书相互佐证，而且还反映哈萨克牲畜为当时新疆提供了重要的畜牧业资源，有益于国计民生。

其二，对哈萨克部落结构、归附过程、封爵、朝贡、降旨文字等情况进行概述。此处对哈萨克"左、右、中"部的分类中，"dulimbai aiman（中部）"用法较为罕见，尤其是在顺序上将中部置于三部最后，此种说法仅见于此处。清朝对哈萨克三部的不同称呼和主要研究，在上节已有专门讨论。通常来说，乾隆时期，汉文档案、官书以及私家著述常用左、右、西部的

---

① 满文转写：juleri amala juwan funcere aniya toktobume icihiyara jakade, ne ice jecen i ba fuhali dorgi ba i adali oho bime, jeku elgiyen sulfa ofi, eiten jaka hūda ja de, cooha irgen gemu jirgame banjimbi, baitalara morin, ihan, honin i jergi ulha gemu siran siran i hasak ci suje boso jafafi hūlašahangge be geren nukte ci fusembume ujime suwaliyagajame baitalambi, tarbagatai i dergi amargi de sindaha karun deri kobdo de hafunambi, ili tarbagatai i wargi amargi de sindaha karun i tule, hasak sa nuktembi. hasak oci, dergi, wargi, dulimbai sere ilan aiman bi, gemu gosin wen de dahafi, ejen kesi isibume, ceni taiji giranggi dalaha data be han wang gung funggehe. ese teisu teisu urgunjeme hukešeme, lakcan akū ceni juse deote be takūrafi, genggiyen be hargašanjinbumbi, ceni han, wang, gong, sede hesei bithe wasimbure dari, manju hergen, tot hergen i arafi šangnambi。

分类方式①；满文档案、官书中常见"dergi（左）"、"wargi（右、西）"用法；满文私家著述中涉及西域历史的著作本就不多，涉及哈萨克三部的则更为罕见，而《百二老人语录》将满文"中部"与"左部"、"右部"进行并列的用法，非常独特。这一信息的出处很可能未通过奏报进入公文系统，也未经采集而进入官私史籍编撰系统。在该篇末尾，讲述人"一老人"询问托忒官学生员如何得知此等详情时，他得到的答复是"缘有一老哥自伊犁返回，为其所告得记"。由此可知，其史源很可能是清哈交往一线官员的具体经历。对此进行追问：这一"中部"是否为满语语境里以伊犁将军为中心的官员群体在乾隆四十四年前对哈萨克的认知？是否哈萨克中玉兹之"中"在满文语境里的新表达？有待进一步研究。

降旨时满文、托忒文并用，已在第一章讨论准噶尔因素时有所论及，即清朝颁谕给哈萨克时，以清朝国语满文为正本，以原准噶尔部所用的托忒文为译本，这一双语合璧文书表述方式符合历史事实，但较少出现在汉文志书中。

此段文字中，特别值得注意的是包括哈萨克封爵②、朝贡在内的对哈萨克管理部分内容，如"圣主降恩，封彼等内有台吉血统头人为汗、王、公等爵位。彼等纷纷感戴，遣其子弟前来入觐不绝"，这里用满文概括性地点明了哈萨克获得封爵的首要条件为有"taiji giranggi（台吉血统）"，即哈萨克头人若非有台吉血统之人，不能获得爵位。要理解这一具有排他性封爵条件，其关键是明了清廷眼中"taiji giranggi"所指，"taiji"一词因编者认为是蒙古语词

---

① 据笔者所见，最早出现"哈萨克中部"的为嘉庆朝汉文志书；《钦定新疆识略》和《西域水道记》有相同的表述："其部有三，曰左部亦曰东部，曰右部亦曰中部，曰西部。"此处"中部"明显指右部哈萨克，亦与《百二老人语录》内"中部"用法不一致。

② 关于清朝对哈萨克贵族颁赐爵位，可见张荣、郑峰《试论清朝对哈萨克的"封官授爵"》，《中国边疆史地研究》2016年第2期。但因作者未直接使用满文档案并考虑到多语种语境，对这一问题的分析存在一定的偏差。

而未收于《新满汉大词典》①，其意即"台吉"，其实为满蒙语共有词，原指汗位继承人，后特指具有世袭贵族血统者。《西陲总统事略》之《绥服纪略图诗》中，"台吉"条载："台吉有头、二、三、四等，皆汗、王、公之宗派。"清初，满洲部族中"台吉"称号已为皇族所使用，归附的科尔沁部首领亦按蒙古习俗使用此号，其后陆续归顺的内扎萨克、喀尔喀、青海和硕特等蒙古②旧汗后裔亦皆沿用。至乾隆中期，清朝范围内具有台吉身份者，主要为蒙古各部的贵族。"giranggi"在《新满汉大词典》③ 中，意义有二：一为"骨"；二为"血统"。此处虽应取"血统"之意，但"血统"一词在现代语言中已不区分父系母系，并不能与清中期的含义吻合。"giranggi"用在此处，依笔者翻译满文档案经验所见，应指父系血统。要之，"taiji giranggi"指其父系应有本部落大汗之血统，即在哈萨克部落内，只有父系有大汗血统的直系后代，才能获得清朝的封爵。这一条件的形成，有其渊源：一是乾隆二十二年六月归附清朝时，阿布赉所上的表文称自己为哈萨克汗，并提及自己为哈萨克大汗父系后代；二是在阿布赉归附后，乾隆帝已从定边左副将军成衮扎布处获知阿布赉曾自称成吉思汗后裔；④ 三是乾隆帝封爵哈萨克时，借鉴对藩部蒙古的封爵经验对哈萨克进行赐封。

哈萨克以西，有名塔什干等回部⑤，彼等相互争斗，哈萨克间或前来与伊犁将军相会，跪拜以求大皇帝出大兵，征讨塔

---

① 胡增益主编《新满汉大词典》，新疆人民出版社 1994 年版。
② 《西域图志》卷 37 之 "爵属一·封爵" 条："我国家幅员广远，恩泽普汜。蒙古内扎萨克，暨喀尔喀、青海、西藏诸部旧隶藩封，自亲王、郡王以下，贝勒、贝子、公。递位差次，其赐留汗号者，视王爵为备优。"
③ 胡增益主编《新满汉大词典》，第 339 页。
④ 《定边左副将军成衮扎布奏闻会见阿布赉之使沃托尔齐等并晓谕擒拿阿睦尔撒纳等贼情形折》，乾隆二十二年七月十四日，《军机处满文录副奏折》，中国第一历史档案馆藏，档案号：03－0176－1669－003。
⑤ 此处满文 "tasigan sei hūise aiman（塔什干等回部）"，进一步证明官员中有 "大回部" 观念的存在。

什干。彼处甚远，是非曲直皆不确知之下，无从干涉。将军向彼等言，尔等未明，塔什干部，亦归附大皇帝，与尔等同为阿勒巴图，若现听尔一面之辞，即遣大兵征讨，其后塔什干之人前来状告，欲求得大兵前往征讨尔等，亦可因彼等一面之辞而征讨尔等乎？此事不惟无理，且尔等如此动作，亦于尔等甚无益处。尔等惟严加管束边界人众，勿希图侥幸，与塔什干人众相争。若相互和睦相处，即可无事，如此晓示，令其返回。①

乾隆三十年（1765），浩罕首领额尔德尼发兵攻占哈萨克先前据有的城池塔什干，并在此任命官员管理，随后阿布赉出兵夺回塔什干并杀此官员，两方爆发战争中。因而阿布赉于乾隆三十二年（1767）夏遣使杜勒特科勒携书信前往时任伊犁将军的阿桂处，向清朝请求借兵两万及大炮若干尊，前往攻击额尔德尼。阿桂一面奏报，一面以双方皆为大皇帝臣仆不可偏袒为据进行劝告，未借给其兵、炮。杜勒特科勒随后提出前往京城入觐，因其要求合理，便于当年八月被送抵承德，为乾隆帝所召见。乾隆帝晓谕阿布赉额尔德尼亦为此事遣使来京，遂以大皇帝身份劝告阿布赉息战。② 清廷对

---

① 满文转写：hasak i wargi ergi de, tasigan sei hūise aiman bi, ce kemuni temšendume ofi, hasak sa ememu fonde, ili i jianggiyun de acafi, amba enduringge ejen i amba cooha be tucibufi, tasigan be dailareo seme niyakūn hengkin i baimbi, ceni ba jaci goro, baitai uru waka getuken akū de, dame banjinarakū ofi, jiyanggiyun ceni baru, suwe ulhirakū, tasigan aiman oci, ineku amba ejen de dahaha, suweni adali albatu, te suweni emu ergi gisun be jafafi, uthai amba cooha unggifi dailaci, sirame tasigan i niyalma jifi habšame, amba cooha tucibufi, suwembe dailara be baici, inu ceni emu ergi i gisun de uthai suwembe dailambio, seme, ere gese giyan akū bime suweni uttu arbušangrangge inu suwende ambula tusa akū, suwe damu suweni jecen i urse be saikan kadalame, tasigan i niyalmai baru jabšan gaime temšerakū, išunde hūwaliyasun i yabure oci, uthai baita akū ombi seme ulhibufi, amasi unggihe babi。
② 日本学者野田仁、小沼孝博认为，对这一事件的处理方式是乾隆帝维护中亚秩序之典型方式；见 "A Collection of Documents from the Kazakh Sultans to the Qing Dynasty", *Central Eurasian Research*, SpecialIssue 1, University of Tokyo, 2010, pp. 118 – 122。

此事之应对，关系到中亚两大军事集团之前景和清朝的大国地位。清廷的应对策略由身处边疆前线的伊犁将军提出，阿桂应对得当，成为松筠等官员借鉴的榜样。

哈萨克游牧以北，与俄罗斯连界。乾隆三十六年，居于俄罗斯地方十余万户①土尔扈特、和硕特人众，因俄罗斯国苦累伊等，自极远处不畏艰难，行走八月有余，至诚来投圣主，伊等路经哈萨克游牧时，哈萨克汗阿布赉遣人来报伊犁将军，称若有用我等兵士之处，我等情愿出兵，尾随追击土尔扈特。将军为此答称，土尔扈特、和硕特等此次前来，或一心为归附大皇帝而来，或实前来交战，而伊犁已有大兵矣，亦无须尔出兵相助。彼等若果来归附，圣主必降恩收拢养育，②并无用兵处也，如此晓示，令其返回。将此上奏时，上颁谕嘉奖。众皆不

---

① 原文如此，实际出发时应为10余万人。清代边疆官员屡次统计来归土尔扈特总户数与人口数，对此调查甚清。但据伊勒图汇报此事的满文奏折，当时哈萨克使者亨集噶尔、布鲁特来告时，确曾称前来者共有八九万户，见《伊犁将军伊勒图等奏哈萨克汗阿布赉遣人告知土尔扈特行踪并请援兵讨伐等情折》，乾隆三十六年五月二十四日，吴元丰等主编《东归和布克赛尔土尔扈特满文档案全译》，第7页。且在松筠撰成《百二老人语录》之前，乾隆四十七年成书的《西域图志》于《土尔扈特属》按内写明："土尔扈特渥巴锡等，以其部众三万余户，行经万有余里，不籍招徕，款关内附。"松筠撰写此段此前，长期在理藩院及其他京城机构任职，应接触过这些文献，因而此处这一数字，很可能是松筠确知户数与人数之区别后，但为增加叙事性而有意采用的原始情报数据。

② 满文转写：hasak nuktei dergi amargi ujan oros gurun de jecen acahabi, abkai wehiyehe i gūsin ningguci aniya, oros gurun i bade tehe juwan udu tumen boigun i turgūt hoošot i urse oros gurun cembe jobobumbi seme umesi goro ba ci joboro de senguwerakū, jakūn biya otolo yabufi, unenggi be akūmbume endurin gge ejen de baime dahanjiha, ese hasak nukte be darime yabue nergin de, hasak han abulai niyalma takūrafi, ili i jiyanggiyun de boolame hendume, aika meni cooha be baitalaci, be cihanggai cooha tucibufi, turgūt sei uncehen be sundalame afaki sehe bihe. ede jiyanggiyun i karulaha gisun, turgūt hoošot se ere jihengge, aici hing seme enduringge ejen de baime dosinjiha dere, ce unenggi afame jihe oci, ili de amba cooha bikai, suwe cooha tucibufi aisilara be baiburakū, ce unenggi dahanjici, enduringge ejen kesi isibume urunakū bargiyafi ujimbi.

解，讯问缘由，将军言，尔等不知，我上国①声威远播，遍及海外，然圣主久于其道，天下化成②，是以土尔扈特、和硕特等情愿一心来归。若未见其确实情状，忽以哈萨克所求使其出兵相助，伊等必行追袭，肆行劫掠土尔扈特，若如此，愈令诚心来归土尔扈特等寒心，亦有违圣主抚爱远藩之人③至意。此人诚为哈萨克所遣之人耶？④ 或为来归土尔扈特等，因不知

---

① 从这里使用"wesihun gurun（上国）"而非前线将领使用的"amba gurun（大国）"来看，松筠该著收集的应为京城满汉语境中的信息。
② 经笔者核对，"doro de goidafi, wen be šanggabuha（久于其道，天下化成）"应出自满文版《易经》。此为松筠著述内记载的乾隆时期清朝在满语中将中华传统文化与皇权统治相融合之例证。
③ "抚爱外藩之人（tulergi aiman i niyalma be bilume gosire）"，与该满文概念对应的典雅汉文为"怀柔远人"，这一汉文概念在何伟亚（James L. Hevia）著作《怀柔远人：马嘎尔尼使华的中英礼仪冲突》（*Cherishing Men from Afar，Qing Guest Ritual and the Macartney Embassy of 1793*）中则被英译为"Cherishing Men from Afar"。笔者认为，典雅汉译和英译中用"远人（Men from Afar）"代替满文"tulergi aiman i niyalma（外藩之人）"，即用含义模糊的"远（from Afar）"代替了"外藩"，都未能完整体现满文原意中"外藩"这一集体概念在清朝天下观中所具有的特定意义。在具体情境中，这一概念运用在哈萨克部上，则意味着清廷对哈萨克的重视程度要比泛指的"外藩之人"或"远人"更高，如阿布赉于乾隆三十三年（1768）首次派亲生儿子17岁的瓦里苏勒坦前去朝觐时，驻扎在楚呼楚城的清朝官员巴尔品在奏折中对瓦里苏勒坦所言为"我等惟应合大圣皇帝怜爱降恩尔等之至意（be damu amba enduringge ejen suwembe gosime kesi isibure ten i gvnin de acabume）"；见《哈密办事大臣巴尔品奏护送哈萨克阿布赉汗之子瓦里素勒坦到伊犁以便进京折》，乾隆三十三年十二月二十五日，《军机处满文录副奏折》，中国第一历史档案馆藏，档案号：03 - 0183 - 2303 - 016。
④ 满文转写：cooha baitalara ba akū kai seme, ulhibufi, amasi ungihe, ere babe wesimbuhede, hesei saišaha, gūwa ulhirakū ofi, turgun be fonjiha de, jiyanggiyun hendume, suwe sarkū, musei wesihun gurun i horon hūturi aifini selkiyebufi, mederi tulergi de bireme akūnaha, tuttu bime, enduringge ejen doro de goidafi, wen be šanggabuha turgunde, turgūt hoosot se ini cisui hing seme baime dosinjimbi, nergin de udu yargiyan arbun be sara unde bicibe, aika hasak i baiha songkoi cooha aisilabuci, ce urunakū sundalame cihai turgūt sebe tabcilame yabumbi, tuttu oci, elemangga turgūt sei dahanjire unenggi gūnin be šahūrabumbime, enduringge ejen i tulergi aiman i niyalma be bilume gosire ten i gonin de acanarakū ombi, tere anggala yargiyan i hasak i takūraha niyalma biheo。

我处如何相待，畏惧猜疑之下，遣人着哈萨克衣帽，欺瞒以哈萨克所遣，① 前来探取消息，亦料不定也。② 诚若如此，我等若信其欺瞒所请之事，误言令其出兵相助，彼等惊惧之下，困窘无计，将至前来交战之境。伊犁等处大兵若奋勇剿灭，则无端违背来归之人至意，若令十余万户人众丧命，即与圣主效法上天好生之德至意相违，可言牵连轻巧乎？③ 是以，我顷加详虑，或诚为哈萨克，或伪称哈萨克，皆照圣主平素训谕而行，视其诚意，晓示可也。遂以正言晓示，令其返回。若于圣主圣明之下，于此等事疏忽大意，圣主岂能宽免？如此言说之下，众皆倾服。来归全部土尔扈特，遵照圣恩，每人赏给米粮、衣服、马匹、牲畜，大台吉等，封汗、王、贝勒、贝子、札萨克

---

① 松筠等修撰的汉文《西陲总统事略》内也记载伊勒图所言，但并未如此处所称这些使者是着哈萨克衣帽的土尔扈特人假扮的，而是称他们虽是哈萨克人，但非哈萨克首领派出的，是土尔扈特人派来试探清朝态度的。两部著述在前来人员身份的表述上出现了不一致。

② 此节与松筠等所修撰的《西陲总统事略》中的大体一致，但伊勒图所言稍有不同："正遣回时，属员等佥称，土尔扈特来意如何，尚无确信，似可姑从所请，备而不用。将军曰：尔众殊不深思，即此来之哈萨克，尔众相识乎？众曰不识。（将军）曰：吾语尔众，今土尔扈特来自异域，素知伊犁多兵戎守，断不敢稍萌异志，况其内或有从前惧罪逃往之徒，心存疑二，故使哈萨克前来探听消息，亦未可知，若从所请，姑备以兵士，尔土尔扈特闻之，徒生疑惧，获致酿成大事，所关非细，无论虚实，应先示之诚信，以昭怀来，如此则土尔扈特虽有异志，亦可化现天良，保无意外之虞，而况圣主威德远播，吾意土尔扈特倾诚来归无疑。后土尔扈特至，果如其言，其内竟有从前惧罪逃往之舍楞，众乃悦服。"

③ aici dahanjire turgūt se muse cembe adarame obure babe, ce sarkū de, geleme tathūnjame niyalma takūrafi, hasak i etuku mahala etufi, holtome hasak i takūrahangge seme mejigešeme jihenggeo, geli boljoci ojorakū kai, unenggi tuttu oci, muse ceni holtome baiha be akdame, cooha aisila seme tašarame gisurefi, ce gelehe manggi, hafirabufi, arga akū afanjire de isinambi, ili i jergi ba i amba cooha heo seme cembe mukiyebuci ocibe, fili fiktu akūdahanjire niyalmai unenggi be jurcefi, juwan udu tumen boigon i niyalma ergen be jocibure oci, fuhali enduringge ejen i dergi abkai banjibure de, amuran erdemu be dursulere ten i gūnin waka ombi, ere halbobuhangge weihuken semeo?

品级台吉等爵有差。①

乾隆三十六年，清朝边疆大员伊犁将军伊勒图，在如何妥善处理突发的土尔扈特十数万人东来的事件上，感到非常棘手。他首先碰到的问题便是"哈萨克"使者请命追袭土尔扈特。如对此请命应对不当，便如文中所言，将有严重后果，导致东归来投的土尔扈特、和硕特人众在走投无路之下，不得不与清军交战。此段所述即围绕此一应对而展开。文中伊勒图审时度势，在怀疑"哈萨克"使者可能为前来探信之土尔扈特人假扮的后，做出最佳应对，即未答应"哈萨克"使者追袭之请求，反示以清朝欲接纳之意。但此分析、思考过程及众人的反应，应为后人之杜撰，此段所述若真实，则因其重要性必然会在满文奏折中有所体现，即使奏折原件不存，也有《军机处满文录副奏折》和《军机处满文月折档》版本或皇帝的回应上谕可核对。笔者在《土尔扈特档》及现存所有档案中均未见这一判断记载。在基于史实的记载中加入这段文艺性曲笔，在以后的信息传播中，必有以讹传讹之弊，既不利于纪实，也不利于治边。可见乾隆末期满文私家著述中的哈萨克知识，已开始脱离史实。

土尔扈特部众回归后，在清朝一系列妥善救济、安置措施之下，终于安居乐业，此期间虽经历了以上所述的曲折过程，但土尔扈特终被纳入清朝札萨克制度的管理之中。

于伊犁附近精河地方贝勒一名，库尔喀拉乌苏地方郡王一

---

① tuttu bi nergin de jakanjame bodofi, yagiyan hasak ocibe, holo hasak ocibe, damu an i ucuri enduringge ejen i tacibuha hese be dahame unenggi be tuwabume ulhibuci wajiha seme ambalinggu gisun i ulhibufi maribume icihiyaha, antakan enduringge ejen i ferguwecuke gengiyen de enteke baita de aika oihorilaci, enduringge ejen guwebumbio? seme gisurere jakade, geren hungkereme gūnin dahaha, dahanjiha ele turgūt sebe, ejen i kesi de anggalai bele etuku adu, morin, ulha šangnafi, ambakan taiji sabe ilgame faksalame, han wang beile beise i hergen jasak i jergi, taiji i hergen šangname fungnehe。

名，喀喇沙尔地方汗一名①、贝勒一名、贝子一名，塔尔巴哈台附近地方亲王一名、札萨克台吉一名，科布多所属阿尔泰地方郡王一名、贝子一名，指给赏赐游牧地，令各与所属阿勒巴图一同安生居住，将彼等皆行轮班朝觐之处著为定例。② 将此等事何处得闻相问后，言称缘有一老哥自伊犁返回，为其所告得记，夸赞此托忒生员记忆甚佳之时，其言，虽有如许大致情节，亦应完备为善矣！各旗友朋，皆应如此留心，万不可疏忽。③

---

① 这一指定游牧地的过程，历数年才完成。见《伊犁将军伊勒图奏闻土尔扈特汗渥巴锡等游牧移往喀喇沙尔情形及其耕牧事宜折》，乾隆三十八年十月十五日，《军机处满文录副奏折》，中国第一历史档案馆藏，档案号：03-0186-2551-017；《伊犁将军伊勒图奏土尔扈特汗渥巴锡游牧迁移事折》，乾隆三十九年四月二十九日，《军机处满文录副奏折》，中国第一历史档案馆藏，档案号：03-0186-2583-013；《伊犁将军伊勒图奏土尔扈特汗渥巴锡部众迁到夏季牧场后颁给路票以便到喀喇沙尔探亲贸易折》，乾隆三十九年七月二十三日，《军机处满文录副奏折》，中国第一历史档案馆藏，档案号：03-0186-259-019。

② 《伊犁将军舒赫德奏请定来年赴热河朝觐土尔扈特应定之日期折》，乾隆三十七年十二月十五日，《军机处满文录副奏折》，中国第一历史档案馆藏，档案号：03-0185-2504-004；《乾清门侍卫善保为报遵旨率土尔扈特郡王巴木巴尔等朝觐达到避暑山庄日期事呈文》，乾隆三十七年七月初六日，《军机处满文录副奏折》，中国第一历史档案馆藏，档案号：03-0185-2491-049；《伊犁将军舒赫德奏新归土尔扈特和硕特年班事宜折》，乾隆三十六年十二月二十八日，《军机处满文录副奏折》，中国第一历史档案馆藏，档案号：03-0185-2487-018；《伊犁将军舒赫德奏土尔扈特和硕特台吉等前往热河朝见折》，乾隆三十八年二月十八日，《军机处满文录副奏折》，中国第一历史档案馆藏，档案号：03-0185-2511-004；《伊犁将军伊勒图奏土尔扈特和硕特台吉等赴避暑山庄朝觐折》，乾隆三十九年二月二十六日，《军机处满文录副奏折》，中国第一历史档案馆藏，档案号：03-0186-2579-012。

③ 满文转写：ili i hanci jing bira sere bade beile emke, kur kara usu sere bade giyun wang emke, kara šar sere bade han emke beile emke beise emke, tarbagatai i hanci bade cin wang emke jasak taiji emke, kobdo i harangga altai sere bade giyun wang emke beise emke, cembe meimeni albatu i sasa nukte jorime šangnafi, jirgabume tebuhe, esebe gemu idurame genggiyen be hargašabume, jidere babe kooli obume toktobuha, ere jergi babe aibici donjihangge seme fonjici, ini gisun, ili ci mariha emu sakda agu inde alaha turgunde ejehengge sembi, ere tot hergen i tacihūi juse yali ejesu sain secina, ere henduhengge, udu amba udu muru bicibe, inu yongkiyaha seci ombikai! yaya gūsai gucusa gemu uttu gūnin werešeci, oihori sain akūn。

松筠（1752—1835），玛拉特姓氏，字湘圃，蒙古正蓝旗人，乾隆三十七年，由翻译生员考补理藩院笔帖式，中试后任军机章京，后于乾嘉之际跻身清廷高级官员之列。松筠在京曾任职于理藩院、内务府、刑部、军机处；外放后，历任蒙古、吉林、西藏、陕甘、两江、两广等地区的封疆大员，此期间还曾两任伊犁将军。他的所见所闻所感所思，贯穿乾隆中后期以及整个嘉庆朝，可以作为所处时代清廷官员群体的一个代表。以松筠著作为切入点，可以折射出哈萨克藩部在清朝边疆体系内的变迁。因而，本节以松筠著作中新疆的整体面貌演进为一条线索，以哈萨克部在清朝藩属中的地位变化为另一条线索，通过对两条线索的比较分析，勾勒出哈萨克在归附清朝以后的历史发展脉络。松筠《百二老人语录》，包含有其他史料中所不见的且能体现清哈关系发展的重要内容，其所载的哈萨克获赐封爵之条件，"哈萨克回部"观念，哈萨克缎马贸易对新疆军政的作用，处理哈萨克借兵攻打塔什干之方式，处理土尔扈特东归，等等，反映出乾隆朝后期清朝旗人官员对哈萨克的历史认识。对哈萨克封爵与"哈萨克回部"观念及清哈缎马贸易之记载，虽不够详尽，但已接近历史事件之实质。关乎边疆管理交涉的哈萨克借兵与土尔扈特回归之记载，虽未有大错，却已失去对问题实质的把握，暴露出乾隆中期所形成的治理哈萨克藩属策略和基本认识，在松筠这一代官员身上已经出现一定程度上的"知识断裂"。

清廷对哈萨克藩属的这种"知识断裂"，源于乾隆朝时期的治理经验并未得到有效的总结和继承，其后的嘉庆君臣过于依靠已经丢失了大量关键历史细节的官方著述来了解哈萨克，脱离现实地沿袭旧有典章制度。嘉庆朝清廷对维护边疆秩序的关键因素的认知，与乾隆中期在本质上已然有别，以往通过朝贡、册封、贸易、情报活动引导、培养哈萨克游牧集团忠于清朝的政策渐渐有所改变。在此背景下，虽然哈萨克藩属身份尚未改变，但清廷对哈萨克部的管理逐渐僵化和流于形式，导致对哈萨克藩属的管控逐渐失去力度。与此同时，清廷对沙俄侵吞哈萨克的野心亦失去警惕，日益强大的沙俄不但吞并哈萨克游牧地，还通过不平等条约割去巴尔喀什湖、阿雅古斯河、吹、塔拉斯以东以南的"卡外界内"大片土地。这些地方属于清朝国土，因乾隆帝施恩允许哈萨克藩属入界游牧，因而有哈萨克部众居住，沙俄便认为是哈萨克人土地而强行吞并。成书于民国年间的《清史稿》，在论述哈萨克左、右部归附之后，完全跳过其后长达百年的朝贡、贸易以及成为藩属的过程，仅概述为："二十三年以后，屡遣使入朝，恩赐宴赉如例。其贡道均由伊犁以达京师。今则自中、俄定界后，哈萨克已分属两国矣。"① 清末时期，由于世界局势的发展和清朝"沦为被列强任意宰割的半殖民地半封建社会，主权即横遭践踏，国之不国，则清代平昔行之有效的民族宗教政策，不啻一纸空文"；关于清朝与哈萨克关系发展变化的细节更加不为人所知，"盖无主权则无政策可言，此可谓创世痛深，足可为后人之鉴矣！"②

尽管哈萨克从乾隆中期成为清朝藩属后，一直对清朝保持着恭顺之态度，但境外沙俄日益强大，以武力加强对亚欧大陆中部的渗透，并在嘉道时期吞并哈萨克各部。③ 清朝与哈萨克诸部间的"大国—藩属关系"，终于在沙俄武力加持下瓦解。④ 这一关系的瓦解，也有清廷自身的原因，从乾隆末期开始，清廷即开始对边疆治理的

---

① 赵尔巽等：《清史稿》卷529，"列传三百十六"，中华书局1977年版，第14719页。
② 王锺翰：《清代民族宗教政策》，《清史续考》，第80—102页
③ 参见孟楠《俄国统治中亚政策研究》，第一章第二节"清朝与哈萨克的关系及俄国割占中国大片领土"，新疆大学出版社2000年版，第44—52页。
④ 顾颉刚、史念海：《中国疆域沿革史》，商务印书馆2015年版；该著探讨了清代的边疆危机。陈维新：《清代对俄外交：礼仪体制及藩属归属交涉（1644—1861)》，黑龙江教育出版社2012年版；该书第六章"道光时期哈萨克归属之交涉"依靠汉文史料和佐口透等人的研究，讨论了哈萨克藩属被俄罗斯侵夺之事，认为清俄国力对比发生变化是哈萨克归属的决定因素，但在清朝维护与哈萨克的关系上，作者将之完全归结为"封贡体制"下的宗主与属藩关系；笔者认为，该著没有考虑到哈萨克社会在清朝影响下所发生的变化，对哈萨克作为清朝藩属的分析过于简单。

复杂性失去警惕,思维僵化,对哈萨克社会的新变化不再重视和积极掌控,至19世纪中叶,哈萨克在阿布赉领导下所形成的对清朝的政治依赖和忠诚,也因沙俄的强势吞并走向终结。这一过程给后人留下了值得反思的历史教训,有待学人依据第一手档案继续探索乾隆朝以后的历史变迁。

小　结

本章研究清哈"大国—藩属关系"对清朝自身和中亚局势的影响。清哈关系对清朝治理新疆的影响,前人研究较多;清哈关系对清朝治理中亚诸藩属的影响,则鲜有学者问津。对此,本章试图采用新材料、发现新问题,探讨哈萨克藩属对清朝维护边疆稳定和治理中亚的作用,但是论题宏大,难以尽述,笔者选择1773年土尔扈特东归期间阿布赉忠诚清朝的表现和乾隆末期官员松筠对哈萨克认识为切入点进行讨论。在探讨土尔扈特东归事件时,通过考察亚欧大陆诸大势力在此一事件中的各种反应和动向,发现了阿布赉所率领的哈萨克左部对外具有维护清朝利益的表现,对内则充当清廷情报网络中"信息源"的作用。在探讨乾隆朝清哈关系走向和哈萨克在藩属体系内的作用时,笔者采用史籍和史料比较为切入点,逐一分析松筠于乾隆末期撰成的各类著述内有关外藩哈萨克的表述与前代官员的认识之间存在的不同之处,再比较几十年间整个清代官员群体对哈萨克藩属认识的转变,发现了自乾隆末期起,清朝官员群体在对哈萨克的关键认知上已出现巨大转变,存在"知识断裂"现象。在进一步探索这一认识转变的原因及其造成的影响时,笔者认为,乾隆中期清廷打造盛世武功形象的历史书写,掩盖了清哈关系建立与发展的真相,大量奏折、上谕中的有关清哈关系的真实信息和成功治理边疆的经验,没有得到有效提炼和继承,导致后代官员在对哈萨克的整体认识上出现"知识断裂",这为嘉道之际的边疆危机和哈萨克藩属渐被沙俄侵夺埋下了隐患。

结　语

　　本书主要对乾隆时期清朝与哈萨克诸部关系史做一个系统考察。按清哈关系发生、发展、归附、朝贡、贸易及其回顾的顺序进行了研究。指出清朝与哈萨克的关系，是清朝"平准"后，在乾隆帝和哈萨克阿布赉等首领推动下发展起来的。随后，清哈关系成为清朝藩部体系中关键之一环，并在乾隆年间得到深入发展，是直至乾隆末期出现俄罗斯侵袭隐患的整体历史进程的一部分。从总体上说，本书主题涉及的档案史料众多，研究成果丰富。笔者查阅中国第一历史档案馆馆藏档案时，发现相关满文档案有数千份之多，但绝大多数从未被汉译和利用。选取史料、确定研究内容并提出创见，是本书的难点，也是创新点所在。本书采用将以往研究成果与关键满文档案相结合的方法，以探索关键事件的历史真相为各章创新点，将各章新发现结论整体串联后，提炼出有新意的结论作为全书的创新点。在按逻辑关系探讨清哈关系建立的条件和过程后，转向以朝贡和贸易为主要特征的清哈"大国—藩属关系"研究，选取未被学界注意但又能考验阿布赉在诸多势力之间所持态度的土尔扈特东归事件，来论证这一关系在建立十数年后越发牢固的事实，并通过乾隆末期官员松筠著述回顾本书所述各部分内容，即在动态考察清哈关系发展的同时，将之与松筠著述的静态描述相比较，得出乾隆朝后的清廷君臣在对哈萨克整体认识上有"知识断裂"的存在，在肯定乾隆朝清哈关系深入发展的同时，也揭示了乾隆朝以后清哈关系与清朝藩部政策的走向。

通过系统考察，笔者提出理论新见，认为乾隆时期清朝与哈萨克诸部间为"大国—藩属关系"，并可将之形象地比喻为横跨万里的哑铃结构，清哈政治活动集中于北京和哈萨克草原，而陕甘等地则起到通道的作用，呈现出两头大、中间小的显著特征。以往国内研究多着力于哑铃中部的贸易、交涉活动，但实际上与清哈关系相关的大量活动，以及清代中国内部对西域认知的改变，都发生在哑铃的东端，即在以北京为中心的清朝中央；而隐蔽在满文史料中的清朝使者数十次出使所见证的哈萨克游牧社会对清朝的认同，以及成为清朝藩属而在哈萨克内部引发的社会结构的巨大改变，则都集中发生在哑铃的西端，即哈萨克草原。国内学者在以往的研究中普遍忽视哑铃的两端，国外学者则大多忽视有这样一种哑铃结构的存在，对这一史学认识的修正，是本书理论建构的创新点。

在本书写作时，考虑到罗列汉译满文史料容易导致篇幅冗长、有叙无论等弊病，因而力争在各章节中将精选的典型新史料与前人研究成果充分结合，以求在学术对话中实现对学科前沿问题进行探索的目的。

首先，本书对清朝与哈萨克诸部关系发展过程中的相关因素展开探讨。清朝平定准噶尔后，原准噶尔属部哈萨克在与清朝交往初期，准噶尔的影响仍未消散；俄罗斯与哈萨克诸部发生联系较早，又于19世纪中叶侵吞哈萨克，对清哈关系的影响也始终存在；此外，哈萨克社会与清朝其他藩属相比，有着自身游牧社会部落联盟制等特征，这一特征也影响着清哈关系的发展。对于准噶尔因素，本书先考察准噶尔贵族阿睦尔撒纳及其属人居处清哈之间，参与和影响清哈决策与关系走向的史实；后考察阿布赉擅长的准噶尔语言文字在中亚地区长期被使用的特殊意义，揭示准噶尔因素在清哈关系建立与发展中的"过渡"作用。对于俄罗斯因素，本书通过关注乾隆二十三年俄罗斯发往清朝的阿布赉于乾隆五年的附俄文书，以争夺哈萨克藩属之举，在长时段内考察清朝对类似主张的应对，发现隐藏在哈萨克藩属"两属"表象下的对清廷奉行的自愿和互利原则的真正向心力。对于哈萨克自身因素，则选取少有人关注的满文《哈萨克户口数目档子》为切入点，展示哈萨克社会内部结构，论证乾隆中期君臣对了解哈萨克社会内部结构具有兴趣的浓厚，并认为这种了解是清哈关系顺利发展的关键保证。三大因素的论述，为后续章节的研究提供论述背景。

其次，研究清哈关系的发生与发展，即哈萨克诸部从认知清朝到归附清朝的全过程。清朝与哈萨克左部首次通使发生于乾隆二十年，经过大量的使者往来，在两年后哈萨克左部成为清朝藩属，三年后右部也归附清朝。这段历史淹没于清朝"平准"之宏大叙事之中，在清代汉文方志中几无记载，而俄文史料内对之的相关记载也极为缺乏。清朝与哈萨克诸部初期交往，包括通使前的交往、通使后频繁的使者往来。考察清哈初期交往的缘由和详情，有助于理解哈萨克归附的原因以及归附后清哈朝贡贸易能迅速开展的原因，这对清代中亚历史具有重大的学术价值，以往学者往往以清军平定回部为清朝影响力扩展至中亚费尔干纳盆地之始，但忽略了清朝与哈萨克交往才是清朝获知中亚信息与影响中亚政治格局之始。

最后，研究阿布赉归附清朝全过程，并讨论了相关的罗卜藏多尔济只身降服哈萨克和阿布赉欲擒献阿睦尔撒纳问题。本书从不同角度论述了阿布赉归附清朝的真实动机和历史真相。18世纪中叶清朝与哈萨克关系，在有清一代清哈交往史上具有举足轻重的地位，双方通过多次遣使交流，最终建立了"大国—藩属关系"，为长期友好交往奠定了坚实的基础。以左部哈萨克阿布赉归附清朝为标志，清朝与哈萨克初期交往基本完成，之后清哈关系进入以朝觐、贡马、贸易和边疆来往为主要特征的全新阶段。

经过前三部分的讨论，本书接着从宏观角度研究清哈关系。其一，宏观研究左部哈萨克在乾隆二十二年、右部哈萨克在二十三年归附清朝后所派出的朝觐使团及其献马、奉表文。哈萨克朝贡可以分为朝觐和贡马两部分；朝觐部分从疆臣奏报左部哈萨克阿布赉归附时的朝觐使团人员清单入手进行分析。贡马部分则从右部哈萨克归附进献马匹入手，再以乾隆五十六年阿布赉之孙阿弥宰入觐为中心，总结乾隆朝哈萨克使团的朝觐活动，以期点面结合。国内外学界关于哈萨克朝贡的专题研究虽然不多，但对清朝藩属国及清代朝贡制度的研究成果较多。本章创新点为选取关键满文史料，对左部哈萨克使团人员构成进行分析，探索长时间段内哈萨克社会内部权力结构转变的规律，厘清清朝"恩养"政策所引发的哈萨克游牧社会在乾隆朝时期的权力转移线索。通过比对满文档案与官方文献所记载的异同，得出清廷不断更新对哈萨克认知的结论。对右部哈萨克使团贡马行为的研究，则考证出这批进献马匹即为郎世宁所画《哈萨克贡马图》之原型，并将哈萨克朝觐贡马提升至乾隆帝构建的全新国家意识层面。对阿弥宰使团的考察，使用相关内务府档案，跨越整个乾隆朝，首次概述了哈萨克使团在京朝觐期间的基本活动及其管理机构。

其二，宏观研究清哈贸易关系这一重要议题。清哈贸易史一直受到清代边疆史学者的关注，相关档案文献种类繁多、数量庞大，研究成果也较多。本章从考察清朝与哈萨克贸易开端入手，指出乾隆二十年阿布赉就曾遣使表达大规模贸易之愿望，以及乾隆二十三年正式贸易开展前清军和阿布赉所部已有两次小规模贸易的事实，提出阿布赉始终具有强烈贸易愿望的新观点，并首次论述了贸易商定初期熟悉边情的定边右副将军兆惠所起的重要作用。接着对乌鲁木齐成为首个贸易地点原因进行再辨析，指出前人研究中误用史料导致的认识缺憾，并使用档案文献分析了哈萨克贸易章程在长时段进程中的复杂变化。最后论述清朝与哈萨克贸易关系的全面展开情况。

其三，研究清哈关系对清朝及中亚局势的影响。本部分选择乾隆三十六年土尔扈特东归期间阿布赉忠诚清朝的表现，"哈萨克三部"概念在清朝相关文献中流传时所出现的"知识断裂"，以及乾隆末期官员松筠对哈萨克的认知为出发点，探讨哈萨克藩属对边疆稳定和清朝治理中亚的作用。在讨论哈萨克三部在土尔扈特东归事件中所起的作用时，本部分通过考察土尔扈特东归这一牵动亚欧大陆诸大势力的事件中各方的反应和动向，得出阿布赉所率领的哈萨克左部具有对外维护清朝利益的整体表现，以及对内充当清廷情报网络中"信息源"的新结论。关于乾隆朝的清哈关系走向和哈萨克在藩属体系内的作用，采用史籍和档案比较方式，逐一分析松筠于乾隆末期撰成的各类著述中有关外藩哈萨克的表述与前代官员之认识所存在的不同之处，再比较前后几十年间清代官员群体对哈萨克藩属在认识上出现的转变，发现乾隆朝后之官员群体在对哈萨克的关键认知上已出现"知识断裂"的现象，得出乾隆朝后之官员在哈萨克认识上已出现巨大转变这一新结论。在进一步探索这一认识出现转变的原因及造成的影响时，笔者认为乾隆中期清廷打造盛世武功形象的历史书写，掩盖了清哈关系建立与发展的真相，具体体现为乾隆朝的大量奏折、上谕中的真实信息和成功治理边疆的经验，没有得到有效提炼和继承，从而引致后代官员在整体认识上出现"断层"，此"断层"又为嘉道之际的边疆危机和哈萨克藩属渐被俄罗斯侵夺埋下了隐患。

本书就具体研讨问题获得的结论如下。

第一，关于哈萨克诸部在清朝中亚治理中所起的示范作用。乾隆朝是清代治理新疆地区整体战略体系的形成与完善时期，哈萨克是"平准"后中亚地区最强大的一支军事力量，也是清朝西域版图之外最早接触、通使并归附成为清朝藩属的中亚部族，哈萨克的归附对其后布鲁特、巴达克山、浩罕等中亚部族的相继归附具有示范作用。清朝将与哈萨克交往中新获得的经验运用于中亚其他地区，完善了清朝的藩属体系建设。在此过程中，哈萨克的归附实为清朝主导建立中亚秩序中的最为关键一环。

第二，关于哈萨克诸部与清代丝绸之路关系问题。乾隆二十二年阿布赉率部归附清朝以后的近百年时间内，哈萨克左、右部数代汗、王、公等高层，均维护了向清朝称臣纳贡的传统。中原王朝与游牧部族在历史上长期存在的贸易传统，是清哈缎马贸易兴起的历史基础，清朝对哈萨克"产马之区"的认识和阿布赉等哈萨克首领的主动需求，又是双方互利贸易关系顺利发展的现实基础。18世纪中叶到19世纪中叶，发生在清朝和哈萨克诸部间的贸易活动之详情，主要记载于满文史料中，是清代丝绸之路贸易活动的具体体现，但被以往丝绸之路研究者所忽视。

第三，在清朝"恩养"政策的扶持下，哈萨克游牧社会自身发生巨大的变化问题。以往对清代中亚的研究，对区域史关注有余，而对哈萨克社会内部发生的变化则讨论不足，这主要是受到研究材料的限制。笔者利用大量新史料进行研究，发现与清朝交往密切的哈萨克阿布赉、阿布勒比斯家族，受清朝政治、经济和军事方面的支持，获得了长足的发展，阿布赉从仅统帅中玉兹的首领，成长为哈萨克三部之总汗，阿布勒比斯则从普通军事将领，成长为领有整个奈曼部的鄂托克。在清朝对哈萨克藩属实行"恩养"政策的扶持下，亲清朝的阿布赉、阿布勒比斯游牧势力在乾隆年间兴起，承袭他们汗、王爵位的后代子孙大多具有前往京城入觐受封的经历，他们长期维护乾隆时期形成的定制，保持了对清朝的忠诚，为清朝西部边疆起到"屏藩"的作用，在长时间段内抵消了俄罗斯对中亚的影响，减少了中亚地区对清朝边疆的威胁，清哈关系保持了近百年，既使清朝西部边疆长期稳定，也使哈萨克在政治、经济和社会方面获得稳步发展。

第四，清朝对包括哈萨克藩属在内的边疆地区的管理由盛转衰问题。研究这一转变出现的原因，具有重要的现实意义。通过考察满汉文史料，笔者认为在乾隆中期形成的对哈萨克藩属行之有效的管理方法和基本认知，已在组织撰写《钦定新疆识略》的松筠这一代官员身上出现"知识断裂"。之所以有此一转变，究其原因为嘉庆、道光二帝及其官员过于依赖官方著述来了解过去，沿袭旧有典章制度，抛弃了记载于满文资料中行之有效的管理措施。此一时期，清廷对维护边疆秩序的关键因素的认知，已与乾隆中期在本质上有所区别。以往通过朝贡、册封、贸易、情报传递等活动培养哈萨克游牧集团的忠诚于清朝的传统渐渐发生改变，清廷对哈萨克藩属的管理方式也逐渐僵化，终致对哈萨克藩属的管理失去力度，导致嘉道之际俄罗斯侵夺清朝藩属哈萨克诸部。尽管哈萨克藩属在近百年间维系着"大国—藩属关系"，对清朝恭顺，但此种关系终被俄罗斯从外部瓦解。清朝从乾隆末期开始即对边疆治理的复杂性失去警惕，对哈萨克社会的新变化失去掌控，至 19 世纪中叶终使自己失去对哈萨克诸部的治理权。

附　　录

《定边右副将军兆惠奏哈萨克阿布赉遣使归附折》满文全文转写*

aha jao hūi gingguleme wesimburengge, hasak i ablai elcin takūrafi,

---

* 《定边右副将军兆惠奏哈萨克阿布赉遣使归附折》，乾隆二十二年六月十八日，载中国边疆史地研究中心、中国第一历史档案馆合编《清代新疆满文档案汇编》第23册，第405—424页。本转写所对应的兆惠奏折，在本书第三章阿布赉归附清朝一节，被笔者作为核心史料全文翻译。这份奏折为兆惠抵达前线军营见到哈萨克使者后，立即奏报清廷阿布赉率哈萨克全部归附一事的原始文件。在六月十八日同一天，兆惠发出13份奏折、奏片，大多数与哈萨克归附事有关，其中最为详尽汇报阿布赉归附全部过程的，就是这份奏折。阿布赉归附对清代边疆官军来说，是极不寻常的，也是十分重要的。据笔者在中国第一历史档案馆的查询，兆惠一生于各地任职，全部满文奏折中，仅在率部被困"黑水之围"半年之久后得解之日所上奏折数，可与此日所上奏折数相比。这份奏折又是当天所有奏折中的"主折"，专司奏报此件大事的过程及处置方案。其内记载的奇彻布阵亡一役，突出清军是在面临全军覆没危险下，靠将士们勇敢血战才得以生还的，清军此举令哈萨克将士们畏惧而臣服。乾隆阅之朱批为"诚为可惜矣！阅此以至落泪，其尸骨找到否？"这样的内容在笔者阅读的数千份满文朱批奏折中亦极为罕见，但这些具体内容在清代官方撰修之史籍内大半已丢失。历史细节丢失的同时，历史真相也往往随之丢失，因而才会有《啸亭杂录》中阿拉善郡王只身降敌这一与事实完全不符的记载，流转于各类志书之中。不但清代志书所记载的阿布赉归附事有以讹传讹之弊病，而且国外部分学者也受沙俄构建的殖民史观的传统影响，认为阿布赉只是"名义"归附，不是真正忠诚于清朝，并与清朝保持了平等地位。本书对这份关键档案的全文翻译，可以为之提供有力的证据，以修订此说。

本书创新点即从细节发现历史，从档案发现历史，通过选取关键档案，透彻分析当时人、当时事，并与大量后世文献比对，从长时间段内寻找动态的变化的历史轨迹，在史实基础上探索历史真相，以达到前后贯通的效果，因此特将该份档案全文转写，以利学界深入研究。

gingun ijishūn i dahaha babe donjibume wesimbure jalin. ninggun biyai juwan juwe de aha bi tarbahatai wargi amargi sili de tataha. inenggi alime gaiha hebei amban fude i unggehe bitehede, fude mini beye hūlha bayar be fargame tuluncu, dališan sebe gaifi, julergi turšun haihūn tucibufi, hacihiyame yabure de, beile lobzangdorji, meiren i janggin ailongga sei alibume benjihe bithede. meni beye sei sunja biyai gūsin de ai tangsu sere birai dergi julergi emu ajige šeri de uheri gūsin emu hafan cooha isinjifi udelefi. teni yabuki seme morin jafara de, gaitai sunja ninggun hūlhai baran be sabufi, meni beyese anggimu tohome jabduha juwan funcere cooha gaifi, neneme gidame jafame genere de, gaitai mutu i cargi ci susai funcere hūlha jifi, uthai bireme jafame jidere de, meni beyese uthai alime gaifi, juwe ilan mudan gidame afafi, bederebuhe. ede, sibtuki baturu hiya kicebu miyoocan de goifi, dain de tuheke. jai solon i uksin beljiher šan i bade feye baha. geli siran siran i juwe ilan baksan, juwe tanggu isire hūlha jifi, ududu mudan fumereme afaha. ede lobzangdorji ailongga meni beye lamun funggala eldengge be takūrafi, si juwe cooha be gaifi, hahilame amsi genefi, musei morin šadafi, amala tutabuha hafan cooha aciha be bargiyafi, akdula ergi dorgici morin nikedeci ojorongge be sonjofi, mende hahilame sirabu, emu derei hebei amban de ere mejige be boola seme afabufi takuraha, geli amargici juwe tanggu funcere hūlha duin mani tukiyefi faidame, jilifi niyalma takūrafi hūlame afara be ilibufi. suwe ya bai cooha? aibide genembi? serede meni baci alašan i taiji lamadasi, hiya ceringnamjal sebe takurafi. be amba gurun i cooha, jun gar i fudaraka hūlha sabe dailara de ukame tucike hūlha bayar be fargame yabure cooha, suwe ya bai cooha? aibide genembi? seme takūraha de, ceni gisun, be hasak ablai cooha, meni ablai duleke aniya amursana be amba gurun de jafame buhekūngge, meni waka amala amursana be jafafi, amba gurun de bufi serede, amursana serefi. meni ninju funcere morin be hūlhafi, ukame tucike. geli duleke aniya duin aiman i oilet se amba gurun ci ubašaha seme donjifi, meni ablai ere aniya ilan tumen cooha ilan jugūn dosifi, amursana be jafame, oilet se nukte be tabcilaki, aika amba gurun i cooha be acaci, duleke aniya jiyangguyun i buhe doron gidaha bithe be tucibufi hūwaliyame acaki seme abulai ini deo ablbis, abul sede sunja tanggu cooha bufi, neneme turšun de unggihe, bi amba gurun i cooha be sarkū, teisulere jakade šunde afafi, gemu koro baha. be amba gurun i cooha be safi afaci, amba han i kesi be bahafi alirkū. meni beyese jugūn i andala gemu bucekini seme gashūnmubi. ambasa membe sasa oilet sebe daila seci, be uthai afabuha be dahame dailaki aika amasi cooha goci seci, uthai nukte de gociki, damu suweni takūraha niyalma oilet i gisun mudan bisire be dahame manju monggu gisun sara niyalma tucibufi unggireo. meni baci amba han de bithe wesimbubi sehede, ailongga, lobzangdorji be girin ulai nirui janggin be araha jalan i janggin daliku cahar juwan i da be araha jalan janggin donduk sebe takūrafi, abilbis, abul sede, jun gar i bade meni cooha gemu gaime wajiha, damu hūlha amursaba bayar be jafame bahara unde. suweni cooha be adarame obure babe, meni bade toktobume banjinarakū? be tuwame dahame yabuci acambi. seme takūraha de. hasak geli fonjime ya jiyanggiyun jihebi? sere jakade meni alarangge, jultus jugūn deri kalkai wei jiyangggiyun juwe tumen cooha gaifi dosika. ere habirga jugūn deri jao jiyanggiyun juwe tumen cooha gaifi dosika. altai jugūn deri de jiyanggiyun han gung kalkai baturu wang, juwe tumen cooha gaifi dosika. ne meni cooha be gaifi yabure, fu hebei amban jihabi. ede ceni gisun, duleke aniyai meni baru hobok sari de afaha, meni bade cooha gaifi genehe, fu amban oci, be takambi, uthai hebei amban de eicin takūraki seme gisurefi, abilbis abul ceni demci hodoguidama sei ilan niyalma be daliku, donduk sei sasa unggifi, jiyanggiyun i doron gidaha bithe, cini ahūn deo i temgetu, jiyanggiyun hebei amban de beleke jafara juwe morin benjime jihebi. jihe elcin hotoguidama sei alarangga, ne meni cooha amasi bederefi, aihūs i bade abulai be acafi, hebei amban elcin unggire be sunja inennggi boljofi, aliyaki, amba han de wesimbure bithe be wesimbuki, ere sidende aika amursana meni nukte jici inu jafafi buki, seme gisurehe seme alambi, uttu oci, meni baci cahar i jalan i janggin dunduk cooha emke hasak i juwe elcin, kutule emke be suwaliyame hebei amban de benebuheci tulgiyen, meni beyese orin isire hafan cooha be gaifi kemuni bayar i songko de neneme isinafi colhorome dosifi. hūlha be gidaha siran siran i isinafi afaha, hafan cooha be alame, getukeleme baicaci, niyeceme boolaki, seme alibume benjihabi, sirame ninggun biyan ice ilan de hasak i takūraha elcin hotogūidame se isijiha manggi, fude mini baci elicn takūraha turgun, cooha meni baru afaha babe fonjici jaburengge, ablai juwe deo abulbis, abul ahūn deo juwe menbe takūrafi, cohome hebei amban i elhe be fonjime morin jafame, waka be alime takūraha gisun, meni hasak daci amba ejen de dain akū bihe, duleke aniya emu amursana i jalin, elcin takūraha nerginde, amursana be jecen i ergide tehe urse bibufi, sidenderi, ablai de umai acabuhakū turgunde, amba ejen i cooha de dain oho, meni daci elhe taifin ergere jirgara nukte ci, son son i burulame jailamme ame eme hehe juse ci fakcaha jobolon be tušaha bime utala ulha jaka hacin be waliyabure kokirabure de isinaha. uttu ofi, abulai geren de alafi, uthai jafame bufi, hūwaliyaki serebe, amursana serefi ukara de hono, meni susai, ninju morin be hūlhafi, ede be duleke aniya amba ejen de waka baha. ere aniya meni donjiha bade, oilet gemu ubašaha amba ejen i cooha siran siran i isinjiha sere mejige be donjifi, amba gurun i cooha de hafirabufi jafaka oilet se urunakū erebe jimbi, be tosome tabcilafi, jaka hacin be oljilaki, aika amba cooha be teiseleci, jiyanggiyun ambasa buhe doron gidaha bithe be tuwabume, temgetu obufi, hūwaliyaki seme ablai ini beye ju deo i sasa cooha gaifi jihe, gunihakū suweni cooha de gaitai teisulefi, takame mutehekū de, afame ishunde udu niyalma koro baha, be suweni baru dain oki seme jihekū. aika yargiyan i amba cooha be sambime afaha oci, be ejen i kesi be bahafi alirakū okini, ere mudan jihe geren cooha gemu cooha de bucefi, ama eniye hehe juse be amasi genefi acarakū okini seme uhei gashūmbi, geli alarengge, abulai i beye cooha gaifi, kokosin i bade tembi, ablai i juwe deo turšun sunja tanggu cooha gaifi jihe. meni juwe niyalma be takūrafi, jiyanggiyun de emu morin, hebei amban de emu morin beleke jafafi, turgun be alame, waka be alime takūraha, ere sidende, meni jecen de amursana dosici. uthai jafafi, alibuki, yaya oilet i nukte be tabcila seci, be uthai waka be sume cooha be gaifi tabcilaki, amasi gene seci, be inu amasi geneki sembi, geli bairengge, bahaci, be de nukte de tefi, amba ejen i kesi be alime hūwaliyasun ofi, amasi julesi hūdašame yabuki sembi. geli hebei amban i baci karu elcin takūrafi, ablai be acaci, ablai urunakū amba ejen de waka be alime wesimbure, eici elcin takūrara be boljoci ojorakū. seme dahūn dahūn i baime alimbi, geli hasak i demci hotohuidame de, suwe coohame, jun gar be tabcilame jifi, meni cooha be acaci, jiyanggiyun i afabuha bithe be tucibufi, hūwaliyame waka be alime cooha be dulembuki serengge, iletu unenggi hūwaliyasun i bime jici giyan i meni cooha be sabume uthai afarakū bithe be tucibuci acambikai, te meni komso cooha fudaraka hūlha bayar naden niyalma teile tucike be fargar de suwe same afafi, meni emu niyalma be koro arafi, meni cooha labdu komso arbun be tuwarabume jihengge iletu, si yargiyan be jafafi jabu, be te cooha gaifi, meni dain de tuheke niyalma karu be gaimbime, amursana suwede geneci urunakū baime jafambi seme fonjici, kemuni nenehe songgoi jabumbi, hasak i banin, daci jalingga koimali, udu akdaci ojoraku bicibe tuwaci, juwe elcin jihe arbun ginggun bime musei cooha be gaitai acafi acame mutehekū de afaha, muse be eherefi, cembe dailara de gelere arbun be tuyembi, ailungga sede ilan tumen cooha gaifi jihe seme alalangge, cohome algimburengge, ini dahūn dahūn i karu elcin unggireo seme baime alara de, aika unggirakū oci, elemangga muse be olihadame gelehe de obumbi, embici muse be cooha komso ofi, unggirakū seme gūnimbi, uttu ofi, be uhei hebdeme kimcici, duleke aniya musei baru eherengge babe waka alima, musei doron gidaha bithe be hefeliyehei temgetu obume yabure be tuwaci, amba cooha geli cembe dailara de gelerengnge iletu serebuhebi. aikabade amursana hūlha šuwe hasak i baru dosika bihe bici, meni daci toktobuha gūnin inu dahanduhai dosifi, ceni belhehekū de bengneli de teisulehe nukte be tabcilame, kunesun gaime amursana be jafaki seme gūniha bihe, te bayar be fargara de gūnihakū de, hasak i ilan duin tanggu cooha be teisulefi, muse hafan cooha gūsin emu niyalma be lobzangdorji, ailungga, kicebu se gaifi teisu teisu fafuršame, geren emu gūnin i teng seme jafafi ududu mudan funturšeme afafi, sibtuki baturu hiya dain de gaibuha, duin sunja hasak be waha, feye bahabuhe ishunde afafi. geli niyalma takūrafi, meni kūwaran de weile alime jihebi, ere beleni nashūn de, enduringge ejen i hūturi de akdafi, mini beye aika (fulgiyan fi: yalgiyan i hairaka, yasa muke tuhebume tuwaha, ini giran be bahambeo akūn?) ablai be bahafi acara oci, eici dahabure, aika ehereci, uthai afame bedererbure ohode, amursana hūlha ainaha seme ukara jailara ba akū ombi, seme toktobufi. ceni baci jiyanggiyun de jafaha emu morin minde buhe, emu morin be uthai alime gaifi. ablai juwe deo abilbis, ablai de mini baci karu bure doroi ilate suje, huwesi, yatarakū fadu, dambegu jergi jaka be icihiyame bufi, juwe elcin de inu suje buyarame laka be šangnafi, kemuni afara nerginde, elcin takirame yabuha, girin ulai niru janggin be araha jalan i janggin dalikū be kūwaran i da arafi dalabume, alašan i hiya ceringnamujar, cahar juwan i da be araha jalan i janggin dondok be ilhei obume, kalkai janggin uryang, silin dacungga kūwaran i gabsihiyan sahatai, ningguta bai gabsihiyan untai, be fude bošokū arafi, jingse hadabufi, solon uksin be araha fude bošokū nemder temgetu funggala ojito, mangana, an sai niowanggiyan turun de dosimbuha manju cooha šoes girin ulai uksin fiyangga de inu gemu untuhun jingse hadabufi, juwan emu niyalma be hasak i elcin hotoguidama, hengjigar sei sasa amasi julesi, juwan ilan inenggi boljofi takūraha, ere takūrara de karu ablai de alara gisun, be hasak i elcin juleri afabuhengge, muse juwe ergi daci dain akū bihe, amursana serenngge meni amba ejen de dahafi, cin wang jiyanggiyun de isitala baitalame derengge wesihun ten de isibuhe bime ubašame tucingge fudaraka hūlha. geli jun gar be kojohome facuhurabuha turgunde ini hehe juse albatu ci aname gemu mende jafabufi, beye teile ukame, suweni hasak de dosire jakade, meni amba ejen gogingga gūnin i jenderekū ofi, uthai jendu dosifi suweni nukte be tabcilahakū gūnici, ablai urunakū amrsana be jafafi bumbi seme cohome, hesei bithe wasimbume, suje jergi jaka šangname amban tucibufi takūraha bihe. suwe amursana i arga de dosifi, mende afafi buraku bime geli cooha tucibufi, mende bakcilara jakade meni cooha teni šuwe dosifi, jugūn jugūn i suwembe gidaha, koro araha, sirame meni jiyanggiyun ambasa hasalak i bade tuweri hetufi suwembe ergemburakū, ere niyengniyeri cooha dosifi gisabume waki seme wesimbuhede, amba ejen gosingga gūnin jenderakū tuweri hetuci, suweni nukte ayan aolan jergi bade bahafi bedereraku, geren ergengge jobolon de tušafi, sujilambi, amba cooha be taka uliyasytai bar gul de gocifi tekini, meni jafaha utub sere niyalma be sindafi unggi ablai de alafi, amursana be jafafi, mende benjikini seme hese wasimbuha de, be ai gelhun akū jurcembi, uthai gingguleme dahafi, emu derei cooha gocime, emu derei utub be sindafi, ne ere doron gidaha bithe be bufi unggihe bihe kai! suwe te weile waka be safi, amba ejen i kesi alifi, elhe taifin i banjiki seme, amba ejen de dahaci, sini ablai jergi urse be wang, beile, beise, gong jergi de isitala fungneme, fejergi data de inu hafan jergi šangname aniyadari ujen kesi be alime derengge wesihūn ten de isinafi, suweni fejergi urse amba ejen i kesi be alifi enteheme jirgame ergeme banjimbime, uliyasutai, bar gur de hūndašaci inu ombi, aika kemuni duleke aniya i adali geli amursana i arga de sosifi, meni baru dain oki seci, suwe beyebe bodome tuwa, be emgeri ehereci aniyadari nakarakū, ne jun gar be gisabuhangge uthai durum kai! be ere aniya ilan jugūn ninggun tumen cooha dosikangge jun gar be wacihiyame gisabufi, urunakū amursana bisire babe baime jafahabi, aika kemuni suweni bade bisire oci, be arga akū, suweni jecen de jifi, tuweri hetume suweni baru gaimbi, suwe aika burakū oci, be inu nakarakū, ere jergi aisi joboron jabšara ufarara babe, ablai aika ilgame feksalame same muteci, amursana ere sidende aika suweni bade geneci, enenggi jafafi benjici, be cimari uthai cooha gocimbi, aika akdarakū oci, ablai i beye ba be boljofi, mini dere be acafi eiten babe toktobume gisureki, jun gar i nukte be meni baci dahaburengge be dahabuha jafaci acarangge be jafaha, waci acarangge be waha, suweni cooha mende aisilara be baiburakū, te meni cooha bayar be jafafi, amursana be fujurulame jafambi, suwe aika hūturi jobolon be safi, amba ejen de nikefi benjiki seci, ere sidende amursana aika suweni hasak bade geneci, uthai jafafi benjime, elcin takūreo, sini funde ulame wesimbuki! seme afabufi unggihebi. sirame ninggun biyai juwan de hasak abulai be dahabure jalin takūraha gilin ulai nirui janggin daliku se, hasak ablai i elcin be gaime isinjihabi, ede neneme daliku sebe gajifi genehe turgun, ablai daharara daharakū babe fonjici, jaburengge, meni beye ice naden de ablai cooha gaifi tehe aihūs bira bade isinafi. ablai uthai membe acaha, hebei amban i afabume tacibuha songkoi, ejen i kesi be neileme ulhibume dahabure babe gisurehe de. ablai i alarangge, mini mafari ci, ebsi ejen i kesi be bahafi alihakū, te mini hasak i gubci be gaifi cihanggai amba ejen de dahambi. damu mini ahūn deo umai hebešere unde, seme mejige anatame gisurehe de. meni cooha sini jecen de isinjihabi, suweni hebe baire be aliyaci banjinarakū, seme hafirame gisurehe de. ablai i gisun, ai ocibe bi dalaha niyalma, dalici ojoro be dahame, mini beye hasak be gaifi, amba ejen i albatu ome dahaha, mini baci amba ejen de wesimbure bithe, jafara morin duin, ejen be hargašame unggire elcin naden, kutule duin, juwan emu niyalma be unggireci. geli hebei amban de urgun doroi takūrara niyalma duin, beleke morin emke, jai ceng jiyanggiyun, jao jiyanggiyun de jafara beleke morinjuwe, takurara elcin duin, unggimbi, sehede. ablai sini unenggi gūnin i amba ejen de dahaki sere be dahame wesimbure bithe unggire elcin jafara morin be. be gemu gamame genembi, damu meni hebei amban be, si ya bade acafi baita be gisurembi seme dasama hacihiyame gisureci. ablai gisun, elcin takūraci, mini beye genehe adali, hebei amban be udu bahafi acarakū bicibe, uthai acaha gese, te bi cooha gaifi gurban car jergi bade suweni fifaka oilet sebe baicama jafambi. te bi amba ejen de emgeri dahaha, gemu ejen i albatu oho, eici acare inenggi bi sere jakade, ablai i unggihe elcin sebe gajime jihe seme alambi. ablai unggihe elcin hengjigar jergi naden niyalma de, abulai amba ejen de wesimbure bithe dahaha turgun, geli angga wesimbure gisun bio? jai mini beye ablai be acafi unde babe, akūmbume gisurefi, suweni geren amba ejen i kesi be alifi, enteheme jirgame banjire babe gisureki sehe kai! aini damu elcin teile unggihe seme fonjici, jaburengge, ablai dahaha wesimbure bithe de bi, gidaha temgetu emke, ablai ningge. fejile gidaha temgetu, ablbis ningge seme wesimbure bithe be gingguleme tukiyeme alibufi alarangge, meni hasak dubei jecen de banjiha niyalma, bithe wesimbure kooli be sarkū, te amba ejen de dahafi, albatu oho be dahame, gemu emu booi gese, hebei amban i baci banjinara be bodome, gisun be ijishūn obufi, wesimbeo, hebei amban i baci unggihe elcin be acaha de, uthai amban i beye acaha gese, udu hebei amban be bahafi acaname generakū bicibe, mini ejen de hargašabume unggire elcin, ambasa de takūraha niyalma gemu mini beye gese akdara urse, hebei amban gūnici, inu minbe acaha gese gūnimbi seme, elcin unggihe. amba ejen de umai hūsun bume fašašahakū. te suweni cooha ci fifaha oilet jai amursana hergime yabure be gemu boljoci ojorakū ofi, bi ilan tanggu cooha gaifi, tosome genefi, ere jergi fifaha urse be baicame jafafi, dalaha urse be amba ejen de alibume jafaki! aika buceci, tese uju be gajiki seme genehebi. udu bahafi hebei amban be acarakū bicibe, acaha gese gūnime. meni cooli de, goro baci elcin takūrara gisun dere acafi, gisurereci, hūsungga seme alambi. ablai wesimbure bithe, jihe elcin i gisun be tuwaci, umesi ginggun ijishūn i baime dahahabi. gemu enduringge ejen tumen ergengge be gosime jilame sain be ujime, ehe be fafun i icihiyara. geli duleke aniya amba cooha hasak i nukte de sumin dosika, be ceni banjire were jalin, cooha gocika, kesi be gubci hukšeme, ablai se ginggun ijishūn i dahahabi, damu ablai beye fejergi hasak gubci be gaifi dahaha secibe, umai ceni dalaha urse, udu otok aiman i ton be baicafi beye gajime jihekū ofi. geli jihe elcin hengjigar sede, te ablai unenggi gūnin i amba ejen de dahafi, elcin takūraha be mini baci ulame wesimbumbi, jiyanggiyun de unggire elcin be inu sasa unggimbi, te damu ablai minde acarakū oci, suweni hasak i geren otok dalaha urse gebu, udu decin bisire babe baicafi, amba ejen de wesimbuci! urunakū sewende kesi isibumbi, te gemu ini juse deote sakile oci, geren otok i urse amala teisu teisu amala baime jidere de, amba ejen kesi isibure de inu mangga bime, suweni geren dalaha urse neigen kesi be baharakū de isinambi. uttu ofi, te mini beye emu siden i bade boljofi, urunakū ablai be acafi, suweni dalaha urse be ton be gaifi, amba ejen de wesimbumbi, seme gisurehede. alarangge, ablai te cooha gaifi, nuktei jakan šurdeme, amursana be mejigešeme genehe, te hebei amban i beye genehe seme amcaburakū oho sembi. uttu ofi, be uhei hebšeci, ablai dahahangge ginggun ijishūn bicibe, damu umai ablai beye meni ambasa i dere be acahakū, ini acaki serede geli jiderekū be tuwaci, embici kenehunjefi genere, embici yargiyan i amusana be jafafi, beye dahame dosirede. gebu gajiki serede, inu boljoci ojorakū. uttu ofi, jihe elcin sede, kemuni mini beye babe boljofi, ablai be acara, eici suweni amasi genere elcin i sasa mini baci ambaka ursebe unggifi ablai be acafi, ere jergi baita be uhei icihiyafi seme unggimbi, suwe genefi hebeše seme, emu inenggi šolo bufi, hebešebuhede, geren elcin jifi, alaha bade, hebei amban i afabuha songkoi, meni uhei hebešehengge, te meni ablai aika ubai ambasa be acarakū oci, yargiyan i meni geren otok i dalaha urse be baharakū, damu ablai emgeri cooha gaifi genehe babe, boljoci banjinarakū. damu ambakan niyalma unggifi, meni amasi genere elcin sasa eiten baita be baicame toktobufi, amba ejen de wesimbuci, meni geren gemu sasa be bahafi neigen alimbime, umesi derengge ombi. niyalma unggirengge umesi sain sembi. uttu ofi, dahada hasak geren otok i dalaha urse, udu otok, udu decin bisire, eici gemu dahaha, kemuni funcefi dahahakū urse bisire be getukeleme baicafi, gifan fiyan i icihiyaci acame ofi. aika mini beye dahaha, ablai be baime geneci, giyan de majige acanarakū gese bime, ne amursana be fargame jafara baita be aliyahabi. uttu ofi, ablai be acafi, ere jergi babe getukeleme baicame icihiyarade, arsari niyalma be unggici, baita be akūmbume icihiyame muterakū ofi, ne mini meyen de jihe jiyanggiyun cenggunjab jui erkšara, jun gar i bade orin aniya funceme bihe, oilet, hasak i banin be samba, hasak i ablai be inu takambi, uttu bime erkešara i alarangge, mini ama minbe oilet, hasak baita be sambi, jiyanggiyun ambasai juleri, ejen i kesi be karulame muterei teile yabu seme tacibume. jiyanggiyun ambasa i meyen de obufi unggihe. te mini sasa emu niyalma sonjofi unggici, bi muterei teile faššame ejen i kesi be karulame yabuki seme alambi, tuwaci, erkešara, niyalma ombime, oilet, hasak i banin be samba, baicaci, erkešara tai-ji bicibe jingse funggala hadahakū, te imbe ice dahabuha hasak i bade takūrara de, jecen i urse wesihun fusihun be sarkū, damu jingse funggala be ilgambi. erei adali oyonggo baita de unggire be dahame, taka inde untuhun jingse funggala hadabuci, baita de tusa ombi seme, ini jingse funggala be taka hadabuha ci tulgiyen, jai ini ahūn nusan i banin gunin be ejen aifini bulekušehe niyalma. te ere hese oyonggo baita de giyan i faššhaci acambi, kemuni lamun funggala hadafi, erkešara i sasa elcin unggici, hasak sai baru baita icihiyara, geren be gisurere de fakjin akū gese, uttu ofi, damu ejen i baita de tusa ojoro be gūnime, umai ini beye waka ojoro be bodorakū, inu untuhun lamun jingse tojin funggala be taka hadabufi, erkešara i sasa unggiki esebei dahalame genere urse hon fulu oci banjinarakū, be dahame kemuni otok, otok de emteli takūrara de ojoro be bodome, haha sain niyalma ojoro be tuwame colhorome yabufi temgetuleme funggala hadabuha, hafan cooha dorgici songjiki, aika isirakū oci, colgorome yabuha ursei dorgici songjifi, inu untuhun jingse funggala hadabufi, gamabuki baita šangnafi, amasi isijiha erinde, ceni yabuha sain jihe babe, encu jiyanggiyun de boolafi, ejen i hese be baiki seme baihebi. ere bithe be benjibure inenggi, aha mini jihe mejige be fude safi, hasak i elcisa de turgun be ulhibufi. jai inenggi ninggun biyai juwan ilan de, aha bi fude sei tataha ebket cooha kūwaran de isinjifi elcisa be acafi, uhei fonjiha, gisurehe, ablai de elcin takūraha babe encu bukdari de wesimbuhe ci tulgiyan, erei jalin gingguleme donjibume wesimbuhe. abkai wehiyehe i orin juweci aniya naden biyai juwan inggun de fulgiyan fi pilehe, hese, saha, hese wasimbuha harangga jurgan sa, sehe. ninggun biyai juwan jakūn.

主要参考文献

一 档案汇编

吴元丰主编：《清代东归和布克赛尔土尔扈特满文档案全译》，新疆人民出版社2013年版。

中国边疆史地研究中心、中国第一历史档案馆合编：《清代新疆满文档案汇编》，广西师范大学出版社2012年版。

中国第一历史档案馆、哈萨克斯坦东方学研究所编：《清代中哈关系档案汇编》第1、2册，中国档案出版社2006、2007年版。

中国第一历史档案馆、中国边疆民族地区历史与地理研究中心合编：《军机处满文准噶尔使者档译编》（上、中、下册），中央民族大学出版社2009年版。

中国第一历史档案馆编：《康熙朝汉文朱批奏折汇编》，中国档案出版社1984年版。

中国第一历史档案馆编：《乾隆朝满文寄信档译编》，岳麓书社2011年版。

中国第一历史档案馆编：《乾隆朝上谕档》18册，中国档案出版社1991年版。

中国第一历史档案馆编：《清代西迁新疆察哈尔蒙古满文档案译编》，全国图书文献微缩复制中心1994年版。

中国第一历史档案馆藏：《满文上谕档》、满文《朱批奏折》、满文

《起居注》、满文《清实录》、《军机处满文录副奏折》、《军机处满文月折档》，以及宫中档全宗朱批奏折、内务府档案、寄信档、哈萨克档、土尔扈特档等。

中国第一历史档案馆等编：《锡伯族档案史料》（上、下），辽宁民族出版社1989年版。

二 古籍

（清）傅恒撰《钦定平定准噶尔方略》第二辑，西藏学汉文文献汇刻1990年版。

（清）何秋涛：《朔方备乘》，载《中国边疆丛书》第2辑，台北：文海出版社1964年影印版。

（清）和珅等撰《钦定大清一统志》，台湾商务印书馆1983年版。

（清）李文田：《元秘史注》，中国国家图书馆藏本。

（清）祁韵士：《皇朝藩部要略》，载《西北文献丛书》第95册，甘肃古籍文献编译中心1990年版。

（清）七十一：《西域闻见录》，乾隆四十二年刊本。

（清）七十一：《异域琐谈》，《中国边疆丛书》第1辑，台北：文海出版社1965年影印版。

（清）松筠：《百二老人语录》（满文版），中央民族大学图书馆藏手抄本。

（清）松筠等修撰《西陲总统事略》，国家图书馆藏本。

（清）松筠撰《钦定新疆识略》，载《中国边疆丛书》第1辑，台北：文海出版社1965年影印版。

（清）魏源：《海国图志》，国家图书馆藏本。

（清）魏源：《圣武纪》，载《魏源全集》第3册，岳麓书社2004年版。

（清）永保：《塔尔巴哈台事宜》，国家图书馆藏本。

（清）昭梿撰《啸亭杂录》，何英芳点校，中华书局1980年版。

故宫博物院：《故宫珍本丛刊·钦定石渠宝笈续编》，海南出版社 2000 年版。
《平定准噶尔方略》（满文版），楠木贤道教授提供电子版。
《钦定热河志》，台北：台湾商务印书馆 1986 年影印本。
《清高宗实录》，中华书局影印版 1986 年版。
汪前进、刘若芳整理《清廷三大实测全图集——乾隆十三排图》，外文出版社 2007 年版。
王树枬等纂，朱玉麒等整理《新疆图志》，上海古籍出版社 2015 年版。
赵尔巽撰《清史稿》，中华书局 1977 年版。
钟兴麟等校注《〈西域图志〉校注》，新疆人民出版社，2002 年版。

三 著作

阿拉腾奥奇尔：《清朝图理琛使团与〈异域录〉研究》，广西师范大学出版社 2015 年版。
白新良：《清史考辨》，人民出版社 2006 年版。
陈锋：《清代军费研究》，武汉大学出版社 2013 年版。
陈捷先：《满文清实录研究》，台北：大化书局 1980 年版。
陈维新：《清代对俄外交：礼仪体制及藩属归属交涉（1644—1861）》，黑龙江教育出版社 2012 年版。
定宜庄：《清代八旗驻防研究》，辽宁民族出版社 2003 年版。
杜山那里·阿不都拉西木：《中国第一历史档案馆藏清代哈萨克语文献研究》，民族出版社 2016 年版。
丰若非：《清代榷关与北路贸易——以杀虎口、张家口和归化城为中心》，中国社会科学出版社 2014 年版。
葛兆光等编：《殊方未远：古代中国的疆域、民族与认同》，中华书局 2016 年版。
顾颉刚、史念海：《中国疆域沿革史》，商务印书馆 2015 年版。

管守新:《清代新疆军府制度研究》,新疆大学出版社 2002 年版。
郭丽萍:《绝域与绝学——清代中叶西北史地学研究》,生活·读书·新知三联书店 2007 年版。
何新华:《清代朝贡文书研究》,中山大学出版社 2016 年版。
何新华:《最后的天朝:清代朝贡制度研究》,人民出版社 2012 年版。
侯德仁:《清代西北边疆史地学》,群言出版社 2006 年版。
胡增益主编:《新满汉大词典》,新疆人民出版社 1994 年版。
华林甫主编:《清代地理志书研究》,中国人民大学出版社 2014 年版。
黄松筠:《中国古代藩属制度研究》,吉林人民出版社 2008 年版。
黄兴涛:《重塑中华:近代中国"中华民族"观念研究》,北京师范大学出版社 2017 年版。
贾合甫·米尔扎汗:《哈萨克族历史与民俗》,夏里甫罕·阿布达里译,新疆人民出版社 2014 年版。
姜崇仑主编:《哈萨克族历史与文化》,新疆人民出版社 1998 年版。
卡克西·海尔江:《词库》(哈萨克文),民族出版社 2010 年版。
蓝琪:《16—19 世纪中亚各国与俄国关系论述》,兰州大学出版社 2012 年版。
李大龙、李元晖:《游牧行国体制与王朝藩属互动研究》,内蒙古大学出版社 2018 年版。
李大龙:《从"天下"到"中国":多民族国家疆域理论解构》,人民出版社 2015 年版。
李大龙:《汉唐藩属体制研究》,中国社会科学出版社 2006 年版。
李琪:《历史记忆与现实侧观:中亚研究》,中国社会科学出版社 2016 年版。
李秀梅:《清朝统一准噶尔史实研究——以高层决策为中心》,民族出版社 2007 年版。

厉声:《哈萨克斯坦及其与中国新疆的关系(15世纪—20世纪中期)》,黑龙江教育出版社2004年版。

林永匡、王熹:《清代西北民族贸易史》,中央民族大学出版社1991年版。

刘凤云、刘文鹏编:《清朝的国家认同——"新清史"研究与争鸣》,中国人民大学出版社2010年版。

吕文利:《〈皇朝藩部要略〉研究》,黑龙江教育出版社2013年版。

吕文利:《嵌入式互动:清代蒙古入藏熬茶研究》,内蒙古大学出版社2017年版。

马大正、成崇德主编:《卫拉特蒙古史纲》,新疆人民出版社2012年版。

马大正、冯锡时:《中亚五国史纲》,新疆人民出版社2000年版。

马大正主编:《清代中国边疆治理研究》,中国社会科学出版社2021年版。

马大正主编:《中国边疆经略史》,中州古籍出版社2000年版。

孟楠:《俄国统治中亚政策研究》,新疆大学出版社2000年版。

努尔别克·阿布肯主编:《哈汉词典》,民族出版社2005年版。

齐清顺:《清代新疆经济史稿》,新疆人民出版社2014年版。

苏北海:《哈萨克族文化史》,新疆大学出版社1989年版。

王东平:《清代回疆法律制度研究(1759—1884)》,黑龙江教育出版社2014年版。

王开玺:《清代外交礼仪的交涉与论证》,人民出版社2009年版。

王明珂:《游牧者的抉择:面对汉帝国的北亚游牧部族》,广西师范大学出版社2008年版。

王治来:《中亚通史·近代卷》,新疆人民出版社2004年版。

乌云毕力格主编:《满蒙档案与蒙古史研究》,上海古籍出版社2014年版。

吴筑星:《沙俄征服中亚史考叙》,贵州教育出版社1996年版。

谢贵安:《清实录研究》,上海古籍出版社2013年版。

杨念群:《何处是"江南"?:清朝正统观的确立与士林精神的变异》,生活·读书·新知三联书店 2017 年版。

叶柏川:《俄国来华使团研究(1618—1807)》,社会科学文献出版社 2010 年版。

余太山等编:《朝贡与入附——明代西域人来华研究》,兰州大学出版社 2013 年版。

张升:《四库全书馆研究》,北京师范大学出版社 2012 年版。

张双智:《清代朝觐制度研究》,学苑出版社 2010 年版。

张永江:《清代藩部研究——以政治变迁为中心》,黑龙江教育出版社 2001 年版。

赵令志、郭美兰:《准噶尔使者档之比较研究》,中央民族大学出版社 2015 年版。

钟焓:《重释内亚史:以研究方法论的检视为中心》,社会科学文献出版社 2017 年版。

周伟洲主编:《西北少数民族地区经济开发史》,中国社会科学出版社 2008 年版。

曾问吾:《中国经营西域史》,商务印书馆 1936 年版。

朱诚如主编:《清史论集——庆贺王锺翰教授九十华诞》,紫禁城出版社 2003 年版。

庄吉发:《清高宗十全武功研究》,中华书局 1987 年版。

《准噶尔史略》编写组:《准噶尔史略》,人民出版社 1985 年版。

〔俄〕M. A. 捷连季耶夫:《征服中亚史》第 1、2 册,武汉大学外文系译,商务印书馆 1980 年版。

〔俄〕列夫申:《吉尔吉斯—哈萨克各帐及各草原的述叙(摘译)》,新疆维吾尔自治区民族研究所译,1975 年油印本。

〔俄〕奇米特道尔吉耶夫:《蒙古诸部与俄罗斯》,范丽君译,内蒙古人民出版社 2009 年版。

〔俄〕瓦里汗诺夫:《阿布赉(摘译)》,新疆维吾尔自治区民族研究所译，1979年油印本。

〔法〕莫里斯·古郎:《十七和十八世纪的中亚细亚——喀尔木克帝国还是满洲帝国》，新疆维吾尔自治区民族研究所译，1979年油印本。

〔哈〕克拉拉·哈菲佐娃:《十四—十九世纪中国在中央亚细亚的外交》，杨恕、王尚达译，兰州大学出版社2002年版。

〔美〕巴菲尔德:《危险的边疆:游牧帝国与中国》，袁剑译，江苏人民出版社2011年版。

〔美〕费正清等编:《剑桥中国晚清史（1800—1911）》上下卷，中国社会科学出版社1985年版。

〔美〕何伟亚:《怀柔远人:马嘎尔尼使华的中英礼仪冲突》，邓常春译，社会科学文献出版社2002年版。

〔美〕拉铁摩尔:《中国的亚洲内陆边疆》，唐晓峰译，江苏人民出版社2005年版。

〔美〕罗友枝:《最后的皇族:清朝宫廷社会史》，周卫平译，上海人民出版社2009年版。

〔日〕滨下武志:《近代中国的国际契机:朝贡贸易体系与近代亚洲经济圈》，朱荫贵译，中国社会科学出版社1999年版。

〔日〕江上波夫:《丝绸之路与东亚文明》，董耘译，罗丰主编《丝绸之路考古》第3辑，科学出版社2019年版。

〔日〕日野强:《伊犁纪行》，华立译，黑龙江教育出版社2006年版。

〔日〕小沼孝博『清と中央アジア草原:游牧民の世界から帝国の辺境へ』、東京大學出版會、2014年版。

〔日〕野田仁『露清帝国とカザフ＝ハン国』、東京大學出版會、2011年版。

〔日〕佐口透:《准噶尔部历史和社会经济概述》，选自《俄罗斯与亚细亚草原（摘译）》，新疆维吾尔自治区民族研究所译，1976年油印本。

〔日〕佐口透：《18—19世纪新疆社会史研究》，凌颂纯译，新疆人民出版社1983年版。

〔日〕佐口透：《新疆民族史研究》，章莹译，新疆人民出版社1993年版。

〔苏〕杜曼：《清帝国对准噶尔和东土耳其斯坦的征服（摘译）》，新疆维吾尔自治区民族研究所译，1979年油印本。

〔苏〕古列维奇：《大汉族沙文主义和十八—十九世纪中亚各族人民历史中的若干问题（摘译）》，新疆维吾尔自治区民族研究所译，1976年油印本。

〔苏〕古列维奇：《十八世纪下半叶清帝国入侵中亚和俄国的政策（摘译）》，新疆维吾尔自治区民族研究所译，1979年油印本。

〔苏〕古列维奇：《十七到—十八世纪清朝中国和俄国与准噶尔汗国的相互关系及中国的历史（摘译）》，新疆维吾尔自治区民族研究所译，1979年油印本。

〔苏〕库兹涅佐夫：《清朝中国征服准噶尔的历史略述（摘译）》，新疆维吾尔自治区民族研究所译，1979年油印本。

〔苏〕齐米特·多尔端也夫：《十七世纪末俄罗斯和卫拉特贸易关系的历史资料》，〔苏〕《历史档案》1962年第5期，新疆维吾尔自治区民族研究所译，1979年油印本。

〔苏〕兹拉特金：《十七世纪末叶至十八世纪前叶俄国在蒙古人民争取独立反对满清侵略者斗争中所起的作用（摘译）》，新疆维吾尔自治区民族研究所译，1976年油印本。

〔苏〕兹拉特金：《有关阿睦尔撒纳的俄国档案资料（摘译）》，新疆维吾尔自治区民族研究所译，1976年油印本。

〔苏〕兹特拉金：《准噶尔汗国史》，马曼丽译，商务印书馆1980年版。

〔英〕阿诺德·汤因比：《历史研究》，刘北城、郭小凌译，上海人民出版社2000年版。

〔英〕C.D.巴克曼：《土尔扈特自俄返华记》，新疆维吾尔自治区民族研究所译，1979年油印本。

〔英〕加文·汉布里主编：《中亚史纲要》，吴玉贵译，商务印书馆1994年版。

Fletcher, J. "Ch'ing Inner Asiac. 1800", in *The Cambridge History of China* (J. K. Fairbanked.), Vol. 10. part1, Cambridge, 1978.

Matthew W. Mosca, *From Frontier Policy to Foreign Policy: The Question of India and the Transformation of Geopolitics in Qing China*, Stanford: Stanford Univ. Press, 2013.

Nicola Di Cosmo, Don J. Wyatt, *Political Frontiers, Ethnic Boundaries, and Human Geographies in Chinese History*, London and NewYork, RoutledgeCurzon, 2003.

Noda Jin, Onuma Takahiro, "A Collection of Documents from the Kazakh Sultans to the Qing Dynasty", *Central Eurasian Research*, Special Issue 1, University of Tokyo, 2010.

Noda Jin, *The Kazakh Khanates Between the Russian and Qing Empires – Central Eurasian International Relations during the Eighteenth and Nineteenth Centuries*, Leiden, Boston: Brill, 2016.

Peter Perdue, *China Marches West: The Qing Conquest of Central Eurasia*, Harvard University Press, 2005.

四 论文

阿拉腾奥其尔、吴元丰：《清廷册封瓦里苏勒坦为哈萨克中帐汗始末——兼述瓦里汗睦俄及其缘由》，《中国边疆史地研究》1998年第3期。

阿拉腾奥其尔：《清代新疆奏议专题档案史料介绍》，《中国边疆史地研究》1998年第4期。

阿里肯·阿吾哈力：《一件清代哈萨克租牧地文书的研究》，《民族研究》2006年第5期。

宝音朝克图：《清朝边防中的三种巡视制度解析》，《清史研究》2003年第4期。
蔡家艺：《清代西北边疆民族史研究四题》，《民族研究》2003年第2期。
蔡名哲：《满文书〈百二老人语录〉的版本与史料性质》，《东吴历史学报》2016年第6期。
曹天成：《郎世宁在华遭遇及其所画瘦马研究》，博士学位论文，中央美术学院，2011年。
曹天成：《瘦马及其位置——关于郎世宁画作中一种形象的研究》，《美术研究》2012年第1期。
陈东杰：《乾隆时期清朝与中亚哈萨克部的贸易关系再探讨》，《世界历史》2015年第3期。
陈海龙：《清朝—哈萨克汗国贸易研究（1757—1822）》，博士学位论文，陕西师范大学，2014年。
陈海龙：《乌鲁木齐何以成为清朝与哈萨克之间最早的贸易地点》，《史学月刊》2013年第9期。
陈志刚：《对封贡体系内属国与藩部界定标准的探论》，《东北师大学报》（哲学社会科学版）2009年第6期。
陈志刚：《关于封贡体系研究的几个理论问题》，《清华大学学报》（哲学社会科学版）2010年第6期。
陈柱：《清朝权力在西天山地区的推进——以清朝与布鲁特宗藩关系的建立为中心》，博士学位论文，中国人民大学，2017年。
成崇德：《论清朝的藩属国——以清廷与中亚"藩属"关系为例》，《云南师范大学学报》（哲学社会科学版）2014年第4期。
成崇德：《清朝与中亚"藩属"的关系》，载中央民族大学历史系主编《民族史研究》第3辑，民族出版社2002年版。
承志、阿依达尔·米尔卡马力：《满文档案中记载的哈萨克汗世袭源流》，《新疆社会科学（哈文）》2016年第2期。
承志：《十八世纪准噶尔十六大鄂托克——以一件满文奏折为中

心》,载乌云毕力格主编《满蒙档案与蒙古史研究》,上海古籍出版社2014年版。

冯明珠:《骏马天山来——谈郎世宁所画的骏马》,(台北)《故宫文物月刊》1984年第19期。

冯玉军:《俄苏文化的对华影响与中国人的"误读"》,《世界知识》2021年第11期。

耿琦:《再论清朝对中亚宗藩体制的维系与巩固——以乾隆帝与外藩领主的私人关系为中心》,《新疆大学学报》(哲学·人文社会科学版)2016年第2期。

郭美兰:《近年来中国第一历史档案馆藏满文档案编译出版概况》,载《明清档案与史地探微》,辽宁民族出版社2012年版。

郭美兰:《乾隆年间西北地区三次绘图始末》,《满语研究》2013年第1期。

郭美兰:《清代首任伊犁将军明瑞满文奏折综析》,载《明清档案与史地探微》,辽宁民族出版社2012年版。

何星亮:《清代勘分中俄边界大臣的第二件察合台文文书研究》,《民族语文》1999年第1期。

何星亮:《清代勘分中俄边界大臣的一件满文文书研究》,《民族研究》1998年第5期。

洪涛:《简述阿布赉》,《伊犁师范学院学报》1994年第3期。

洪涛:《评乾隆皇帝的哈萨克政策》,《西域研究》2000年第3期。

贾建飞:《19世纪西方之新疆研究的兴起及其与清代西北史地学的关联》,《西域研究》2007年第2期。

鞠德源、田建一、丁琼:《清宫廷画家郎世宁年谱——兼在华耶稣会士史事稽年》,《故宫博物院院刊》1988年第2期。

孔源:《从尼布楚条约到〈朔方备乘〉——康熙至咸丰年间清朝关于俄国知识的形成和固化》,《俄罗斯研究》2021年第2期。

李晶:《乾隆朝中亚政策研究》,博士学位论文,中国社会科学院研究生院,2012年。

李行力:《清朝统一新疆后推行的各项政策》,《西北史地》1998年第4期。

李元晖、李大龙:《是"藩属体系"还是"朝贡体系"?——以唐王朝为例》,《中国边疆史地研究》2014年第2期。

李之勤:《18世纪中叶至19世纪中叶清代西北边疆的巡边制度和巡边路线》,《中国历史地理论丛》1995年第3期。

李治亭:《"新帝国主义史学"标本——评"新清史"》,《中国社会科学报》2015年4月20日。

厉声:《清王朝对西北藩属哈萨克治理政策研究》,载周伟洲主编《西北民族论丛》第2辑,中国社会科学出版社2003年版。

林士铉:《乾隆时代的贡马与满洲政治文化》,(台北)《故宫学术季刊》第24卷第2期,2006年。

林士铉:《玉质纯素·隐有青文——记郎世宁画十骏图如意骢的绘事特色》,(台北)《故宫文物月刊》第391期,2015年。

林永匡、王熹:《乾隆时期内地与新疆哈萨克的贸易》,《历史档案》1985年第4期。

林永匡、王熹:《乾隆时期内地与新疆哈萨克的商业贸易》,《西北民族研究》1986年第2期。

刘文明:《历史学"全球转向"影响下的"新帝国史"》,《史学理论研究》2020年第3期。

刘文鹏:《回到国家建构——对清代历史研究中帝国主义路径的再分析》,《史学理论研究》2017年第2期。

刘志扬、李大龙:《"藩属"与"宗藩"辨析——中国古代疆域形成理论研究之四》,《中国边疆史地研究》2006年第3期。

马大正:《渥巴锡论——兼论清朝政府的民族统治政策》,载《新疆通史》编撰委员会编《新疆历史研究论文选编清代卷》(上),新疆人民出版社2008年版。

马子木:《清朝权力网络在西帕米尔的建立与展开——以清与巴达克山关系为中心》,载中国人民大学清史研究所清风学社《中国人民大学清史研究所第九届青年学者论坛论文集》，2015年版。

马子木：《唐古忒学考》，《清史研究》2016年第3期。

孟楠：《哈萨克三玉兹历史考略》，《新疆大学学报》（哲学社会科学版）2003年第1期。

纳比坚·穆哈穆德罕：《15世纪至18世纪中叶哈萨克与西蒙古准噶尔部关系初探》，《新疆社会科学》1990年第3期。

牛润珍、张慧：《〈大清一统志〉纂修考述》，《清史研究》2008年第1期。

潘志平：《区域史研究的考察——以中亚史为例》，《史学集刊》2011年第2期。

齐清顺：《论近代中俄哈萨克跨境民族的形成》，《西域研究》1999年第1期。

齐清顺：《乾隆皇帝统治新疆的几项重要措施》，载《西域史论丛》第3辑，新疆人民出版社1990年版。

祁杰：《准噶尔与哈萨克关系述略》，《西北民族学院学报》（哲学社会科学版，汉文）1996年第1期。

祁美琴、陈骏：《中国学者研究中的"内亚"概念及其问题反思》，《中国人民大学学报》2019年第3期。

祁美琴：《对清代朝贡体制地位的再认识》，《中国边疆史地研究》2006年第1期。

石婧：《中亚历史进程中的伊斯兰化、突厥化和俄罗斯化及影响》，《新疆师范大学学报》（哲学社会科学版）2005年第1期。

孙宏年：《清代藩属观念的变化与中国疆土的变迁》，《清史研究》2006年第4期。

孙卫国：《朝鲜王朝对清观之演变及其根源》，《廊坊师范学院学报》（社会科学版）2017年第3期。

汤斌：《乾隆时期的西洋画师笔下的藩部朝贡鸟兽图》，《紫禁城》2011年第1期。

王大方：《元代〈拂郎国贡马图〉识略》，《内蒙古文物考古》2007年第2期。

王东平：《战争的角落：平定准噶尔战争中两个清军战俘的人生际遇》，《中国边疆史地研究》2010年第2期。

王建革：《游牧圈与游牧社会——以满铁资料为主的研究》，《中国经济史研究》2000年第3期。

王洁：《清朝治理新疆的民族经济政策研究》，博士学位论文，中央民族大学，2012年。

王希隆：《乾嘉时期清政府对哈萨克族之关系与政策》，《新疆大学学报》（哲学社会科学版）1984年第1期。

王熹：《论乾隆时期伊犁哈萨克贸易的几个问题》，《新疆大学学报》（哲学社会科学版）1992年第1期。

王元崇：《清代时宪书与中国现代统一多民族国家的形成》，《中国社会科学》2018年第5期。

王锺翰：《满文档案与民族史研究》，载《清史补考》，辽宁大学出版社2004年版。

王锺翰：《清代民族宗教政策》，载《清史续考》，台北：华世出版社1993年版。

王锺翰：《清代则例及其与政法关系之研究》，载《王锺翰清史论集》第3册，中华书局2004年版。

乌兰：《〈元朝秘史〉版本流传考》，《民族研究》2012年第1期。

乌兰：《托忒学——清朝有关边疆民族的专门教育机构》，载《中国边疆史地研究》2005年第2期。

乌云毕力格：《17世纪卫拉特各部游牧地研究》，《西域研究》2010年第1期。

吴丰培：《史料价值极高的名著〈平定准噶尔方略〉》，《中国边疆史地研究》1991年第2期。

吴元丰：《清代新疆历史满文档案概述》，《满语研究》2010年第2期。

吴元丰：《索伦与达斡尔西迁新疆述论》，《民族史研究》第 3 辑，民族出版社 2002 年版。

徐英：《从佛郎国献天马事看蒙古人的尚马情结》，《中央民族大学学报》（哲学社会科学版）2006 年第 2 期。

许涛、梁泽：《中国中亚问题研究概览：回顾、问题与前景》，《俄罗斯东欧中亚研究》2016 年第 4 期。

尤淑君：《接待俄使之异：论清朝对俄政策的变化》，《中国边疆史地研究》2013 年第 3 期。

于福顺：《清代新疆卡伦述略》，《历史研究》1979 年第 4 期。

张继龙：《西方"中国'新帝国主义'"谬论辨析》，《当代世界与社会主义》2019 年第 5 期。

张建华、李朋：《苏联时期俄罗斯民族的特殊地位与"俄罗斯中心论"》，《东欧中亚研究》1997 年第 3 期。

张建华：《俄国历史上俄罗斯民族主义的产生及其基础》，《世界历史》1994 年第 5 期。

张杰：《17—19 世纪清朝与沙俄商贸关系探究》，《俄罗斯中亚东欧研究》2010 年第 6 期。

张莉：《清代上驷院简论》，《清史研究》1991 年第 2 期。

张荣、郑峰：《试论清朝对哈萨克的"封官授爵"》，《中国边疆史地研究》2016 年第 2 期。

张荣：《清乾隆时期哈萨克政策研究》，博士学位论文，兰州大学，2011 年。

赵令志：《清修官书取材管窥——以〈使者档〉与〈方略〉〈实录〉之内容比对为例》，载赵志强编《满学论丛》第 3 辑，辽宁民族出版社 2013 年版。

赵卫宾：《哈萨克与准噶尔政治关系史研究：1680—1745 年》，硕士学位论文，新疆师范大学，2010 年。

赵卫宾：《清与哈萨克汗国的首次交往——兼议使臣满泰生平》，《西域研究》2016 年第 1 期。

周芬、张顺洪:《帝国和帝国主义概念辨析》,《史学理论研究》2021年第2期。

周轩:《献马无过聊表悃 同舟真是大联情——谈乾隆皇帝关于哈萨克的诗篇》,《新疆大学学报》(哲学社会科学版)1980年第1期。

〔哈〕克拉拉·哈菲佐娃:《铁斯克和他的时代》,《兰州大学学报》(社会科学版)2002年第4期。

〔哈〕克拉拉·哈菲佐娃:《中亚及哈萨克斯坦的中国边疆研究》,阿拉腾奥其尔译,《中国边疆史地研究》1995年第3期。

〔美〕欧立德:《满文档案与新清史》,(台北)《故宫博物院学术季刊》总第24卷2期,2006年。

〔美〕约瑟夫·F.弗莱彻:《1368—1884年的中国与中亚》,载〔美〕费正清编《中国的世界秩序——传统中国的对外关系》,杜继东译,中国社会科学出版社2010年。

〔日〕稻叶岩吉:「鈔本百二老人語錄及び其著者」、服部先生古稀祝賀記念論文集刊行會編『服部先生古稀祝賀紀念論文集』(東京市: 富山房,1936)。

〔日〕稻叶岩吉:「近獲蒙古人の撰述二種(上)—嗎拉忒氏松筠の百二老人語錄及び喀爾喀女史那遜蘭保蓮友の芸香閣遺詩」、『青丘學叢』22(京城府,1935)。

〔日〕江上波夫:《丝绸之路与东亚文明》,董耘译,载罗丰主编《丝绸之路考古》第3辑,科学出版社2019年版。

〔日〕小沼孝博: "Qing Communication with Central Asia: The Language Used in Negotiations", *Saksaha: A Journal of Manchu Studies*, Volume 12, 2014。

〔日〕小沼孝博: "The Qing Dynasty and Its Central Asian Neighbors", *Saksaha: A Journal of Manchu Studies*, Volume 12, 2014。

〔日〕小沼孝博:《论清代惟一的哈萨克牛录之编设及其意义》,载朱诚如编《清史论集——庆贺王锺翰教授九十华诞》，北京：紫禁城出版社2003年。

〔日〕中健立夫：《关于〈百二老人语录〉的各种抄本》，载朱诚如主编《清史论集——庆贺王锺翰教授九十华诞》，紫禁城出版社2003年版。

〔瑞士〕马克·马西罗：《重估郎世宁的使命——将意大利绘画风格融入清朝作品》，毛立平译，《清史研究》2009年第3期。

David Brophy, "The Junghar Mongol Legacy and the Language of Loyalty in Qing Xinjiang", *Harvard Journal of Asiatic Studies*, Volume 73, Number 2, December 2013.

Hilde De Weerdt, "Byways in the Imperial Chinese Information Order: The Dissemination and Commercial Publication of State Documents", *HJAS* 66: 1, 2006.

Levey, Benjamin Samue, "Jungar Refugees and the Making of Empire on Qing China's Kazakh Frontier, 1759 – 1773", Phd thesis, Harvard University, 2014.

Matthew W. Mosca, "Empire and the Circulation of Frontier Intelligence: Qing Conception of Ottomans", *Havard Journal of Asiatic Studies*, Volume 70, Number 1, June 2010.

Matthew W. Mosca, "The Literati Rewriting of China in the Qianlong – Jiaqing Transition", *Late Imperial China*, Volume 32, Number 2, December 2011.

Nobuo Kanda, "Remarks on Emu tanggû orin sakda i gisun sarkiyan", *Emu tanggû orin sakda – i gisun sarkiyan*, San Fransiso & Taipei: Chinese Materials Center, 1982.

后　　记

　　此书写作历时 12 年，是我在中央民族大学硕士、博士学位论文，以及国家民委民族研究后期资助项目、中国历史研究院学术出版资助项目书稿基础上修改而成的。在修改中，尽可能补充了新档案、新文献，并在民族史研究中更加突出铸牢中华民族共同体意识的指导思想。2010 年我有幸被恩师赵令志教授收入门下，在中央民族大学历史文化学院攻读硕士学位，又于 2014 年继续跟随赵师攻读博士学位。受赵师"从满文史料中钻研清史"的治学理念，以及王锺翰先生实证研究思想的影响，又蒙吴元丰研究员赐以"清哈关系史研究"命题，笔者便开始以满文史料为核心进行清朝与哈萨克部关系的实证研究，并以清哈双方初期交往作为硕士学位论文选题，以乾隆朝清哈关系史作为博士学位论文选题。硕士、博士学位论文的材料收集、档案翻译、文献梳理、史实考辨、理论总结以及写作，前后经历 7 年，都是在导师赵令志教授的悉心指导下完成的。赵师对利用档案史料治清代边疆民族史，尤其是清准关系史，具有丰富的经验，论文命题伊始即将珍藏的相关中外文资料倾囊相赠，并在课堂上与学术活动中时时点拨，一次次将资质愚钝的我带出学术的困境，引领我一步步迈入学术殿堂。在博士学位论文写作过程中，赵师对论文的篇章结构和研究重点提出严格要求，初稿完成后，又认真审阅论文全部内容，并提出诸多宝贵的意见和批评、建议，为我下一步完善论文指明了方向。

2017年，我来到新疆大学历史学院工作，5年多来，恩师始终关心我的学术进展，对博士学位论文的进一步修改出版提出了要求，同时本研究也得到了新疆大学诸多专家的肯定和帮助，令我深感有深化相关研究的紧迫性。2017年底，博士学位论文获得国家民委民族研究后期资助项目的资助，经过完善于2019年鉴定为优秀结项成果。2018年，阶段成果获评国家民委全国民族研究优秀成果三等奖。2020年，此研究成果获中国历史研究院学术出版资助后，我根据匿名评审专家的宝贵意见，利用在中国人民大学清史研究所访学一年的机会，再赴中国第一历史档案馆查档35周，并通过与在京学界同人的交流，着重梳理书稿中的重难点问题，使史料体系、论证结构更加合理。

全面利用第一手史料、穷尽相关研究，并提出自己的可信见解，是一部学术著作的关键，也是我一直以来努力的目标。在史料搜集方面，清哈关系具有重大史学价值和现实意义，但其复杂性致使以往研究者浅尝辄止，往往因缺乏实证而流于空谈，而满文档案文献则是破解这一学术难题的一把钥匙。

本书研究除得益于学界常用的《军机处满文录副奏折》、题本外，尽可能使用中国第一历史档案馆新开放的《满文上谕档》、满文《清实录》、《朱批奏折》、《军机处满文月折档》、《土尔扈特档》等，目前我在据5000余份相关满汉文档案形成的20余万字目录摘要的基础上，积累满文档案转写资料约80万字、汉文史料约100万字，这使得我在满汉文档案利用上具有一定优势。早在攻读博士学位期间，我便开始参与国家社科基金重大招标项目"清代新疆满文档案翻译与研究"中的满文档案翻译工作，此举令我的满文史料解读能力得到提升。在学术交流方面，阶段论文有两篇发表于《清史研究》，一篇发表于《美术研究》。其他章节也大多通过参会交流获得国内外专家的辩难斧正，完善了理论体系，提高成果质量。在本书即将付梓之时，我要诚挚地对给予指导、支持和帮助的所有人表示感谢。

　　首先要感谢中央民族大学历史文化学院的诸位师长。感谢导师赵令志教授，他将我收入门下，引导我走入清代边疆民族史的研究殿堂，导师对我有再造之恩。感谢诸位授课老师，如达力扎布教授，为我打开了通向明清蒙古史和理藩院研究的大门；尚衍斌教授，传授我元史研究中审音勘同方法，对我的民族古文献的解读尤有帮助；陈楠教授，传授我比较研究方法，对相关难题的解决极有帮助；苍铭教授，传授我民族史知识的同时还对我的研究多加鼓励。此外，我还要感谢给我诸多提点的彭勇教授、管彦波研究员。诸位老师在我攻读硕士、博士学位期间给予了我温暖如家的氛围和不慕浮华的学术感召力，我对他们的感恩之心，永远存在。

　　其次，要感谢在本书写作过程中给予我诸多帮助的师长。感谢中国第一历史档案馆的吴元丰研究员、郭美兰研究员，为我解答满文档案翻译和写作中的诸多难题。感谢中国人民大学访学期间的合作导师张永江教授、中国社会科学院刘小萌研究员、北京社会科学院赵志强研究员、吉林师范大学楠木贤道教授、南开大学柏华教授等，他们是硕士、博士学位论文答辩委员，对我硕士、博士学位论文提出许多重要的修改意见。感谢庄吉发教授、厉声研究员、乌云毕力格教授、祁美琴教授、刘文鹏教授、周群编审、李大龙研究员、刘正寅研究员、王东平教授、张长虹教授、王加华教授、吕文利研究员、邱源媛研究员、董建中副教授、胡恒副教授、王元崇副教授、宋念申副教授，他们为我在中央民族大学之外的学习指点迷津。感谢承志、庄生教授，他们帮我购买日本学者的著作，并对本书提出修改意见。感谢林士铉、耿朔副教授赠予我材料，并为我解答美术史方面的问题。感谢新疆大学的孟楠、周轩、潘志平、管守新、策·巴图、阿依达尔·米尔卡马力等专家，他们用"胡杨精神"守护着边疆学术热土，用热爱之心营造新疆大学史学研究之融洽氛围，为我的学术研究提供全新的思路。

　　再次，要感谢博士生期间的学友。特尔巴衣尔、张闯、陈柱、樊志强、肖超宇、张楚南、马子木、张伯国、刘传飞、孔源、廖文辉、张一驰诸博士，因研究内容相近，每每碰面，必与我讨论学术议题，受益良多。刘金德、关康、顾松洁、冯立君、温拓、王桂东、王美珏诸博士同窗，皆痴迷学术，与我交流也颇多，得到启发之处甚多。

又次，要感谢中国第一历史档案馆满文处和利用处的李刚、徐莉等工作人员，他们使束之高阁的珍贵档案史料焕发活力，推动清史研究进步。此书出版要特别感谢中国历史研究院的学术出版资助，感谢三位匿名评审专家全面、细致的审读意见，他们对本书修改有极大帮助。感谢社会科学文献出版社的吴超责任编辑，正是由于他的辛勤付出，拙著才得以顺利出版！

最后，要感谢我的亲人，他们默默的支持是我感觉无助时的最大慰藉。

学术无止境，唯有更奋勉。虽草成一书，仍难免错谬，敬请识者赐教。

郭文忠
2022 年 12 月于乌鲁木齐

图书在版编目（CIP）数据

乾隆时期清朝与哈萨克诸部关系研究 / 郭文忠著 . -- 北京：社会科学文献出版社，2023.9（2024.5 重印）
（中国历史研究院学术出版资助项目）
ISBN 978-7-5228-2279-2

Ⅰ.①乾… Ⅱ.①郭… Ⅲ.①哈萨克族-民族政策-研究-中国-清代 Ⅳ.①D691.72

中国国家版本馆 CIP 数据核字（2023）第 146721 号

·中国历史研究院学术出版资助项目·

乾隆时期清朝与哈萨克诸部关系研究

著　　者 / 郭文忠

出 版 人 / 冀祥德
责任编辑 / 吴　超
责任印制 / 王京美

出　　版 / 社会科学文献出版社·人文分社（010）59367215
　　　　　　地址：北京市北三环中路甲 29 号院华龙大厦　邮编：100029
　　　　　　网址：www.ssap.com.cn
发　　行 / 社会科学文献出版社（010）59367028
印　　装 / 唐山玺诚印务有限公司

规　　格 / 开　本：787mm×1092mm　1/16
　　　　　　印　张：24.25　字　数：334 千字
版　　次 / 2023 年 9 月第 1 版　2024 年 5 月第 3 次印刷
书　　号 / ISBN 978-7-5228-2279-2
定　　价 / 168.00 元

读者服务电话：4008918866

版权所有 翻印必究